Kirschnick · Pflegeleitfaden

Olaf Kirschnick

Pflegeleitfaden

für Auszubildende und Tutoren
in Pflegeberufen

Mit 402 Zeichnungen, 47 Fotos, 22 Tabellen
und 133 Seiten Tätigkeitskatalog

2., überarbeitete und erweiterte Auflage

1996
Urban & Schwarzenberg · München–Wien–Baltimore

Anschrift des Verfassers:
Olaf Kirschnick
Kreiskrankenhaus Tauberbischofsheim
Krankenpflegeschule
Albert-Schweitzer-Straße 35
97941 Tauberbischofsheim

Die Deutsche Bibliothek – CIP-Einheitsaufnahme

Kirschnick, Olaf:
Pflegeleitfaden für Auszubildende und Tutoren in Pflegeberufen : mit 22 Tabellen und Tätigkeitskatalog / Olaf Kirschnick.
– 2., überarb. und erweiterte Aufl. – München ; Wien ;
Baltimore : Urban und Schwarzenberg, 1996
ISBN 3-541-16552-9

Lektorat: Annette Heuwinkel und
Dr. med. Dorothea Schneiderbanger
Redaktion: Margit Büttner
Herstellung: Peter Sutterlitte
Zeichnungen: Walter Lob und Claudia Koelle
Symbole: Karl Dengler

Alle Rechte sind dem Urheber und Verleger vorbehalten. Es ist
ohne schriftliche Genehmigung des Verlages nicht erlaubt, das
Buch oder Teile daraus auf fotomechanischem Weg (Fotokopie,
Mikrokopie) zu vervielfältigen oder unter Verwendung elektronischer bzw. mechanischer Systeme zu speichern, systematisch
auszuwerten oder zu verbreiten (mit Ausnahme der in § 53,
Abs. 3 UrhG ausdrücklich genannten Sonderfälle).

Satz: Design-Typo-Print, Ismaning
Druck und Bindung: Clausen & Bosse, Leck
Printed in Germany
© Urban & Schwarzenberg 1996
ISBN 3-541-16552-9

Wie war das noch?

 Merke   **Körperpflege**

 Umgebung   **Prophylaxe**

 Kranken-beobachtung   **Ernährung**

 Psychische Betreuung   **Hygiene**

 Mobilisation   **Sonstiges**

Widmung

In Dankbarkeit widme ich dieses Buch meiner Frau Doris und meinen Kindern Mirjam und Tobias, die während der Phase der Manuskripterstellung auf vieles verzichten mußten, aber durch ihren Ansporn und ihre praktische Hilfe viel zur Entstehung dieses Buches beigetragen haben.

Vorwort zur zweiten Auflage

Der große Erfolg der ersten Auflage des Pflegeleitfadens im gesamten deutschsprachigen Raum und darüber hinaus in den Ländern des Ostens (z.B. Übersetzung ins Polnische) bestärkt mich, speziell für die Schülerinnen und Schüler der Pflegeberufe und ihre Praxisanleiter einen aktuellen Pflegeleitfaden mit dem Verlag Urban & Schwarzenberg (Lektorat Pflege, Frau A. Heuwinkel) herzustellen und ständig weiterzuentwickeln. Viele Anregungen, Änderungswünsche und konstruktive Kritiken der letzten Monate aus Praxisanleiterkreisen und Krankenpflegeschulen wurden aufgenommen und in der vollständig überarbeiteten und erweiterten zweiten Auflage berücksichtigt.

Mein besonderer Dank gilt auch Frau M. Büttner (Redakteurin), die das Buch hervorragend bearbeitet hat und mir vor allem im Bereich „Alternative Methoden in der Pflege" hilfreich zur Seite stand.
Auch die neue Auflage kann und will nicht ein ausführliches Lehrbuch der Krankenpflege ersetzen. Der Leitfaden dient weiterhin zur systematischen Vermittlung des Fachwissens, als Nachschlagewerk für die praktische Ausbildung und als Dokumentation des Ausbildungsverlaufes.
Um den Umgang mit der zweiten Auflage des Pflegeleitfadens zu erleichtern, wurden die im Teil III verwendeten Symbole auf der Seite V dargestellt und beschrieben. Aufzählungen, beispielsweise wichtiger Begriffe, wurden nicht nach dem Stellenwert, sondern in alphabetischer Reihenfolge vorgenommen.
Der Einsatznachweis auf den beiden letzten Seiten erlaubt einen schnellen Überblick über den bisherigen Verlauf der praktischen Ausbildung mit Einsatzstunden und Fehlzeiten.
Die wichtigsten Erweiterungen in dieser Auflage sind die Themen: En-bloc-Aufstehen, Fixierung eines Patienten, Störungen der Kommunikation und Hilfestellungen, Pflegemodelle, Basale Stimulation, Kinästhetik, Aromatherapie und Fußreflexzonenmassage, Überlegungen zur Pflegeplanung bei Diabetes mellitus, das Bobath-Modell und die Pflegeversicherung.

Wenn in diesem Pflegeleitfaden von Krankenpflegeschülern, Pflegepersonen, Ärzten und Patienten gesprochen wird, so sind diese Begriffe geschlechtsneutral aufzufassen. Es sind immer weibliche und männliche Personen gemeint.
Ich wünsche mir, daß auch die zweite, überarbeitete und erweiterte Auflage eine praktische Hilfe für die Ausbildung der Schülerinnen und Schüler in Pflegeberufen ist, und ich bin auch weiterhin dankbar für Verbesserungsvorschläge und Rückmeldungen aus den mit diesem Pflegeleitfaden angesprochenen Adressatenkreisen.

Tauberbischofsheim, Herbst 1995   Olaf Kirschnick

Vorwort zur 1. Auflage

> Wer fertig ist, dem ist nichts recht zu machen;
> ein Werdender wird immer dankbar sein.
>
> JOHANN WOLFGANG VON GOETHE

Seit langem besteht der Wunsch bei Schülerinnen und Schülern der Krankenpflege nach einem Taschenbuch für die Praxis. Dieser neue Pflegeleitfaden will deshalb allen Schülerinnen und Schülern der Pflegeberufe in einem ansprechenden Buchformat *(es paßt tatsächlich in die Taschen der Dienstkleidung)* systematisches Fachwissen vermitteln und als Nachschlagewerk für die praktische Ausbildung dienen.

Zur leichten und sicheren Erarbeitung des Stoffes wurde der Text stark untergliedert, zweifarbige Zeichnungen benutzt, kleine Kapitelteile mit entsprechenden Überschriften versehen, Wichtiges in Merksätzen hervorgehoben, sich wiederholende Gliederungen mit Symbolen dargestellt und Verbindungen zwischen den einzelnen Fachbereichen durch entsprechende Stellenverweise hergestellt.

Aus der Vielfalt des Angebotes pflegerischer Maßnahmen wurden grundlegende Kenntnisse und Fertigkeiten herausgegriffen. Der Pflegeleitfaden stellt schwerpunktmäßig gültige und auf ähnliche Pflegesituationen übertragbare pflegerische Handlungen in den Vordergrund.

Dadurch bekommt der Lernende und Anleitende einen schnellen Überblick.

Krankenschwestern und Krankenpfleger in der Praxisanleitung haben nun mit ihren Schülerinnen und Schülern eine Übersicht über die im Krankenpflegegesetz und in der Ausbildungs- und Prüfungsverordnung vorgegebenen Lerninhalte.

Durch Frau A. Heuwinkel mit ihrem Team und Frau Dr. med. D. Schneiderbanger habe ich bei der Verwirklichung dieses Pflegeleitfadens viele wertvolle Anregungen und Unterstützungen erhalten. Für ihre sorgfältige redaktionelle Bearbeitung der Manuskripte, die stets offenen Ohren bei den vielen Fragen, ihre Geduld und für die großzügige Ausstattung des Buches möchte ich mich bei ihnen und den Mitarbeitern des Verlages Urban & Schwarzenberg ganz herzlich bedanken. Mein Dank gilt auch Frau R. Hollmann und Herrn S. Beißner für die praxisorientierten Fotografien.

Tauberbischofsheim, im Sommer 1994   O. Kirschnick

Inhaltsverzeichnis

Vorwort VII

I.	Einführung 1

1	Grundsätzliches 3
1.1	Einleitung 3
1.2	Anleitung zum Führen des Pflegeleitfadens 4

II.	Grund- und Behandlungspflege 5

2	Allgemeine Richtlinien 7
2.1	Betten und Lagern 7
2.1.1	Betten eines Patienten 7
2.1.2	Lagerung eines Patienten 10
2.1.3	Umgang mit Lagerungshilfsmitteln 15
2.2	Mobilisation des Patienten 23
2.2.1	Mobilisation im Bett 23
2.2.2	Umgang mit Gehhilfe „Unterarmgehstützen" 23
2.2.3	Richtiges Heben und Tragen von Lasten 24
2.2.4	En-bloc-Aufstehen 26
2.3	Kleiden des Patienten 29
2.4	Körperpflege 32
2.4.1	Ganzkörperwaschung 32
2.4.2	Mund- und Zahnpflege 34
2.4.3	Augenpflege 36
2.4.4	Intimpflege 39
2.5	Essen und Trinken 42
2.5.1	Ernährung und Kostformen 42
2.5.2	Magensondenarten 52
2.5.3	Verabreichen von Sondennahrung 53
2.6	Ausscheidungen 55
2.6.1	Urin 55
2.6.2	Stuhl 67
2.6.3	Schweiß 74
2.6.4	Erbrechen 74
2.6.5	Sputum 77
2.7	Für Sicherheit sorgen 78
2.7.1	Prophylaktische Maßnahmen 78

IX

Inhaltsverzeichnis

2.7.2	Hygiene	100
2.7.3	Einrichtungen eines Patientenzimmers	105
2.7.4	Wahrnehmungen am Patienten	108
2.7.5	Umgang mit Medikamenten	126
2.7.6	Injektionen	132
2.7.7	Infusionen	140
2.7.8	Transfusionen	145
2.7.9	Venenkatheter	148
2.7.10	Injektionspumpen	154
2.7.11	Physikalische Maßnahmen	155
2.7.12	Sonden	158
2.7.13	Umgang mit Geräten	161
2.7.14	Aseptische und septische Wunden	171
2.7.15	Diagnostik	174
2.7.16	Fixierung eines Patienten	180

2.8	**Kommunikation**	181
2.8.1	Hilfsmittel und Methoden der Kommunikation	181
2.8.2	Störungen der Kommunikation	186

2.9	**Organisation und Administration**	187
2.9.1	Der Krankenpflegeprozeß	187
2.9.2	Pflegemodelle	190
2.9.3	Visite	191
2.9.4	Übergabe	194

2.10	**Spezielle Pflegesituationen**	195
2.10.1	Pflege kranker Kinder	195
2.10.2	Pflege betagter Menschen	195
2.10.3	Umgang mit Sterbenden	196

2.11	**Neue Konzepte und alternative Methoden in der Pflege**	201
2.11.1	Basale Stimulation	201
2.11.2	Kinästhetik	202
2.11.3	Aromatherapie	203
2.11.4	Fußreflexzonentherapie	203

III.	**Fachspezifische Krankenpflege**	**205**

3	**Innere Medizin**	207
3.1	**Pflege bei Erkrankungen des Herzens**	207
3.2	**Pflege bei Erkrankungen des Bronchial- und Lungensystems**	208
3.3	**Pflege bei Erkrankungen von Magen und Darm**	210
3.4	**Pflege bei Erkrankungen der Leber und Gallenblase**	211
3.5	**Pflege bei Erkrankungen der Bauchspeicheldrüse**	213

Inhaltsverzeichnis

3.6	**Pflege bei Tumoren**	216
3.7	**Pflege bei Erkrankungen der Gefäße**	218
3.8	**Pflege bei Erkrankungen der Nieren**	219
3.9	**Pflege bei Erkrankungen der Gelenke**	220
3.10	**Pflege bei Infektionskrankheiten**	222
3.11	**Pflege bei Erkrankungen des Bewußtseins**	225
3.11.1	Bobath-Methode	227

4	**Chirurgie**	230
4.1	**Spezielle Lagerungen**	230
4.1.1	Lagerung bei der Versorgung mit Schienen	230
4.1.2	Lagerung bei Gipsverbänden	231
4.1.3	Extensionen	233

4.2	**Spezielle Verbandtechniken**	235
4.2.1	Kopfhaubenverband mit Schlauchmull	236
4.2.2	Fingerverband mit Schlauchmull und Applikator	237
4.2.3	Brustverband	239
4.2.4	Handverband mit Binden	240
4.2.5	Knie- oder Ellenbogenverband	240
4.2.6	Rucksackverband	242
4.2.7	Fußverband	242
4.2.8	Desault-Verband	242
4.2.9	Gilchrist-Verband	243
4.2.10	Halskrawatte	245

4.3	**Präoperative Maßnahmen**	245
4.4	**Übernahme eines Patienten aus dem OP oder Aufwachraum**	251
4.5	**Spezielle Prophylaxen**	251
4.6	**Postoperative Überwachung und Pflege**	252
4.7	**Umgang mit Sonden und Drainagen**	253
4.8	**Sachgerechtes Versorgen von Wunden**	257
4.9	**Verbandvisite**	259
4.10	**Pflege bei Wundinfektionen**	261
4.11	**Pflege nach Operationen am Bewegungs- apparat**.......................................	262
4.12	**Pflege nach Unfällen**	263
4.12.1	Pflege bei Schädel-Hirn-Trauma (SHT)	264
4.12.2	Pflege bei Verbrennungen	268

4.13	**Pflege nach Operationen im Hals-Kopf- Bereich**.......................................	271
4.14	**Pflege nach Operationen am Thorax**	272
4.15	**Pflege nach Operationen am Abdomen**	274
4.16	**Pflege nach Gefäßoperationen**	275
4.17	**Pflege nach Amputationen**	277
	Fallbeispiel: Verdacht auf Appendizitis	280

Inhaltsverzeichnis

5	**Gynäkologie**	281
5.1	**Gynäkologische Untersuchungen**	281
5.1.1	Entnahme von Untersuchungsmaterial	282
5.1.2	Ziehen von Tamponaden	282
5.1.3	Spülungen des äußeren Genitales	283
5.1.4	Beobachtung von Vaginalsekreten	284
5.2	**Pflege bei entzündlichen Erkrankungen des weiblichen Genitales**	284
5.3	**Pflege vor und nach einem Abort**	286
5.4	**Pflege nach vaginalen und abdominalen Operationen**	287
5.5	**Pflege bei Erkrankungen der weiblichen Brust**	288
	Fallbeispiel: Hysterektomie	290
6	**Geburtshilfe**	291
6.1	**Beobachtung und Pflege der Schwangeren**	291
6.1.1	Pflege der Schwangeren mit vorzeitiger Wehentätigkeit	292
6.1.2	Pflege der Schwangeren mit vorzeitigem Blasensprung	294
6.1.3	Pflege der Schwangeren mit EPH-Gestose	295
6.2	**Teilnahme bei einer Geburt**	296
6.3	**Pflege der Wöchnerin**	299
6.3.1	Pflege nach Kaiserschnitt	300
	Fallbeispiel: Plazentainsuffizienz, EPH-Gestose	301
6.4	**Beobachtung des Neugeborenen**	302
6.5	**Ernährung des Neugeborenen**	304
6.5.1	Das Stillen	306
6.5.2	Verabreichen der Flaschennahrung	308
6.6	**Pflege des Neugeborenen**	310
6.7	**Betreuung von Mutter und Kind bei Rooming-in**	311
6.8	**Säuglingspflege im Inkubator**	313
7	**Pädiatrie**	315
7.1	**Aufnahme eines kranken Kindes**	315
7.2	**Beschäftigung mit Kindern**	316
7.3	**Krankenbeobachtung bei Kindern**	317
7.3.1	Puls	317
7.3.2	Blutdruck	318
7.3.3	Atmung	318
7.3.4	Körpertemperatur	319
7.3.5	Verhalten/Bewußtsein	319
7.3.6	Schlaf	321
7.3.7	Ernährungszustand	321
7.3.8	Ausscheidungen	321
7.3.9	Entwicklungszustand	323

7.4	**Hilfeleistungen bei Diagnostik und Therapie**	.. 324
7.4.1	Gewinnung von und Umgang mit Untersuchungsmaterialien	324
7.4.2	Halten des Kindes bei Untersuchungen und Eingriffen	324
7.4.3	Verabreichen von Medikamenten	328

7.5	**Besonderheiten bei der Pflege kranker Kinder**	. 329
7.5.1	Windeln	329

7.6	**Pflege bei Kindern mit Fieber**	330
7.7	**Pflege bei Kindern mit Ernährungsstörungen**	.. 331
7.8	**Pflege bei Kindern mit Fehlbildungen**	334

8	**Psychiatrie**	338
8.1	**Aufnahme eines Patienten**	338
8.1.1	Information des Patienten	339
8.2	**Beobachtung und Berichterstattung**	340
8.3	**Für Sicherheit sorgen**	340
8.3.1	Besonderheiten des Krankenbettes	341

8.4	**Organisation und Administration**	342
8.5	**Hilfeleistungen bei Diagnostik und Therapie**	.. 342
8.5.1	Umgang mit Medikamenten	343

8.6	**Arbeit in der Sozialpsychiatrie**	344
8.7	**Pflege bei Schizophrenien**	345
8.8	**Pflege bei Manien und Depressionen**	346
8.9	**Pflege bei suizidgefährdeten Patienten**	349
8.10	**Pflege bei gerontopsychiatrischen Patienten**	... 350
8.11	**Pflege bei suchtkranken Patienten**	351
8.12	**Pflege bei Neurosen und Psychopathien**	353
	Fallbeispiel: Schwere Depression	355

9	**Neurologie**	356
9.1	**Beobachtung und Berichterstattung**	356
9.2	**Hilfeleistungen bei Diagnostik und Therapie**	.. 357
9.3	**Pflege bei Erkrankungen des Gehirns**	359
9.3.1	Pflege bei epileptischen Anfällen	359
9.3.2	Pflege bei Durchblutungsstörungen	361
9.3.3	Pflege bei Entzündungen im Zentralnervensystem	361
9.3.4	Pflege bei Hirntumoren	362
9.3.5	Pflege beim Parkinson-Syndrom	365

9.4	**Pflege bei Erkrankungen des Rückenmarks**	 367
9.4.1	Pflege bei Patienten mit Multipler Sklerose	367
9.4.2	Pflege bei Patienten mit Querschnittslähmung	 369

9.5	**Pflege bei Erkrankungen der peripheren Nerven und Muskeln**	372
9.5.1	Pflege bei Patienten mit Polyneuropathie	372

XIII

Inhaltsverzeichnis

9.5.2	Pflege bei Patienten mit Myopathien	372
	Fallbeispiel: Zerebraler Krampfanfall	373

10	**Urologie**	374
10.1	**Vorbereitung und Nachsorge bei Diagnostik und Therapie**	374
10.1.1	Blasenspülung	378
10.1.2	Blaseninstillation	379
10.1.3	Untersuchung des Ejakulates	380

10.2	**Mögliche Harnableitungen**	381
10.2.1	Blasenkatheter und Nephrostomie-Drain	381
10.2.2	Urostoma	382

10.3	**Pflege bei urologischen Erkrankungen**	383
10.3.1	Pflege bei Steinleiden	384
10.3.2	Pflege bei Tumoren der Nieren, der ableitenden Harnwege und der Hoden	386
10.3.3	Pflege bei entzündlichen Erkrankungen	388
10.3.4	Pflege bei Entleerungsstörungen	392

10.4	**Pflege nach urologischen Operationen**	393
10.5	**Pflege bei verschiedenen Dialyseverfahren**	395
10.6	**Notfälle in der Urologie**	399
	Fallbeispiel: Steinleiden	402

11	**Ambulante Krankenpflege**	403
11.1	**Organisation und Administration**	403
11.2	**Informationen über soziale Angebote**	404
11.3	**Pflegeversicherung**	405

12	**Intensivstationen**	407
12.1	**Aufbau und Einrichtung**	407
12.2	**Aufnahme und Verlegung eines Patienten**	410
12.3	**Pflegedokumentation**	410
12.4	**Umgang mit den Geräten auf einer Intensivstation**	411
12.4.1	EKG und Pulsfrequenzmessung	411
12.4.2	Unblutige und blutige arterielle Blutdruckmessung	412
12.4.3	Zentrale Venendruckmessung	414
12.4.4	Temperaturmessung	414
12.4.5	Infusionspumpe	414
12.4.6	Injektionspumpe	417
12.4.7	Ernährungspumpe	417
12.4.8	Thoraxsaugdrainage-System	417
12.4.9	Ultraschallvernebler	420
12.4.10	Defibrillator	420
12.4.11	Beatmungsgeräte	421

12.5	**Notfallsituationen**	423
12.6	**Beatmung**	424

Inhaltsverzeichnis

12.6.1	Intubation	424
12.6.2	Tracheotomie	424
12.6.3	Endotracheales Absaugen	425

13	**Ambulanz**	428
13.1	**Mithilfe im Gipsraum**	428
13.1.1	Anlegen eines Gipsverbandes	428
13.1.2	Anlegen eines Kunststoffverbandes	430

13.2	**Mithilfe bei der chirurgischen Wundversorgung**	433
13.2.1	Tetanusprophylaxe	434

13.3	**Mithilfe bei Verbänden**	435
13.3.1	Funktionelle Verbände (Tape-Verband)	435

14	**Operationsabteilung**	440
14.1	**Aufbau und Einrichtung**	440
14.2	**Übernahme und Lagerung des Patienten**	444
14.3	**Hilfeleistungen vor, während und nach Operationen**	444
14.3.1	Vorbereitungen des Operationsraumes	445
14.3.2	Springer-Funktion	445
14.3.3	Ausstattung des Waschraumes	445
14.3.4	Chirurgische Händedesinfektion	446
14.3.5	Assistenz beim Anziehen steriler Kittel	446
14.3.6	Anziehen der sterilen Handschuhe	448

15	**Anästhesie**	452
15.1	**Geräte und Materialkunde**	452
15.2	**Aufgaben in der Anästhesie**	453
15.2.1	Kontrolle der Vitalfunktionen	454
15.2.2	Überwachung von Infusionen, Transfusionen und zentralen Venenkathetern	454
15.2.3	Assistenz bei der Intubation	454
15.2.4	Assistenz bei der Extubation	459

15.3	**Beatmung**	459
15.3.1	Beatmung mit Hilfsmitteln	460

15.4	**Verschiedene Anästhesieformen**	462

16	**Internistische Funktionsabteilungen**	465
16.1	**Aufgaben des Pflegepersonals**	465
16.2	**Endoskopische Untersuchungen**	467
16.2.1	Gastroskopie (Oesophago-Gastroduodenoskopie)	468
16.2.2	Koloskopie	471
16.2.3	Rektoskopie	473
16.2.4	Bronchoskopie	474
16.2.5	Laparoskopie	476
16.2.6	ERCP (endoskopisch-retrograde Cholangio-Pankreatographie)	477

Inhaltsverzeichnis

16.3	**Assistenz bei Punktionen**	479
16.3.1	Pleurapunktion	480
16.3.2	Leberbiopsie	481
16.3.3	Sternalpunktion	482
16.3.4	Beckenkammbiopsie	484
16.3.5	Lumbalpunktion	485
16.4	**Umgang mit Präparaten**	487
16.5	**Reinigung und Pflege von Endoskopen und Instrumenten**	487

IV.	**Die Herz-Lungen-Wiederbelebung**	**489**

17	**Herz-Kreislauf-Stillstand**	491
17.1	**Anforderungen an das Pflegepersonal**	491
17.1.1	Vorgehen beim Auffinden eines Patienten mit Störungen der Vitalfunktionen	492
17.2	**Herz-Lungen-Wiederbelebung durch einen Helfer**	493
17.3	**Herz-Lungen-Wiederbelebung durch zwei Helfer**	498
17.4	**Herz-Lungen-Wiederbelebung bei Kleinkindern**	504
17.5	**Medikamente und Materialien zur Wiederbelebung**	506

V.	**Normwerte klinisch-chemischer Untersuchungen**	**509**

18	**Verschiedene Untersuchungen**	511
18.1	**Hämatologische Untersuchungen**	511
18.2	**Normalwerte in Serum, Plasma, Vollblut**	512
18.3	**Liquoruntersuchungen**	514
18.4	**Urinuntersuchungen**	514

VI.	Grundlagen für die Schüleranleitung	**515**

19	**Beurteilung und Gespräche**	517
19.1	**Beurteilungsschwerpunkte bei der Praxisanleitung**	517
19.1.1	Inhalte eines Planungsprotokolls zur Praxisanleitung	517
19.1.2	Kurzbericht über den Patienten und die Pflegesituation	517
19.2	**Beurteilung des Schülers**	518
19.3	**Gesprächsprotokolle**	519
19.3.1	Inhalte des Vorgesprächsprotokolls	519

19.3.2   Inhalte des Zwischengesprächsprotokolls 520
19.3.3   Inhalte des Abschlußgespräches 520

VII.   Tätigkeitskatalog 521

Inhaltsverzeichnis 523
Grund- und Behandlungspflege 527
Fachspezifische Krankenpflege 571
(Innere Medizin – Chirurgie – Gynäkologie – Geburts-
hilfe – Pädiatrie – Psychiatrie – Neurologie – Urologie –
Ambulante Krankenpflege – Intensivstation – Ambulanz
– Operationsabteilung – Anästhesie – Internistische
Funktionsabteilungen)

Literaturangaben 661
Bildnachweis 663
Stichwortverzeichnis 667

I. Einführung

1 Grundsätzliches

1.1 Einleitung

In diesem Pflegeleitfaden finden Sie eine Strukturierung praktischer Ausbildungsinhalte mit dem Ziel, Ihnen eine Orientierungs- und Lernhilfe für die praktischen Einsätze an die Hand zu geben.

Ihnen liegt somit ein Pflegeleitfaden für alle wichtigen Pflegemaßnahmen, ein umfassendes Lernangebot und die Möglichkeit der Dokumentation für Ihre praktische Ausbildung vor, der aber ein umfassendes Lehrbuch für Krankenpflege weder ersetzen kann noch will.

Die Fragen und Hinweise für eine Pflegeplanung am Ende der Kapitel helfen Ihnen, den Stoff zu wiederholen.

Voraussetzungen für einen optimalen **Lernerfolg** sind aber:
- das verantwortliche Führen des Buches in Zusammenarbeit mit Ihrer Einsatzstation und der Krankenpflegeschule;
- die pflegerische Arbeit gemeinsam mit einer Bezugsperson (Anleiter);
- das Überprüfen und Dokumentieren der aufgelisteten Lernangebote in der entsprechenden Lernphase durch die Bezugsperson der Station;
- ein dem Einsatz vorausgehendes Gespräch (Vorgespräch) zur Feststellung Ihres Lernstandes mit der Lernplanung für den jeweiligen Einsatz;
- ein innerhalb des Einsatzes vorgenommenes Gespräch (Zwischengespräch) zur Analyse des bisherigen Einsatzes und zur weiteren Lernplanung;
- ein Abschlußgespräch (Nachgespräch), in dem Sie Ihre Lernerfahrungen äußern und von der Station Rückmeldung erhalten können.

Der Pflegeleitfaden ist deshalb in sieben große Abschnitte gegliedert:
I. **Informationen:** Hinweise zum Umgang mit dem Pflegeleitfaden, Ziele der praktischen Ausbildung und ein Nachweisblatt als Einsatzübersicht.
II. **Allgemeine Grund- und Behandlungspflege:** Zusammenfassung der allgemeinen, fächerübergreifenden und immer wiederkehrenden Pflegemaßnahmen.
III. **Fachspezifische Krankenpflege:** Darstellung typischer Pflegemaßnahmen einzelner Fachdisziplinen.
IV. **Herz-Lungen-Wiederbelebung:** Schnellorientierung für eine Reanimation im Notfall.
V. **Normwerte klinisch-chemischer Untersuchungen:** Übersicht der wichtigsten Normalwerte klinisch-chemischer Untersuchungen.
VI. **Grundlagen zur Schüleranleitung:** Verschiedene Vorlagen zur Beurteilung des Schülerverhaltens und zur Dokumentation von Schülergesprächen.

1 Grundsätzliches

VII. **Tätigkeitskatalog:** Auflistung des Lernangebotes, Dokumentation und der Nachweis über Ihren jeweiligen Ausbildungsstand.

Grundsätzlich ist zu den Pflegemaßnahmen anzumerken, daß es immer notwendig ist, den Patienten zu informieren, die benutzten Gegenstände sachgerecht zu entsorgen und jede Maßnahme zu dokumentieren. Diese Aspekte sind sehr wichtig, aber hoffentlich doch so selbstverständlich, daß sie nicht bei allen Maßnahmen erneut erwähnt werden.

1.2 Anleitung zum Führen des Pflegeleitfadens

1. **Dokumentieren:**
Sie sind durch diesen Pflegeleitfaden mitverantwortlich für Ihren Lernzuwachs. Legen Sie daher mindestens wöchentlich Ihren Pflegeleitfaden der verantwortlichen Pflegeperson oder dem Praxisleiter zur Überprüfung vor.
Lassen Sie sich die bereits gesehenen, unter Aufsicht und selbständig vorgenommenen Tätigkeiten von der Pflegeperson, die Sie angeleitet hat, mit Datum und Unterschrift abzeichnen.

2. **Lernphasen:**
Die Anleitung bzw. Überprüfung der Lernangebote erfolgt entsprechend Ihrem Ausbildungsstand.
Pflegerelevante Informationen zu den einzelnen Pflegemaßnahmen finden Sie dazu im Teil II, III und IV.
1. Lernphase: Die erste Lernphase besteht im wesentlichen aus dem konzentrierten Sehen von pflegerischen Tätigkeiten.
2. Lernphase: In dieser Übungsphase soll mehrmals unter Aufsicht eine pflegerische Tätigkeit trainiert werden.
3. Lernphase: Der letzte Schritt ist erreicht, wenn Sie über ein zügiges, fehlerfreies Handlungsspektrum verfügen und die Pflegemaßnahme selbständig übernehmen. Dafür ist eine Kontrolle durch eine examinierte Pflegeperson notwendig, die auch den theoretischen Hintergrund der Maßnahme abfragt.

3. **Buchkontrolle:**
Im Informationsteil finden Sie ein Blatt zum selbständigen Eintragen Ihrer Stations- und Abteilungseinsätze nach Vorgabe.
Der Pflegeleitfaden sollte vor jedem Einsatz dem zuständigen Praxisanleiter zum Vorgespräch und nach jedem Einsatz der Schulleitung zur Kontrolle vorgelegt werden.

4. **Einsatznachweis:**
Der Einsatznachweis auf den letzten Seiten gibt eine Übersicht über den bisherigen Verlauf Ihrer Krankenpflegeausbildung. In den Spalten sind die praktischen Einsatzgebiete, Einsatzstunden, Fehlzeiten und die Bestätigung des erfolgreichen Einsatzes zu dokumentieren. Unter Bemerkungen können nen Besonderheiten (z.B. Unterbrechung durch Urlaub) aufgelistet werden.

II. Grund- und Behandlungspflege

2 Allgemeine Richtlinien

2.1 Betten und Lagern

2.1.1 Betten eines Patienten

Das „Bettenmachen" wird üblicherweise zweimal am Tag ausgeführt und bedeutet das Aufschütteln der Decken und Kissen und Glattziehen des Lakens (Abb. 2-1 und 2-2).
Folgende Voraussetzungen sind wichtig:
– Benutzen eines Bettenpflegewagens mit frischer Wäsche, Pflegeutensilien, Abwurf für die gebrauchte Wäsche
– rückenschonende Arbeitsweise (gerader Rücken, aufrechte Haltung, gebeugte Knie, weite Schrittstellung, körpernaher Belastungsschwerpunkt)
– möglichst wenige Arbeitsschritte, um den Patienten nicht unnötig zu belasten
– Beachtung der Hygiene (Desinfektion der Hände vor und nach jedem Betten, Benutzen von Einmalhandschuhen, Tragen von Schutzkittel bzw. Pflegeschürze, kein Staubaufwirbeln, Schmutzwäsche direkt entsorgen)

• **Betten eines bettlägerigen Patienten**
Das Betten ist immer vom Zustand und von der Mobilität des Patienten abhängig.
– Information des Patienten über die beabsichtigten Pflegemaßnahmen
– Nachttisch zur Seite (direkter Zugang zum Bett)
– Stuhl zur Ablage der Patientendecke bereitstellen
– Kopfteil wenn möglich flach stellen
– Kissen entfernen
– Patienten auf die Seite drehen (Kopf mit Nackenkissen unterstützen)
– Lein- und Spanntuch lösen und gleichmäßig neu spannen
– Patienten auf die andere Seite drehen und Lein- mit Spanntuch nachziehen
– Patienten auf den Rücken zurückdrehen, Kissen ins Bett legen und zudecken
Um ein unnötiges Drehen des Patienten zu vermeiden, sollen die wichtigsten Maßnahmen (Prophylaxen, Waschen des Patienten, Bettgymnastik) während des Bettens erfolgen.

2 Allgemeine Richtlinien

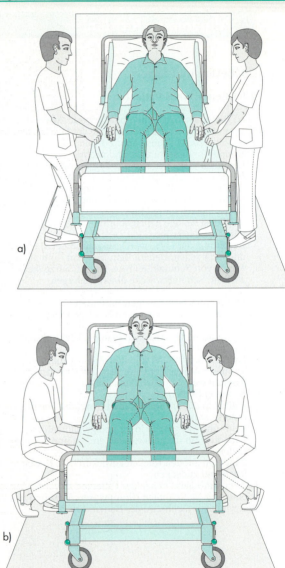

Abb. 2-1 Bettenmachen
(a) Spannen des Leintuchs   (b) Einstecken der Decke

Betten und Lagern 2.1

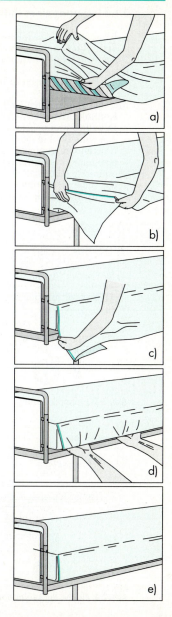

Abb. 2-2 a bis e Falten der Ecken beim Bettbeziehen

2 Allgemeine Richtlinien

2.1.2 Lagerung eines Patienten

Jeder gesunde Mensch kann durch Bewegungen seine Lage verändern und Körperregionen entlasten. Dadurch werden lokale Ischämien (Durchblutungsstörungen) mit Schmerzen verhindert.
Der erkrankte Mensch ist hier auf die Hilfe des Pflegepersonals angewiesen.
Mit einer entsprechenden Lagerung kann man:
– Kontrakturen (Gelenkfehlstellungen) vermeiden
– Dekubitusprophylaxe erreichen
– den Sekretfluß in den Atemwegen verbessern (Pneumonieprophylaxe)
– eine relative Schmerzfreiheit erzielen
– erkrankte Gliedmaßen ruhigstellen
– das subjektive Wohlbefinden verbessern
– lebensbedrohende Zustände verbessern (Schocklagerung)

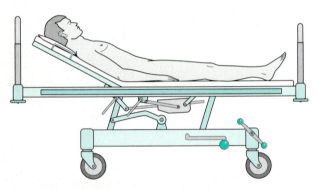

Abb. 2-3 Normallagerung

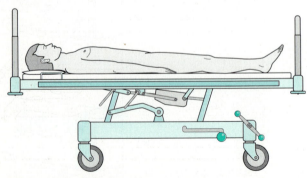

Abb. 2-4 Flache Rückenlagerung

Betten und Lagern 2.1

Normallagerung (Abb. 2-3)
Indikationen: Bei mobilen Patienten im Bett.

 Unterstützung der normalen Wirbelsäulenkrümmungen (Hals- und Lendenlordose), eventuell mit Kissen.

Flache Rückenlagerung (Abb. 2-4)
Indikationen:
- postoperativ (Bewußtseinseintrübung durch die Anästhesie)
- Schädel-Hirn-Traumen (SHT)
- Gehirnerschütterung
- Wirbelsäulen- und Beckenfrakturen

 Zum Freihalten der Atemwege Kopf und Nacken durch ein kleines Kissen unterstützen.
Knierolle zum Entlasten der Bauchdecke.

Seitenlagerungen (Abb. 2-5 a, b)
Indikationen z. B.:
- Bewußtlosigkeit (z. B. 90°-Lagerung; Abb. 2-5 a)
- nach Lungenoperationen
- Patienten mit Lähmungen (Hemiplegie)

 Drehen des Patienten auf die Seite und mit Lagerungshilfsmitteln unterstützen. Kopfteil kann leicht erhöht sein.

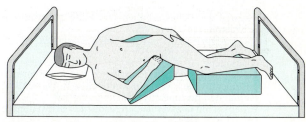

Abb. 2-5a Schema der 90°-Seitenlagerung

2 Allgemeine Richtlinien

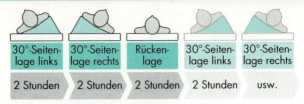

Abb. 2-5b Schema der Seitenlagerung (Fortsetzung)

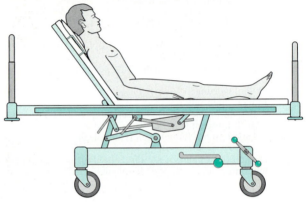

Abb. 2-6 Oberkörperhochlagerung

Oberkörperhochlagerung (Abb. 2-6)
Indikationen:
- zur Nahrungsaufnahme (Verringern der Aspirationsgefahr)
- Herz- und Ateminsuffizienz (Atmungserleichterung und Kreislaufentlastung)
- Schädel-Hirn-Traumen (Hirndruckentlastung)
- Spinalanästhesie (verhindert das Aufsteigen von Lokalanästhetika)

 Rückenteil des Bettes erhöhen und Füße gut abstützen, evtl. eine Knierolle einbetten.

Beinhochlagerung (Abb. 2-7)
Indikationen:
- Förderung des venösen Rückflusses (Thromboseprophylaxe)
- postoperativ nach Venenoperationen, z.B. Varizen-OP (vermindert postoperative Nachblutungen)
- Patienten mit Gipsverbänden (vermeidet Schwellungen)

 Lagerungskissen oder Schaumstoffschiene benutzen, Fußteil hochstellen, Leiste nicht einknicken.

Betten und Lagern 2.1

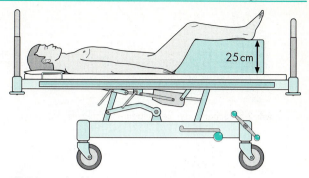

Abb. 2-7 Beinhochlagerung

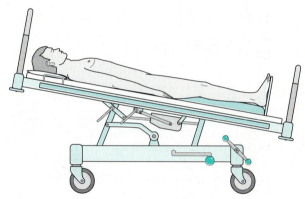

Abb. 2-8 a Beintieflagerung – „schiefe Ebene"

Beintieflagerung – „schiefe Ebene" (Abb. 2-8 a und b)
Indikationen:
- arterielle Durchblutungsstörungen (Förderung der arteriellen Durchblutung)
- Patienten mit Halswirbelfraktur, versorgt durch Glisson-Schlinge oder Crutchfield-Klammer (für die Kontinuität des Zuges)

 Das gesamte Bettniveau wird schräg gestellt. Zum Abstützen gepolsterte Fußstützen benützen.

Bauchlagerung (Abb. 2-9)
Indikationen:
- Dekubitusprophylaxe
- Verbrennungen
- Hauttransplantationen am Rücken oder Gesäß

2 Allgemeine Richtlinien

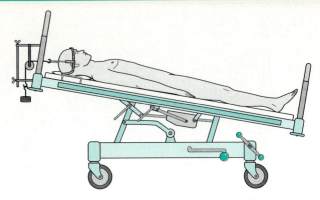

Abb. 2-8 b Beintieflagerung – „schiefe Ebene" mit Crutchfield-Klammer

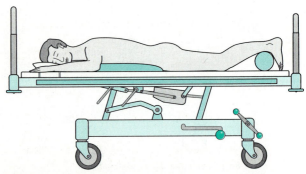

Abb. 2-9 Bauchlagerung

 Das Kopfteil flach stellen.
Den Kopf zur Seite drehen und mit einem kleinen Kissen unterstützen, wie auch den Bauch.
Die Füße sind mit weichen Polstern unter den Unterschenkeln zu entlasten (Spitzfußprophylaxe).

Trendelenburg-Lage – „Schocklagerung" (Abb. 2-10)
Indikationen:
- Ohnmacht
- Schock
- Blutverlust
- Legen von zentralvenösen Zugängen (Vermeiden einer Luftembolie)
- zerebrale Durchblutungsstörung

14

Betten und Lagern **2.1**

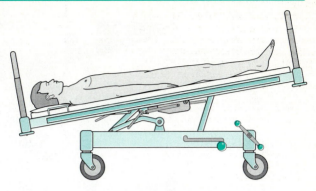

Abb. 2-10 Trendelenburg-Lage – „Schocklagerung"

 Das ganze Bettniveau wird schräg gestellt.
Der Kopf lagert auf einem kleinen Kissen. Es ist darauf zu achten, daß er tiefer als die untere Körperhälfte liegt.

2.1.3 Umgang mit Lagerungshilfsmitteln

Lagerungshilfsmittel erleichtern dem Kranken die entsprechende Lage und vermeiden Lagerungsschäden.

- **Spezialmatratzen und Lagerungshilfsmittel zur Druckentlastung**

Superweichmatratze: sehr weiche, dreiteilige Matratze mit einer wasserdampfundurchlässigen Membran (Abb. 2-11). Die drei Teile sind untereinander austauschbar.

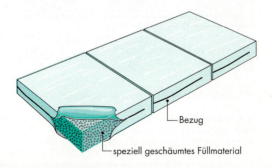

Abb. 2-11 Superweichmatratze

15

2 Allgemeine Richtlinien

Abb. 2-12 Gelkissen

Gelkissen: gallertartig-elastisches Synthetikmaterial mit Schutzhülle. Nur mit Schutzbezug benutzen (Abb. 2-12).

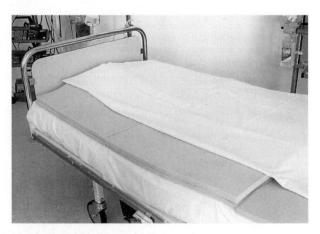

Abb. 2-13 Schaumstoffkissen

Schaumstoffkissen: Schaumstoffkeile, -matten oder -blöcke, die individuell dem Patienten angepaßt werden.
Immer mit Schutzbezug benutzen (Abb. 2-13).

Spezialkissen: z. B. Roha-Flotationskissen, Rhombo-Fill, unterschiedlich (z. B. mit Polystyrolkügelchen) gefüllt (Abb. 2-14).

Betten und Lagern 2.1

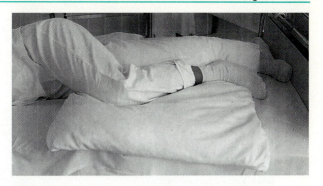

Abb. 2-14 Rhombo-Fill-Kissen

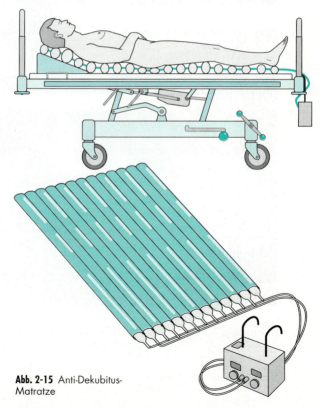

Abb. 2-15 Anti-Dekubitus-Matratze

Allgemeine Richtlinien

Anti-Dekubitus-Matratze: Wechseldruckmatratze mit quer oder längs angeordneten Luftkammern. Ein elektrisch betriebenes Aggregat belüftet rhythmisch die einzelnen Kammern. Sie wird auf die normale Matratze gelegt (Abb. 2-15).

Fersen-Ellenbogen-Schoner: unterschiedliche Materialien (z.B. Gelkissen, Synthetik- oder Naturfelle, Luftkissen) (Abb. 2-16).

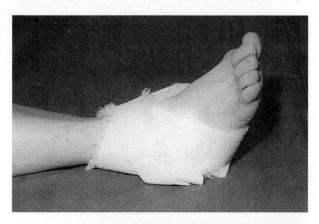

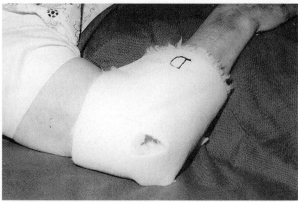

Abb. 2-16 Fersen-Ellenbogen-Schoner

Betten und Lagern   2.1

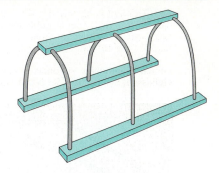

Abb. 2-17 Bettbogen

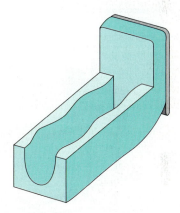

Abb. 2-18 Schaumstoffschiene nach Keel

Bettbogen: verschiedene Ausführungen (Metall oder Holz). Zur Druckentlastung und Spitzfußprophylaxe (Abb. 2-17).

• **Lagerungshilfsmittel zur Ruhigstellung**
Zur bedingten Ruhigstellung einer Extremität oder eines Körperabschnittes und zur Sicherung des Operationsergebnisses nach Eingriffen (z. B. Osteosynthesen) können Schienen für Arme und Beine benutzt werden. Es kann auch notwendig sein, daß ein Patient zu seiner eigenen Sicherheit am Aufstehen gehindert werden muß. Dazu gibt es verschiedene Fixiergurte.

Schaumstoffschiene: Schiene mit ausgeschnittener Liegerille und flachem Kniewinkel (Abb. 2-18).

Allgemeine Richtlinien

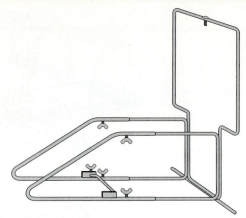

Abb. 2-19 Braun-Schiene

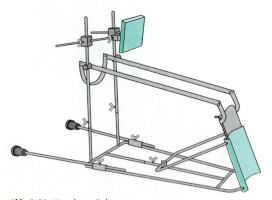

Abb. 2-20 Kirschner-Schiene

Braun-Schiene: Schiene mit starrem Kniewinkel, Länge des Unterschenkelteiles ist verstellbar.
Die Fixation der Schiene erfolgt an einem Extensionsgerüst (Abb. 2-19).

Kirschner-Schiene: Schiene mit verstellbarem Kniewinkel. Länge des Ober- und Unterschenkelteiles ist verstellbar. Die Fixation der Schiene erfolgt an einem Extensionsgerüst (Abb. 2-20).

Volkmann-Schiene: dachrinnenförmige starre Flachschiene ohne Kniewinkel. Die Gesamtlänge ist verstellbar (Abb. 2-21).

Betten und Lagern **2.1**

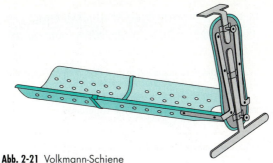

Abb. 2-21 Volkmann-Schiene

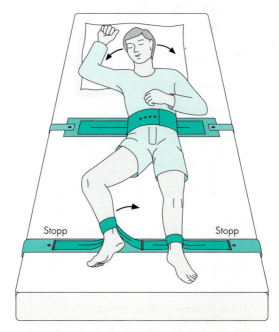

Abb. 2-22 Fixiergurte

Fixiergurte: Fixiergurte gibt es in unterschiedlicher Ausstattung und Materialbeschaffenheit (z. B. Leder). Nur nach Arztverordnung anlegen (s. Kap. 2.7.16).
Der Patient ist sehr stark in seiner Bewegungsfreiheit eingeengt, deshalb muß der Patientenruf für ihn erreichbar sein (Klingel) (Abb. 2-22).

Wie war das noch ...?

Was sind die Voraussetzungen zum Betten eines Patienten?

Was bewirkt eine zweckmäßige Lagerung?

Wann werden folgende Lagerungen eingesetzt?

Normallagerung

Flache Rückenlagerung

Seitenlagerung

Oberkörperhochlagerung

Beinhochlagerung

Beintieflagerung

Bauchlagerung

Trendelenburg-Lagerung

Wozu benötigt man Lagerungshilfsmittel?

Nennen Sie Besonderheiten der folgenden Schienen:

Schaumstoffschiene

Braun-Schiene

Kirschner-Schiene

Volkmann-Schiene

Was ist beim Verwenden von Fixiergurten zu beachten?

Betten und Lagern **2.1**

2.2 Mobilisation des Patienten

Durch Mobilisieren soll der Patient seine Beweglichkeit wiedererlangen.
Bei langer Inaktivität (Bettruhe, Gipsverbände) kommt es zur Atrophie der Skelettmuskulatur und Degeneration der Gelenke.
Die Mobilisation eines Patienten ist abhängig von:
– seinem momentanen Kräftezustand
– seiner psychischen und geistigen Verfassung (Eigenaktivität)
– dem Krankheitsbild
– dem Therapieziel

2.2.1 Mobilisation im Bett

Bewegungsübungen müssen immer angeordnet werden.

Vertrauensbasis zum Patienten herstellen
– Information über die beabsichtigten Maßnahmen
– kleine erreichbare Therapieziele stecken
– Patienten aufmuntern und loben

Überwachung des Patienten
– Kontrolle der Vitalzeichen vor und nach der Maßnahme

• **Besondere Formen der Mobilisation**

Passive Mobilisation: Die Mobilisation wird vollständig vom Therapeuten übernommen.

Assistive Mobilisation: Der Patient beteiligt sich körperlich, je nach Zustand und ärztlicher Anordnung.

Aktive Mobilisation: Der Patient bewegt sich unter Anleitung selbständig.

Resistive Mobilisation: Der Patient muß sich gegen einen Widerstand bewegen und trainiert dadurch besonders seine Muskulatur.

2.2.2 Umgang mit Gehhilfe „Unterarmgehstützen"

Unterarmgehstützen helfen dem Patienten beim Gehen und müssen besonderen Sicherheitsbestimmungen entsprechen.

Kontrolle der Unterarmgehstützen
– einseitige Abnützung der Gummistopfen
– Sauberkeit
– Materialdefekte (Risse)

Anpassen der Unterarmgehstützen (Abb. 2-23)
– Unterarmgehstütze neben den Patienten stellen

2 Allgemeine Richtlinien

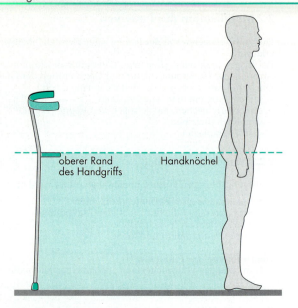

Abb. 2-23 Anpassen von Unterarmgehstützen

- Arm hängen lassen
- Handgriff auf die Höhe des Handgelenkes einstellen
- Unterarmstütze etwa 2–4 Fingerbreiten unter dem Ellenbogengelenk

Den richtigen Gebrauch üben
- Gehübungen (1-Punkt-/4-Punkt-Gang)
- Benutzen der Treppen

2.2.3 Richtiges Heben und Tragen von Lasten

Um Schäden am aktiven und passiven Bewegungsapparat zu vermeiden, sind das richtige Heben und Tragen von Lasten notwendig (Abb. 2-24).
Folgende Grundsätze sind zu beachten:

Ausgangsstellung
- Schritt- oder Grätschstellung (hohe Standsicherheit)

Atmung
- beim Aufnehmen einatmen und Luft anhalten
- beim Tragen gleichmäßig weiteratmen
- beim Absetzen die Luft ausatmen

Betten und Lagern 2.1

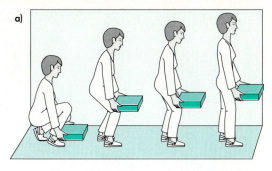

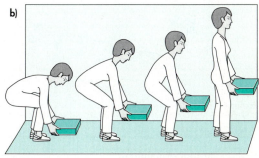

Abb. 2-24a und b Richtiges (a) und falsches (b) Aufheben vom Boden

Schuhwerk
- rutschfeste, bequeme und geschlossene Schuhe
  (siehe Unfallverhütungsvorschriften)

Körperhaltung
- gerader Rücken (Wirbelsäule wird gleichmäßig belastet)
- gebeugte Knie

Schwerpunktverlagerung
- Heranführen der Last zum Körper
  (gleichmäßige Verteilung der Lasten auf die Gelenkflächen und Muskulatur)

Hilfsmittel
- Hilfsmittel (Patientenlifter, Rollstühle) einsetzen

Umgang mit dem Patientenlifter
Zum kräfteschonenden Arbeiten empfehlen sich Patientenlifter. Die Wirbelsäule des Anwenders wird deutlich entlastet (Abb. 2-25). Ein sicherer Umgang mit dem Gerät muß gewährleistet sein. Die Bedienungsanleitungen sind zu beachten.

2 Allgemeine Richtlinien

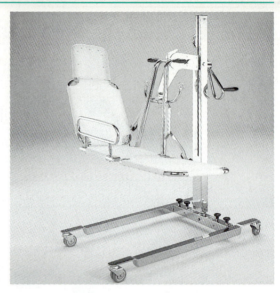

Abb. 2-25
Patientenlifter

2.2.4 En-bloc-Aufstehen

 Zur Entlastung der Wirbelsäule des Patienten soll das Aufstehen über die Seitenlage erfolgen.

• **Besondere Formen des En-bloc-Aufstehens**

Passives Aufstehen: Das En-bloc-Aufstehen wird vollständig vom Pflegepersonal übernommen.
Assistives Aufstehen: Der Patient beteiligt sich am En-bloc-Aufstehen und erhält je nach körperlichem Zustand Unterstützung vom Pflegepersonal.
Aktives Aufstehen: Der Patient steht selbständig en bloc auf.

Vorgehen (Abb. 2-26 a bis e)
– Patienten über das Aufstehen informieren
– Beine anziehen (Abb. 2-26 a)
– von der Rücken- in die Seitenlage drehen (Abb. 2-26 b)
– Unterschenkel über den Bettrand bewegen (Abb. 2-26 c)
– Oberkörper, mit Unterstützung der Arme, seitlich anheben und dabei einen Rundrücken vermeiden (Abb. 2-26 d)
– in eine aufrechte Sitzposition kommen (Abb. 2-26 e)
– Patienten zur Anpassung des Kreislaufs an die neue Körperposition unter Aufsicht sitzen lassen und Vitalzeichen beobachten

Betten und Lagern **2.1**

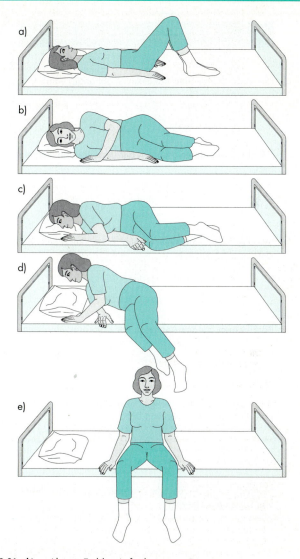

Abb. 2-26 a bis e Aktives En-bloc-Aufstehen eines Patienten
a) Beine anziehen; b) von der Rücken- in die Seitenlage drehen;
c) Unterschenkel über den Bettrand bewegen; d) Oberkörper seitlich
anheben; e) in eine aufrechte Sitzposition kommen

2 Allgemeine Richtlinien

Wie war das noch …?

Die Mobilisation eines Patienten ist abhängig von:

Welche besonderen Formen der Mobilisation kennen Sie?

Welche Kontrollen sind wichtig beim Anpassen von Unterarmgehstützen?

Beschreiben Sie das Anpassen der Unterarmgehstützen:

Beschreiben Sie die richtige Ausgangsstellung und Körperhaltung beim Tragen von Lasten:

Nennen Sie Hilfsmittel, die Sie zum Tragen und Heben von Lasten einsetzen:

2.3 Kleiden des Patienten

Da das Wohlbefinden unter anderem von der Bekleidung abhängig ist, sollen Patienten möglichst lange ihre eigene, gewohnte Kleidung tragen. Die Bekleidung soll der Erkrankung entsprechen (z.B. mobile Patienten einen Trainingsanzug oder normale Straßenkleidung). Bei Patienten die operiert wurden und bei denen evtl. eine postoperative Schwellung zu erwarten ist (z.B. Struma), muß darauf geachtet werden, daß die Kleidung weit genug ist. Bei stark pflegebedürftigen Patienten ist das Tragen von Krankenhaushemden notwendig.

Im Rahmen der Gesundheitserziehung ist auf eine gesunde Bekleidung (hoher Naturfaseranteil) zu achten (Tab. 2-1).

2 Allgemeine Richtlinien

Tab. 2-1: Eigenschaften von Textilfasern. Übersicht aus: Der Stoff, aus dem die Kleider sind. Kleines Textil-ABC. Bundesausschuß für volkswirtschaftliche Aufklärung e.V., Köln

Faserart	Festigkeit und Strapazier-fähigkeit	Feuchtigkeits-aufnahme (Schweiß)	Hitzeverträg-lichkeit (Entflamm-barkeit)	Wasch-festigkeit	Besonderheiten
Baumwolle	gut	sehr gut	sehr gut	sehr gut (kochfest)	weich, anschmiegsam, knittert, beult aus, neigt zum Einlaufen, hält nicht sehr warm (Ausnahme: aufgerauhte Stoffe, z. B. Biber, Flanell, Molton)
Leinen (Flachs)	sehr gut	sehr gut	sehr gut	sehr gut (kochfest)	beult nicht aus, läuft kaum ein, rauht nicht auf, fusselt nicht, nimmt nicht leicht Geruch an, trocknet rasch, knittert, etwas derb, wenig anschmieg-sam, hält nicht warm, wirkt kühl
Wolle	feine Fasern: gut kräftige Fasern: sehr gut	sehr gut	mäßig	gering	hält warm, hat großen Knitterwiderstand, zeigt gute Knittererholung, filzt bei unsach-gemäßer Wäsche, ist mottenanfällig

30

Kleiden des Patienten 2.3

Seide	sehr gut	sehr gut	mäßig	gering	sehr fein, weich, anschmiegsam, hat großen Knitterwiderstand, fällt fließend, wirkt elegant, hält nicht sehr warm
Viscose Cupro	gut	sehr gut	mäßig	mäßig	weich, geschmeidig, mottensicher, einlaufsicher, knittert
Modal	gut	mäßig	mäßig	gut	weich, geschmeidig, mottensicher, maßbeständig, knittert
Acetat Triacetat	gut	gering	gering	gering	weich, geschmeidig, mottensicher, einlaufsicher, knittert nicht bei sachgemäßer Waschbehandlung, pflegeleicht, leicht entflammbar
Polyamid Polyacryl Polyester	sehr gut	gering	Polyamid, Polyacryl: gering Polyester: mäßig	mäßig	weich, geschmeidig, mottensicher, knittert nicht bei sachgemäßer Waschbehandlung, einlaufsicher, pflegeleicht, fäulnis- und verrottungsfest, leicht, beult nicht aus, trocknet rasch, leicht entflammbar, lädt sich elektrostatisch auf
Polychlorid	sehr gut	gering	sehr gering 50–70 °C	gering	wie bei Polyamid, Polyacryl, Polyester
Elasthan	sehr gut	gering	gering	mäßig	wie bei Polyamid usw., jedoch zusätzlich sehr dehnbar und vollkommen elastisch

2.4 Körperpflege

Die Körperoberfläche ist durch Schmutz aus der Umwelt und durch Hautabsonderungen verunreinigt. Von der obersten Hautzone (Epidermis) werden abgestorbene Hautzellen abgestoßen. Die Schweiß- und Talgdrüsen sondern einen dünnen Film ab, der die Hautoberfläche überzieht. Auf der Haut lebende Bakterien zersetzen die Absonderungen, es entsteht der typische Körper- und Schweißgeruch. Eine regelmäßige, tägliche Hautreinigung gehört zur persönlichen Hygiene und muß im Krankenhaus fortgeführt werden.

2.4.1 Ganzkörperwaschung

Durch die Ganzwaschung wird die Haut gereinigt. Sie erfrischt, belebt oder beruhigt, fördert die Hautdurchblutung und steigert das Wohlbefinden des Patienten (Abb. 2-27 a, b, c).

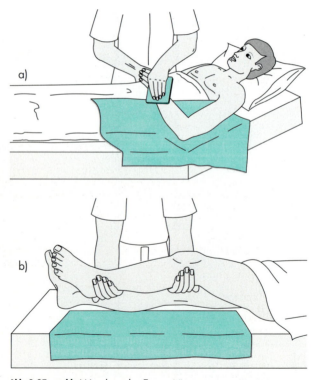

Abb. 2-27 a und b Waschen der Extremitäten

Körperpflege 2.4

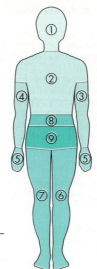

Abb. 2-27c Reihenfolge – Ganzwaschung

 Reinigung des Patienten (Abb. 2-27c) von:
oben nach unten (Körper),
körperfern nach körpernah (Gliedmaßen),
vorne nach hinten (Intimbereich),
außen nach innen (Augen).
- Patienten aktiv mit einbeziehen
- Patienten nach seiner gewohnten Wassertemperatur fragen
- auf richtige Raumtemperatur achten
- Patienten nicht vollständig entkleiden
- jede gewaschene Körperregion wird gleich abgetrocknet
- Rasur der männlichen Patienten sowie die Zahn- und Mundpflege nicht vergessen
- eine Unterlage vermeidet ein nasses Bett

Vorbereitung
- Material griffbereit herrichten
- Information des Patienten unter Berücksichtigung seiner Gesamtsituation

Vorgehen
Gesicht (in der Regel ohne Seife)
Oberkörper (Vorderseite)
Arme
Hände
Oberkörper (Rückseite)
Beine (an den Zehen beginnen, herzwärts)
Wasserwechsel
Intimbereich (Handschuhe benützen)

2.4.2 Mund- und Zahnpflege

Nur eine regelmäßige Mund- und Zahnhygiene nach jeder Mahlzeit erhält die Zähne und Mundschleimhaut gesund, verhindert Munderkrankungen (Soor, Parotitis usw.) und steigert das Wohlbefinden.
Jedem Patienten ist Gelegenheit zu geben, vor dem Frühstück (Austrocknung der Mundschleimhaut während der Nacht) und nach jeder Mahlzeit die Zähne zu putzen, Zahnprothesen zu reinigen und den Mund zu spülen.
Die gründlichste Reinigung der Zähne und die effektivste Zahnfleischmassage werden mit Zahnbürste und Zahnpasta erreicht.

- **Mundpflege**
  - Kautätigkeit anregen (Dörrfrüchte, Kaugummi)
  - Mundspülung mit klarem Wasser, eigenem Mundwasser oder bei Mundschleimhauterkrankungen mit antiseptischen (reinigenden) und adstringierenden (zusammenziehenden) Lösungen
  - mechanische Reinigung der Mundhöhle

Vorbereitung
- Mundpflegeset mit abdeckbarer Schale (täglich wechseln)
  - Zahnbürste und Zahnpasta
  - sterile Péan-Klemme (Abb. 2-28)
  - sterile Tupfer
  - Schale für Lösung (z. B. Kamillentee)
  - synthetischer Speichel
  - Fettsalbe

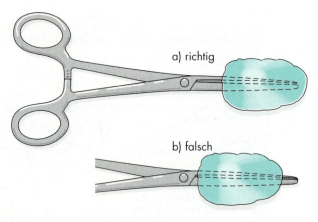

Abb. 2-28 Péan-Klemme mit Tupfer

Körperpflege 2.4

- Mundspatel (Abheben der Wangenschleimhaut – Taschenbildungen)
- Taschenlampe (Inspektion der Mundhöhle)
- Handschuhe

Vorgehen
- Information des Patienten
- Handschuhe anziehen
- Tupfer mit der Péan-Klemme fassen und befeuchten
- beachten, daß die Enden der Klemme mit dem Tupfer bedeckt sind
- Reinigen der Wangentaschen, Zunge, unter der Zunge, oberer und unterer Gaumen, Zähne
- Tupferwechsel bei Bedarf
- Zahnbürste mit Zahnpasta kann zusätzlich oder anstatt der Péan-Klemme mit Tupfer verwendet werden
- Ausspülen der Mundhöhle
- Einfetten der Lippen

• Zahnpflege

Die Zahnreinigung erfolgt mit Zahnbürste und Zahnpasta und beginnt immer am hintersten Zahn. In kleinen kreisenden Bewegungen wird vom Zahnfleisch zum Zahn (rot nach weiß) gebürstet.

Vorgehen
- Systematische Reinigung von Kau-, Außen- und Innenflächen
- Massage des Zahnfleisches
- Zahnprothesen zur Reinigung entnehmen (Abb. 2-29)

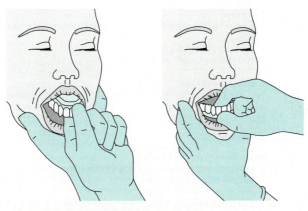

Abb. 2-29 a und b Entnahme von Zahnprothesen

35

2 Allgemeine Richtlinien

2.4.3 Augenpflege

Die Augenpflege erfolgt zur Reinigung, Prophylaxe und zur Therapie.
Beim Reinigen der Augen werden Sekrete und Schmutzpartikel entfernt.
Vorbeugende Maßnahmen verhindern, daß die Hornhaut austrocknet, z.B. bei fehlendem Lidschlag (Bewußtlosigkeit) oder bei einer Augenlidlähmung (Fazialisparese).
Infektionsprophylaxe sollte bei einer erhöhten Sekretion der Tränenflüssigkeit vorgenommen werden, da sonst die Augen verkleben und sich Keime ansiedeln.
Verschiedene Therapieformen sind möglich:
- **Augentropfen**
  - Oberflächenanästhesie
  - Behandlung des Glaukoms
- **Augensalbe**
  - antibiotische und kortisonhaltige Medikamente zur Behandlung entzündlicher oder allergischer Augenerkrankungen
- **Augenverbände**
  - Schutz vor mechanischen Irritationen
  - Ruhigstellen der Augen (Blickbewegungen)
  - Vermindern des Augenlidschlages
  - Austrocknen der Hornhaut vermeiden

Da das Auge ein hochsensibles Sinnesorgan ist, erfolgt die Augenpflege immer:
- sorgfältig
- aseptisch
- behutsam
- vom äußeren zum inneren Augenwinkel (Abflußrichtung der Tränen)

Vorgehen
- sterile Mullkompressen (keine Watteträger verwenden, Flusen!)
- sterile Kochsalzlösung 0,9%
- evtl. Bepanthen®-Augensalbe

- **Augenprothesen**

Vor dem Einsetzen oder Herausnehmen einer Augenprothese wird dem Patienten immer eine weiche Unterlage vorgelegt, um eine Beschädigung bei evtl. Herunterfallen zu vermeiden.

Vorgehen

Beim Einsetzen (Abb. 2-30)
- Prothese mit Kochsalzlösung 0,9% anfeuchten
- Patient blickt nach unten
- Anheben des Oberlides
- Glasauge zwischen Daumen und Zeigefinger aufnehmen und in die obere Übergangsfalte schieben

Körperpflege 2.4

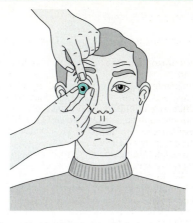

Abb. 2-30 Einsetzen einer Augenprothese

- Patient blickt nach oben
- Abheben des Unterlides
- Glasauge in die untere Übergangsfalte schieben

Beim Herausnehmen (Abb. 2-31)
- Patient blickt nach oben
- Abheben des Unterlides
- Schieben eines Glasstäbchens unter den Rand der Prothese
- Herausheben der Prothese

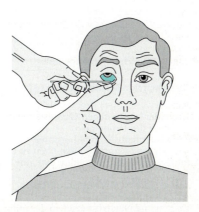

Abb. 2-31 Herausnehmen einer Augenprothese

2 Allgemeine Richtlinien

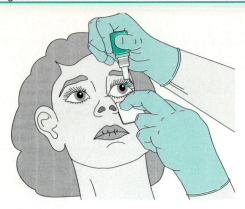

Abb. 2-32a Verabreichen von Augentropfen

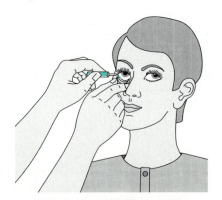

Abb. 2-32b Verabreichen von Augensalbe

- **Verabreichen von Medikamenten** (Abb. 2-32 a und b)

  Vorgehen
  - Richten aller notwendigen Gegenstände
  - Information des Patienten
  - liegende oder halbsitzende Lagerung
  - Patient wird aufgefordert, nach oben zu blicken
  - Herunterziehen des Unterlides, evtl. mit Hilfe eines Zellstofftupfers
  - Einbringen des Medikamentes (Tropfen/Salbe) in den Bindehautsack – innerer Augenwinkel
  - Festhalten und Nachvorneziehen des unteren Lides für einige

Körperpflege 2.4

Sekunden (damit das Medikament nicht durch die Lidspalte
gepreßt wird)
- langsames Schließen der Augen

Augentropfenflaschen oder -salbentuben sollen immer nur für
einen Patienten bestimmt sein.

- **Augenverbände** (Abb. 2-33 bis 2-35)

Auf das geschlossene Auge wird immer eine sterile Wattekompresse aufgelegt (Ausnahme: Uhrglasverband).

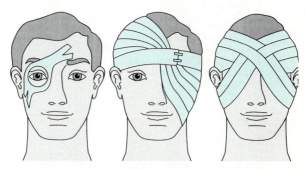

Abb. 2-33 Uhrglasverband

Abb. 2-34 Einseitiger Augenverband

Abb. 2-35 Beidseitiger Augenverband

2.4.4 Intimpflege

Der Intimbereich (Bauch, Leistenregion, Oberschenkel, äußeres
Genitale, Gesäß) ist durch seine anatomische und physiologische Beschaffenheit besonders anfällig für Infektionen und vermehrte Geruchsbildung.

Aus hygienischen Gründen (Reduzierung von Keimen) und um
das Wohlbefinden (sich frisch und sauber fühlen) zu steigern,
muß eine regelmäßige Intimpflege stattfinden.

Eine mehrmals tägliche **Intimtoilette** ist notwendig bei
- Inkontinenz
- Blasenkatheterträgern
- Infektionen des Urogenitalsystems
- Operationen am Urogenitalsystem
- Menstruation
- nach einer Geburt (Lochien)
- nach jeder Stuhl- und Harnentleerung

 Pflegemaßnahmen im Intimbereich setzen besonders Takt und
Einfühlungsvermögen voraus.
Das Schamgefühl des Patienten muß respektiert werden.

39

2 Allgemeine Richtlinien

Wenn möglich, soll der Patient selbst die Intimpflege übernehmen.
Aus hygienischen Gründen werden Handschuhe getragen.

Vorgehen
Bei der Frau:
– Aufstellen der Beine
– Bettschutz unter das Gesäß
– immer von der Symphyse zum Anus waschen
– Scheidenspülung nur auf ärztliche Anordnung
  (s. Kap. 5.2)

Beim Mann:
– Bettschutz unter das Gesäß
– sorgfältiges Zurückziehen der Vorhaut
– gründliches Reinigen der Eichel
– danach die Vorhaut wieder zurückstreifen
  (sonst Paraphimose)

Veränderungen im Intimbereich (Ausfluß, Entzündungen) dem Arzt melden.

• Intimtoilette bei liegendem Blasenkatheter
Durch die mechanische Irritation der Schleimhaut bei einem liegenden Blasenkatheter kommt es zur vermehrten Sekretbildung mit nachfolgender Verkrustung.

– Ein- bis zweimal täglich den körpernahen Teil des Katheters und das Genitale mit einer desinfizierenden Waschlotion oder Wasser und Seife reinigen.
– Zur Reinigung des Katheters werden in der Regel Mulltupfer und ein schleimhautverträgliches Desinfektionsmittel verwendet.

Körperpflege **2.4**

Wie war das noch ...?

Welche Prinzipien müssen bei der Ganzwaschung eingehalten werden?

In welcher Reihenfolge soll die Ganzwaschung vorgenommen werden?

Zählen Sie die Gegenstände auf, die Sie zur Mundpflege benötigen:

Wann ist die Mundpflege notwendig?

Bei der Augenpflege (Reinigung) muß folgendes beachtet werden:

Beschreiben Sie, wie Sie einem Patienten Augentropfen verabreichen:

Die Intimpflege bei Frauen und Männern ist unterschiedlich. Was ist zu beachten?

2 Allgemeine Richtlinien

2.5 Essen und Trinken

Zum Aufrechterhalten der Stoffwechselvorgänge benötigt der menschliche Organismus Nährstoffe, Vitamine, Spurenelemente, Mineralien und Wasser.
Kann, darf oder will ein Patient nicht essen, ist eine künstliche Ernährung (parenteral – Infusionstherapie/enteral – Sondenernährung) notwendig.

2.5.1 Ernährung und Kostformen

Um das physiologische Gleichgewicht erhalten zu können, braucht der Organismus regelmäßig Nähr- und Energiestoffe. Die Nahrungszufuhr richtet sich nach dem individuellen Grund- und Arbeitsumsatz.
Nur eine ausgewogene und abwechslungsreiche Ernährung kann den nötigen Bedarf decken (Abb. 2-36).

Der Körper benötigt:
– Nährstoffe (Eiweiß, Fette, Kohlenhydrate)
– Ergänzungsstoffe (Vitamine, Spurenelemente, Mineralien)
– Ballaststoffe (Zellulose)
– Wasser

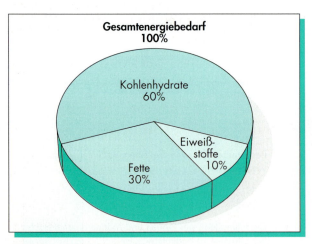

Abb. 2-36 Nährstoffverteilung

• **Nährstoffe**

Eiweiß
Eiweiß ist ein unentbehrlicher Baustein der Körperzellen und ist vor allem in Fleisch, Fisch, Milchprodukten, Kartoffeln, Getreide und Hülsenfrüchten enthalten.

Essen und Trinken 2.5

Nur ein geringer Teil des zugeführten Eiweiß wird zur Energiegewinnung verwendet.
Eiweiß ist nicht speicherbar. Daher ist eine tägliche Zufuhr notwendig.
10–15 Prozent der Gesamtkalorien sollen mit Eiweißen gedeckt werden.
Der **tägliche Bedarf** liegt bei 0,8–1 Gramm Eiweiß pro Kilogramm Körpergewicht/Erwachsener.
Der Brennwert von 1 Gramm Eiweiß beträgt 17 Kilojoule (kJ) bzw. 4,1 Kilokalorien (kcal).

Fett
Fett ist in erster Linie Energielieferant. Es ist vor allem in Butter, Milch, Öl und Fleisch enthalten.
Mit Fetten sollten etwa 30 Prozent des Gesamtenergiebedarfs gedeckt werden.
Der **tägliche Bedarf** liegt bei 1 Gramm Fett pro Kilogramm Körpergewicht/Erwachsener.
Der Brennwert von 1 Gramm Fett beträgt: 39 kJ bzw. 9,3 kcal.
Übermäßige Fettzufuhr setzt sich als Depot (Fettpolster) im Körper an.

Kohlenhydrate
Kohlenhydrate sind in erster Linie Energiespender (Abb. 2-37). Sie sind vor allem in Zucker, zuckerhaltigen Lebensmitteln, Brot, Backwaren, Reis, Kartoffeln und Hülsenfrüchten enthalten. Ein geringer Teil wird als Baustoff zum Aufbau von Knorpeln und Knochen benötigt.

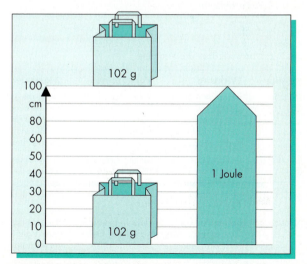

Abb. 2-37 Energie – Joule

2 Allgemeine Richtlinien

Kohlenhydrate kommen vor als:
– Monosaccharide (Fructose, Glucose, Galactose)
– Disaccharide (Saccharose, Maltose, Cellobiose, Lactose)
– Polysaccharide (Amylose, Amylopektin, Glykogen, Zellulose)
50–60 Prozent des Gesamtenergiebedarfs sollte durch Kohlenhydrate gedeckt werden.
Der **tägliche Bedarf** liegt bei 4 Gramm Kohlenhydrate pro Kilogramm Körpergewicht/Erwachsener.
Der Brennwert von 1 Gramm Kohlenhydrate beträgt: 17 kJ bzw. 4,1 kcal.
1 Joule (J) ist die Energie, die benötigt wird, um einen Körper mit der Masse von 102 Gramm um einen Meter zu heben (Abb. 2-37).
1000 Joule sind 1 kJ.
1 Kalorie entspricht 4,2 Joule.

• **Ergänzungsstoffe**

Vitamine
Vitamine sind lebensnotwendige Wirkstoffe, die der Körper selbst nicht synthetisieren kann (Tab. 2-2).
Die Einteilung der Vitamine erfolgt in:

wasserlösliche Vitamine	fettlösliche Vitamine
Thiamin (B$_1$), Biotin (H) Riboflavin (B$_2$), Pyridoxin (B$_6$) Folsäure, Pantothensäure Niacin, Cobalamine (B$_{12}$) Ascorbinsäure (C)	A (Retinole) D (Calciferole) E (Tocopherole) K (Phyllochinone)

Tab. 2-2: Übersicht über die Vitamine

Vitamin	Wirkung	Vorkommen	Mangelwirkung
Thiamin (B$_1$)	Bestandteil eines Coenzyms, Nährstoffabbau, besonders Kohlenhydratabbau	Vollkornprodukte, Fleisch (Schweinefleisch), Innereien, Kartoffeln, Hefe	Müdigkeit, verminderte Leistungsfähigkeit, Muskelschwäche, Nervenstörungen, Beri-Beri
Riboflavin (B$_2$)	Bestandteil eines Coenzyms, Wasserstofftransport beim Abbau von Nährstoffen	Milch, Milchprodukte, Innereien, Fleisch, verschiedene Gemüse, Hefe	Hautveränderungen (Schuppenbildungen)
Niacin	Bestandteil von Coenzymen, Wasserstofftransport beim Nährstoffabbau	Fleisch, Innereien, Kartoffeln, Getreideerzeugnisse, Gemüse, Hefe	Pellagra, Hautveränderungen, Nervenstörungen

Tab. 2-2: *Fortsetzung*

Cobalamine (B$_{12}$)	Bestandteil eines Coenzyms, Aufbau der Zellkernsubstanz, Bildung der roten Blutkörper	tierische Lebensmittel	Störung der Zellbildung, perniziöse Anämie, Nervenstörungen
Vitamin C (Ascorbinsäure)	Aufbau des Bindegewebes, beteiligt am intermediären Stoffwechsel	Früchte, Gemüse, Kartoffeln	Appetitlosigkeit, verzögerte Wundheilung, Anfälligkeit gegen Infektionen, Skorbut
Folsäure	Coenzym im Zwischenstoffwechsel, wichtig für die Bildung der roten und weißen Blutkörper	Innereien, eiweißreiche Lebensmittel, Gemüse, Hefe	Anämie, verringerte Antikörperbildung
Pantothensäure	Coenzym im Zwischenstoffwechsel der Nährstoffe	in allen Lebensmitteln	nicht bekannt
Pyridoxin (Vitamin B$_6$)	Coenzym im Eiweißstoffwechsel	Getreideprodukte, eiweißreiche Lebensmittel, Blattgemüse	Krämpfe bei Säuglingen, beim Erwachsenen nicht bekannt
Biotin (Vitamin H)	Coenzym im Kohlenhydrat- und Fettstoffwechsel	Hefe, Innereien, Eier, Getreideprodukte, einige Gemüsearten	Störungen des Hautstoffwechsels
Vitamin A (Retinol)	Bestandteil des Sehpurpurs, Beeinflussung des Zellwachstums und Bildung der Haut	Retinol: Leber, Eigelb, Butter, Margarine Carotin: Gelbe Rüben, grüne Blattgemüse, Petersilie, Paprika	Nachtblindheit, Verhornung von Haut und Schleimhäuten
Vitamin D (Calciferol)	Beeinflussung der Resorption von Calcium und Phosphat; Verknöcherung des Skeletts; Ausscheidung von Calcium und Phosphat	Lebertran, Fischöle, Butter, Eier	Rachitis, Knochenerweichung, unzureichende Knochenverkalkung
Vitamin E (Tocopherol)	antioxidative Wirkung, Schutz der Zellmembranen	Getreidekeime, Keimöle, Vollkornprodukte, Blattgemüse, Leber, Eigelb, Butter	tritt beim Menschen äußerst selten auf
Vitamin K (Phyllochinon)	Cofaktor bei der Blutgerinnung	Grüne Blätter, Leber, mageres Fleisch	Blutgerinnungsstörungen

2 Allgemeine Richtlinien

Spurenelemente – Mineralien
Mineralstoffe sind Substanzen, die mit tierischer oder pflanzlicher Nahrung aufgenommen werden und im Körper nur in sehr geringen Mengen vorkommen.
Sie wirken als Baustoffe und sind somit an der Bildung der Knochen und Zähne beteiligt. Sie bewirken eine besondere Festigkeit der Gewebe.
Als Reglerstoffe beeinflussen sie den Wasserhaushalt, die Erregbarkeit von Nerven und Muskeln, den osmotischen Druck und das Säure-Basen-Gleichgewicht.

Im Körper des erwachsenen Menschen befinden sich:
- **1700 g Calcium:** Baustoff der Knochen und Zähne, Blutgerinnung
- **700 g Phosphor:** Baustoff der Knochen, Energiegewinnung und -verwertung im Körper
- **100 g Kalium:** Erhält die Gewebespannung, fördert Wasserentzug aus Gewebe
- **80 g Chlorid:** Bestandteil der Salzsäure im Magen, erhält zusammen mit Natrium die Gewebespannung
- **80 g Natrium:** Erhält zusammen mit Chlorid die Gewebespannung
- **30 g Magnesium:** Bestandteil des Gewebes und der Körperflüssigkeiten, wirkt beim Stoffwechsel mit

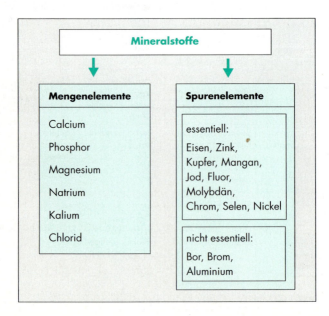

Essen und Trinken **2.5**

– **4 g Eisen:** Baustein des roten Blutfarbstoffes
– **Fluor:** Erhält den Zahnschmelz
– **Jod:** Sorgt für die Funktion der Schilddrüse

• **Ballaststoffe**
Ballaststoffe gehören chemisch zu den Kohlenhydraten und kommen in Zellwänden von Pflanzen als Stütz- und Strukturelement vor.
Ballaststoffe haben eine wasserbindende Eigenschaft, sind unverdaulich und regen die Darmperistaltik an.
Pro Tag sollten etwa 30 Gramm Ballaststoffe mit der Nahrung aufgenommen werden.

• **Wasser**
Der menschliche Körper besteht aus ungefähr 60% Wasser. Es kommt überwiegend in der Zelle, in den Zellzwischenräumen, den Gefäß- und Hohlraumsystemen vor.

Aufgaben
– **Baustoff:** Im Verbund mit den Mineralstoffen garantiert es den osmotischen Druck der Zellen
– **Lösungsmittel:** Durch die Verdauungssäfte werden im Darm die Nähr- und Wirkstoffe herausgelöst
– **Transportmittel:** Wasser transportiert im Blut und in der Lymphe die gelösten Nähr- und Wirkstoffe. Gleichzeitig werden die Abfallprodukte des Stoffwechsels den jeweiligen Ausscheidungsorganen zugeführt
– **Wärmeregulator:** Durch Schwitzen wird dem Körper Flüssigkeit entzogen, die an der Hautoberfläche verdunstet. Es entsteht ein kühlender Effekt

• **Genußmittel**
Genußmittel regen den menschlichen Organismus an. Ihre Wirkung ist abhängig von der Zubereitung, der Menge und den persönlichen Voraussetzungen. Der regelmäßige Genuß kann zu schweren organischen Störungen bis hin zur Sucht führen.
Im Rahmen der Gesundheitserziehung muß auf einen maßvollen Umgang mit Genußmitteln hingewiesen werden!
Zu den Genußmitteln zählen: Kaffee und coffeinhaltige Getränke, Tee, Alkohol, Kakao und Kakaoerzeugnisse und Nikotin.

• **Kostformen**
Vollkost: Gemischte Kost, die alle Nähr-, Ergänzungs- und Ballaststoffe in einem ausgewogenen Verhältnis enthält.
Schonkost: Kostform, die den Organismus schont und nicht belastet.
Verboten sind beispielsweise: blähende Gemüsearten, Steinobst, fette Speisen und scharfe Gewürze.
Diät: Kostform, die ein erkranktes Organ entlastet, schont und heilt.
Vollkost, Schonkost und Diät können in normaler, breiig-passierter oder flüssiger Form zubereitet werden.

47

2 Allgemeine Richtlinien

Tab. 2-3 Beispiel eines Tagesspeiseplans bei Diabetes mellitus

Gesamtenergie: 2200 kcal
Kohlenhydrate: 275 g = 23 BE
Eiweiß: 83 g, davon > 50% vegetarisch
Fett: 86 g, davon 15 g Kochfett

Mahlzeiten	BE		g
Frühstück		Kaffee oder Tee	
4 BE	3	Vollkornbrot	90
		Diätmargarine	10
		Pflanzenpastete	25
	1	Diabetiker-Konfitüre	25
Zwischenmahlzeit		*Müsli*	
4 BE	2 1/2	Haferflocken	50
	1	Apfel, gerieben	100
	1/2	Milch oder Joghurt, fettarm	125
Mittagessen		*Schweinesteak*	
		„mexikanisch"	
5 BE	1	Braune Bohnenkerne	
		(kidney beans, gek.)	80
		Paprikaschote	50
	2 1/2	Folienkartoffel	200
	–	Eisberg-Tomaten-Salat	
	1	Kiwi-Orangen-Salat	60/60
Zwischenmahlzeit	1	Gemüsesaft	200
3 BE	2	Grahambrötchen	60
		Frischkäse, 20% Fett i. Tr.	20
Abendessen	3	Vollkornbrot	90
4 BE	–	Butter oder Margarine	10
	–	Camembert, 30% Fett i. Tr.	30
		Corned beef, deutsch	30
	1	Rote Bete	140
Spätmahlzeit	2	Laugenbrezel	40
3 BE	–	Butter	10
	1	Birne	120

Literatur: H. Kasper, Ernährungsmedizin und Diätetik, Urban & Schwarzenberg, München – Wien – Baltimore 1991

Essen und Trinken **2.5**

Pankreas-Diät
Die akute Pankreatitis ist eine plötzlich einsetzende Entzündung der Bauchspeicheldrüse. Es besteht die Gefahr der Selbstverdauung des Pankreas durch das Ausschwitzen von Verdauungsfermenten.

• **Prinzipien der Diät**
– Reduzierung der Fermentsekretion im Pankreas (sekretorische Ruhigstellung).
– Der Kostaufbau erfolgt in Stufen:

Erste Stufe:	absolute Nahrungs- und Flüssigkeitskarenz (nur parenterale Zufuhr)
Zweite Stufe:	ungesüßter Tee als erste orale Flüssigkeitszufuhr
Dritte Stufe:	Tee mit Traubenzucker
Vierte Stufe:	überwiegende Kohlenhydraternährung mit Haferschleim oder Reisbrei
Fünfte Stufe:	fettfreie Kohlenhydrat- und Eiweiß-Kost
Sechste Stufe:	steigende Fettzufuhr unter Enzym-Kontrolle im Blut (Amylase, Lipase)
Siebte Stufe:	Normalisierung der Ernährung. Absolutes Alkoholverbot.

Diabetes-Diät (Tab. 2-3)
Bei gesunden Menschen wird Insulin nach der Nahrungsaufnahme ins Blut abgegeben.
Die Blutglucosekonzentration ist so bemessen, daß sie nicht über den Normbereich steigt.
Beim Diabetiker Typ 1 fehlt die Insulinausschüttung.
Beim Diabetiker Typ 2 ist die Insulinausschüttung unzureichend.

• **Prinzipien der Diät**
– Errechnung des Energiebedarfs
– Normalisierung des Körpergewichtes
– Gezielte Auswahl der kohlenhydrathaltigen Nahrungsmittel (niedriger glykämischer Index)
– Verteilung der Kohlenhydrate (Broteinheiten, BE) auf mehrere kleine Mahlzeiten
  1 BE entspricht 12 Gramm Kohlenhydraten
– Überprüfung oder Änderung des Diätplanes bei Steigerung der körperlichen Aktivität

Reduktionskost
Reduktionsdiät ist eine Kostform, die zur Gewichtsabnahme führt und folgende Kriterien erfüllen muß:
– ausreichende Zufuhr aller essentiellen Nährstoffe
– Umstellung der Ernährungsgewohnheiten
– Beibehaltung der körperlichen Aktivitäten (Gymnastik, Sport)

2 Allgemeine Richtlinien

Ernährungsformen:
- **Nulldiät:** totale Nahrungseinschränkung bei reichlicher Flüssigkeitszufuhr
- **Energiereduzierte Mischkost:** Einschränkung von Fett und Kohlenhydraten

Fleischfreie Kost
Es gibt drei Formen:
- ausschließliche Ernährung durch Pflanzen (strenge Vegetarier, Veganer)
- pflanzliche Lebensmittel, Milch und Milchprodukte (Lactovegetabile Kost, Lacto-Vegetarier)
- pflanzliche Lebensmittel, Milch, Milchprodukte, Eier und Honig (Ovo-Lacto-Vegetarier)

Salzarme Kost
Indikation für eine salzarme Kost ist die renale Hypertonie.
Verboten sind u. a.:
- geräuchertes Fleisch
- konservierte Produkte
- Fertigsuppen
- „Nachsalzen" von Speisen

Sondenkost
(s. Kap. 2.5.3)

Essen und Trinken **2.5**

Wie war das noch ...?

Aus welchen Bestandteilen setzt sich unsere Nahrung zusammen?

Nennen Sie die optimale Verteilung (in Prozentangaben) der Nährstoffe:

Definieren Sie ein Joule und nennen Sie die Brennwerte von je einem Gramm Eiweiß, Kohlenhydrat und Fett:

Wieviel Ballaststoffe soll ein Erwachsener pro Tag aufnehmen?

Welche Diätformen kennen Sie? Nennen Sie die jeweiligen Prinzipien:

2 Allgemeine Richtlinien

2.5.2 Magensondenarten

Nasogastrale Sonde (Magensonde): Üblicher Zugang über die Nase in den Magen (Abb. 2-38a)

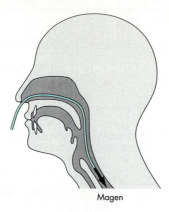

Abb. 2-38a Nasogastrale Sonde

Perkutane endoskopische Magensonde: Einlegen eines Katheters durch die Bauchdecke in den Magen während einer Magenspiegelung (Abb. 2-38b)

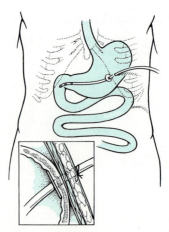

Abb. 2-38b Perkutane endoskopische Magensonde

Essen und Trinken **2.5**

2.5.3 Verabreichen von Sondennahrung

Die Anordnung zur Sondenkost ist grundsätzlich ärztliches Aufgabengebiet. Die Sondennahrung muß folgende Anforderungen erfüllen:
- Deckung der lebensnotwendigen Nährstoffe
- ausgewogene Zusammensetzung
- optimale Fließeigenschaften

Die pro Mahlzeit verabreichte Sondenmenge ist zu dokumentieren.
Während der Zeit der Sondenernährung ist auf eine sorgfältige Mundpflege zu achten.
Die Notwendigkeit der Sondenernährung ist zu überprüfen.

Vorgehen
- Vorbereitung der Sondenkost nach Angaben des Herstellers
- Kontrolle der Sondenlage durch Aspiration von Magensaft oder Einblasen von Luft in den Magen und Abhören mit dem Stethoskop
- Absaugen von Magensaft und Nahrungsresten
- Oberkörperhochlagerung (30°)
- Applikationsgerät mit der Sonde verbinden
- Einlaufgeschwindigkeit einstellen und mehrmals kontrollieren. Sie beträgt bei der manuellen Gabe per Spritze (fraktioniert) max. 100 ml in 5 bis 10 Minuten, bei der Schwerkraftapplikation (Beutel oder Flasche) 100 ml in 10 bis 15 Minuten und bei der kontinuierlichen Gabe mit der Ernährungspumpe 100 ml in einer Stunde.
- Patienten beobachten
- Sonde nach jeder Applikation mit Wasser spülen
- Abklemmen der Sonde
- Rücklagerung des Patienten nach etwa 30 Minuten

Je langsamer die Sondennahrung verabreicht wird, desto besser ist die Verträglichkeit für den Patienten.

2   Allgemeine Richtlinien

Wie war das noch ...?

Welche Anforderungen muß die Sondennahrung erfüllen?

Zählen Sie die Arten der Magensonden auf, die Sie kennen:

Was ist bei dem Verabreichen von Sondennahrung zu beachten?

2.6 Ausscheidungen

2.6.1 Urin

Der Urin ist eine in den Nieren gebildete Flüssigkeit, mit Stoffwechselabfallprodukten (Harnstoff, Harnsäure, Kreatinin), Mineralsalzen und abgestoßenen Zellen aus den ableitenden Harnwegen.

- **Harnzusammensetzung**
- Wasser ca. 95–98%
- Salze ca. 18–20 g
- Stoffwechselprodukte ca. 30–40 g
- Farbstoffe (Urochrom, Urobilinogen, Urobilin)
- Hormone
- Vitamine

Harnfarbe: hell- bis dunkelgelb (abhängig von der Flüssigkeitszufuhr), klar

Harnkonzentration: spezifisches Gewicht (Verhältnis der gelösten Bestandteile zum Lösungsmittel) 1012–1024.

Beispiel: Spezifisches Gewicht von 1020
In 1000 mg Flüssigkeit befinden sich 20 mg gelöste Bestandteile.

Messen des spezifischen Gewichts (Abb. 2-39):
- Einfüllen des Urins in den Meßzylinder
  (der Urin muß schaumfrei sein)

Abb. 2-39 Urometer mit Meßzylinder

2   Allgemeine Richtlinien

- Eintauchen des Urometers
  (Urometer muß frei schwimmen)
- Ablesen des Wertes am Flüssigkeitsspiegel

Die meisten Urometer sind auf 20 °C geeicht.
Ist der Urin kälter, so wird für 3 °C 1 Teilstrich abgezogen.
Ist der Urin wärmer, so wird für 3 °C 1 Teilstrich zugezählt.

Harnreaktion: pH 6 (schwach sauer)

Harnausscheidung in 24 Stunden: Die tägliche Ausscheidungs-
menge ist abhängig von der Flüssigkeitszufuhr, den Flüssigkeits-
verlusten (z.B. Transpiration), dem kolloidosmotischen Druck
und der hormonellen und nervalen Steuerung (Adiuretin,
Adrenalin).

Normalwerte:	Neugeborene	ca.	20– 50 ml
	Säuglinge bis 1 Jahr	ca.	400– 500 ml
	Kinder bis 5 Jahre	ca.	600– 800 ml
	Kinder bis 10 Jahre	ca.	800–1000 ml
	Erwachsener	ca.	1500–1800 ml

● **Wichtige Begriffe**

Anurie	= fehlende Harnproduktion (unter 50 ml/24 Stunden)
Diurese	= Harnausscheidung
Dysurie	= schmerzhafte Harnentleerung
Enuresis	= unwillkürliche Harnentleerung (Einnässen) nach dem dritten Lebensjahr
Hämaturie	= blutige Beimengungen im Harn
Inkontinenz	= Unvermögen, den Harn zurückzuhalten
Miktion	= Harnentleerung
Nykturie	= vermehrtes nächtliches Wasserlassen
Oligurie	= verminderte Harnausscheidung (unter 500 ml/24 Stunden)
Pollakisurie	= häufiger Harndrang
Polyurie	= vermehrte Harnausscheidung (über 2000 ml/24 Stunden)
Pyurie	= eitrige Beimengungen im Harn

● **Möglichkeiten der Harngewinnung**
Zu diagnostischen oder therapeutischen Zwecken wird der
Harn gewonnen durch:
- Spontanentleerung
- Mittelstrahlurin
- Katheterismus
- Harnblasenpunktion

Vorgehen
Information des Patienten über den Zweck sowie Art und Zeit-
punkt der Harngewinnung.
Richten der benötigten Gegenstände (Laboranforderung).

Ausscheidungen 2.6

Spontanentleerung
- Reinigen der äußeren Harnröhrenmündung
- Auffangen des spontan entleerten Urins in einem sauberen Gefäß

Mittelstrahlurin
- gründliche Intimtoilette der äußeren Genitalien
- erste Urinportion abfließen lassen
- mittlere Portion in einem sterilen Gefäß auffangen

Katheterismus
Darunter ist die Uringewinnung bzw. die Urinableitung mit Hilfe eines Katheters zu verstehen.
Die Blasenkatheter können unterschieden werden nach:

Material: Gummi, Kunststoff
Größe: Die Angabe erfolgt nach Charrière
           (1 Charrière = 1/3 mm)
Form: Nélaton-Katheter (gerade, stumpfe Spitze)
           (Abb. 2-40)
           Tiemann-Katheter (gebogene, verjüngte Spitze)
           (Abb. 2-41)
           Verweilkatheter (mit aufblockbarem Gummiballon)
           (Abb. 2-42)

Abb. 2-40 Nélaton-Katheter

Abb. 2-41 Tiemann-Katheter

Abb. 2-42 Verweilkatheter

Das Katheterisieren der Harnblase erfolgt nach strenger Indikation (Arztverordnung).
Sorgfältige Beachtung der Asepsis (Gefahr der retrograden pathogenen Keimverschleppung).
Beim Katheterisieren muß die Intimsphäre gewahrt bleiben.
Niemals mit Gewalt katheterisieren.
Blasenverweilkatheter in regelmäßigen Abständen wechseln.

2 Allgemeine Richtlinien

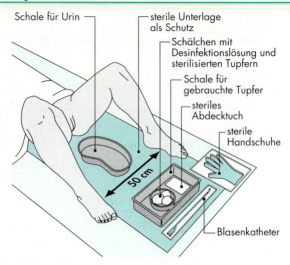

Abb. 2-43a Lagerung zum Katheterisieren

- **Katheterisieren der Frau**

  Vorbereitung
  - 2 Blasenkatheter (unterschiedliche Größen)
  - steriles Katheterset mit:
      2 Nierenschalen (Auffangschale, Abwurfschale)
      1 Schale mit 6 Tupfern
      Pinzette
      Handschuhe
      Abdecktuch
      Desinfektionslösung (schleimhautverträglich)
  - Spritze mit Aqua destillata zum Blocken
    (nur bei Blasenverweilkatheter)
  - Ableitungssystem (nur bei Blasenverweilkatheter)
  - Laborgefäß für die Urinuntersuchung
  - Bettschutz

  Vorgehen
  - Patientin informieren
  - Bettschutz
  - Lagerung der Patientin (flach, Füße seitlich aufstellen) (Abb. 2-43a)
  - Intimtoilette
  - Katheterset öffnen
  - Katheter griffbereit ablegen
  - Handschuhe anziehen

Ausscheidungen 2.6

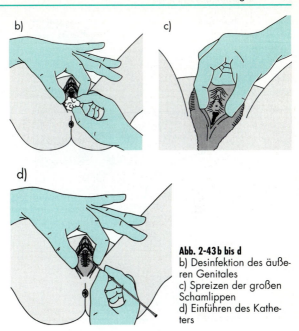

Abb. 2-43 b bis d
b) Desinfektion des äußeren Genitales
c) Spreizen der großen Schamlippen
d) Einführen des Katheters

- Desinfektion des äußeren Genitales (große und kleine Schamlippen, Urethraöffnung, letzter Tupfer auf die Vaginalöffnung), eine Hand spreizt die Labien, die andere Hand desinfiziert immer von der Symphyse zum Anus (Abb. 2-43 b und c)
- vorsichtiges Einführen des Katheters durch die Urethra (Abb. 2-43 d)
- sobald Urin abfließt, den Katheter nicht mehr weiterschieben, Urin auffangen
- Blasenverweilkatheter um weitere ca. 2 cm vorschieben
- vorsichtiges Füllen des Ballons mit Aqua destillata, bis zum Blasengrund zurückziehen (Abb. 2-44)
- Befestigen des Ableitungssystems
- sachgerechtes Versorgen der gebrauchten Gegenstände
- Dokumentation (Katheterart, Größe, Menge der Blockflüssigkeit)

• **Katheterisieren des Mannes**

Vorbereitung
- 2 Blasenkatheter (unterschiedliche Größen)
- steriles Katheterset mit:

2 Allgemeine Richtlinien

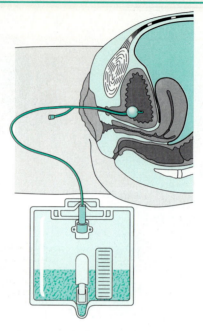

Abb. 2-44 Blasenverweilkatheter mit Ableitungssystem bei der Frau

  2 Nierenschalen (Auffangschale, Abwurfschale)
  1 Schale mit 6 Tupfern
  Pinzette
  Handschuhe
  Abdecktuch
  Desinfektionslösung (schleimhautverträglich)
- Gleitmittel mit einem Anästhetikum
- Spritze mit Aqua destillata zum Blocken
  (nur bei Blasenverweilkatheter)
- Ableitungssystem (nur bei Blasenverweilkatheter)
- Laborgefäß für die Urinuntersuchung
- Bettschutz

Vorgehen
- Patienten informieren
- Bettschutz
- Lagerung des Patienten (Rückenlage, Füße seitlich spreizen)
- Intimtoilette

Ausscheidungen 2.6

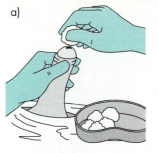

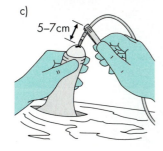

Abb. 2-45 a bis c
a) Desinfektion des äußeren Genitales
b) Harnröhrenanästhesie
c) Einführen des Katheters

- Katheterset öffnen
- Katheter griffbereit ablegen
- Handschuhe anziehen
- Vorhaut zurückziehen und Harnröhrenöffnung spreizen
- Desinfektion des äußeren Genitales
  (Eichel und Harnröhrenöffnung dreimal mit je einem frischen Tupfer) (Abb. 2-45a)
- Harnröhrenanästhesie
  (Lösung langsam in die gestreckte Harnröhre einspritzen, Einwirkzeit beachten) (Abb. 2-45b)
- erneute Desinfektion des äußeren Genitales
- vorsichtiges Einführen des Katheters durch die Urethra (Abb. 2-45c)
  (Strecken des Penis deckenwärts; nach ca. 10 cm erreicht man den Schließmuskel, dann Senken des Penis und vorsichtiges Weiterschieben; sobald Urin abfließt, wird der Katheter, außer beim Blasenverweilkatheter, nicht mehr weitergeschoben)
- Blasenverweilkatheter um weitere 2 cm vorschieben
- vorsichtiges Füllen des Ballons mit Aqua destillata und bis zum Blasengrund zurückziehen (Abb. 2-46)
- Befestigen des Ableitungssystems
- Reponieren der Vorhaut
- sachgerechtes Versorgen der gebrauchten Gegenstände
- Dokumentation (Katheterart, Größe, Menge der Blockflüssigkeit)

2 Allgemeine Richtlinien

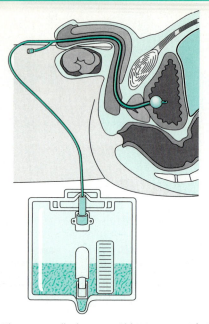

Abb. 2-46 Blasenverweilkatheter mit Ableitungssystem beim Mann

- **Katheterpflege**

Bei einem liegenden Blasenverweilkatheter besteht immer die Gefahr der retrograden pathogenen Keimverschleppung. Deshalb ist auf eine sorgfältige Katheterpflege zu achten.

- **Infektionsprophylaxe**
  - ein- bis zweimal täglich den Harnröhreneingang und den Katheterendteil mit einer desinfizierenden Waschlotion reinigen
  - unnötige Manipulationen vermeiden
  - Inkrustationen vermeiden
  - nur nach Arztverordnung mit sterilem Stöpsel verschließen
  - Ableitungssysteme mit separater Harnablassung benutzen (kein Abstöpseln notwendig)
  - Ableitungssystem nicht über Blasenniveau aufhängen
  - einmal wöchentlich Wechsel des Ableitungssystems

- **Entfernen eines Blasenverweilkatheters**

Ein Blasenverweilkatheter wird ca. alle 14 Tage nach Arztverordnung gewechselt. Ein vorzeitiger Wechsel ist notwendig, wenn der Katheter verkrustet, undicht oder infiziert ist.

Ausscheidungen 2.6

Vorbereitung
- Material zur Intimpflege (immer Handschuhe)
- 20-ml-Spritze zum Entblocken
- Schale
- Zellstoff (Bettschutz)
- Abwurfsack
- Handschuhe

Vorgehen
- Bettschutz
- Lagerung des Patienten
- Handschuhe anziehen
- Ballonflüssigkeit vollständig abziehen
- Katheter vorsichtig zurückziehen
- Intimtoilette
- Entsorgung der Materialien
- Dokumentation

- **Blasenspülung**

Blasenspülungen sind notwendig bei Katheterverstopfungen und dem Entfernen von Blutkoageln aus der Blase über einen liegenden Blasenverweilkatheter.

Die Blase darf nie aus Routine gespült werden. Die Spülung eignet sich nicht als Zystitisprophylaxe. Sie erfolgt nur auf ausdrückliche Arztverordnung und muß steril vorgenommen werden.

Als Spülsysteme eignen sich:
- sterile Blasenspritzen
- geschlossene Spülsysteme
- Infusionssysteme

Vorbereitung
- sterile Blasenspritze (200 ml)
- Spülflüssigkeit
- steriles Gefäß
- Auffangbehälter
- Bettschutz
- Einmalhandschuhe

Vorgehen
- Patienten informieren
- Bettschutz
- flache Rückenlagerung des Patienten
- langsames Einfüllen der körperwarmen sterilen Spülflüssigkeit
- Patienten über Füllungsdruck befragen
- Ablassen der Flüssigkeit in den Auffangbehälter
- Kontrolle der Flüssigkeit auf Beimengungen, Farbe und Menge (muß mit der eingefüllten Flüssigkeitsmenge identisch sein)
- Spülvorgang wiederholen, bis die Flüssigkeit klar ist
- Anschluß an das Harnableitungssystem
- sachgerechtes Versorgen der gebrauchten Gegenstände
- Dokumentation

2 Allgemeine Richtlinien

- **Suprapubische Blasendrainage**

Punktion der Blase über die Haut, oberhalb der Symphyse.
Die Punktion ist Arztaufgabe (Abb. 2-47)

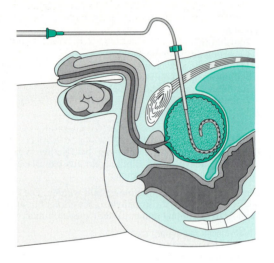

Abb. 2-47 Suprapubische Blasendrainage

Vorbereitung
- Punktionsset mit:
    Punktionstrokar
    Katheter
    Urinableitungssystem
    Naht- und Verbandmaterial
    Fixierplatte
    Handschuhe
    Abdecktücher
- Desinfektionsmittel
- Lokalanästhesie (Spritze, Kanüle, Medikamente)
- Laborgefäß für die Urinuntersuchung

Vorgehen
- Information des Patienten
- Auffüllen der Blase mit Flüssigkeit (1000 ml Tee etc. trinken lassen)
- Rasur des Unterbauches
- flache Rückenlagerung des Patienten

Ausscheidungen   2.6

- Punktion und Fixierung durch den Arzt
- Versorgen der gebrauchten Gegenstände
- Dokumentation

Besonderheiten
- Harnableitung und Einstichstelle müssen täglich auf Zeichen der Infektion (z.B. Rötung, Sekretbildung) kontrolliert werden
- täglich Stabilität der Fixierung (z.B. Blockerballon, Naht, Fixationsplatte) überprüfen
- als Zugentlastung bei einer Nahtfixierung wird die Harnableitung als Schleife gelegt
- täglich aseptischer Verbandwechsel mit Wundkontrolle, Desinfektion der Punktionsstelle, sterilen Schlitzkompressen und einem abschließenden Schutzverband.

Wie war das noch ...?

Von was ist die tägliche Menge der Urinausscheidung abhängig?

Erklären Sie folgende Begriffe:

Miktion

Diurese

Polyurie

Oligurie

Pollakisurie

Anurie

Dysurie

65

2   Allgemeine Richtlinien

Nennen Sie Möglichkeiten der Harngewinnung:

Beschreiben Sie das Katheterisieren der Frau:

Beschreiben Sie das Katheterisieren des Mannes:

Wie können Infektionen bei einem liegenden Blasendauerkatheter vermieden werden?

Was ist bei einer Blasenspülung zu beachten?

Ausscheidungen 2.6

2.6.2 Stuhl

Ein gesunder Mensch entleert den Darminhalt in der Regel alle ein bis zwei Tage in einem bestimmten Rhythmus.
Die Stuhlentleerung ist abhängig von der Aufnahme und Zusammensetzung der Nahrung und wird nervös-reflektorisch gesteuert.

Stuhlzusammensetzung:
– unverdauliche Nahrungsbestandteile (Zellulose)
– Verdauungssäfte (Gallenfarbstoffe)
– abgestoßene Schleimhautepithelien
– Mineralstoffe
– Koli-Bakterien
– Wasser (ca. 70–80%)

Stuhlfarbe:
– **normal dunkel bis mittelbraun:** abhängig von der Aufnahme und Zusammensetzung der Nahrung
– **braunschwarz:** Fleisch, Spinat
– **schwarz:** eisenhaltige Medikamente, pathologische Blutungen im oberen Verdauungstrakt
– **grünbraun:** chlorophyllreiche Kost
– **rotbraun:** rote Bete, pathologische Blutungen im oberen Dickdarmbereich
– **hellrot:** pathologische Blutungen im Enddarm
– **gelbweiß:** Milchdiät
– **weiß:** Kontrastmittelbrei, pathologisch acholisch – Ikterus

Stuhlausscheidung:
– abhängig von der Aufnahme und Zusammensetzung der Nahrung (ca. 100–300 g täglich)

● **Wichtige Begriffe**

Defäkation	=	Stuhlentleerung
Diarrhoe	=	Durchfall, beschleunigte Entleerung
Fäzes	=	Stuhl, Kot
Incontinentia alvi	=	Stuhlinkontinenz, unfreiwilliger Stuhlabgang
Meteorismus	=	Blähungen
Obstipation	=	Verstopfung, verzögerte Entleerung
Tenesmus	=	schmerzhafte Darmentleerung

● **Möglichkeiten der Darmentleerung**
Der Darm wird willkürlich angeregt bei:
– Verstopfung
– vor diagnostischen oder operativen Eingriffen

Es stehen folgende Möglichkeiten zur Verfügung:
– Zäpfchen (Suppositorien)
– Klistiere
– Einläufe

67

2 Allgemeine Richtlinien

Einläufe dürfen **nicht** vorgenommen werden bei:
- akuten Baucherkrankungen (z.B. Peritonitis)
- mechanischem Ileus
- drohender Fehlgeburt
- Darmfisteln
- nach Dickdarmoperationen

Während des Einlaufes soll der Patient ruhig ein- und ausatmen, damit durch die Bauchpresse die Flüssigkeit nicht sofort wieder abgeht.
Beim Auftreten von Störungen (Schmerzen) muß der Einlauf unterbrochen werden.
Klistiere und Einläufe werden immer im Liegen verabreicht.

• Verabreichen eines Klistiers
Mit einem Klistier wird eine kleine Flüssigkeitsmenge in den unteren Darmabschnitt (Enddarm) verabreicht.

Vorbereitung
- Einmalklistier
- Einmalhandschuhe
- Zellstoff
- Abwurfbehälter
- Vaseline
- evtl. Steckbecken oder Nachtstuhl

Vorgehen
- Information des Patienten
- Intimsphäre wahren
- Lagerung des Patienten in linker Seitenlage
- Einmalhandschuhe anziehen
- Einen Tropfen Flüssigkeit als Gleitmittel auf die Spitze des Klistiers geben
- Ansatzrohr in den Enddarm einführen
- Flüssigkeit vollständig ausdrücken und Klistier zusammengepreßt entfernen
- Handschuh über den leeren Behälter stülpen und entsorgen
- Patienten bitten, die Darmentleerung möglichst lange hinauszuzögern
- Gegenstände versorgen
- Dokumentation
- Erfolgskontrolle

Verabreichen eines Reinigungseinlaufes
Beim Darmeinlauf verabreicht man eine größere Flüssigkeitsmenge in den Dickdarm (Abb. 2-48).
Je nach Zielsetzung unterscheidet man zwischen:
- normalem Reinigungseinlauf
- Heb- und Senkeinlauf (Schaukeleinlauf)
- hohem Einlauf
- medikamentösem Einlauf

Ausscheidungen 2.6

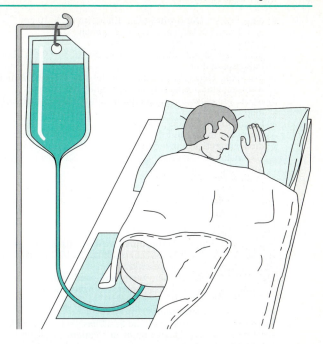

Abb. 2-48 Darmspülung mit Irrigator

Vorbereitung
- Irrigator mit Verbindungsschlauch und Glasverbindungsstück
- Spülflüssigkeit (ca. 1 Liter, evtl. mit Zusatz, körperwarm)
- Darmrohr
- Gleitmittel (Vaseline)
- anatomische Schlauchklemme
- Einmalhandschuhe
- Bettschutz
- Zellstoff
- Abwurfbehälter
- evtl. Steckbecken oder Nachtstuhl

Vorgehen
- Information des Patienten
- Intimsphäre wahren
- Bettschutz unterlegen
- Lagerung des Patienten in linker Seitenlage mit angewinkelten Beinen
- Einmalhandschuhe anziehen

2 Allgemeine Richtlinien

- eingefettetes Darmrohr in den Enddarm ca. 8–10 cm einführen, bei Widerstand etwas drehen
- Darmrohr mit Irrigator verbinden
- Schlauchklemme öffnen und Irrigator ca. 30–50 cm über den Patienten halten
- nach der Hälfte bzw. einem Drittel des Einlaufs Patienten, wenn möglich, langsam auf die rechte Seite drehen
- ist die Flüssigkeit eingelaufen, Verbindungsschlauch abklemmen
- Darmrohr entfernen
- Patienten bitten, auf der rechte Seiten liegen zu bleiben und die Darmentleerung möglichst lange hinauszuzögern
- Gegenstände versorgen (Reinigen bzw. Sterilisation von Irrigator und Verbindungsschlauch)
- Dokumentation
- Erfolgskontrolle

• **Besonderheiten**

Heb- und Senkeinlauf
Nach Einführen des Darmrohres wird der Irrigator zum besseren Spülen des Dickdarms mehrmals ca. 30 bis 50 cm über dem Patienten gehoben und gesenkt.
Der Einlauf wird beendet, wenn genügend Darmgase abgegangen sind oder die Spülflüssigkeit trübe bzw. klar ist.

Hoher Reinigungseinlauf
Beim Reinigungseinlauf soll die Spülflüssigkeit höhere Darmabschnitte erreichen. Dazu nimmt der Patient die Knie-Ellenbogen-Lage ein.
Das eingefettete Darmrohr wird nach ca. 8–10 cm unter Spülen vorsichtig so weit wie möglich vorgeschoben.

• **Versorgen eines Anus praeternaturalis**

Unter einem Anus praeternaturalis versteht man eine endständige oder doppelläufige Darmöffnung am Bauch (künstlicher Darmausgang).
Indikationen können z. B. Ileus oder Darmkarzinome sein.
Je weiter ein künstlicher Darmausgang vom After entfernt angelegt wird, um so dünnflüssiger und aggressiver ist der Darminhalt (Abb. 2-49).

Formen künstlicher Darmöffnungen:
Kolostomie   – künstlicher Dickdarmausgang
Ileostomie   – künstlicher Dünndarmausgang

Beutelwechsel
Ist ein Stomabeutel voll oder an der Klebefläche undicht, muß er gewechselt werden.
Hautschutz und Hautpflege sind oberstes Gebot.

Ausscheidungen 2.6

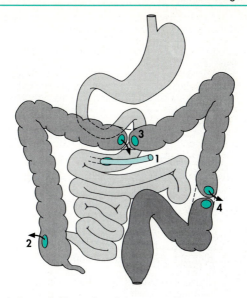

Abb. 2-49 Möglichkeiten künstlicher Darmöffnungen
1 Jejunumfistel
2 Zäkalfistel
3 Anus praeternaturalis
transversus (Querdarmkunstafter)
4 Anus praeternaturalis sigmoideus
(Sigmakunstafter)

Vorbereitung
- Stomabeutel
  einteiliges System: Klebefläche, Platte oder Ring bilden mit dem Beutel eine Einheit
  zweiteiliges System: Platte wird auf der Haut fixiert und der Beutel auf die Platte geklebt oder im Rasterring fixiert (Abb. 2-50)
- Hautschutzplatten (Karayaprodukte, z.B. Karayapaste)
- Reinigungsmittel
- Pflegetücher
- Salben zum Hautschutz
- Beutelüberzüge
- Bettschutz
- Einmalhandschuhe
- Abwurfbehälter

2 Allgemeine Richtlinien

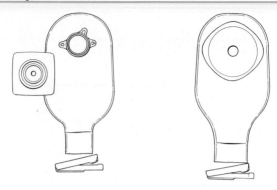

Abb. 2-50 Stomabeutel, zweiteiliges System

Vorgehen
- Information des Patienten
- Lagerung in halbsitzender Position
- Bettschutz
- vorsichtiges Lösen des Beutels von oben nach unten
- Handschuhe anziehen
- Stuhlreste mit Pflegetüchern entfernen
- Rille um das Stoma vorsichtig reinigen
- Haut mit Wasser und Seife waschen, abtrocknen
- Hautunebenheiten mit Karayaplatte oder -paste ausgleichen
- Hautschutzplatte zuschneiden (Lochschablone)
- Anbringen eines neuen Beutels
- Patienten in angenehme Lage bringen
- Versorgen der gebrauchten Gegenstände
- Dokumentation

Ausscheidungen   2.6

Wie war das noch ...?

Nennen Sie die Bestandteile des Darminhaltes (Stuhl).

Erklären Sie folgende Begriffe:

Defäkation

Meteorismus

Tenesmus

Obstipation

Diarrhoe

Welche Möglichkeiten der Darmentleerung kennen Sie?

Wann dürfen keine Einläufe vorgenommen werden?

Nennen Sie die Gegenstände für einen Reinigungseinlauf.

Was verstehen Sie unter einem Heb- und Senkeinlauf und
einem „hohen Reinigungseinlauf"?

Was müssen Sie bei der Versorgung eines Anus praeternaturalis beachten?

2 Allgemeine Richtlinien

2.6.3 Schweiß

Schweiß ist eine klare und farblose Flüssigkeitsabsonderung (gr. hidros) der Schweißdrüsen.
Schweißdrüsen befinden sich überall am Körper, verstärkt in den Achselhöhlen, Handinnenflächen, Fußsohlen, an Stirn und Nasenrücken. Die Sekretion wird über das vegetative Nervensystem geregelt.
Der Schweiß besteht aus Wasser (ca. 90%), Mineralsalzen, Harnstoff und Fetten. Beimengungen aus den Duftdrüsen bewirken den individuellen Duft eines Menschen.
Die normale tägliche Schweißabsonderung (Perspiratio insensibilis) beträgt ca. 500 ml.

Kalter, klebriger Schweiß ist immer ein Zeichen für eine akute lebensbedrohliche Störung (z.B. Schock oder hypoglykämisches Koma). Beim Auftreten ist sofort der Arzt zu verständigen.
Starke Schweißbildung an den Handinnenflächen und Fußsohlen ist ein Zeichen einer vegetativen Übererregung bei Patienten mit psychischen Störungen.
Starkes Schwitzen führt immer zu erheblichen Wasser- und Elektrolytverlusten, die bei Patienten mit eingeschränkter Nahrungs- und Flüssigkeitszufuhr ausgeglichen werden müssen (Gefahr der Dehydration).

• **Wichtige Begriffe**
Anhidrosis = fehlende Schweißproduktion
(angeborener Mangel an Schweißdrüsen)
Hyperhidrosis = vermehrte Schweißproduktion
(bei Fieber, körperlicher Anstrengung, Schilddrüsenüberfunktion)
Hyphidrosis = verminderte Schweißproduktion
(schwülwarmes Wetter mit hoher Luftfeuchtigkeit – Gefahr des Hitzschlags)

Pflegerische Maßnahmen
- Schweiß abwischen
- Körper mit lauwarmem Wasser waschen
- evtl. Kleidung wechseln
- Patienten vor Zugluft und Kälte schützen
- evtl. Kontrolle der Körpertemperatur

2.6.4 Erbrechen

Erbrechen (gr. emesis) ist die unphysiologische Entleerung des Mageninhaltes.
Sie kann Folge eines gesunden Schutzreflexes oder Begleitsymptom von bestimmten Erkrankungen sein:
- Unverträglichkeit von Nahrungsmitteln
(Schutzreflex)
- Magendruckerhöhung durch zu viel Essen

Ausscheidungen 2.6

- Magen-Darm-Krankheiten
- Reizung des Gehirns (zentrales Erbrechen)
- Reizung des Gleichgewichtsorgans (Reisekrankheit)
- hormonelle Umstellung während der Schwangerschaft
- Intoxikationen

Bei bewußtlosen Patienten muß der Kopf seitlich oder tief gelagert werden, um eine Aspiration zu verhindern.
Chronisches Erbrechen führt zu massiven Flüssigkeits- und Salzverlusten mit einer möglichen metabolischen Alkalose.

• Wichtige Begriffe
Aerophagie   = Luftschlucken mit Aufstoßen
Dysphagie   = Schluckstörung
Emesis   = Erbrechen
Hyperemesis = sehr starkes Erbrechen
Pyrosis   = Sodbrennen
Regurgitation = Zurückströmen von Speisen in die Mundhöhle

Pflegerische Maßnahmen
- freundliche und beruhigende Versorgung des Patienten
- Unterdrücken des eigenen Ekels
- für frische Luft sorgen
- Kleidung und Bett des Patienten schützen (Zellstoff)
- Kopf des Patienten stützen
- bei frischoperierten Patienten Schutz der OP-Wunde durch leichten Druck mit der flachen Hand
- Erbrochenes in einer Nierenschale auffangen
- nach dem Erbrechen Mund des Patienten mit Wasser ausspülen lassen
- blutige, kaffeesatz- oder kotartige Beimengungen dem Arzt zeigen
- Versorgen der gebrauchten Gegenstände
- Dokumentation (Uhrzeit, Menge, Aussehen, Geruch)

Wie war das noch ...?

Was versteht man unter folgenden Begriffen?

Anhidrosis

Hyphidrosis

Hyperhidrosis

Wann tritt ein kalter, klebriger Schweiß auf?

Erläutern Sie folgende Begriffe:

Emesis

Regurgitation

Dysphagie

Welche Hilfestellungen geben Sie einem Patienten mit Erbrechen?

Ausscheidungen 2.6

2.6.5 Sputum

Sekrete oder Absonderungen des Respirationstraktes, die durch Räuspern oder Abhusten nach oben befördert werden, nennt man Sputum.

Beschaffenheit des Sputums

schleimig	– bei Bronchitis
glasig	– bei Asthma bronchiale
eitrig	– bei Lungenabszeß, chronischer Bronchitis
schaumig	– bei Lungenödem
blutig	– bei Lungenembolie
übelriechend	– bei Lungenabszeß, Lungentumoren
dreischichtig	– bei Bronchiektasen

● **Sputumgewinnung**
Für den Nachweis bestimmter Krankheitserreger, z. B. Pilze oder Viren, wird das Sputum in einem sterilen Untersuchungsröhrchen aufgefangen und bakteriell untersucht.

Vorbereitung
– Nierenschale oder Sputumbecher
  (Sputumbecher mit Desinfektionslösung)
– Zellstoff
– Patienten die Notwendigkeit der Maßnahme erklären
– wenn möglich, Oberkörperhochlagerung
– körperliche Belastung bei schwerkranken Patienten so gering
  wie möglich halten
– bei frischoperierten Patienten Schutz der Operationswunde
  durch leichten Druck mit der flachen Hand
– in Nierenschale oder Sputumbecher abhusten lassen
– pathologische Beimengungen dem Arzt zeigen
– Mund ausspülen lassen
– Mundpartie mit Zellstoff reinigen
– Gegenstände versorgen
– Dokumentation der Maßnahme und pathologischer
  Veränderungen

2.7 Für Sicherheit sorgen

2.7.1 Prophylaktische Maßnahmen

Prophylaxe heißt **Vorbeugung**. Der Patient soll vor zusätzlichen Krankheiten bewahrt und geschützt werden.

Ihre **Effektivität** ist abhängig von der:
- Intensität   Sorgfalt
- Regelmäßigkeit   über 24 Stunden
- Integration   Prophylaxen sind in die Pflegehandlungen einzubauen
- Kooperation   des Patienten

• **Dekubitusprophylaxe**

Definition
Dekubitus: Druckgeschwür
Der Dekubitus ist eine extrem langsam heilende kompressivischämische Hautläsion (Druckgeschwür). Sie entsteht durch länger andauernde **Druckeinwirkung** auf das Gewebe. Die kleinen Gefäße (Arteriolen und Venolen) werden zusammengedrückt (Kompression), die Mikrozirkulation wird unterbrochen (Ischämie). Dauert eine lokale Ischämie länger als zwei Stunden, so kommt es zu einem Gewebezerfall (Nekrose).

Ursachen
Die Ursache für einen Dekubitus ist grundsätzlich immer ein Zusammenwirken von lokalen und kontinuierlichen Druckeinwirkungen auf Hautstellen, die nur durch ein dünnes Unterhautfettgewebe gepolstert sind (Abb. 2-51).
Die Durchblutung der Haut ist abhängig vom Blutdruck. Übersteigt der von außen einwirkende Druck den Kapillardruck des Gewebes, so kommt es zu einer lokalen Ischämie.
Die Folgen sind:
- Unterbrechung der Sauerstoffzufuhr
- Unterbrechung der Nährstoffzufuhr
- Störung des Kohlendioxidabtransportes

Daraus entstehen eine Anoxie und eine metabolische Störung. Entscheidend für die Hautschädigung ist nicht die Druckhöhe, sondern die Druckdauer.

Ein **hoher Druck**, der nur kurze Zeit auf das Gewebe einwirkt, ist nicht oder nur wenig hautschädigend.
Ein **niedriger Druck**, der lange Zeit auf das Gewebe einwirkt, führt zu mittelschweren bis sehr schweren Hautschäden. Die kritische Zeit beträgt zwei Stunden.

Risikofaktoren
- **Immobilität:** Bewegungseinschränkung und fehlende Entlastungsbewegungen durch Gipsverbände, Extensionen, Lähmungen (Hemiplegie, Paraplegie und Tetraplegie) oder bei Bewußtseinsstörungen (Koma, Narkose).

Für Sicherheit sorgen 2.7

- **Sensibilitätsstörungen:** Störungen der Oberflächen- und Tiefensensibilität durch Parästhesien.
- **Reduzierter Allgemeinzustand:** Ernährungsstörungen wie Kachexie, Adipositas, Exsikkose.
- **Durchblutungsstörungen:** ausgelöst durch Gefäßveränderungen, Herzinsuffizienz, Blutarmut etc.
- **Inkontinenz:** Durch das ständige Liegen in Feuchtigkeit verändert sich der Säure-Fett-Mantel der Haut, mit nachfolgender Keimbesiedlung.
- **Fieber:** Der Sauerstoffverbrauch der Haut ist erhöht, die Ischämiezeit wird dadurch verkürzt. Zusätzliches Schwitzen trocknet die Haut aus.
- **Stoffwechselerkrankungen:** Durch Stoffwechselstörungen (z. B. Diabetes) kommt es zu einem erhöhten Sauerstoffverbrauch.
- **Hauterkrankungen:** Die Haut wird durch bestimmte Erkrankungen und Verletzungen in besonderem Maße beansprucht (z. B. Ekzeme, Allergien).

Je mehr Risikofaktoren zusammenkommen, desto größer ist die Gefahr eines Dekubitus.

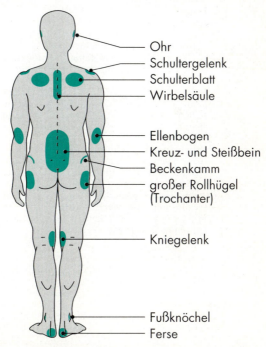

Abb. 2-51 Gefährdete Körperstellen

2 Allgemeine Richtlinien

 Eine gezielte Dekubitusprophylaxe kann nur erfolgen, wenn die Risiken rechtzeitig erkannt und dokumentiert werden.

Ziele der Dekubitusprophylaxe sind:
- die Haut bleibt intakt
- die Haut ist gut durchblutet
- vorhandene Risikofaktoren werden erkannt und vermieden
- Hautveränderungen werden rechtzeitig erkannt

Weiße Flecken oder Rötungen deuten auf eine beginnende Druckschädigung hin.

Pflegerische Maßnahmen
- **Druckentlastung:**
  - Weichlagerung
  - Hohllagerung
  - Umlagerung nach Plan alle zwei Stunden, z. B. 30°-Lagerung
  - Polsterung gefährdeter Körperstellen
- **Durchblutungsförderung:**
  - Mobilisation des Patienten
  - Hauteinreibungen
  - Hautmassage
- **Hautpflege:**
  - tägliches Waschen des Patienten mit hautschonenden, pH-neutralen Pflegemitteln
  - nach dem Waschen sorgfältiges Abtrocknen
  - Einreiben der Haut mit schützenden und hauternährenden Salben
  - Beim Betten, Lagern, Einreiben usw. darauf achten, daß keine zusätzliche Schädigung des Patienten durch das Reißen von tieferen Hautschichten (Abscherkräfte) entsteht.
- **Ernährung:**
  - Patienten mit Ernährungsstörungen (z. B. Kachexie oder Adipositas) müssen angepaßt ernährt werden.
  - Eiweiß- und vitaminreiche Nahrung verbessert den Hautzustand.
- **Regelmäßiges Einschätzen** der Patientengefährdung.
  - Gefährdungsskala nach Norton
  Mit der Norton-Skala kann die Gefährdung eines Patienten beurteilt werden (Tab. 2-4).

Für Sicherheit sorgen **2.7**

Tab. 2-4 Erweiterte Norton-Skala, Dekubitusgefahr bei 25 Punkten und weniger

Motivation, Kooperation	Alter	Hautzustand	Zusatzerkrankung	körperlicher Zustand	geistiger Zustand	Aktivität	Beweglichkeit	Inkontinenz	Gesamtzahl		
voll 4	<10 4	normal 4	keine 4	gut 4	klar 4	geht ohne Hilfe 4	voll 4	keine 4			
wenig 3	<30 3	schuppig trocken 3	Fieber Diabetes Anämie 3	leidlich 3	apathisch teilnahmslos 3	geht mit Hilfe 3	kaum eingeschränkt 3	manchmal 3			
teilweise 2	<60 2	feucht 2	Adipositas Ca. Kachexie MS 2	schlecht 2	verwirrt 2	rollstuhlbedürftig 2	sehr eingeschränkt 2	meistens Urin 2			
keine 1	>60 1	Allergie Risse 1	Koma Lähmung 1	sehr schlecht 1	stuporös (stumpfsinnig) 1	bettlägerig 1	voll eingeschränkt 1	Urin und Stuhl 1			
Name:											

ursprüngliche Norton-Skala, Dekubitusgefahr bei 14 Punkten und weniger

2 Allgemeine Richtlinien

Wie war das noch ...?

Eine erfolgreiche Prophylaxe ist abhängig von:

Welche Risikofaktoren zur Entstehung eines Dekubitus kennen Sie?

Welche Körperstellen sind besonders dekubitusgefährdet?

Nennen Sie die Ziele der Dekubitusprophylaxe.

• **Kontrakturprophylaxe**

Definition
Contrahere: Zusammenziehen (Gelenksteife)
Eine Kontraktur ist eine fehlerhafte Gelenkstellung als Folge einer Inaktivität des Bewegungsapparates (Gelenke, Bänder, Sehnen, Muskeln).

Ursachen
Jede Inaktivität, längere Ruhigstellung oder Bettlägerigkeit begünstigt das Entstehen einer Kontraktur.

dermatogene Kontraktur	– von Hautvernarbungen ausgehend
desmogene Kontraktur	– von den Bändern ausgehend
ischämische Kontraktur	– Durchblutungsstörung der Muskulatur
myogene Kontraktur	– vom Muskel ausgehend
neurogene Kontraktur	– von Lähmungen ausgehend

• Grundsätzliche Faktoren, die das Entstehen einer Kontraktur begünstigen:
  – **Lagerungsfehler** bei Pflege- und Behandlungsmaßnahmen: Unphysiologische Lagerungen in Schonstellung. Zu lange Ruhigstellung in Schienen- oder Streckverbänden oder z.B. durch falsches Anlegen von Verbänden bzw. Gipsverbänden.
  – **Störungen des Muskeltonus:** Durch Lähmungen einzelner Muskeln. Dem sich kontrahierenden Muskel fehlt der Gegenspieler. Das Gelenk wird durch die stärkere Kontraktion in eine Fehlstellung gezogen.

- **Schmerzen und Sensibilitätsstörungen:**
  Durch Verbrennungen oder Verletzungen am Bewegungssystem kommt es durch die Schmerzen zu einer Schonhaltung mit Fixierung in einer Fehlstellung.
- Besonders gefährdet sind Patienten mit:
  - entzündlichen Gelenkserkrankungen (z. B. Polyarthritis)
  - Nervenlähmungen (z.B. Hemiplegie, Tetraplegie)
  - Verletzungen oder Verbrennungen in Gelenknähe (z. B. Narbenkontrakturen)
  - degenerativen Gelenkerkrankungen (z. B. Arthrosen)
  - Bewußtseinsstörungen (z. B. Koma)

Zeichen einer Kontraktur

Sichtbare Zwangshaltung. Die Bewegungsabläufe der Gelenke sind schmerzhaft eingeschränkt.
- Unterscheidung der Kontrakturen:
  - **Beugekontraktur:** Die Gelenke sind in Beugehaltung (Flexion) fixiert. Die Muskulatur und/oder Sehnen sind an der Beugeseite verkürzt (Abb. 2-52).

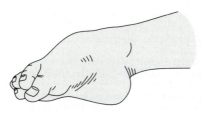

Abb. 2-52 Beugekontraktur

- **Streckkontraktur:** Die Gelenke sind in Streckstellung (Extension) fixiert. Die Muskulatur und/oder Sehnen sind an der Streckseite verkürzt (Abb. 2-53).

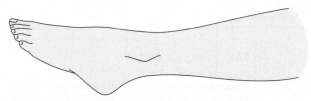

Abb. 2-53 Streckkontraktur

 Um gezielt prophylaktisch arbeiten zu können, müssen Risikofaktoren erkannt und dokumentiert werden. Besonders wichtig ist eine intensive Zusammenarbeit zwischen Physiotherapeuten und dem Pflegepersonal.

2 Allgemeine Richtlinien

Ziel der Kontrakturprophylaxe
Durch funktionell richtige Gelenkstellungen soll der harmonische Bewegungsablauf sichergestellt und erhalten bleiben.

Pflegerische Maßnahmen
- Bewegungsübungen können passiv, assistiv, aktiv und resistiv eingesetzt werden.
  - **Passive Bewegungsübung:** Alle betroffenen Gelenke werden ohne Kraftaufwand des Patienten bis an die Bewegungsgrenzen bewegt.
  - **Assistierte Bewegungsübung:** Der Helfer unterstützt den Bewegungsablauf des Patienten nach Vorgabe durch den behandelnden Arzt.
  - **Aktive Bewegungsübung:** Die Übungen werden nach Anleitung durch den Physiotherapeuten vom Patienten selbst übernommen.
  - **Resistive Bewegungsübung:** Um einen Trainingseffekt zu erreichen, muß der Patient während seiner Bewegungsübungen einen erhöhten Widerstand überwinden.
- Lagerungen
  Wird keine bestimmte Form vorgegeben, ist die physiologische Lagerung in der Gelenkmittelstellung angezeigt.
  - **Schultergelenk:** Lagerung des Oberarmes in 30°-Abduktionsstellung.
  - **Ellenbogengelenk:** Lagerung des leicht erhöhten Unterarmes im Winkel von 100°. Die Hand befindet sich in Pronationsstellung.
  - **Handgelenk:** Die Hand ist leicht zur Streckseite gebeugt, die Finger befinden sich in Schalenstellung, der Daumen steht zum Zeigefinger in Oppositionsstellung (Abb. 2-54).

Abb. 2-54 Lagerung der Hand

  - **Hüftgelenk/Kniegelenk:** Der Patient liegt möglichst flach gestreckt im Bett auf einer harten Matratze, um ein Einsinken zu verhindern. Eine Außenrotation der Beine ist zu vermeiden. Treten Schmerzen im Kniebereich auf, so kann mit einem kleinen Polster das Kniegelenk gebeugt werden.
  - **Fußgelenk:** Die Füße liegen auf einem weichen Polster (Dekubitusprophylaxe) und müssen an eine Fußstütze (Spitzfußprophylaxe) anstoßen (Abb. 2-55). Ein Bettbogen verhindert einen Druck auf die Zehen.

Für Sicherheit sorgen **2.7**

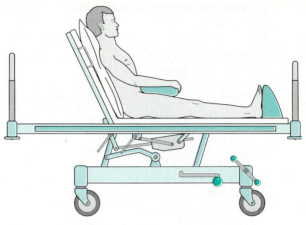

Abb. 2-55 Lagerung des Fußgelenks

Wie war das noch ...?

Nennen Sie die verschiedenen Ursachen von Kontrakturen.

Zählen Sie die Zeichen einer Kontraktur auf.

Welche Bewegungsübungen kennen Sie?

Wie sieht die physiologische Lagerung in der Gelenkmittelstellung aus beim:

Schultergelenk

Ellenbogengelenk

Handgelenk

Fußgelenk

2 Allgemeine Richtlinien

• Pneumonie- und Atelektasenprophylaxe

Definition
Unter einer Pneumonie versteht man eine primäre oder sekundäre Entzündung des Lungengewebes.
Atelektasen sind luftleere Lungenbezirke, die am Gasaustausch nicht mehr teilnehmen.

Ursachen
- Schlechte und ungenügende Belüftung der Lunge
  - nach Operationen (Wundschmerz)
  - nach längerer Bettlägerigkeit
  - bei Lungenerkrankungen
- Mangelndes Abhusten von Sekreten
  - bei Bewußtlosigkeit
  - bei allgemeiner Schwäche
  - bei Schmerzzuständen
- Aspiration von Schleim und Erbrochenem
  - bei Bewußtlosigkeit
  - Unfallpatienten
  - Hemiplegiker (Schlucklähmungen)
- Austrocknung der Atemwege
  - bei apparativer Beatmung (OP, Intensivstation)
  - bei tracheotomierten Patienten

 Um eine gezielte Pneumonie- und Atelektasenprophylaxe vornehmen zu können, müssen Risikofaktoren erkannt und dokumentiert werden.

Ziele der Pneumonie- und Atelektasenprophylaxe sind:
- Verhüten von krankhaften Atemwegsveränderungen
- der Patient kann tief durchatmen
- die Lunge ist besser durchblutet
- die Lunge ist gut belüftet
- Sekret löst sich und kann gut abgehustet werden

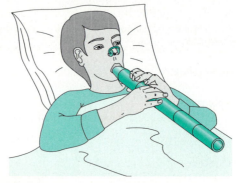

Abb. 2-56 Giebelrohr (Totraumvergrößerung)

Für Sicherheit sorgen 2.7

Pflegerische Maßnahmen
- **Atemübungen**
  - Patient zum tiefen Durchatmen auffordern, alle Lungenbezirke müssen regelmäßig belüftet werden
  - Totraumvergrößerung zur Verbesserung der Lungenventilation (Abb. 2-56)
  - Atemtraining mit Hilfsmittel zum Unterstützen der Lungenfunktionen (Inspiration und Exspiration; Abb. 2-57)

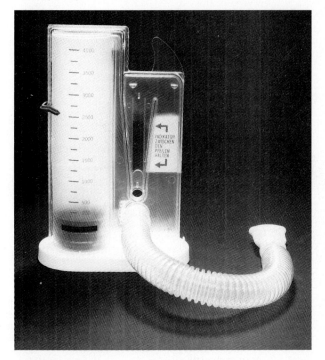

Abb. 2-57 Atemtrainer

- **Lagerung**
  - Oberkörperhochlagerung, zum Erleichtern der Zwerchfellatmung
  - häufiges Umlagern bei bettlägerigen Patienten
- **Anhalten zum Abhusten** von Sekreten
  - Patient soll die Sekrete in eine Nierenschale aushusten
  - Postoperativ sinnvoll ist eine Wundstützung, um Schmerzen zu vermeiden

2 Allgemeine Richtlinien

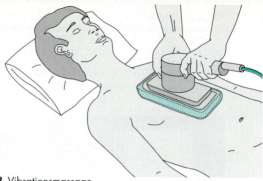

Abb. 2-58 Vibrationsmassage

- **Abreiben und Abklopfen** (Vibrationsmassage; Abb. 2-58)
  - Mehrmals täglich mit der hohlen Hand von „unten" nach „oben" neben der Wirbelsäule abklopfen (Aussparung der Nierengegend)

 Nicht Abklopfen bei Patienten mit Herzinfarkt, bei Emboliegefahr, Veränderungen an der Wirbelsäule und Schädel-Hirn-Trauma!

  - Kaltes Wasser mit Waschlappen aufklatschen
  - Danach die Haut mit einer Fettcreme pflegen
  - Vibrationsmassage zum Sekretlösen
- **Inhalation**
  - zum Anfeuchten der Atemwege und Verflüssigen von Sekreten Inhalation mit dem Ultraschallvernebler (s. Kap. 2.7.13)
- **Einreibungen**
  - Einreibungen mit Salben zur Hautdurchblutung und zum Anreiz für tiefes Einatmen durch ätherische Substanzen (z. B. Kampfer, Eukalyptus). Dies sollte nicht routinemäßig gemacht werden, da die inhalierten ätherischen Öle das Lungenparenchym verändern können.
- **Atemgymnastik**
  - gezielte Atemtherapie durch die Krankengymnasten (Bauch-, Brust-, Flankenatmung)
- **Absaugen von Sekreten**
  - Das Absaugen von Sekreten aus dem Mund- und Rachenraum erfolgt bei Bedarf und immer unter hygienischen Bedingungen (s. Kap. 2.7.13).

Für Sicherheit sorgen **2.7**

Wie war das noch ...?

Was ist eine Pneumonie, was sind Atelektasen?

Nennen Sie die Ursachen dafür.

Zählen Sie die Ziele der Prophylaxe auf.

Welche prophylaktischen Möglichkeiten kennen Sie?

• **Soor- und Parotitisprophylaxe**

Definition
Mit der Soor- und Parotitisprophylaxe sollen Erkrankungen der
Mundhöhle verhindert werden.

Die häufigsten Munderkrankungen
• **Stomatitis** (Entzündung der Mundschleimhaut)
  – gerötete und geschwollene Mundschleimhaut, Schmerzen
    beim Schlucken
• **Soormykose** (Pilzinfektion mit Candida albicans)
  – festsitzender weißer bis grauweißer Belag der Mundhöhle
• **Mundaphthen** (Defekte der Mundschleimhaut)
  – schmerzhafte, rundliche Läsionen der Mundschleimhaut,
    mit weißlichem Fibrinbelag
• **Rhagaden** (spaltförmige Einrisse der Haut)
  – schmerzhafte Hauteinrisse (Schrunden) an den Übergangs-
    stellen von Haut zur Schleimhaut (Naseneingang, Mund-
    winkel und Lippen)
• **Zungenbelag**
  – grau-brauner borkiger Belag, idealer Nährboden für Krank-
    heitserreger
• **Herpes labialis** (Viruserkrankung der Lippen)
  – kleine, schmerzhafte Erhebungen, die im Verlauf der
    Erkrankung in Bläschen und Krusten übergehen. Sehr
    infektiös!
• **Parotitis** (Entzündung der Ohrspeicheldrüse)
  – schmerzhafte Schwellung der Ohrspeicheldrüse durch
    behinderten Sekretabfluß

Allgemeine Richtlinien

Ursachen
- Bakterien-, Viren- oder Pilzbefall
- gestörte Abwehrlage des Organismus (fiebrige Erkrankungen)
- Mangelernährung (Austrocknung)
- Bewußtlosigkeit (fehlende Schluckbewegungen)
- Medikamentengabe (z.B. Zytostatika und Antibiotika)
- mangelnde Mundhygiene

 Um eine gezielte Soor- und Parotitisprophylaxe vornehmen zu können, müssen Risikofaktoren erkannt und dokumentiert werden.

Ziele der Soor- und Parotitisprophylaxe sind:
- Vermeiden von Infektionen der Mundhöhle
- die Mundschleimhaut des Patienten ist gesund und intakt
- belagfreie Zunge und Mundhöhle
- beschwerdefreie Nahrungsaufnahme
- schmerzfreies Schlucken
- geschmeidige Lippen
- Wohlbefinden des Kranken

Pflegerische Maßnahmen
- **Mundpflege**
  - Dem Patienten ist Gelegenheit zu geben, vor dem Frühstück und nach jeder Mahlzeit die Zähne zu putzen, evtl. Zahnprothesen zu reinigen und den Mund zu spülen (s.a. Kap. 2.4.2).
- **Mundspülungen**
  - Der Mund wird mehrmals täglich mit antiseptischen oder adstringierenden (zusammenziehenden) Lösungen gespült. Die Lösungen werden immer frisch zubereitet.
- **Anregung der Kautätigkeit**
  - Durch das Kauen von trockener Brotrinde, Dörrfrüchten oder Kaugummi wird der Speichelfluß gefördert, die Ohrspeicheldrüse entleert und der Selbstreinigungseffekt der Mundhöhle erreicht.
- **Medikamentöse Behandlung**
  Je nach Arztverordnung werden zur Behandlung bestehender Munderkrankungen folgende Medikamente verwendet:
  - Soormykosen   Einpinseln mit Moronal®-Suspension
  - Stomatitis   Einpinseln mit Myrrhentinktur, Lutschpastillen zur Schmerzlinderung
  - Herpes labialis   Eincremen der Infektionsstelle mit einem Virustatikum (Handschuhe benutzen – Infektionsgefahr)
  - Rhagaden   Eincremen der Lippen mit einer Vitamin-B-haltigen Salbe
- **Anfeuchten der Mundschleimhaut**
  - Einsprühen des Mund- und Rachenraumes mit einem geschmacksneutralen oder aromatisierten „synthetischen Speichel".

Für Sicherheit sorgen **2.7**

- **Beobachtung der Mundschleimhaut**
  – Regelmäßige Inspektion des Mund- und Rachenraumes
  (evtl. mit Mundspatel und Taschenlampe). Veränderungen
  sind dem Arzt zu melden und zu dokumentieren.

Wie war das noch ...?

Nennen Sie die Ursachen für Erkrankungen in der Mundhöhle.

Beschreiben Sie die wichtigsten Mundveränderungen:

Stomatitis

Soormykose

Mundaphthen

Rhagaden

Zungenbelag

Herpes labialis

Parotitis

Was sind die Ziele der Soor- und Parotitisprophylaxe?

Welche prophylaktischen Maßnahmen kennen Sie?

Allgemeine Richtlinien

• Obstipationsprophylaxe

Definition
Unter der Obstipation versteht man eine verzögerte oder erschwerte Stuhlentleerung.

Ursachen
- mangelnde körperliche Bewegung
- falsche Ernährung (keine Ballaststoffe und wenig Flüssigkeit)
- falsche Eßgewohnheiten (zu wenig Zeit!)
- psychische Einflüsse (Ekel vor fremden Toiletten)
- regelmäßige Einnahme von Medikamenten
  (z. B. Sedativa)
- Erkrankungen des Verdauungssystems
  (z. B. postoperative Darmatonie, Ileus, Hämorrhoiden)

Um gezielt prophylaktisch arbeiten zu können, müssen Risikofaktoren erkannt und dokumentiert werden.

Ziele der Obstipationsprophylaxe sind:
- regelmäßige, natürliche Darmentleerung
- geschmeidiger, nicht zu fester Stuhl

Pflegerische Maßnahmen
Hier ist es besonders wichtig, daß das Pflegepersonal den Patienten durch Information und Aufklärung dazu bewegt, seine Lebensgewohnheiten zu ändern.
- **Veränderung der Eßgewohnheiten**
  - Zeit zum Essen nehmen
  - Mahlzeiten richtig kauen
- **Gesunde Ernährung**
  - ausreichende Zufuhr von Ballaststoffen und Flüssigkeiten
- **Körperliche Bewegung**
  - zur Anregung der Darmperistaltik sich viel in frischer Luft bewegen, Gymnastik, Bauchmassage
- **Darmtraining/regelmäßige Entleerung**
  - evtl. den Darm an bestimmte Entleerungszeiten gewöhnen. Defäkationsreiz nicht unterdrücken
  - Klysma und Reinigungseinlauf.
  - Gabe von Abführmitteln (Laxanzien) oral oder rektal soll die Ausnahme sein (Gefahr der Abhängigkeit)

Organische Ursachen, die die regelmäßige Stuhlentleerung ungünstig beeinflussen (z. B. Hämorrhoiden), müssen durch ärztliche Therapie beseitigt werden.

Für Sicherheit sorgen **2.7**

Wie war das noch ...?

Was versteht man unter einer Obstipation?

Welche Ursachen der Obstipation kennen Sie?

Beschreiben Sie die prophylaktischen Möglichkeiten:

● **Thrombose- und Embolieprophylaxe**

Definitionen

Thrombus   = Blutpfropf, Blutgerinnsel
Thrombose   = durch Bildung eines Thrombus bedingter teil-
                weiser oder vollständiger Verschluß einer
                Arterie oder Vene
Embolus   = mit dem Blutstrom verschlepptes Blutgerinnsel
Embolie   = plötzlicher Verschluß eines Blutgefäßes durch
                einen Embolus

Ursachen

Mit 10–15 Prozent ist die Lungenembolie eine der häufigsten
autoptisch festgestellten Ursachen klinischer Sterbefälle.
Zu mehr als 95 Prozent stammen die embolisierten Thromben
aus den tieferen Bein- oder Beckenvenen.
Das Risiko einer Thromboembolie besteht bei jedem erwachsenen Patienten nach einer Bettlägerigkeit von mehr als 24 Stunden.

Grundsätzliche Faktoren, die das Entstehen einer Thrombose
oder Embolie begünstigen:
● **Virchow-Trias**
  1. Veränderungen der Veneninnenwand
     Entzündungen, Verletzungen und Ablagerungen können zu
     Veränderungen der Veneninnenwand (Intima) führen.
  2. Erhöhte Gerinnungsneigung des Blutes
     Bestimmte Erkrankungen und Medikamente erhöhen die
     Gerinnungsneigung des Blutes.

93

2 Allgemeine Richtlinien

3. **Verlangsamung des venösen Rückstromes**
   Deutlich verlangsamt wird der venöse Rückstrom durch fortwährende Bettruhe und somit verminderter Muskelpumpe. Es kommt zur Stase des Blutes mit Bildung von Thromben.

Diese drei krankmachenden Faktoren stehen untereinander in Beziehung und haben unterschiedliche Bedeutung für die Entstehung von Thromben.

- **Weitere Risikofaktoren**
  - höheres Lebensalter
  - Adipositas
  - periphere oder zentrale Lähmungen
  - Herz- und Kreislauferkrankungen
  - chronische venöse Insuffizienzen
  - ungesunde Lebensweise (Rauchen)
  - falsche Ernährung (fettreich)
  - Schwangerschaft

Zeichen einer beginnenden Thrombose
- Überwärmung, Rötung und Schwellung der betroffenen Extremität
- Schmerzen entlang der betroffenen Vene
- erhöhter Fußsohlen- und Wadenschmerz

 Um gezielt prophylaktisch arbeiten zu können, müssen Risikofaktoren erkannt und dokumentiert werden.

Ziele der Thrombose- und Emboliprophylaxe sind:
- die Hämodynamik verbessern (venösen Rückfluß steigern, Strömungsgeschwindigkeit beschleunigen)
- Risikofaktoren beseitigen

Pflegerische Maßnahmen
- **Frühmobilisation**
  - Erstes Aufstehen noch am Operationstag (abhängig von der ausgeführten Operation und Kreislaufsituation des Patienten)
  - Atemübungen
- **Anregen der Muskelpumpe**
  - Gezielte Bewegungsübungen der unteren Extremitäten wie:
    Fuß heben und senken,
    Füße kreisen,
    Kontraktion und Entspannung der Wadenmuskulatur,
    Pedaltreten,
    Beinmassagen herzwärts
- **Äußere Kompression der Beinvenen**
  - Dadurch werden die oberflächlichen Beinvenen komprimiert und die Strömungsgeschwindigkeit in den tieferen Beinvenen erhöht.
  - Der Patient muß vor dem Anlegen der Kompression liegen (Venen sind dann nicht gestaut!).

Für Sicherheit sorgen 2.7

• **Wickeln der Beine mit elastischen Binden**

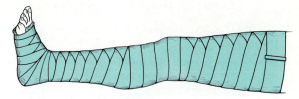

Abb. 2-59 Sachgerecht gewickeltes Bein

Vorgehen
- Halten des Beines durch eine zweite Pflegeperson, der Fuß steht im rechten Winkel zur Tibia (Schienbein).
- Gleichmäßiges Wickeln der Beine im Achter- und Spiralgang von den Zehengrundgliedern bis zur Leistenbeuge. Die Ferse immer mit einwickeln (verhindert ein Fersenödem; Abb. 2-59).
- Verbandwechsel zweimal täglich.
- Der Verband darf an keiner Stelle einschnüren und muß festsitzen.

2 Allgemeine Richtlinien

Anziehen der Antithrombose-Strümpfe
(Abb. 2-60/1 bis 12)

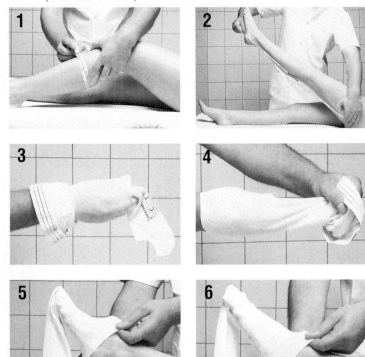

Abb. 2-60
1–2) Abmessen des Beines
3–6) Vorbereitung des Strumpfes

Vorgehen
- Strumpfgröße durch **exaktes Abmessen** (je nach Strumpftyp) feststellen
  - Länge des Beines
  - Dicke des Oberschenkels
  - Wadenumfang
- **Anziehen** des Strumpfes
  - Umstülpen des Strumpfes bis zur Ferse

Für Sicherheit sorgen **2.7**

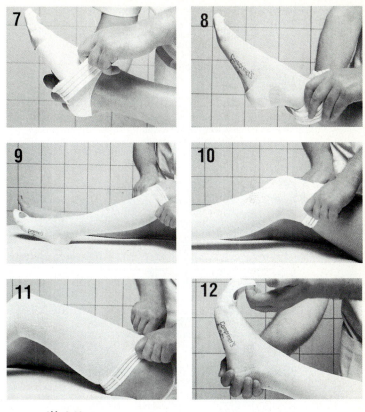

Abb. 2-60
7–9) Anziehen des Strumpfes
10–12) Anpassen und Kontrolle des Strumpfes

- Sorgfältiges Anziehen des Strumpfes über den Fuß und die Ferse
- Hochstreifen des Strumpfes bis zur Leiste
- **Sichtfenster** am Zehenteil dient zur Überwachung der Durchblutung der Zehen.

 Antithrombose-Strümpfe müssen 24 Stunden täglich getragen werden!

- **Hochlagerung der Beine**
- Um die Beine zu entstauen und zu entwässern, werden sie für ca. 10 Minuten in einem Winkel von etwa 50° hochgelagert.

2 Allgemeine Richtlinien

Vorgehen
– Den Patienten in Rückenlage bringen.
– Lagerungshilfsmittel (z. B. Kissen) unter die Beine legen.
– Beachten, daß Kniekehle und Leiste nicht abgeknickt sind.

● **Therapeutische Maßnahmen**

Antikoagulanzien
Medikamente für eine verminderte Blutgerinnung.
Phasen der Blutgerinnung (Abb. 2-61).
Heparine   – Sofortantikoagulanzien (Abb. 2-62)
                    Sie werden subkutan injiziert, infundiert oder
                    über Salbenverbände kutan verabreicht.
                    Antagonist ist das Protaminsulfat.

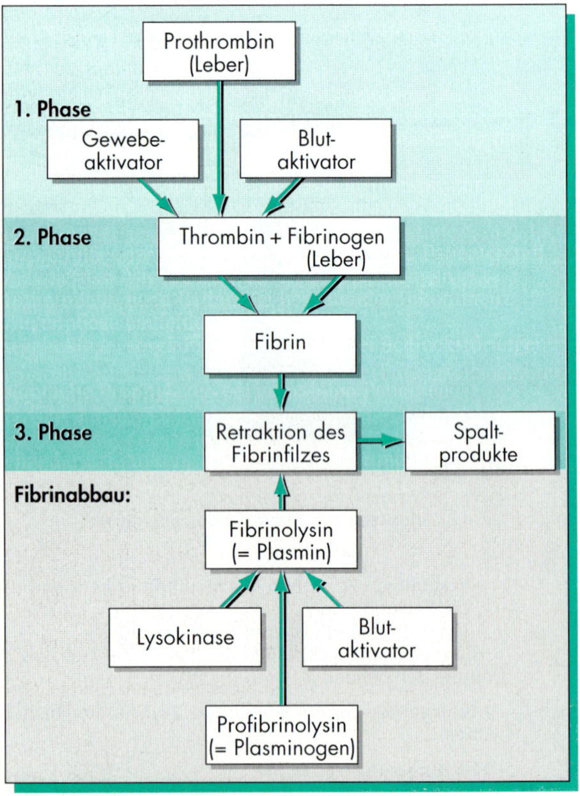

Abb. 2-61 Phasen der Blutgerinnung

Für Sicherheit sorgen 2.7

Kumarine – Langzeitantikoagulanzien
Sie werden als Tabletten verabreicht.
Antagonist ist das Vitamin K.

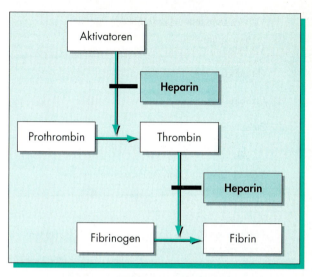

Abb. 2-62 Wirkung von Heparin auf die Gerinnung

Besonderheiten der Therapie mit Antikoagulanzien
- Medikamente müssen zeitlich genau nach ärztlichem Therapieplan verabreicht werden.
- Bei der **subkutanen Injektion von Heparin** ist folgendes zu beachten:
  - Luft nicht über die Injektionskanüle entfernen (Heparinreste auf der Kanüle führen zu Blutungen aus dem Stichkanal)
  - keine Aspiration vor dem Verabreichen des Medikamentes (führt zu Mikroverletzungen mit Hämatombildung)
  - kein Verteilen des Medikamentes durch kreisende Bewegungen (fördert die Hämatombildung)
- Ausscheidungen auf beigemengtes Blut kontrollieren (z.B. Hämaturie)
- Dokumentation (Medikamentenname, Menge, Uhrzeit)

2 Allgemeine Richtlinien

Wie war das noch ...?

Was versteht man unter folgenden Begriffen:

Thrombus

Thrombose

Embolus

Embolie

Welche Ursachen der Thrombose kennen Sie?
(Virchow-Trias)

Beschreiben Sie die prophylaktischen Möglichkeiten:

Wie werden Antithrombose-Strümpfe angezogen?

Was ist im Umgang mit Antikoagulanzien zu beachten?

2.7.2 Hygiene

Um eine Zunahme von Krankenhausinfektionen zu vermeiden, müssen hygienische Maßnahmen konsequent eingesetzt werden.
Diese Maßnahmen sollen auch dabei helfen, übertragbare Krankheiten zu erkennen, zu verhüten und zu bekämpfen.

• Definition von Krankenhausinfektionen (nosokomiale Infektionen) (Bundesgesundheitsamt)

Eine Krankenhausinfektion ist eine durch Mikroorganismen hervorgerufene Infektion, die in kausalem Zusammenhang mit

Für Sicherheit sorgen 2.7

einem Krankenhausaufenthalt steht, unabhängig davon, ob Krankheitssymptome bestehen oder nicht.
Eine epidemische Krankenhausinfektion ist eine nicht vereinzelt auftretende Infektion mit einem einheitlichen Erregertyp in zeitlichem, örtlichem und kausalem Zusammenhang mit einem Krankenhausaufenthalt.

- **Wichtige Begriffe**

apathogen	= nicht krankheitserregend
Asepsis	= Keimfreiheit
Bakterizidie	= Abtötung aller Bakterien
Desinfektion	= Gegenstand in einen Zustand versetzen, in dem er nicht mehr infizieren kann
Desinsektion	= Entwesung, Vernichtung von Ungeziefer
Fungizidie	= Abtötung aller Pilze
Hospitalismus	= zusammenfassende Bezeichnung für alle durch einen Krankenhausaufenthalt entstandenen Schädigungen
Kontamination	= Verunreinigung, Verseuchung
Mikrobizidie	= Abtötung aller Mikroorganismen
pathogen	= krankheitserregend
Resistenz	= Widerstandsfähigkeit gegen einen Krankheitserreger (körpereigene Resistenz)
	= Widerstandsfähigkeit des Erregers gegen Abwehrmaßnahmen (Erregerresistenz)
Sanitation	= gezielte Entkeimung, die eine möglichst intensive Verminderung pathogener Keime anstrebt
septisch	= keimhaltig
Sporizidie	= Abtötung aller Sporen
Sterilisation	= Abtötung aller lebenden Krankheitserreger und Bakteriensporen
Virulenz	= Grad der Aggressivität von Mikroorganismen (Infektionskraft)
Viruzidie	= Abtötung aller Viren

Um Keime zu reduzieren bzw. zu vernichten, stehen Desinfektion und Sterilisation zur Verfügung.

Hierfür gibt es in allen Kliniken Desinfektionspläne und allgemeine Hygieneregeln.

Desinfektionsverfahren
- laufende Desinfektion (bei infektiösen Patienten)
- ständige Desinfektionsmaßnahmen (zur Verhinderung einer Keimvermehrung)
- Haut- und Händedesinfektion
- Instrumentendesinfektion
- Scheuerdesinfektion und/oder Schlußdesinfektion (zur Raum- und Inventarentseuchung nach Genesung, Verlegung, Entlassung oder Tod eines Patienten)

Allgemeine Richtlinien

Laufende Desinfektion
- Beachten der Hygieneregeln und Desinfektionspläne
- regelmäßige Händedesinfektion
- Schmierinfektionen vermeiden (sauber arbeiten)
- staubfreies Arbeiten
- Bei Bedarf Handschuhe und Schutzkleidung tragen
- Geeignete Desinfektionsmittel nach Gebrauchsanweisung benutzen
- Gebrauchte Materialien sofort in einem verschließbaren Abfallbehälter entsorgen
- Mehrfachmaterialien (z. B. Instrumente) in einem Behälter mit Desinfektionslösung ablegen

Schlußdesinfektion
- Beachten der Hygieneregeln und Desinfektionspläne
- Alle Gegenstände müssen im Zimmer verbleiben
- Der Raumdesinfektion geht meist eine Scheuerdesinfektion voraus
- Große Oberflächen schaffen (Matratzen hochstellen, Lagerungshilfsmittel ausbreiten, Schranktüren öffnen)
- Die Raumdesinfektion erfolgt durch einen Desinfektor
- Die vom Desinfektor festgelegte Einwirkzeit muß eingehalten werden
- Hinweisschild „Raumdesinfektion" anbringen
- Anschließend Raum ausreichend lüften

Umgang mit Desinfektionsmitteln
Zur Desinfektion steht eine Vielzahl vom Bundesgesundheitsamt zugelassener chemischer Substanzen zur Verfügung.

- **Immer zuerst desinfizieren, dann reinigen**
- Handschuhe tragen, um unnötige Hautreizungen zu vermeiden
- Auf richtige Dosierung achten
- Auf richtige Anwendungstemperatur achten
- Auf richtige Einwirkzeit achten

Formel zur Herstellung von Desinfektionsmittel-Lösungen

a = vorhandene Lösung, b = gesuchte Lösung

$$\text{Gewicht } a = \frac{\text{Gewicht } b \times \% \, b}{\% \, a}$$

Beispiel:
Benötigt werden 70 Gramm einer 3%igen Desinfektionslösung. Vorhanden ist ein Kanister mit 7%iger Lösung.

$$\text{Gewicht } a = \frac{70 \, g \times 3 \, \%}{7 \, \%}$$

Gewicht a = 30 g

Für Sicherheit sorgen 2.7

Es werden 30 Gramm der 7%igen Lösung aus dem Kanister entnommen und mit 40 Gramm Wasser verdünnt.

- **Händedesinfektion**

Der häufigste Übertragungsweg von Krankenhausinfektionen geschieht über die Hände des Klinikpersonals. Deshalb gehören Händedesinfektion und Händewaschen zu den wichtigsten Maßnahmen der **Infektionsprophylaxe**. Pathogene Keime (Anflugkeime) werden vernichtet und Stammkeime (Haftkeime) auf der Haut reduziert.

Grundsätzlich gilt für alle, die mit und am Patienten arbeiten:
- Hände mit pH-regulierenden Lotionen waschen und danach eincremen
- Fingernägel stets kurz und gepflegt halten
- Bei der Arbeit keinen Schmuck und keine Armbanduhr tragen

- **Hygienische Händedesinfektion**
  - vor Arbeitsbeginn
  - vor und nach Tätigkeiten am Patienten
  - vor Kontakt mit Patienten, die in besonderem Maße vor Infektionen geschützt werden müssen
  - nach Kontakt mit Patienten, von denen Infektionen ausgehen
  - vor und nach invasiven Eingriffen
  - nach Umgang oder Kontakt mit infektiösem Material
  - vor dem Umgang mit Medikamenten
  - vor der Essensverteilung
  - vor allen aseptischen Maßnahmen (chirurgische Händedesinfektion)
  - zwischenzeitlich zur Keimreduzierung

Vorgehen
Erst desinfizieren, dann waschen!
- etwa 3–5 ml Desinfektionsmittel aus Spenderflasche auf Händen und Unterarmen verreiben (Einwirkzeit beachten)
- Hände und Unterarme gründlich mit Seife waschen
- sorgfältig abtrocknen
- Wasserhahn möglichst nicht mit der Hand, sondern mit gebrauchtem Papierhandtuch schließen

Wie war das noch ...?

Was versteht man unter:

Kontamination

Hospitalismus

pathogen

Virulenz

Resistenz

Desinfektion

Sterilisation

Fungizidie

Mikrobizidie

Sporizidie

Viruzidie

Beschreiben Sie die hygienische Händedesinfektion:

Für Sicherheit sorgen **2.7**

2.7.3 Einrichtungen eines Patientenzimmers

- **Krankenbett**

Das Patientenbett soll den Erfordernissen des Kranken und des ihn betreuenden Personals entsprechen und unterscheidet sich vom normalen Bett durch (Abb. 2-63):
- die äußere Form
- die materielle Beschaffenheit
- die Beweglichkeit
- das Bettzubehör (Patientenaufrichter, Handtuchhalter)

Abb. 2-63 Krankenbett

- **Spezialbetten**

Herzbett: Lagerungsbett von Patienten mit Herzinsuffizienz. Es lassen sich Kopf- und Fußteil individuell verstellen (Abb. 2-64).

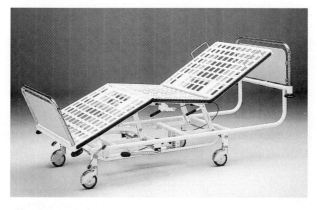

Abb. 2-64 Herzbett

2 Allgemeine Richtlinien

Clinitron-Betten: Low Flow zur vorwiegenden Behandlung von Patienten mit Dekubiti (Abb. 2-65). Segmentierte Luftkissen garantieren eine Lagerung mit niedrigem Auflagedruck.
Clinitron ASX (ohne Abbildung) mit Wiegeeinheit und Temperaturregulierung für die Behandlung von Patienten mit z.B. großflächigen Verbrennungen. Durch ständiges Aufwirbeln von feinen Mikrokugeln (trockene Flüssigkeit, ähnlich wie Sand) wird der Auflagedruck (ca. 16 mmHg) optimal vermindert. Der Patient ist durch ein Filtertuch von der Mikrokugelschicht getrennt, Wundsekrete werden von der Kugel resorbiert und sinken auf ein auswechselbares Sieb ab.

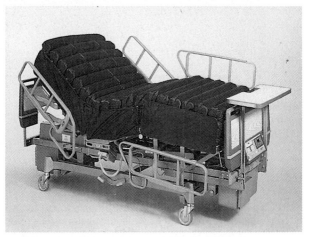

Abb. 2-65 Clinitron-Bett

Entbindungsstuhl: Fahrbares Bett mit verstellbarer Steißplatte und Rückenlehne (Abb. 2-66).

Drehbett: Spezialbett mit zwei Liegeflächen für querschnittsgelähmte Patienten (Abb. 2-67). Eine Drehvorrichtung erleichtert das Umlagern des Patienten.

Intensivbett: Spezialbett mit harter Unterlage für die Reanimation. Am Kopfteil sind der Bettbügel und das Bettbrett leicht zu entfernen (besserer Zugang zum Patienten bei der Intubation).
Die Liegefläche ist höhenverstellbar und zur Röntgenuntersuchung strahlendurchlässig.

Für Sicherheit sorgen **2.7**

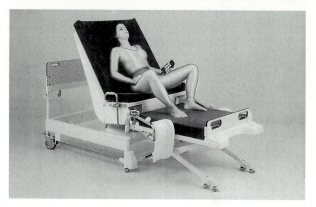

Abb. 2-66 Entbindungsstuhl

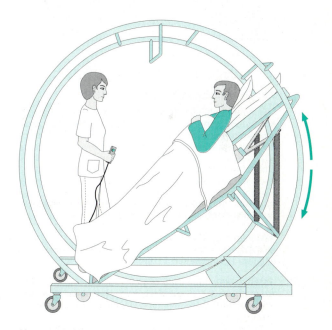

Abb. 2-67 Drehbett

2 Allgemeine Richtlinien

Wie war das noch ...?

Wodurch unterscheidet sich ein Patientenbett von einem normalen Bett?

Welche Spezialbetten kennen Sie?

2.7.4 Wahrnehmungen am Patienten

Die Krankenbeobachtung ist das bewußte Wahrnehmen von Veränderungen am Patienten durch die **Sinnesorgane des Beobachtenden**. Um Veränderungen erkennen zu können, muß der Grundzustand dem Beobachtenden vorher bekannt sein.

Krankenbeobachtung ist keine eigenständige Handlung. Sie ist eingebunden in alle Pflegemaßnahmen am Patienten, die sich über den gesamten Tages- und Nachtablauf erstrecken.

Für eine gezielte Krankenbeobachtung muß der Pflegende aufmerksam und konzentriert sein und zwischen Wesentlichem und Unwesentlichem unterscheiden können.

• **Allgemeinzustand**

Der Allgemeinzustand des Patienten setzt sich aus der körperlichen und psychischen Verfassung zusammen.

• **Krankenbeobachtung**

Beurteilt wird der momentane körperliche und geistig-seelische Zustand des Patienten (z.B. gepflegt, verwahrlost, orientiert, Interesse, Mitarbeit, Stimmung).

• **Ernährungszustand**
  – Der Ernährungszustand ist abhängig von Geschlecht, Alter, Körpergröße, Körperbau. Er wird durch das Verhältnis von Körpergewicht und Körpergröße sowie die Beurteilung des Hautturgors festgestellt.

108

Für Sicherheit sorgen **2.7**

- **Körpergewicht**
  - Das Körpergewicht wird am nüchternen Patienten morgens, nach Entleerung der Blase und mit gleicher, leichter Bekleidung ermittelt.
  - Faustregeln:
    Normalgewicht:
    Körpergröße in cm – 100 = Normalgewicht in kg
    Übergewicht:
    Abweichung um 10% nach oben vom Normalgewicht
    Untergewicht:
    Abweichung um 20% nach unten vom Normalgewicht
- **Mimik, Gestik, Sprache, Psyche**
  - Stimmungslage   (heiter – pessimistisch)
  - Sozialverhalten   (kooperativ – kontaktarm)
  - Geisteszustand   (Denkstörungen – Depressionen)
  - Gesichtsausdruck   (ausgeglichen – verkrampft)
  - Gebärdenspiel   (normal – übertrieben/gehemmt)
- **Bewußtsein**
  - Ansprechbarkeit
    zeitliche, räumliche, persönliche Orientiertheit
  - Einteilung und Ursachen von Bewußtseinsstörungen (Tab. 2-5)
- **Haut**
  - Beschaffenheit (z.B. Narben)
  - Farbe (z.B. Zyanose)
  - Spannungszustand (z.B. Hautturgor, Ödeme)
  - Druckstellen (z.B. Dekubitus)
  - Hauteffloreszenzen (z.B. Bläschen, Ekzeme)
- **Schleimhäute**
  - Verletzungen
  - Blutungen
  - Schwellungen
  - Farbveränderungen
- **Nägel**
  - Pilzerkrankungen
  - Entzündungen
  - Brüchigkeit
  - bestimmte Formung (z.B. Uhrglasnägel)
- **Haare**
  - Haarausfall
  - Schuppenbildung
  - Kahlstellen
  - verstärkte Behaarung (Hirsutismus)

2 Allgemeine Richtlinien

Tab. 2-5 Bewußtseinsstadien

Stadium	Beschreibung	Motorik	Reflexe	Pupillen-reaktion	kann auftreten bei
Benommen-heit	leichter Grad der Bewußt-seinstrübung, erhöhte Mü-digkeit, verlangsamtes Denken und Handeln, erschwerte Orientierung, jederzeit erweckbar	insgesamt verlangsamt, kurze Unter-haltungen sind möglich	alle vor-handen	positiv	fieberhafte Infekte, Traumen, Kreislauferkrankungen, allergische Reaktion
Somnolenz	starke Benommenheit, krank-hafte Schläfrigkeit, einfache Aufforderungen werden be-folgt, kurzzeitig erweckbar	nur nach Auf-forderung, Unterhaltung nicht möglich	alle vor-handen	positiv	Anurie, Atropinvergiftung, diabetisches Koma, Kaliummangelsyndrom
Sopor	Bewußtseinsstörung starken Grades, tief-schlafähnlicher Zustand, nicht mehr erweckbar	nur stärkste Reize lösen Reaktionen aus, kein verbaler Kontakt mehr möglich	vor-handen	positiv	wie oben
Koma	tiefste, durch äußere Reize nicht zu unterbrechende Bewußtseinsstörung, keine Blickfixation, ohne emotionale Kontaktfähigkeit, Elementarfunktionen, z.B. Spontanatmung, können erhalten sein	fehlende Spon-tanäußerungen, keine Eigen-motorik	schwach bis negativ	verlang-samt bis negativ	apallisches Syndrom, Atropinvergiftung, Basedow-Krankheit, Cholera, Diabetes mellitus (Hyper- und Hypoglykämie), nach schwerer Enzephalitis, Hirnblutungen, Hirn-druck, Hypophysenvorderlappen-Insuffizienz, Intoxikationen, Ischämie des Gehirns, Leber-erkrankungen, Neurotoxikosen, Schädel-Hirn-Trauma, Urämie, Zerebralarterioskle-rose (gelegentlich)

Für Sicherheit sorgen **2.7**

Wie war das noch ...?

Nennen Sie die Voraussetzungen für eine gute Krankenbeobachtung:

Welche Stadien des Bewußtseins kennen Sie?
Beschreiben Sie die einzelnen Stufen.

Nennen Sie die Faustregeln für das Normal-, Über- und
Untergewicht:

2 Allgemeine Richtlinien

● Appetit
Der Appetit eines Menschen ist abhängig:
– vom Nahrungsbedarf (körperliche Leistung, Alter etc.)
– von der persönlichen Geschmacksempfindung
– vom Aussehen der Nahrung (das Auge ißt mit)
– von Behinderungen bei der Nahrungsaufnahme

Appetitveränderungen und deren mögliche Ursachen

● **Appetitmangel** z. B. bei:
  – Anämien
  – Magen-Darm-Erkrankungen
  – Fieberzuständen
  – Infektionskrankheiten
  – Hirnschädigungen
  – seelischen Konflikten
  – Vergiftungen
  – Medikamenten (z. B. Digitalis)
  – Heimweh
● **Heißhunger** z. B. bei:
  – Hypoglykämie
● **abnorme Essensgelüste** z. B. bei:
  – Schwangerschaft
  – psychischen Erkrankungen
● **Nahrungsverweigerung** z. B. bei:
  – Anorexia nervosa
  – psychischem Hospitalismus (Kinder)
  – suizidgefährdeten Patienten
● **Abneigungen gegen fette Speisen** z. B. bei:
  – Hepatitis
  – Cholelithiasis
  – Leberzirrhose
● **Steigerung des Appetits** (Hyperorexie: Heißhunger,
  Akorie: Gefräßigkeit) z. B. bei:
  – Hyperthyreose
  – seelischen Konflikten
  – Medikamenten (z. B. Antihistaminika)

Krankenbeobachtung
Beobachtet wird der Kranke auf die unter „Appetitveränderungen" genannten Faktoren. Wichtig ist es, den Ausgangszustand des Patienten zu erfassen und Essensgewohnheiten detailliert zu erfragen.

● Puls
(lat. „das Stoßen, Schlagen")
Der Puls ist als Anstoß der vom Herzschlag durch das Arteriensystem getriebenen Blutwelle an den Gefäßwänden spürbar.
Er kann überall da getastet werden, wo sich eine oberflächliche Arterie befindet und gegen eine härtere Unterlage gedrückt werden kann (Abb. 2-68).
In der Regel wird der Puls an der Arteria radialis getastet.

Für Sicherheit sorgen 2.7

 Bei Patienten im **Schock**, mit Herz-Kreislauf-Stillstand erfolgt die Kontrolle herznah an der **Arteria carotis** oder **Arteria femoralis**.

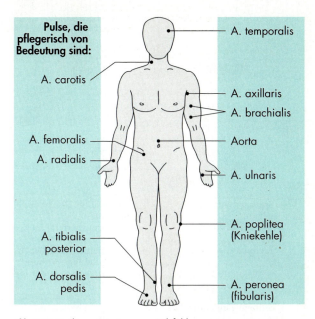

Abb. 2-68 Tastbare Arterien zum Pulsfühlen

Normalwerte
Frequenz – Neugeborene   ca. 120–140 Schläge/Minute
          – Kleinkind   ca. 90–100 Schläge/Minute
          – Jugendlicher ca. 75– 90 Schläge/Minute
          – Erwachsener   ca. 60– 80 Schläge/Minute
Rhythmus – regelmäßige Wiederholung
Qualität – gute Beschaffenheit (gut tastbar)

• **Wichtige Begriffe**
absolute Arrhythmie = absolut unregelmäßiger Herzrhythmus
Arrhythmie   = Störungen des Herzrhythmus
Bigeminus   = Zwillingspuls (Doppelschlag)
Bradykardie   = Pulsfrequenz beim Erwachsenen unter
                      60 Schlägen/Minute
Extrasystolie   = vorzeitig einfallender Sonderschlag
Pulsdefizit   = Differenz zwischen den Herzaktionen
                      und zählbaren Pulsaktionen (z. B. bei
                      Zentralisation)

2 Allgemeine Richtlinien

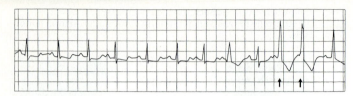

Abb. 2-69a Supraventrikuläre Extrasystole

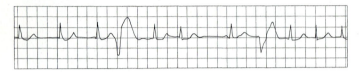

Abb. 2-69b Ventrikuläre Extrasystole

Sinusarrhythmie = unregelmäßige Reizbildung im Sinusknoten
supraventrikuläre Extrasystole = Reizbildungsherd im Herzvorhof (Abb. 2-69a)
Tachykardie = Pulsfrequenz beim Erwachsenen über 100 Schläge/Minute
ventrikuläre Extrasystole = Reizbildungsherd in der Herzkammer (Abb. 2-69b)

Jede Pulsveränderung muß dem Arzt gemeldet werden. Angeordnete Pulskontrollen sind genau einzuhalten, die Ergebnisse zu dokumentieren.

Krankenbeobachtung
Bei der Beobachtung des Pulses werden die Frequenz, der Rhythmus und die Qualität beurteilt.

Ausgezählt werden die Pulsschläge innerhalb von 15 Sekunden. Das Ergebnis wird mit 4 multipliziert (1 Minute).
Bei Patienten mit Herzrhythmusstörungen oder Bradykardie muß eine volle Minute ausgezählt werden.

• Blutdruck
Unter dem arteriellen Blutdruck versteht man den meßbaren Druck des Blutes in den Arterien. Er ist abhängig von der Schlagkraft des Herzens, dem Gefäßwiderstand, dem Füllungszustand des Gefäßsystems und der Viskosität (Fließeigenschaft) des Blutes.
Der Blutdruck schwankt abhängig vom Tagesrhythmus, von der physischen und psychischen Belastung.

Für Sicherheit sorgen **2.7**

Normalwerte (nach Riva-Rocci)
Neugeborene (systolisch)   60– 80 mmHg (8,0–10,7 kPa)
Säuglinge (systolisch)   80– 85 mmHg (10,7–11,3 kPa)
Kleinkinder (systolisch)   80–100 mmHg (10,7–13,3 kPa)
Jugendlicher (systolisch/diastolisch)   80–120 mmHg
                                             (10,7–16,0 kPa)
Erwachsener (systolisch/diastolisch)   94–139 mmHg
                                             (12,5–18,5 kPa)

Umrechnung von mmHg (Millimeter Quecksilbersäule) in kPa
(Kilopascal):
7,5 mmHg = 1,0 kPa

• **Wichtige Begriffe**
Blutdruckamplitude   = Differenz zwischen dem
                            systolischen und diastolischen
                            Blutdruckwert
diastolischer Blutdruck   = Druckminimum im arteriellen
                            System während der Erschlaf-
                            fungs- und Füllungsphase
Hypertonie   = Bluthochdruck
                            arterieller Blutdruck über
                            95–160 mmHg
                            Grenzwerte beim Erwachsenen:
                            systolisch 140–159 mmHg
                            diastolisch 90– 94 mmHg
Hypotonie   = niedriger Blutdruck
                            arterieller Blutdruck systolisch
                            unter 100 mmHg beim
                            Erwachsenen
Riva-Rocci   = ital. Internist und Kinderarzt,
                            nach dem eine Blutdruckmeßart
                            benannt ist (1863–1937)
systolischer Blutdruck   = Druckmaximum im
                            arteriellen System während der
                            Austreibungsphase

Krankenbeobachtung
Es wird der Druck des strömenden Blutes in den Arterien
gemessen.

Unterscheidung in:
– **auskultatorische** Blutdruckmessung
  (Erfassung des systolischen und diastolischen Blutdruckwertes)
– **palpatorische** Blutdruckmessung
  (Erfassung des systolischen Blutdruckwertes)
– **invasive** Blutdruckmessung
  (kontinuierliche Erfassung des systolischen und diastolischen
  Blutdruckwertes durch einen intravasal liegenden Katheter
  und einen Monitor)

Allgemeine Richtlinien

• Auskultatorische Messung

Vorbereitung
- Blutdruckapparat mit aufblasbarer Manschette, Gummiballon mit Ventilschraube und einem Manometer
- Stethoskop mit Trichter oder Flachmembran
- Information des Patienten
- Lagerung (liegend oder sitzend)
- Messung erfolgt am Oberarm (frei von Kleidungsstücken, Lagerung in Herzhöhe, geöffnete Hand)

Vorgehen
- Manschette eng und luftleer an den Oberarm anlegen
- Schließen des Ventils am Manometer
- Luft unter Messung des Radialispulses in die Manschette pumpen
- Ist kein Puls mehr tastbar, Manschettendruck noch um ca. 30 mmHg (4 kPa) erhöhen
- Stethoskop an der Ellenbeuge ansetzen
- Druck langsam (max. 2–3 mmHg/Sekunde) durch Öffnen des Ventiles senken
- Erster hörbarer Ton, Druckwert auf dem Manometer ablesen (systolischer Druckwert)
- Manschettendruck weiter reduzieren
- Letzter hörbarer Ton oder deutliches Leiserwerden der Töne, Druckwert auf dem Manometer ablesen (diastolischer Druckwert)
- Restluft aus der Manschette ablassen
- Ermittelte Werte dokumentieren
- Abweichungen von Normalwerten dem Arzt melden

Vor erneuter Messung muß die Manschette vollständig luftleer sein.
Bei der Erstmessung muß beim Patienten an beiden Armen der Blutdruck ermittelt werden (Seitendifferenz).
Die Blutdruckmessung darf am betreffenden Arm **nicht** erfolgen bei:
- Dialysepatienten (Shunt)
- peripheren Venenkathetern
- passageren Schrittmachern

Für Sicherheit sorgen **2.7**

Wie war das noch ...?

An welchen oberflächlichen Arterien kann der Puls getastet werden?

Was versteht man unter folgenden Begriffen?

Bradykardie

Tachykardie

Arrhythmie

Extrasystolie

Pulsdefizit

Nennen Sie die Faktoren, von denen der arterielle Blutdruck abhängig ist:

Erläutern Sie folgende Begriffe:

Systolischer Blutdruck

Diastolischer Blutdruck

Blutdruckamplitude

Hypertonie

Hypotonie

Beschreiben Sie die auskultatorische Blutdruckmessung:

2 Allgemeine Richtlinien

Temperatur
Die Temperatur ist der meßbare Wert des Wärmezustandes eines Körpers.

Sie stellt das Gleichgewicht zwischen der Produktion von Wärme durch den Stoffwechsel (Verbrennung von Nährstoffen) und der Abgabe von Wärme besonders durch die Abstrahlung dar.

Liegt die Körpertemperatur über dem Normalwert, so spricht man von Fieber. Beim Fieberanstieg kann es zu Schüttelfrost kommen.

Normalwerte
Die normale Körpertemperatur schwankt rektal zwischen 36 °C und 37 °C.

Wichtige Begriffe

Fieber	= Temperatur über 38 °C (rektal)
axillare Messung	= Temperaturmessung in der Achsel-höhle
inguinale Messung	= Temperaturmessung in der Leiste
orale Messung	= Temperaturmessung unter der Zunge
rektale Messung	= Temperaturmessung im Enddarm
Hyperthermie	= hohe Körpertemperatur (hohes Fieber)
Hypothermie	= Untertemperatur unter 36 °C
Isothermie	= normale Körpertemperatur, 36–37 °C
subfebrile Temperatur	= erhöhte Temperatur bis 38 °C (rektal)

Fiebertypen

biphasisches Fieber	= zweigipflige Fieberkurve, Drome-darfieber, z. B. bei Virusinfektionen
intermittierendes Fieber	= aussetzendes Fieber, zeitweise zur Norm zurückkehrend
kontinuierliches Fieber	= Tagesschwankungen bis max. 1 °C
Krisis	= schneller, kritischer Fieberabfall innerhalb von 24 Stunden
Lysis	= langsamer Fieberabfall
rekurrierendes Fieber	= Tagesschwankungen über 2 °C
remittierendes Fieber	= Tagesschwankungen bis max. 2 °C
Resorptionsfieber	= aseptisches Fieber nach Operatio-nen
rezidivierendes Fieber	= wiederkehrendes Fieber
zentrales Fieber	= hohes Fieber bei Schädigung des Zentralnervensystems

Schüttelfrost
Der Schüttelfrost entsteht durch die Überschwemmung des Blutes mit Toxinen. Fieber mit Schüttelfrost verläuft in der Regel in vier aufeinanderfolgenden Phasen:

1. Temperaturanstieg – Schütteln, Frieren, Zähneklappern
   Maßnahme: Wärmezufuhr, warme Getränke
2. Temperaturgipfel – Fieberhöhepunkt mit Angst und Unruhe
   Maßnahme: Temperaturmessung, kühle Getränke, Patienten abwaschen
3. Temperaturabfall – langsame oder schnelle Entfieberung
   Maßnahme: Kontrolle der Vitalzeichen
4. Erschöpfungsschlaf – Erholung des Körpers
   Maßnahme: Für Ruhe sorgen

Krankenbeobachtung
Durch regelmäßiges Temperaturmessen werden pathologische Veränderungen frühzeitig festgestellt und Krankheitsverläufe dokumentiert. Zum regelmäßigen Messen kommt jedoch auch die Beobachtung des Kranken z. B. durch Körperkontakt (Hand auflegen).
- **subjektive Fieberzeichen**
  - allgemeines Krankheitsgefühl
  - Frieren
  - starkes Hitzegefühl
- **objektive Fieberzeichen**
  - Temperaturerhöhung
  - Schüttelfrost
  - starke Schweißabsonderung
  - stark gerötetes Gesicht
  - Der Patient fühlt sich „heiß" an

Vorbereitung
- Maximalthermometer (Einteilung in Zehntelgrade) oder quecksilberfreies Digitalthermometer (Abb. 2-70)
- Maximalthermometer müssen intakt und das Quecksilber ins Thermometerdepot geschüttelt sein
- Digitalthermometer werden durch Druck auf die Meßtaste gestartet

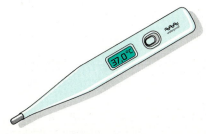

Abb. 2-70 Quecksilberfreies Digitalthermometer

2 Allgemeine Richtlinien

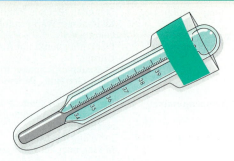

Abb. 2-71 Thermometer mit Schutzhülle

Vorgehen
- Der Patient soll liegen
- vorsichtiges Einführen des Thermometers je nach Meßart (rektal, axillar, oral usw.). Thermometerschutzhülle benützen (Abb. 2-71).
- Beachten der Meßdauer:
  rektal   2– 5 Minuten
  axillar   5–10 Minuten
  oral   5–10 Minuten
- Desinfektion des Thermometers
- Ermittelte Werte dokumentieren

Besonderheiten
axillare Messung – Achselhöhle muß trocken sein
rektale Messung – Patient wird in Bauch- oder Seitenlage gebracht, Thermometer in Schutzhülle stecken und Spitze anfetten, unter Drehbewegung einführen (Vorsicht bei Patienten mit Hämorrhoiden)

 Patienten, die unruhig oder desorientiert sind, beim Temperaturmessen nicht alleine lassen.

Für Sicherheit sorgen **2.7**

Wie war das noch ...?

Erklären Sie folgende Begriffe:

Isothermie

Hyperthermie

Hypothermie

Nennen Sie subjektive und objektive Fieberzeichen:

Beschreiben Sie die verschiedenen Fiebertypen:

kontinuierliches Fieber

remittierendes Fieber

rekurrierendes Fieber

intermittierendes Fieber

biphasisches Fieber

zentrales Fieber

Beschreiben Sie die Phasen des Schüttelfrostes:

Was versteht man unter einem lytischen bzw. kritischen
Fieberabfall?

Allgemeine Richtlinien

- **Atmung**

Unter der Atmung ist die Versorgung des Organismus mit Sauerstoff und Entsorgung von Kohlendioxid als Abfallprodukt des Stoffwechsels zu verstehen.

Unterschieden wird:
äußere Atmung = Atmungsvorgang – Austausch der Gase zwischen Lungenalveolen und Lungenkapillaren
innere Atmung = Austausch der Gase zwischen den Kapillaren und den Körperzellen
Inspiration = aktive Einatmung durch Kontraktion der Atemmuskulatur
Exspiration = passive Ausatmung durch Senken des Brustkorbes und Hochwölben des Zwerchfelles

Ventilationsgrößen (Abb. 2-72)
- Atemfrequenz (Normwerte in Ruhe):
  Säuglinge   ca. 40–50 Atemzüge/Minute
  Kleinkinder ca. 18–25 Atemzüge/Minute
  Erwachsene   ca. 16–20 Atemzüge/Minute
- Vitalkapazität (maximale Atemluft) ca. 4000–6000 ml
- Respirationsluft (normaler Atemzug) ca. 500 ml
- inspiratorische Reserveluft (zusätzliche Einatmungsluft) ca. 1500–2500 ml
- exspiratorische Reserveluft (zusätzliche Ausatmungsluft) ca. 1500–2000 ml
- Residualluft (Restluft im Atemsystem) ca. 1200 ml

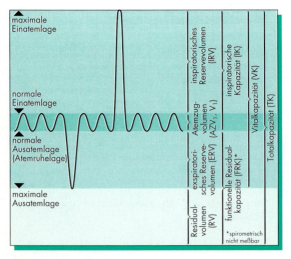

Abb. 2-72 Ventilationsgrößen

Für Sicherheit sorgen **2.7**

Atemtypen und deren mögliche Ursachen
- **Eupnoe:** normale Atmung
- **Bradypnoe:** verlangsamte Atmung, z. B. bei:
  - Ruhe- und Schlafzustand
  - körperlich trainierten Personen
- **Tachypnoe:** beschleunigte Atmung, z. B. bei:
  - Erregungszuständen
  - Lungenerkrankungen (Lungenödem, Pneumonie)
- **Hyperventilation:** übermäßige Atmung, z. B. bei:
  - psychischen Störungen
  - Volumenmangelschock
- **Hypoventilation:** verminderte Atmung, z. B. bei:
  - Atemdepression (Tablettenintoxikationen)
  - Pneumothorax (Schmerzen)
- **Apnoe:** Atemstillstand, z. B. bei:
  - Vergiftungen
  - Schädel-Hirn-Traumen
- **exspiratorische Dyspnoe:** erschwerte Ausatmung, z. B. bei:
  - Bronchitis
  - Asthma bronchiale
- **inspiratorische Dyspnoe**: erschwerte Einatmung, z. B. bei:
  - Verlegung der Atemwege
  - Thoraxverletzungen
- **Orthopnoe:** Atmung ist nur unter Einsatz der Atemhilfsmuskulatur möglich, z. B. bei:
  - Asthma bronchiale

Atemgeräusche, -gerüche und -rhythmen
- **Atemgeräusche** (Stridor):
  - Pfeifen/Giemen tritt z. B. auf bei Verlegung der Atemwege, Asthma bronchiale
  - Rasselgeräusche/Gluckern tritt auf z. B. bei Pleuraergüssen, Lungenödemen
- **Atemgerüche** nach:
  - Azeton (Coma diabeticum)
  - Bittermandeln (Zyankalivergiftung)
  - faulig, stinkend (z. B. Lungengangrän)
  - süßlich, fad (z. B. Diphtherie)
- **Atemrhythmus:**
  - **normale Atmung:** regelmäßige Atemzüge (Abb. 2-73)
  - **Biot-Atmung:** große, tiefe, stoßweise, periodische Atmung, Unterbrechung durch Atempausen (z. B. bei Hirndrucksteigerung; Abb. 2-74)
  - **Cheyne-Stokes-Atmung:** an- und abschwellende Atmung mit Atempausen (z. B. bei Vergiftungen, Hirnerkrankungen; Abb. 2-75)
  - **inverse Atmung:** heftiges Heben und Senken des Brustkorbes ohne Atemeffekt (z. B. bei Verlegung der Atemwege)
  - **Kussmaul-Atmung:** langsame, vertiefte, regelmäßige Atmung (z. B. bei Azidose, Komaformen; Abb. 2-76)
  - **paradoxe Atmung:** asymmetrische Bewegungen der Thoraxhälften, eine Seite hebt sich – andere Seite senkt sich (z. B. bei Rippenserienfrakturen)

123

2 Allgemeine Richtlinien

Abb. 2-73 Normale Atmung

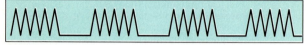

Abb. 2-74 Biot-Atmung

Abb. 2-75 Cheyne-Stokes-Atmung

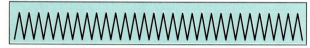

Abb. 2-76 Kussmaul-Atmung

Krankenbeobachtung
Feststellen von Atemfrequenz, Atemtiefe, Atemrhythmus, Atemgeräuschen und Atemgeruch.
Um die Atemfrequenz festzustellen, werden die Atemzüge innerhalb einer Minute gezählt. Da die Atmung willkürlich beeinflußbar ist, sollte der Patient das Zählen der Atemzüge nicht bemerken. Ist die Atmung sehr flach, hilft es, dem Patienten die Hand auf den Brustkorb zu legen und die Atemzüge zu erspüren.

Für Sicherheit sorgen **2.7**

Wie war das noch ...?

Was verstehen Sie unter folgenden Begriffen:

Äußere Atmung

Innere Atmung

Inspiration

Exspiration

Vitalkapazität

Respirationsluft

Reserveluft (inspiratorische/exspiratorische)

Residualluft

Eupnoe

Tachypnoe

Bradypnoe

Stridor

Apnoe

Erklären Sie folgende Atmungsrhythmen:

Biot-Atmung

Cheyne-Stokes-Atmung

Kussmaul-Atmung

Paradoxe Atmung

Inverse Atmung

2 Allgemeine Richtlinien

2.7.5 Umgang mit Medikamenten

Arzneimittel sind nach dem Arzneimittelgesetz Stoffe und Zubereitungen aus Stoffen, die dazu bestimmt sind, durch Anwendung am oder im menschlichen Körper:
- Krankheiten, Körperschäden oder krankhafte Beschwerden zu heilen, zu lindern, zu verhüten oder zu erkennen
- die Beschaffenheit, den Zustand oder die Funktionen des Körpers oder seelische Zustände erkennen zu lassen
- vom menschlichen Körper erzeugte Wirkstoffe oder Körperflüssigkeiten zu ersetzen
- Krankheitserreger, Parasiten oder körperfremde Stoffe abzuwehren, zu beseitigen oder unschädlich zu machen
- die Beschaffenheit, den Zustand oder die Funktionen des Körpers oder seelische Zustände zu beeinflussen

• **Darreichungsformen**

Granulat: zusammengekittete Körner aus Pulver
Tablette: aus Granulaten hergestellter Preßling (verschiedene Formen)
Dragée: Medikamentenkern mit einer lückenlos umschließenden Hülle
Ampullen: geschlossene Glas- oder Plastikfläschchen für keimfreie Arzneimittellösungen
Zäpfchen (Suppositorium): kegel- oder walzenförmige Arzneiform zur rektalen oder vaginalen Applikation, die bei Körpertemperatur schmilzt
Lösungen: klare, flüssige Arzneimittelform
Weichgelatine-Kapsel: weiche Kapsel (kugel-, zylinder-, oliven- oder wurstförmig) mit flüssigem Inhalt
Hartgelatine-Kapsel: zylinderförmige Kapsel aus zwei Teilen (Boden und Deckel) mit einer Füllung aus Pulver oder Granulat
Suspension: Mischung aus festen Partikeln und einem flüssigen Dispersionsmittel
Emulsion: Lösung aus zwei oder mehreren nicht mischbaren oder nur teilweise mischbaren Flüssigkeiten
Aerosol: Wirkstoff als kleine Tröpfchen (Nebel), in einem Lösungsmittel (z. B. Treibgas) gelöst
Salbe: streichfähige Medikamentenzubereitung aus einer Salbengrundmasse, zur lokalen Anwendung
Gel (gekürzt aus Gelatine): aus einer kolloiden Lösung ausgeschiedener, feinverteilter Niederschlag
Puder: pulverförmiges Arzneimittel zur äußerlichen Anwendung

Der Umgang mit Arzneimitteln erfordert ein Wissen über:
- Bestellung
- Aufbewahrung
- Verfallsdatum
- Wirkungen
- Nebenwirkungen
- Zusammenwirkungen
- Abbau und Ausscheidung

Für Sicherheit sorgen 2.7

Bei der Anwendung muß der Pflegende
- aufmerksam
- konzentriert
- gewissenhaft

sein und gut beobachten können.

• Aufbewahrung
Medikamente haben nur eine begrenzte Haltbarkeit und sollen deshalb nur in dem notwendigem Umfang bestellt werden.
Besondere Lagerungsbedingungen bei temperaturempfindlichen, lichtempfindlichen, radioaktiven, zuckerhaltigen und feuergefährlichen Substanzen sind zu beachten.
Medikamente sind immer unter Verschluß zu halten.

Regelmäßige Kontrolle auf:
- Verfallszeit
- Eintrocknung
- veränderte Farbe und Form
- Ausflockungen

• Richten der Medikamente
Grundsätzlich gilt die Abgabe von Medikamenten an Patienten nur nach Arztverordnung.
Das Richten erfolgt meist einmal täglich. Tropfen und Lösungen werden immer frisch, kurz vor der Einnahme gerichtet.

Vorbereitung
- Hände waschen
- Bereitstellen der benötigten Gegenstände
    Medikamentenplan
    Medikamentenschälchen (Abb. 2-77)
    Medikamententablett

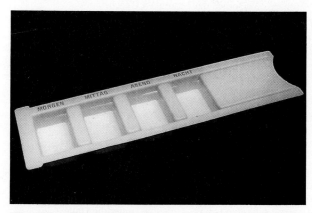

Abb. 2-77 Medikamentenschälchen

2 Allgemeine Richtlinien

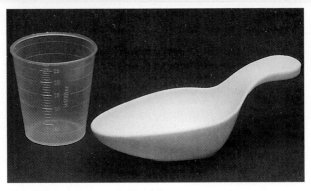

Abb. 2-78 Meßlöffel und Meßbecher

Meßlöffel oder Meßbecher (Abb. 2-78)
Lösungen zum Verdünnen von Medikamenten
Tablettenteiler

Vorgehen
- Die **5-R-Regel** beachten:
  richtiges Medikament (z.B. Bezeichnung, Haltbarkeit,
                                     Veränderungen)
  richtige Dosierung   (verordnete Menge)
  richtiger Zeitpunkt   (Uhrzeit)
  richtige Applikation   (z.B. Tabletten, Dragées)
  richtiger Patient   (Kontrolle der Personalien)
- Beim Richten der Medikamente nie ablenken lassen!
- Versorgen der benötigten Gegenstände
- Verschließen des Medikamentenschrankes
- Dokumentation des verabreichten Medikamentes

- **Mengenangaben von Medikamenten**
- Milliliter (ml)
  - 1 ml Wasser ≈ 1 Gramm Wasser
  - 1 ml Wasser ≈ 20 Tropfen Wasser
  - 5 ml Wasser ≈ 1 Teelöffel Wasser
- Gramm (g)
  - 1000 Gramm = 1 Kilogramm
- Milligramm (mg)
  - 1000 Milligramm = 1 Gramm
  - 1 Milligramm = 0,001 Gramm
  - 0,5 Milligramm = 0,0005 Gramm

- **Verabreichungsarten von Medikamenten**
intrakutan (i.c.)   = in die Haut
subkutan (s.c.)   = unter die Haut
intramuskulär (i.m.) = in die Muskeln

intravenös (i.v.)	=	in die Vene
intraarteriell (i.a.)	=	in die Arterie
intraartikulär	=	in ein Gelenk
periartikulär	=	um ein Gelenk
intralumbal	=	in den Lumbalkanal
intrapleural	=	in die Pleurahöhle
intraperitoneal	=	in das Bauchfell
instillieren	=	einträufeln
oral (per os)	=	über den Mund
lingual	=	auf die Zunge
sublingual	=	unter die Zunge
parenteral	=	unter Umgehung des Verdauungstraktes
rektal	=	in den Darm
vaginal	=	in die Scheide

• Umgang mit Betäubungsmitteln

Betäubungsmittel sind stark wirkende Medikamente, die bei falscher Anwendung zur **Sucht** führen können.

Der Umgang mit diesen Medikamenten ist im **Betäubungsmittelgesetz** geregelt.

- Die Abgabe von Betäubungsmitteln erfolgt ausschließlich auf schriftliche ärztliche Anordnung.
- Die Medikamente sind gesondert und verschlossen aufzubewahren (Betäubungsmittelschrank).
- Die Vorratshaltung und der Verbrauch dieser Medikamente muß im Betäubungsmittelbuch nachgewiesen werden.
- Verabreichungen sind mit den genauen Personalien des Patienten, Name des Medikamentes, Dosierung, Verabreichungsart, Zeitpunkt der Verabreichung, Name der ausführenden Pflegeperson und des verordnenden Arztes mit Unterschrift zu dokumentieren.

• Umgang mit Zytostatika

Zytostatika (Tumorhemmstoffe) sind Medikamente, die an unterschiedlichen Stellen der Zellteilung und Eiweißsynthese eingreifen und sehr toxisch sind.

Die Zubereitung, Anwendung und Entsorgung müssen unter Beachtung der Bestimmungen der **Berufsgenossenschaften** erfolgen. Häufig erfolgt die Zubereitung in der krankenhauseigenen Apotheke.

- Information des Patienten über die geplante Therapie (mit schriftlicher Einwilligung).
- Kontrolle des Blutbildes.
- Kontrolle der Nierenfunktionen.
- Gabe von Antiemetika (bei Übelkeit und Erbrechen).
- Die Therapie muß für den Patienten streßarm sein und unter ruhigen Bedingungen stattfinden.
- Sollte der Patient bei der Therapie Haarausfall bekommen, wird eine Perücke angepaßt.

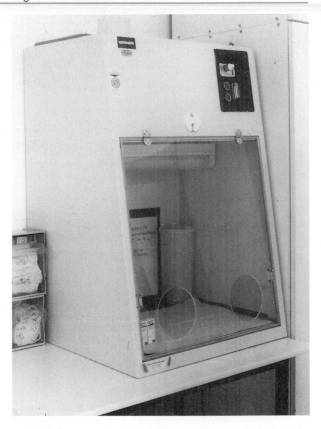

Abb. 2-79 Zytostatika-Aufbereitungsbox

Richten von Zytostatika
- Die Zubereitung erfolgt in einer Zytostatika-Aufbereitungsbox (Abb. 2-79).
- Grundsätzlich werden dabei flüssigkeitsdichte Handschuhe und Armstulpen getragen.
- Wichtig ist das Tragen von Schutzhaube, Schutzbrille, Mundschutz, Haarhaube und vorne geschlossenem Schutzkittel mit eng anliegenden Gummibündchen beim Aufziehen des Medikamentes ohne Aufbereitungsbox.
- Der Arzt verabreicht das Medikament mit Handschuhen zum Eigenschutz.

Für Sicherheit sorgen **2.7**

– Während der Therapie ist eine intensive psychische Betreuung des Patienten notwendig.
– Die verwendeten Einmalartikel werden im Sondermüllbehälter entsorgt.

Wie war das noch ...?

Welche Aufgaben haben Medikamente?

Zählen Sie die Darreichungsformen von Arzneimitteln auf:

Was müssen Sie im Umgang mit Arzneimitteln beachten?

Welche Kontrollen müssen beim Richten von Arzneimitteln vorgenommen werden?

Nennen Sie die Verabreichungsarten von Arzneimitteln:

Was müssen Sie beim Umgang mit Betäubungsmitteln beachten?

Welche Schutzmaßnahmen treffen Sie beim Umgang mit Zytostatika?

2.7.6 Injektionen

Unter einer Injektion ist das Verabreichen eines Medikamentes mit Hilfe einer Hohlnadel (Kanüle) in das Gewebe, Körperhohlräume oder Blutbahnen zu verstehen.

• **Applikationsarten**

- intrakutane Injektion (i.c.)
- subkutane Injektion (s.c.)
- intramuskuläre Injektion (i.m.)
- intravenöse Injektion (i.v.)
- intraarterielle Injektion (i.a.)

• **Richten der aufzuziehenden Medikamente**

Vorbereitung
Alle benötigten Gegenstände werden auf einem Spritzentablett gerichtet.
- ärztlicher Verordnungsplan
- verordnetes Medikament im entsprechenden Behälter (Abb. 2-80; s. Kap. 2.7.5)
- Ampullensäge mit Zellstofftupfer
- Aufziehkanüle
- Spritze
- Injektionskanüle (Größe je nach Applikationsart)
- Abwurfbehälter für die Kanülen
- evtl. Handschuhe (Eigenschutz, bei jeder Injektionsart kann es zu Blutungen kommen)

Vorgehen
Bei Glasampullen
- Medikament kontrollieren
- Spritze mit Aufziehkanüle zusammensetzen
- Ampulle anfeilen oder aufbrechen (Brechampullen)
- Medikament aufziehen
- Spritze entlüften

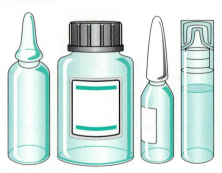

Abb. 2-80 Medikamentenbehälter

Für Sicherheit sorgen **2.7**

- Aufziehkanüle entfernen (Kanülencontainer)
- Injektionskanüle mit Kanülenschutz aufsetzen
- Ampulle neben Spritze stellen

Bei Stechampullen
- Medikament kontrollieren
- Schutzdeckel der Ampulle entfernen
- Gummipfropfen desinfizieren (Einwirkzeit beachten)
- Spritze mit Aufziehkanüle zusammensetzen
- Aufziehkanüle einstechen
- Stechampulle kippen
- Medikament aufziehen
- Spritze entlüften
- Aufziehkanüle entfernen (Kanülencontainer)
- Injektionskanüle mit Kanülenschutz aufsetzen
- Stechampulle neben Spritze stellen
- Entnahmedatum auf der Stechampulle notieren

Bei Trockensubstanzen mit Lösungsmitteln
(Glasampulle/Stechampulle)
- Medikament kontrollieren
- Vorgeschriebenes Lösungsmittel aufziehen
- Lösungsmittel in die Glas- oder Stechampulle spritzen
  (Desinfizieren nicht vergessen)
- Warten, bis die Trockensubstanz vollständig aufgelöst ist
- Spritze mit Aufziehkanüle zusammensetzen
- Medikament aufziehen
- Spritze entlüften
- Aufziehkanüle entfernen (Kanülencontainer)
- Injektionskanüle mit Kanülenschutz aufsetzen
- Ampulle neben Spritze stellen

- **keine Injektion** in gerötetes, geschwollenes oder entzündetes Gewebe
- **keine Injektion** in Hautveränderungen
- **keine i.m. Injektion** bei Patienten mit Gerinnungsstörungen, Blutungsneigungen
- **keine i.m. Injektion** bei Patienten mit schlechten Kreislaufverhältnissen (Schock – Zentralisation)

• **Intrakutane Injektion**
Unter einer intrakutanen Injektion versteht man das Verabreichen eines Medikamentes in die Haut (Epidermis).
Die Resorption findet langsam statt.

Indikationen
- Impfungen (BCG-Impfung)
- Allergietest
- Lokalanästhesie (vor Punktionen)

Injektionsstelle
- Unterarm (Volarseite; Abb. 2-81)

2 Allgemeine Richtlinien

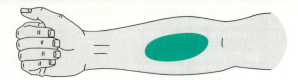

Abb. 2-81 Injektionsstelle am Unterarm für die intrakutane Injektion

Vorbereitung
- siehe Gegenstände zur Injektion, Seite 132
- extra graduierte Spritze (z. B. Tuberkulinspritze)
- feine Injektionskanüle
- Markierungsstift (bei Tests)

Vorgehen
- Händedesinfektion
- Information des Patienten
- Auswahl der Injektionsstelle
- Desinfektion der Injektionsstelle
- Haut spannen
- Injektionsnadel flach zur Haut einstechen (Abb. 2-82)
- Medikament langsam injizieren (Quaddelbildung)
- Kanüle langsam entfernen (ohne Andruck eines Tupfers)
- Injektionsstelle bei Tests mit Fettstift markieren
- Information an den Patienten, die markierte Stelle nicht zu berühren und zu waschen
- Dokumentation

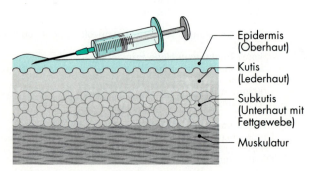

Abb. 2-82 Injektionswinkel für die intrakutane Applikation

• **Subkutane Injektion**
Unter der subkutanen Injektion versteht man das Verabreichen eines Medikamentes unter die Haut (Subkutis).
Die Resorption findet verzögert statt.

Für Sicherheit sorgen **2.7**

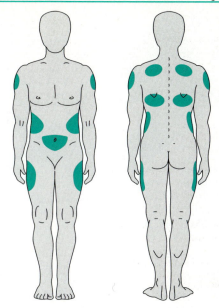

Abb. 2-83 Injektionsstellen für die subkutane Applikation

Indikationen
- Insulin- und Heparingabe
- Verabreichen von isotonen Lösungen

Injektionsstellen (Abb. 2-83)
- ober-, unterhalb Schulterblatt
- Oberarm (außen)
- Bauchdecke
- Flankenbereich
- Oberschenkel (außen)

Vorbereitung
- siehe Gegenstände zur Injektion, Seite 132

Vorgehen
- Händedesinfektion
- Information des Patienten
- Auswahl der Injektionsstelle
- Desinfektion der Injektionsstelle
- Hautfalte abheben (Abb. 2-84)
- Injektionsnadel im 45°- oder 90°-Winkel einführen (Abb. 2-85)

2 Allgemeine Richtlinien

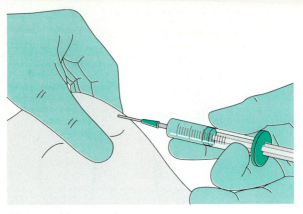

Abb. 2-84 Subkutane Injektion

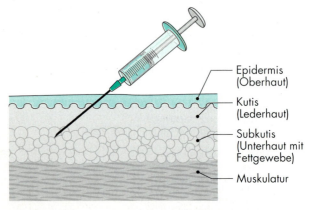

Abb. 2-85 Injektionswinkel für die subkutane Applikation

- Aspiration (kommt Blut, Einstichstelle wechseln)
- Medikament langsam injizieren
- Patienten beobachten
- Trockenen Tupfer auf die Einstichstelle legen
- Kanüle rasch entfernen
- Medikament mit kreisenden Bewegungen im Gewebe verteilen
- evtl. Schnellverband
- Dokumentation

Für Sicherheit sorgen **2.7**

Besonderheiten bei der Heparininjektion
- Beim Entlüften der Spritze darauf achten, daß kein Heparin an der Kanüle herunterläuft (Nachblutung aus dem Einstichkanal)
- keine Kontrollaspiration (Mikroverletzungen mit Hämatombildung)
- kein Verteilen des Medikamentes durch kreisende Bewegungen (Hämatombildung)

• **Intramuskuläre Injektion**

Unter einer intramuskulären Injektion versteht man die Verabreichung eines Medikamentes in den Muskel.
Die Resorption findet leicht verzögert statt.

Indikationen
- ölige und stark konzentrierte Medikamente

Injektionsstellen
- Gesäßmuskel
- Oberschenkelmuskel
- Oberarmmuskel

Vorbereitung
- siehe Gegenstände zur Injektion, Seite 132

Vorgehen
Ventrogluteale Injektion nach v. Hochstetter
- Händedesinfektion
- Information des Patienten
- Lagerung des Patienten (Patient liegt flach auf der Seite, das Knie ist leicht angezogen, damit die Muskulatur entspannt ist)

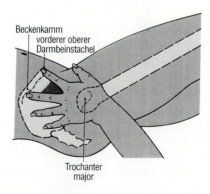

Abb. 2-86 Auffinden der Einstichstelle

2 Allgemeine Richtlinien

- Auswahl der Injektionsstelle (z. B. rechte Seite; Abb. 2-86)
  1. Rechter Zeigefinger drückt auf den Darmbeinstachel (S).
  2. Rechter Mittelfinger wird am Höcker des Darmbeinkammes (E) angelegt.
  3. Damit der Handballen auf dem Trochanter major (T) zu liegen kommt, wird die Hand auf der Achse der Spina (S) um ca. 2 cm ventral (bauchwärts) verschoben.
  4. Die gespreizten Finger (Zeige- und Mittelfinger) bilden mit dem Darmbeinkamm ein Dreieck.
  5. Markierung der Einstichstelle an der Spitze des Dreiecks.

  S – Spina iliaca
  T – Trochanter major
  E – Eminentia cristae iliacae

- Desinfektion der Injektionsstelle
- Haut spannen mit Daumen und Zeigefinger
- Einstich senkrecht im Winkel von 90° (Abb. 2-87)
- Kontrollaspiration (kommt Blut, Einstichstelle wechseln)
- Medikament langsam injizieren
- Patienten beobachten
- Trockenen Tupfer auf die Einstichstelle legen
- Kanüle rasch entfernen
- Medikamente mit kreisenden Bewegungen im Gewebe verteilen
- evtl. Schnellverband
- Patienten bequem lagern
- Dokumentation (Medikamentenname, Uhrzeit)

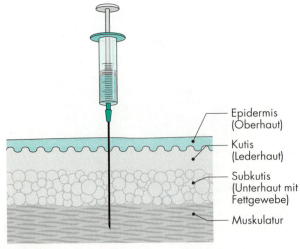

Abb. 2-87 Injektionswinkel für die intramuskuläre Applikation

Für Sicherheit sorgen **2.7**

Wie war das noch ...?

Was versteht man unter einer Injektion?

Welche Gegenstände benötigen Sie für eine Injektion?

Wann darf nicht injiziert werden?

Nennen Sie Indikationen für die intrakutane Injektion:

Welche intrakutanen Injektionsstellen kennen Sie?

Beschreiben Sie das Vorgehen bei einer intrakutanen Injektion:

Nennen Sie Indikationen für die subkutane Injektion:

Welche subkutanen Injektionsstellen kennen Sie?

Beschreiben Sie das Vorgehen bei einer subkutanen Injektion:

Was müssen Sie bei der Heparininjektion zusätzlich beachten?

2   Allgemeine Richtlinien

Wie war das noch ...?

Nennen Sie Indikationen für die intramuskuläre Injektion:

Welche intramuskulären Injektionsstellen kennen Sie?

Beschreiben Sie das Vorgehen bei der ventroglutealen Injektion nach v. Hochstetter:

2.7.7 Infusionen

infundare: hineingießen
Im menschlichen Organismus wird der Flüssigkeits- und Elektrolythaushalt konstant gehalten.
Ist der Organismus dazu nicht mehr in der Lage, ist eine Infusionstherapie notwendig.
Eine Infusionstherapie ist nur durch einen direkten Zugang (Kanüle, Katheter) zu einer Vene, Arterie oder in seltenen Fällen über die Haut (subkutan) möglich.
Es gelten deshalb alle Prinzipien einer Venenpunktion.

• Applikationsarten
– intravenöse Infusion
– intraarterielle Infusion
– subkutane Infusion
– Kurzzeitinfusion (Einlaufzeit bis drei Stunden)
– Langzeitinfusion (Einlaufzeit über Tage)
– Druckinfusion (schnelle Volumenauffüllung in Notfällen)

• Indikationen

– Korrekturbehandlung	– Wiederherstellung und Korrektur von gestörten Gleichgewichten (z. B. Natrium-Kalium-, Säure-Basen-Haushalt)
– Ersatzbehandlung	– Ersatz von quantitativen und qualitativen Verlusten (z. B. Wasser, Elektrolyte, Kalorien)
– Erhaltungsbehandlung	– Deckung des normalen Bedarfes an Wasser, Elektrolyten und Kalorien
– Medikamentenverabreichung	– Trägerlösung für Medikamente

Für Sicherheit sorgen **2.7**

- **Verschiedene Infusionslösungen**
  - Lösungen zur Regulierung des Wasser-Elektrolyt-Haushaltes
  - Lösungen zur parenteralen Ernährung
  - Lösungen zur Korrektur des Säure-Basen-Gleichgewichtes
  - Lösungen zur Osmotherapie
  - Volumenersatzlösungen
  - Trägerlösungen für Medikamente

- **Materialien zur Infusionstherapie**

Infusionsbehälter (Abb. 2-88)
Infusionslösungen werden angeboten mit einem Inhalt von 50, 100, 250, 500 und 1000 ml in:
- Glasflaschen
- Flaschen aus Kunststoff
- Kunststoffbeuteln

Glasflasche   Kunststoffflasche   Kunststoffbeutel

Abb. 2-88 Infusionsbehälter

2 Allgemeine Richtlinien

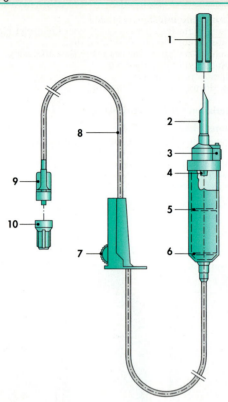

Abb. 2-89 Infusionsbesteck

Infusionsbestecke nach DIN 58362 (Abb. 2-89)

 1 = Schutzkappe
 2 = Einstichdorn
 3 = Belüftung mit Filter
 4 = Tropfkammer
 5 = Flüssigkeitsspiegel
 6 = 15-µm-Filter
 7 = Rollenklemme
 8 = Überleitungsschlauch
 9 = Anschlußstück (Kanüle)
10 = Schutzkappe

Für Sicherheit sorgen 2.7

Infusionskanülen (Abb. 2-90 und 2-91)

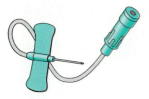

Abb. 2-90 Flügelkanüle
(Butterfly-Kanüle)

Abb. 2-91 Venenverweilkanüle

- **Anlegen einer Infusion**

Das Anlegen einer neuen Infusion mit Venenpunktion und die Infusionstherapie ist ärztliches Aufgabengebiet.

Vorbereitung
– Infusionsständer
– Infusionslösung nach Verordnung
– Infusionsbesteck
– Desinfektionsmittel

Vorgehen
– Händedesinfektion
– Schutzkappe der Infusionsflasche entfernen
– Desinfektion der Durchstichstelle (Infusionsflasche)
– Einstichdorn des Infusionsbesteckes in stehende Infusionsflasche stechen
– Rollenklemme schließen
– Flasche aufhängen
– Tropfenkammer bis zur Graduierung füllen (durch mehrfaches Zusammendrücken der Tropfenkammer)
– Rollenklemme öffnen und Schlauchsystem blasenfrei füllen
– Anschluß an eine liegende Venenkanüle nach Desinfektion der Kanüle
– Fixation des Infusionsschlauches
– Einstellen der Infusionsgeschwindigkeit
– Dokumentation

Einstellen der Infusionsgeschwindigkeit (Tab. 2-6)
Die Infusionsgeschwindigkeit richtet sich nach der ärztlichen Verordnung.

Berechnung der Tropfgeschwindigkeit
(1 ml Flüssigkeit entspricht 20 Tropfen)

$$\text{Tropfen/min} = \frac{\text{Infusionsmenge (ml)} \times 20 \text{ Tropfen}}{\text{Infusionsdauer (min)}}$$

oder

2 Allgemeine Richtlinien

$$\text{Tropfen/min} = \frac{\text{Infusionsmenge (ml)}}{\text{Infusionsdauer (Std.)} \times 3}$$

Beispiel: Eine Infusionslösung (1000 ml) soll in 8 Stunden einlaufen.

$$\text{Tropfen/min} = \frac{1000 \text{ (ml)} \times 20}{480 \text{ (min)}} = \text{ca. 42 Tropfen}$$

$$\text{Tropfen/min} = \frac{1000 \text{ (ml)}}{8 \text{ (Std.)} \times 3} = \text{ca. 42 Tropfen}$$

Tab. 2-6 Tropfgeschwindigkeiten. Tropfen pro Minute bei einer Verabreichung von 100, 250, 500 bzw. 1000 ml.

Menge/ Zeit	100 ml	250 ml	500 ml	1000 ml
1 Std.	33 Tr.	83 Tr.	–	–
2 Std.	17 Tr.	42 Tr.	83 Tr.	–
3 Std.	11 Tr.	28 Tr.	56 Tr.	–
4 Std.	8 Tr.	21 Tr.	42 Tr.	84 Tr.
5 Std.	7 Tr.	17 Tr.	34 Tr.	68 Tr.
6 Std.	6 Tr.	14 Tr.	28 Tr.	56 Tr.
8 Std.	4 Tr.	10 Tr.	21 Tr.	42 Tr.
10 Std.	–	8 Tr.	17 Tr.	34 Tr.
12 Std.	–	7 Tr.	14 Tr.	28 Tr.
24 Std.	–	–	7 Tr.	14 Tr.

• **Entfernen einer Infusion bzw. Infusionskanüle**
– zur Beendigung der Infusionstherapie
– bei beginnender Thrombophlebitis
– bei paravenöser Infusion
– bei Verstopfung der Kanüle
– beim Auftreten von allergischen Reaktionen

Vorgehen
– Rollenklemme der Infusion schließen
– Pflasterstreifen der Kanülenfixation lösen
– Tupfer auf die Einstichstelle legen
– Kanüle vorsichtig entfernen
– Punktionsstelle komprimieren, evtl. Arm hochhalten
– Schnellverband anlegen
– evtl. Salbenverband bei Thrombophlebitis
– Dokumentation von Datum, Uhrzeit und Begründung der Infusions- bzw. Kanülenentfernung

Für Sicherheit sorgen **2.7**

Wie war das noch ...?

Nennen Sie die Indikationen für eine Infusionstherapie:

Welche Gegenstände benötigen Sie für eine Infusion?

Beschreiben Sie das Richten einer Infusion:

Wie lautet die Formel zur Berechnung der Infusionsgeschwindigkeit?
Tropfen/min =

Wann und wie wird eine Infusion entfernt?

2.7.8 Transfusionen

Unter einer Bluttransfusion ist die direkte (von Mensch zu
Mensch) oder indirekte (Konserve) Übertragung von Blut oder
Blutbestandteilen zu verstehen.

• **Indikationen**
– Blutersatz bei akuten oder chronischen Blutverlusten
  (hypovolämischer Schock)
– chronische Erkrankungen des blutbildenden Systems
  (z.B. Leukämie, Anämie)
– Austauschtransfusion (z.B. Vergiftungen, Rh-Unverträglich-
  keit des Neugeborenen)
– Ersatz von fehlenden Gerinnungsfaktoren (z.B. Hämophilie)

• **Voraussetzungen**
– Bestimmung der Blutgruppe und der Rh-Faktoren
  des Patienten
– Kreuzprobe zur serologischen Sicherung der Blutgruppen-
  verträglichkeit von Spender und Empfänger

145

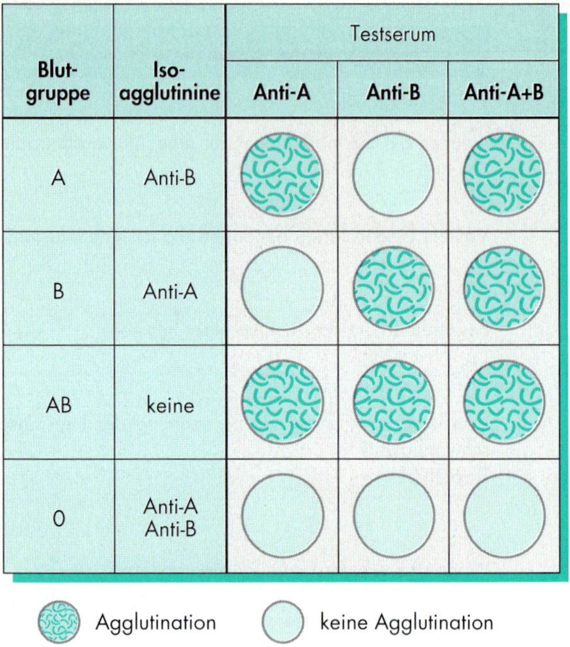

2 Allgemeine Richtlinien

Blut-gruppe	Iso-agglutinine	Testserum		
		Anti-A	Anti-B	Anti-A+B
A	Anti-B	Agglutination	keine	Agglutination
B	Anti-A	keine	Agglutination	Agglutination
AB	keine	Agglutination	Agglutination	Agglutination
O	Anti-A Anti-B	keine	keine	keine

⬡ Agglutination ◯ keine Agglutination

Abb. 2-92 Bedside-Test

– Bedside-Test, um eine Konservenunverträglichkeit bei Verwechslung auszuschließen (Abb. 2-92)
  (Gebrauchsanweisung der Testkarte beachten)

Vorbereitung
– verordnete Blutkonserve mit Begleitpapieren
– Transfusionsbesteck
– Kontrolle der Blutgruppe mit Verträglichkeitsprobe
  (Kreuzprobe durch den Arzt)
– Bedside-Test
– Bettschutz
– Desinfektionsmittel
– Fixationsmaterial (Pflaster)
– Schere
– evtl. Materialien zur Venenpunktion

Vorgehen
– Konserve etwa 30–60 Minuten vor der Transfusion aus dem
  Spezialkühlschrank (Blutlabor) holen

146

- Gegenstände richten, Begleitpapiere sorgfältig kontrollieren:
  Name, Vorname und Geburtsdatum – Empfänger
  Blutgruppe und Rh-Faktoren
  Konservennummer
  Entnahme- und Verfallsdatum
  Diese Kontrollen sollen von zwei examinierten Pflegekräften oder gemeinsam mit dem Arzt vorgenommen werden.
- Händedesinfektion
- Handschuhe anziehen
- Richten der Blutkonserve nach Verordnung
- Bedside-Test durch den Arzt
- Anlegen der Transfusion immer durch den Arzt
- Fixieren der Transfusion
- Tropfgeschwindigkeit einstellen (langsam beginnen und nach einigen Minuten die verordnete Tropfzahl einstellen)
- Überwachung der Verträglichkeit der Transfusion durch Kontrolle der Vitalzeichen
- Dokumentation von Beginn und Ende der Transfusion
- Nach Beendigung der Transfusion müssen noch ca. 10 ml Restblut in der Konserve vorhanden sein (Kontrolluntersuchungen), Konserve für 24 Stunden aufbewahren.
- Der Arzt füllt den Transfusionsbericht aus.

• **Zeichen einer Transfusionsunverträglichkeit**
- Übelkeit, Erbrechen
- Kopf- und Gliederschmerzen
- Hautrötungen
- Blutdruckabfall
- Tachykardie
- Unruhe, Beklemmungsgefühl
- Atemnot
- Schüttelfrost
- Temperaturanstieg

Sofortmaßnahmen
- Transfusion abbrechen (Kanüle für Notfallmedikamente belassen)
- Arzt verständigen
- Patienten beruhigen
- Vitalzeichen kontinuierlich überwachen
- evtl. Schocklagerung
- evtl. Sauerstoffgabe (auf Anordnung)
- genaue Dokumentation der Reaktionen und der anschließenden ärztlichen Therapie

Bei einer Transfusionsunverträglichkeit müssen die Blutkonserve, Begleitformulare, Transfusionsberichte, Kreuzprobe, Bedside-Test und ca. 10 ml Patientenblut an die zuständige Blutzentrale geschickt werden!

2 Allgemeine Richtlinien

Wie war das noch ...?

Was versteht man unter einer Transfusion?

Nennen Sie die Indikationen für eine Transfusion:

Was sind Voraussetzungen für eine Transfusion?

Zählen Sie die Gegenstände auf, die Sie für eine Transfusion benötigen:

Welche Zeichen einer Transfusionsunverträglichkeit kennen Sie?

Wie reagieren Sie bei einer Transfusionsunverträglichkeit?

2.7.9 Venenkatheter

Venenkatheter werden grundsätzlich nach dem ausgewählten Zugangsweg eingeteilt:
– periphere Venenkatheter (Vena basilica, Vena cephalica, Vena femoralis)
– zentrale Venenkatheter (Vena subclavia, Vena jugularis)

•Indikationen
– Zugang für die Infusions- und Transfusionstherapie
– Langzeitinfusion
– Infusion hypertoner Lösungen (reduzierte Thrombophlebitisgefahr)
– Messung des ZVD (zentraler Venendruck)
– Extremitäten sind bewegungsfrei

Für Sicherheit sorgen **2.7**

Vorbereitung
- Unsteriles Material
  - Bettschutz
  - Materialien zur Desinfektion
  - evtl. Material für eine Rasur
  - Abwurfbehälter
  - Röhrchen zur Labordiagnostik
  - Röntgenanforderungsschein zur Lagekontrolle des Katheters
- Steriles Material
  - Schutzkittel, Mundschutz, Haarhaube
  - 10-ml-Spritze zur Lokalanästhesie und Medikament
  - Ampulle mit Kochsalzlösung 0,9%
  - Einmalset mit
    Spritze
    Katheter
    Punktionskanüle
    Dreiwegehahn
    Abdecktuch
    Lochtuch
    Handschuhe
  - Fixationsmaterial (z.B. Nahtmaterial, Pflaster)
  - Verbandmaterialien
  - Infusion nach Anordnung

Vorgehen
Die zentrale Venenpunktion ist ärztliche Aufgabe.
Das Pflegepersonal assistiert dem Arzt, z.B. Anreichen von Materialien, den Patienten in die richtige Lage bringen.

- **Verbandwechsel**
Ein zentraler Zugang wird wie eine aseptische Wunde behandelt. Der Verbandwechsel erfolgt deshalb alle zwei Tage oder bei Bedarf (z.B. Blutung).

Vorbereitung
- Unsteriles Material
  - Materialien zur Desinfektion
  - Reinigungsbenzin
  - Kompressen
  - Schere
  - Handschuhe
  - Abwurfbehälter
- Steriles Material
  - Handschuhe
  - Verbandmaterialien (z.B. Kompressen, Pinzette)

Vorgehen
- Händedesinfektion
- bequeme Lagerung des Patienten
- Handschuhe anziehen

149

2 Allgemeine Richtlinien

- Vorsichtiges Entfernen des alten Verbandes, direkt in den Abwurfbehälter geben
- Desinfektion der Einstichstelle von innen nach außen mit Pinzette und Kompressen (Einwirkzeit beachten)
- Hautkontrolle (Rötung, Schwellung, Sekret)
- evtl. Hautreinigung (Pflasterrückstände)
- nochmalige Desinfektion
- steriler Verband auf die Einstichstelle
- Fixomull mit dem Datum des Verbandwechsels
- Katheter mit Fixomull fixieren
- Patienten bequem lagern
- Dokumentation

● **Zentrale Venendruckmessung**

Mit der zentralen Venendruckmessung (ZVD) wird der Druck im klappenlosen Teil der oberen Hohlvene ermittelt (s. Kap. 12.4.3).

Indikationen
- Aussage über das Verhältnis des venösen Blutangebotes und der Leistungsfähigkeit des rechten Herzens
- Parameter der zirkulierenden Blutmenge (Hypovolämie, z.B. bei Blutungsschock, Hypervolämie, z.B. bei Überinfundierung)

Voraussetzungen
- zentraler Venenkatheter
- Bestimmung des Nullpunktes mit einer Thoraxschublehre (Abb. 2-93)
- flache Rückenlage des Patienten bzw. für jede Messung gleiche Lagerung des Patienten

Vorbereitung
- Thoraxschublehre
- Markierungsstift
- Venotonometer (Meßskala mit Meßschlauch)
- Infusionslösung (physiologische Kochsalzlösung 0,9%)

Vorgehen
- Händedesinfektion
- Flache Rückenlagerung des Patienten (bei Patienten mit Asthma bronchiale z.B. halbsitzende Lagerung)
- Einmalige Bestimmung des Nullpunktes mit der Thoraxschublehre und am Patienten markieren
- Nullmarkierung der Meßskala auf diesen Punkt ausrichten (Abb. 2-94)
- Füllen des Meßschenkels mit physiologischer Kochsalzlösung (Abb. 2-95)
- Verbindung des Meßschenkels mit dem zentralen Katheter über einen Dreiwegehahn

Für Sicherheit sorgen **2.7**

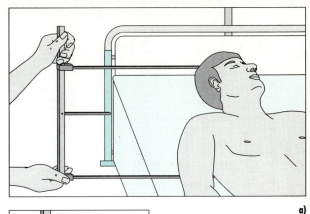

a)

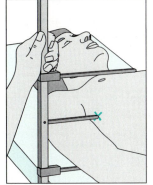

b)

Abb. 2-93 a und b
Bestimmung des Nullpunktes mit
Hilfe der Thoraxschublehre

- Druck im oberen Hohlvenensystem messen
  (der Flüssigkeitsspiegel im Meßschenkel sinkt ab und
  pendelt sich atemsynchron auf einen Wert ein)
- Ablesen des ermittelten Wertes
- Patienten bequem lagern
- Füllen des Meßschenkels mit der physiologischen Kochsalz-
  lösung (Vorbereitung für die nächste Messung)
- Aktivieren der Grundinfusion (Dreiwegehahn)
- Dokumentation (ZVD-Wert, Lage des Patienten, in der
  gemessen wurde, Uhrzeit)

Normalwert
von + 4 bis + 12 cm Wassersäule

2 Allgemeine Richtlinien

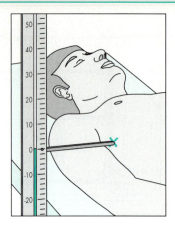

Abb. 2-94 Einstellen der Meßskala auf den Nullpunkt

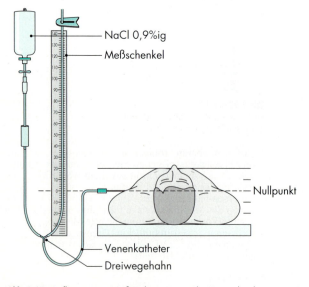

Abb. 2-95 Aufbau einer Meßeinheit „zentrale Venendruckmessung"

Für Sicherheit sorgen **2.7**

Wie war das noch ...?

Welche Arten von Venenkathetern kennen Sie?

Nennen Sie die Indikationen für Venenkatheter:

Welche Gegenstände müssen Sie vorbereiten?

Beschreiben Sie den Verbandwechsel beim zentralen Venenkatheter:

Was versteht man unter der zentralen Venendruckmessung?

Was sind Voraussetzungen für eine Messung?

Zählen Sie die Gegenstände auf, die Sie für die Messung benötigen:

Beschreiben Sie die Messung:

Nennen Sie den Normalwert des zentralen Venendruckes:

2 Allgemeine Richtlinien

2.7.10 Injektionspumpen

Automatische Injektionspumpen (Perfusoren, Injektomaten etc.) werden zur kontrollierten, kontinuierlichen oder fraktionierten Zufuhr von Medikamenten verwendet (Abb. 2-96). Eine genaue Dosierung in konstanten Zeiteinheiten ist auch über einen längeren Zeitraum möglich.

Indikationen
- langdauernde Medikation
- hochwirksame Medikamente in kleinen Verabreichungsmengen

Vorbereitung
- Spezialspritze
- spezielles Schlauchsystem für Injektionspumpen
- Medikament
- Injektionspumpe

Vorgehen
- Händedesinfektion
- Injektionspumpe überprüfen (Funktionskontrolle – siehe Herstellerangaben)
- Aufziehen des Medikamentes in der Spezialspritze
- Entlüften der Spritze
- Einlegen der Spritze in die Halterung der Injektionspumpe
- An das sterile Schlauchsystem anschließen
- Gerät auf langsame Injektionsgeschwindigkeit einstellen und Schlauchsystem entlüften
- Laufgeschwindigkeit berechnen und einstellen
- Anschluß des Schlauchsystems an den Patienten (zentraler Venenkatheter)
- Alarmgrenzen einstellen (Gerätealarm, Patientenalarm)

Abb. 2-96 Injektionspumpe

Für Sicherheit sorgen **2.7**

2.7.11 Physikalische Maßnahmen

Physikalische Maßnahmen werden zum Verhüten bzw. Behandeln von Krankheiten angeordnet. Sie beeinflussen Stoffwechselvorgänge und verbessern den Allgemeinzustand.
Physikalische Maßnahmen finden vor allem Anwendung in der Krankenpflege als:
- trockene Wärme (Heizkissen oder -decke, Wärmflasche)
- feuchte Wärme (Wickel)
- trockene Kälte (Eispackungen)
- Bäder (Vollbad, Wechselbad)
- Inhalationen
- Bestrahlungen

- **Trockene Wärme** führt zu Gefäßdilatation, Erwärmung und erhöhtem Stoffwechsel
- **Feuchte Wärme** vermindert die Schweißverdunstung und führt dadurch zu einer intensiven Tiefenwirkung der Wärme
  Kontraindikationen:
  Patienten mit Kreislaufstörungen, herabgesetztem Temperaturempfinden, akuten Entzündungen (z.B. Appendizitis), Prellungen (Verstärkung der Schwellung)

- **Kontinuierliche Kälte** führt zu Gefäßkontraktion, Wärmeentzug und reduziertem Stoffwechsel
- **Kurzfristige Kälte** führt zu Gefäßkontraktion mit nachfolgender Hyperämie (reaktive Hyperämie)
  Kontraindikationen:
  Patienten mit Gefäßerkrankungen und Durchblutungsstörungen (Gefäßspasmen)

- **Wadenwickel**

Wadenwickel entziehen dem Körper durch Verdunstung Wärme. Sie werden immer feucht und kalt bei hohem Fieber (mit heißen Extremitäten) angelegt (Abb. 2-97).

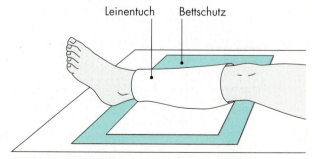

Abb. 2-97 Wadenwickel

2 Allgemeine Richtlinien

Vorbereitung
- Bettschutz
- Gefäß mit kaltem Wasser
- 2 Leinentücher

Vorgehen
- Bettdecke entfernen
- Bettschutz unter die Unterschenkel legen
- Patienten mit einem dünnen Tuch bis zu den Knien bedecken
- Gut angefeuchtete kalte Leinentücher locker um die Unterschenkel legen
- Abnahme der Wadenwickel nach etwa 10 Minuten (bei Bedarf erneuern)
- Erfolgskontrolle (Temperatur messen)

 Wadenwickel **nicht** mit einem trockenen Tuch abdecken (vermindert die Wirkung)!

• **Trockene Kälteanwendungen**
Trockene Kälteanwendungen sollen
- die Gefäße engstellen (Blutungen, Hämatomprophylaxe)
- den Stoffwechsel lokal reduzieren (Entzündungen)
- Schmerzen lindern (Prellungen, Verstauchungen)
- kühlen (Hypothermie)

Vorbereitung
- Eisblase, Eiskrawatte oder Kühlelement
- Schutzbezug (aus hygienischen Gründen)

Vorgehen
- Information des Patienten
- Eisblase (Eiswürfel einfüllen) oder Kühlelement richten und in Schutzbezug einlegen
- auswechseln, sobald Kälteeffekt nachläßt (ca. eine Stunde)

• **Trockene Wärmeanwendungen**
Trockene Wärmeanwendungen:
- zur allgemeinen Wärmezufuhr (frierende Patienten)
- zum Krampflösen (Menstruationsbeschwerden)
- zum Schmerzlindern (Darmkoliken)
- zur lokalen Durchblutungsförderung

Vorbereitung
- Wärmflasche mit Schutzbezug
- Heizkissen oder Heizdecke

Vorgehen
- Wärmflasche bis zur Hälfte mit heißem Wasser (ca. 70 °C) füllen
- Luft entfernen
- sorgfältig verschließen
- Wärmflasche in Schutzbezug einlegen (aus hygienischen Gründen)
- Patienten über Verträglichkeit der Wärme befragen
- auswechseln, sobald Wärmeeffekt nachläßt

Für Sicherheit sorgen 2.7

Es besteht Verbrennungsgefahr bei bewußtlosen, gelähmten oder sensibilitätsgestörten Patienten!
Bei kalten Füßen kann dem Patienten oft schon durch ein Paar warme Wollsocken geholfen werden.

Wie war das noch ...?

Was erreicht man mit physikalischen Maßnahmen?

Welche Anwendungsformen kennen Sie?

Beschreiben Sie das Anlegen eines Wadenwickels:

2 Allgemeine Richtlinien

2.7.12 Sonden

Sonden sind starre oder flexible röhrenförmige Instrumente. Meist aus Gummi oder Kunststoff, werden sie zu diagnostischen oder therapeutischen Zwecken in Körperhöhlen bzw. -hohlorgane eingeführt.

• Magensonden

Magensonden sind dünne Schläuche. Die Magensondierung erfolgt nur auf ärztliche Anordnung (Abb. 2-98).
Anwendung finden sie zum:
– Gewinnen von Magensekret (Magensaftanalyse)
– Ableiten des Magensekrets bei verschiedenen Erkrankungen und nach Operationen
– Zuführen von Sondenkost
– Vermeiden von Aspirationen

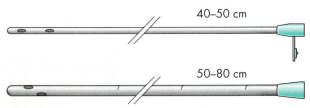

Abb. 2-98 Magensonden in verschiedenen Ausführungen

Vorbereitung
– gekühlte Magensonde
– evtl. Gleitmittel (Anästhesie-Gel)
– evtl. Schleimhautanästhetikum
– anatomische Klemme
– Papiertaschentücher
– Nierenschale
– Patienten- bzw. Bettschutz
– Einmalhandschuhe
– 20-ml-Spritze
– Pflaster zur Sondenfixierung
– Schere
– Ableitungssystem (Auffangbeutel, evtl. Saugsystem)
– evtl. Indikatorpapier
– Stethoskop
– Abwurfbehälter

Vorgehen
– Patienten informieren
– leichte Oberkörperhochlagerung
– Nase säubern (Patienten schneuzen lassen)
– Schleimhautanästhesie (Einwirkzeit beachten)
– Schutztuch umhängen

Für Sicherheit sorgen 2.7

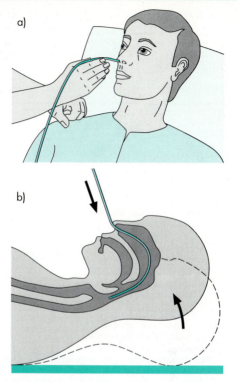

Abb. 2-99 Legen der Magensonde

- Abmessen der Sondenlänge von Nasenspitze zu Ohrläppchen und Magengrube
- Magensonde ohne Gewalt durch die Nase bis zur 10-cm-Markierung einführen
- Den Kopf nach vorne beugen lassen, und Sonde bis zur abgemessenen Länge weiterschieben (Abb. 2-99)
- Patient soll ruhig durchatmen und während des Weiterschiebens schlucken (evtl. einen Schluck Wasser oder Tee anbieten)
- Patient während der Maßnahme ablenken
- Lage der Sonde kontrollieren
  Indikatorpapier – Reaktion sauer
  Luft einblasen und mit Stethoskop abhören
  Röntgen – Kontraststreifen der Sonde
- Fixieren der Sonde durch Pflaster auf dem Nasenrücken (Abb. 2-100)
- Dokumentation (Art der Sonde, Längenangabe, Uhrzeit)

2 Allgemeine Richtlinien

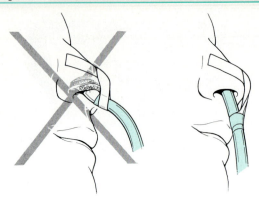

Abb. 2-100 Fixieren der Magensonde

 Bei starkem Hustenreiz oder beginnender Zyanose während der Magensondierung Sonde sofort wieder zurückziehen.

Pflege bei liegender Magensonde
- Kontrolle der Längenmarkierung (Sonde darf nicht verschoben werden)
- Fixierung täglich kontrollieren und erneuern (Fixationsstelle etwas verändern, um Hautschäden zu vermeiden)
- Mehrmals täglich Nasenpflege (Vermeiden von Dekubiti)
- Ableitungssystem sichern
- Magensekret (permanent oder fraktioniert) nach Arztverordnung ableiten
- Dokumentation der abgeleiteten Sekretmenge
- Regelmäßiger Sondenwechsel

Entfernen einer Magensonde
- Einmalhandschuhe und Zellstoff benutzen
- Sonde abklemmen, und rasch herausziehen
- Patient soll den Mund mit Wasser ausspülen
- Dokumentation (Uhrzeit, Befinden des Patienten)

Für Sicherheit sorgen **2.7**

Wie war das noch ...?

Was versteht man unter einer Sonde?

Welche Indikationen kennen Sie für eine Magensondierung?

Beschreiben Sie die Magensondierung:

Welche Pflegemaßnahmen sind bei einem Patienten mit liegender Magensonde notwendig?

2.7.13 Umgang mit Geräten

• Geräte zur Inhalation
Unter einer Inhalation ist das Einatmen von Dämpfen, zerstäubten Flüssigkeiten (Aerosole), gelösten Medikamenten und Gasen zu verstehen.

Inhalationen dienen zur
– Anfeuchtung der Atemluft
– Befeuchtung der Tracheal- und Bronchialschleimhaut
– Atelektasen- und Pneumonieprophylaxe
– Behandlung von obstruktiven und chronischen Lungenerkrankungen

Die Inhalationstiefe ist abhängig von (Tab. 2-7)
– Tröpfchengröße (Durchmesser: 1 Mikron [µ] = 1/1000 mm)
– Atemtiefe
– Atemfrequenz

161

2 Allgemeine Richtlinien

Tab. 2-7 Tröpfchendurchmesser/Inhalationstiefe

Tröpfchendurchmesser	Inhalationstiefe
> 30 μ	Rachen bis Kehlkopf
30 – 10 μ	Luftröhre bis Stammbronchien
10 – 3 μ	kleine Bronchien
< 3 μ	Alveolen

Möglichkeiten zur Inhalation
- Inhalationen mit Aerosolapparaten
  - Ultraschallvernebler
  - Inhalationen durch Beatmungsgeräte
  - Druckluftvernebler
  - Aerosolspray
- Inhalationen mit Verdampfungsapparaten
  - Bronchitiskessel (alte Modelle entsprechen nicht der MedGV!)
  - Düsenvernebler

• Umgang mit Ultraschallverneblern
Von einer Ultraschallverneblung spricht man, wenn die zu vernebelnde Flüssigkeit über einen Kristall elektronisch in Schwingungen (über 20 000 Schwingungen pro Sekunde) versetzt wird. Die gebildete Tröpfchengröße ist kleiner als 3 μ (Mikron; Abb. 2-101).

Vorgehen
- Steriles Inhalationssystem verwenden (Flüssigkeitsbehälter mit Aqua destillata, Schlauchsysteme)
- Medikamentenzusatz nach Arztverordnung
- Anschluß an das Stromnetz
- Patienten informieren, zur normalen Atmung anhalten
- Patienten in leichte Oberkörperhochlage bringen
- Ultraschallvernebler ca. 50 cm entfernt vom Patienten aufstellen
- Vernebelungsgrad stufenlos einstellen
- Inhalationsdauer nach Arztverordnung (ca. 20 Minuten)
- Wirksamkeit der Inhalation überprüfen (Auswurf, Atemerleichterung)
- Dokumentation (Medikamentenzusatz, Befinden des Patienten nach der Inhalation)

Auf genaue Medikamentendosierung achten!
Gerät nach der Inhalation desinfizieren, reinigen oder sterilisieren, je nach Herstellerangaben.
Schlauchsysteme täglich wechseln.

Für Sicherheit sorgen 2.7

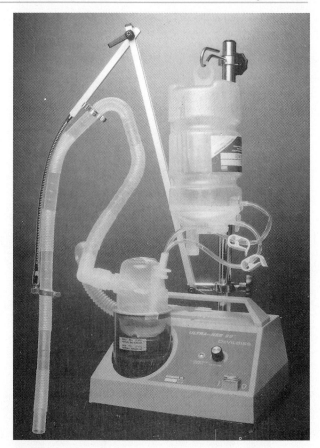

Abb. 2-101 Ultraschallvernebler

- **Geräte für die Zufuhr von Sauerstoff**

Sauerstoff ist ein lebensnotwendiges, gasförmiges Element und ein Bestandteil der Luft (20,95%).

Auf einen Mangel an Sauerstoff reagiert der Körper mit Atemnot und Zyanose. Da Sauerstoff wie ein Medikament behandelt werden muß, ist eine genaue Dosierung angezeigt. In der Regel erfolgt die Sauerstoffapplikation auf ärztliche Anordnung (Notfallsituationen z. T. ausgenommen!).

- **Ziele der Sauerstoffgabe**
  - Dosierte Anreicherung der Atemluft mit Sauerstoff, um dem Patienten das Atmen zu erleichtern.

2 Allgemeine Richtlinien

– Der Partialdruck (Teildruck) des Sauerstoffes im Blut wird erhöht und die gefährliche Hypoxie beseitigt.

• **Indikationen**
– Hypoxien
– Anämien
– Lungenerkrankungen
– Schock
– nach Operationen

Die Menge, Dauer und Verabreichungsart (dauernd oder intermittierend, Maske oder Sonde) sind ärztliche Verordnung.

Abb. 2-102 Sauerstoffflasche mit Sauerstoffregler und Aqua dest.

Für Sicherheit sorgen 2.7

- **Sauerstoffbehälter**
- zentrale Sauerstoffanlage
- Sauerstoffflasche (Abb. 2-102)
  - blaue Farbe
  - drei Flaschengrößen (1 Liter/10 Liter/50 Liter Rauminhalt)
  - Schutzkappe über dem Hauptventil
  - steht unter Druck (ca. 150–160 bar)

Vorbereitung
- verordnetes Insufflationsgerät (Sonde, Brille)
- Sauerstoffbefeuchter (mit Aqua dest.)

Vorgehen
- **Sauerstoffsonde** (Abb. 2-103)
  - Sauerstoffsonde richten
  - Patient soll Nase reinigen
  - Sauerstoffsonde einführen und mit dem dafür vorgesehenen Schaumstoffstückchen in der Nase befestigen
  - System überprüfen
  - Anschluß an den Sauerstoffbehälter (Zentralanlage oder Sauerstoffflasche)
  - Verordnete Literzahl einstellen
  - Patienten überwachen, Wirkung beobachten
  - Dokumentation

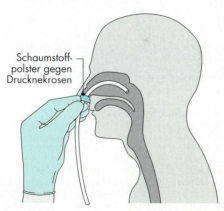

Abb. 2-103 Lage der Sauerstoffsonde

- **Sauerstoffbrillen** (Abb. 2-104)
  - Sauerstoffbrille richten
  - Patient Nase reinigen lassen
  - Sauerstoffbrille anlegen und mit dem verschiebbaren Kunststoffriegel befestigen

2 Allgemeine Richtlinien

- System überprüfen
- Anschluß an den Sauerstoffbehälter
  (Zentralanlage oder Sauerstoffflasche)
- Verordnete Literzahl einstellen
- Patienten überwachen, Wirkung beobachten
- Dokumentation

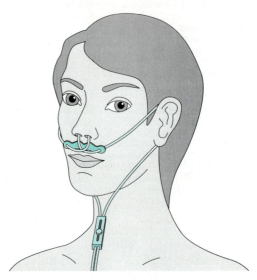

Abb. 2-104 Befestigung der Sauerstoffbrille

Berechnen des Sauerstoffvorrates
Vorrat in Liter = Rauminhalt (Liter) × Druck
Beispiel:
Flaschengröße – 10 Liter
Flaschendruck – 160 bar
Vorrat in Liter = 10 Liter × 160 bar = 1600 Liter
Vorrat in Minuten = Vorrat in Liter : Verbrauch in Liter pro Minute

Beispiel:
Rauminhalt – 1600 Liter
Verbrauch – 4 Liter/Minute
Vorrat in Minuten = 1600 Liter : 4 Liter/Minute
 = 400 Minuten

Wechseln der Sauerstoffflasche
Der Wechsel einer Sauerstoffflasche darf nie im Patientenzimmer erfolgen.

Für Sicherheit sorgen **2.7**

- **Leere Sauerstoffflasche**
  - Sauerstoffzufuhr abstellen
  - Sonde abstöpseln
  - Hauptventil schließen
  - System entlüften
  - Druckminderer und Sauerstoffbefeuchter abschrauben
  - Schutzkappe über das Hauptventil schrauben
  - Leere Sauerstoffflasche kennzeichnen
  - Leere Flaschen getrennt und liegend oder an einer Wandhalterung fixiert lagern
- **Volle Sauerstoffflasche**
  - Schutzkappe entfernen
  - Druckminderer und Sauerstoffbefeuchter anschrauben
  - Hauptventil öffnen
  - Flaschendruck am Manometer kontrollieren
  - Dichtigkeit und Funktionsfähigkeit überprüfen
  - Sonde anschließen
  - Literzahl einstellen

Geräte zum Überwachen des Patienten (Monitoring)
Unter einem Monitoring versteht man die apparative Überwachung des Patienten als notwendige Ergänzung zur Krankenbeobachtung durch das Personal auf der Station (Pflegepersonen, Ärzte).

Ziele des Monitorings
- kontinuierliche Überwachung und Dokumentation der Vitalfunktionen
- schnelles Erfassen lebensbedrohlicher Zustände
- Rekonstruierung lebensbedrohlicher Störungen
- optischer oder/und akustischer Alarm

Einsatzmöglichkeiten
Temperatur
Meßverfahren mit elektronischem Thermoelement; die Sonde wird ins Rektum eingeführt.
Zum Beispiel bei:
- Verbrennungskrankheit
- Unterkühlung
- zentralem Fieber

Elektrokardiogramm (EKG)
Graphische Darstellung der elektrischen Erregungen am Herzen durch verschiedene Ableitungsmöglichkeiten (Abb. 2-105). Gleichzeitige Kontrolle der Herzfrequenz.
Zum Beispiel bei:
- Arrhythmien
- Herzinfarkt
- Herzschrittmacher

Allgemeine Richtlinien

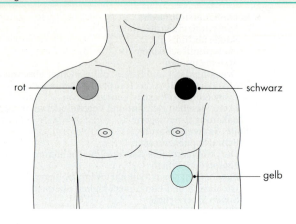

Abb. 2-105 EKG – 3-Punkt-Ableitung

Atemfrequenz
Messung der Atemfrequenz über die EKG-Elektroden.
Zum Beispiel bei:
- Atemstörungen
- Bewußtlosigkeit
- Schädel-Hirn-Traumen

Arterieller Blutdruck
Unblutige oder blutige Messung des arteriellen Blutdrucks.
Zum Beispiel bei:
- Hypertonie
- Herz- und Kreislauferkrankungen
- Verlaufskontrollen

Zentraler Venendruck
Elektronische Messung des zentralen Venendrucks über eine Meßsonde (obere Hohlvene).
Zum Beispiel bei:
- Infusionstherapie
- Schock
- Verlaufskontrollen

Pulsoxymetrie
Elektronische Messung der Sauerstoffsättigung in den Kapillaren über eine Meßkappe oder einen Clip auf dem Finger.
Zum Beispiel bei:
- Beatmung
- Diagnostik (z.B. Gastroskopie)
- Verlaufskontrollen

Für Sicherheit sorgen 2.7

Der Einsatz der verschiedenen Geräte darf erst erfolgen, wenn eine gründliche Einweisung in das Funktionsprinzip stattgefunden hat (s. MedGV).
Vor jedem Benützen muß die Funktionstüchtigkeit überprüft werden.

• **Geräte zum Absaugen von Flüssigkeiten**
Unter einer Absaugung versteht man das Entfernen von Blut, Sekreten, Luft oder festen Stoffen aus Körperöffnungen oder Körperhöhlen unter Sog. Die dazu benötigten Apparate (Absauggeräte) lassen sich je nach Art ihres Antriebes einteilen in:
– **pneumatisch** betriebene Absauggeräte, Betrieb über ein Druckgas oder eine zentrale Vakuumanlage
– **elektrisch** betriebene Absauggeräte
– **hand-** oder **fußbetriebene** Absauggeräte

• **Indikationen**
– Freihalten der Atemwege (Bronchialtoilette)
– zur Pneumonieprophylaxe

Vorbereitung
– Absauggerät
– sterile Absaugkatheter
– sterile Handschuhe
– sterile physiologische Kochsalzlösung zum Anfeuchten und Durchspülen des Absaugkatheters
– Mundschutz bei infektiösen Patienten
– Desinfektionslösung
– Abwurfbehälter für die gebrauchten Gegenstände

• **Orotracheales und nasales Absaugen**
– Funktionskontrolle des Absauggerätes (z.B. Sogeinstellung, Dichtigkeit des Systems)
– Hände desinfizieren
– evtl. Mundschutz (Aerosolbildung!)
– sterile Handschuhe anziehen
– Absaugkatheter an das Gerät anschließen
– Katheter anfeuchten
– ohne Sog Katheter vorsichtig über die Mundhöhle oder Nase einführen
– Sog einstellen und mit der Absaugung beginnen
– Dauer der Absaugung nicht länger als 10 Sekunden
– laufende optische Kontrolle des Patienten (Veränderungen des Aussehens – Zyanose)
– nach Beenden des Absaugens Katheter mit Desinfektionslösung durchspülen
– Handschuh über den gebrauchten Katheter stülpen und im Abwurfbehälter entsorgen
– Dokumentation (Uhrzeit, Aussehen und ungefähre Menge des abgesaugten Sekrets)

Wie war das noch ...?

Wozu dienen Inhalationen?

Beschreiben Sie die Inhalationstherapie:

Was versteht man unter dem Monitoring?

Welche Ziele hat das Monitoring?

Nennen Sie die Einsatzmöglichkeiten für ein Monitoring:

Unter welchen Voraussetzungen können technische Geräte am Patienten angebracht werden?

Wann ist eine Sauerstofftherapie notwendig?

Beschreiben Sie die Verabreichung von Sauerstoff über eine Sauerstoffbrille:

Berechnen Sie den Sauerstoffvorrat in Liter und Minuten bei einer Sauerstoffflasche mit 100 Liter Rauminhalt und einem Verbrauch von 5 Liter in der Minute:

Was versteht man unter einer Absaugung?

2.7.14 Aseptische und septische Wunden

Wunden sind beabsichtigte (Operationswunden) oder nicht beabsichtigte Verletzungen der Haut (Unfälle).

Aseptische Wunden: keimfreie Wunden in einem nicht infizierten Gewebe, z. B.
- Einstichstellen (z. B. Venenpunktion, Venenkatheter)
- PEG-Sonden
- suprapubische Katheter
- Operationswunden

Septische Wunden: primär oder sekundär infizierte Wunden, z. B.
- Ulcus cruris
- Dekubitus
- Gangrän

• **Wundversorgung**
Ziel der Wundversorgung ist die schnelle Regenerierung des Gewebes durch:
- Schutz der Wunde vor Erregern
- Förderung des Wundschlusses
- Reduzierung von Wundkeimen durch aufsaugende Verbandmaterialien
- Linderung von Schmerzen

und das Wohlbefinden des Patienten.

Immer zuerst die Patienten mit aseptischen Wunden verbinden!

Aseptische Wundversorgung
Fernhalten von Krankheitskeimen, um die keimarme (normale Hautkeime) Wunde zu schützen (Abb. 2-106).

Vorbereitung
- Händedesinfektion
- Richten der Gegenstände (evtl. Verbandset)
- Pflaster
- Schere
- sterile Pinzette
- Desinfektionsmittel
- Abwurfbehälter
- unsteriles und steriles Verbandmaterial
- unsterile und sterile Handschuhe
- bei Bedarf Mundschutz

Allgemeine Richtlinien

Vorgehen
- Information des Patienten
- entsprechende Lagerung des Patienten
- evtl. Mundschutz anziehen
- äußeren Verband mit unsterilen Handschuhen entfernen und entsorgen
- inneren Verband mit Pinzette lösen und entsorgen
- Wundinspektion auf Rötung, Schwellung und Sekretabsonderung
- Desinfektion der Wunde von innen nach außen
- inneren und äußeren Verband mit sterilen Handschuhen auflegen und fixieren
- Patient zurücklagern
- Material entsorgen
- Dokumentation (Uhrzeit, Aussehen der Wunde)

Abb. 2-106 Desinfektion einer aseptischen Wunde (von innen nach außen)

Abb. 2-107 Desinfektion einer septischen Wunde (von außen nach innen)

Septische Wundversorgung
Die Keimzahl der Wunde soll reduziert und eine Verbreitung der Keime in die Umgebung verhindert werden (Abb. 2-107).

Vorbereitung
- Händedesinfektion
- Richten der Gegenstände (evtl. Verbandset)
- Pflaster
- Schere
- sterile Pinzette
- Desinfektionsmittel
- evtl. Wundheilungsmittel
- Abwurfbehälter
- unsteriles und steriles Verbandmaterial
- unsterile und sterile Handschuhe
- bei Bedarf Mundschutz

Für Sicherheit sorgen **2.7**

Vorgehen
- Information des Patienten
- entsprechende Lagerung des Patienten
- evtl. Mundschutz anziehen
- äußeren Verband mit unsterilen Handschuhen entfernen und entsorgen
- inneren Verband mit Pinzette lösen und entsorgen
- Wundinspektion auf Rötung, Schwellung und Sekretabsonderung
- Desinfektion der Wunde von außen nach innen
- Wundheilmittel nach Arztverordnung anwenden
- inneren und äußeren Verband mit sterilen Handschuhen auflegen und fixieren
- Patient zurücklagern
- Material entsorgen
- Dokumentation

Wie war das noch ...?

Wunden sind:

Die Einteilung der Wunden kann erfolgen in:

Nennen Sie die Ziele der Wundversorgung:

Welche Gegenstände werden zur Wundbehandlung benötigt?

Beschreiben Sie das Prinzip der aseptischen Wundbehandlung:

Beschreiben Sie das Prinzip der septischen Wundbehandlung:

2 Allgemeine Richtlinien

2.7.15 Diagnostik

Bei allen diagnostischen Untersuchungen muß der Arzt den Patienten über den beabsichtigten Eingriff informieren und bei Bedarf die schriftliche Einverständniserklärung einholen. Ärztliche Aufgabe ist es auch, das entsprechende Untersuchungsformular auszufüllen und den Patienten in der Funktionsabteilung anzumelden oder dies zu delegieren. Das Pflegepersonal muß dafür sorgen, daß die Patientendokumente mitgenommen werden.

• Endoskopische Untersuchungen
Endoskopische Untersuchungen sind diagnostische Betrachtungen von Körperhöhlen und Hohlorganen mit einem optischen System (Endoskop).

Einsatzmöglichkeiten:
Bronchoskopie – Lungenspiegelung (Bronchien)*
Gastroskopie – Magenspiegelung*
Koloskopie – Dünndarmspiegelung*
Laparoskopie – Bauchspiegelung*
Rektoskopie – Dickdarmspiegelung*

*Die einzelnen endoskopischen Untersuchungen werden im Kapitel 16.2 Endoskopie näher beschrieben.

Vorbereitung
– Laboruntersuchung von Blutbild, Blutgerinnung und Blutgruppe
– Patient muß nüchtern bleiben
– Blase und Darm entleeren (evtl. Reinigungseinlauf)
– Zahnprothesen entfernen (bei allen oralen Eingriffen)
– Prämedikation nach Arztverordnung
– venöser Zugang (Arzt)

Nachsorge
Die Nachsorge ist abhängig von der endoskopischen Untersuchung, den zu erwartenden Komplikationen, dem Zustand des Patienten und der Arztverordnung.
– Patienten bequem lagern, Bettruhe für einige Stunden je nach Sedierung (Prämedikation)
– Kontrolle und Überwachung der Vitalzeichen (Puls, Blutdruck, Bewußtsein, Atmung)
– Nahrungskarenz für etwa zwei Stunden bei Rachenanästhesie
– Dokumentation der Untersuchung

• Punktionen / Biopsien
Punktionen (pungere: einstechen) sind Einstiche in Körperhöhlen oder Hohlorgane zur Entnahme und Entleerung von Sekreten (diagnostische Punktionen) oder Injektion von Medikamenten (therapeutische Punktionen).
Bei Biopsien (biopsia: Untersuchung von lebendem Gewebe) werden Gewebeproben zur mikroskopischen Untersuchung entnommen.

Für Sicherheit sorgen 2.7

Vorbereitung
- Laboruntersuchung von Blutbild, Blutgerinnung und Blutgruppe
- evtl. Blutkonserve kreuzen lassen
- Patient muß nüchtern bleiben
- Blase und Darm entleeren
- evtl. Rasur der Punktionsstelle
- Zahnprothesen entfernen (Notfallintubation)
- Prämedikation nach Arztverordnung
- venöser Zugang (Arzt)

Nachsorge
Die Nachsorge ist abhängig von der vorgenommenen Punktion oder Biopsie, den zu erwartenden Komplikationen, dem Zustand des Patienten und der Arztverordnung.
- Patienten bequem lagern, Bettruhe für einige Stunden je nach Sedierung (Prämedikation)
- Punktionsstelle mit Sandsack komprimieren (z. B. Leberbiopsie)
- Kontrolle und Überwachung der Vitalzeichen (Puls, Blutdruck, Bewußtsein, Atmung)
- Kontrolle von Blutgerinnung, Hämoglobin und Hämatokrit (Arzt)
- Nahrungskarenz je nach Punktion/Biopsie
- Dokumentation der Untersuchung

• Röntgenuntersuchung
Radiologie ist die Lehre von der Anwendung ionisierender Strahlen zur Diagnostik und Therapie.
Röntgenstrahlen sind kurzwellige, in der Röntgenröhre elektromagnetisch erzeugte Strahlen. Da einzelne Gewebe unterschiedlich Strahlen absorbieren, können Organe im Röntgenbild dargestellt werden.
Durch Kontrastmittel sind leicht strahlendurchgängige Organe (z. B. Blutgefäße) zu beurteilen.

Verschiedene Diagnoseverfahren:
- Röntgenbild-Aufnahme
- Durchleuchtung
- Tomographie (Röntgenschichtaufnahmen)
- Kontrastmitteldarstellung
- Computertomographie

Bei allen radiologischen Untersuchungen ist auf einen ausreichenden **Strahlenschutz** des Patienten und des Personals zu achten (siehe Röntgenschutzverordnung).

Vorbereitung
- Röntgenabteilung informieren über Behinderungen oder Belastbarkeit des Patienten
- Blasen- und Darmentleerung
- bei allen Kontrastmitteluntersuchungen venösen Zugang legen (Arzt)

2 Allgemeine Richtlinien

- Kontrastmittel-Allergietest je nach Untersuchung
- Patient muß vor bestimmten Untersuchungen nüchtern bleiben (z.B. Kontrastmitteluntersuchungen)
- Vor Untersuchungen des Abdomens beispielsweise erhält der Patient zwei bis drei Tage keine blähende Kost. Am Vortag und Untersuchungstag wird ein Reinigungseinlauf vorgenommen.
- auf ausreichende Wärme während der Untersuchung achten

Nachsorge
Nach Kontrastmitteluntersuchungen ist auf eine ausreichende Ausscheidung des Medikamentes zu achten.
Patient nach Kontrastdarstellung der unteren Darmabschnitte nach Arztverordnung abführen.
Weitere Maßnahmen der Vor- und Nachbereitung müssen in der Abteilung für Radiologie erfragt werden.

•Magnetresonanztomographie (MRT)
Unter Ausnutzung eines Magnetfeldes mit hoher Feldstärke werden durch Anregungsimpulse die Wasserstoffkerne im Körper aus dem Gleichgewicht gebracht.
Nach Abschaltung der Anregungsimpulse senden die Wasserstoffkerne Signale aus, die in einem Computer zu einem Schichtbild (Tomogramm) zusammengesetzt werden.

Vorteile der Magnetresonanztomographie:
- keine Strahlenbelastung
- dreidimensionale Darstellungen

Vorbereitung
- Blasen- und Darmentleerung
- bei Kontrastmittelverwendung venösen Zugang legen (Arzt)
- Ablegen aller Metallgegenstände (z.B. Uhr, Schmuck, Hörgerät)

 Keine Magnetresonanztomographie bei Herzschrittmacher-Patienten!

•Szintigramm
Zweidimensionale Darstellung der Verteilung eines Gamma-Strahlers im lebenden Organismus nach Verabreichung des Radionuclids (Radiopharmakon).
Dem Patienten wird ein Radiopharmakon verabreicht, das auf das jeweilige zu untersuchende Organ abgestimmt ist.
Je nach Art der Untersuchung erfolgt die Verabreichung durch Injektion, Inhalation oder oral.
Nach Anlagerung des Radiopharmakons im Organ, wird die Konzentration durch eine Szintillationskamera dargestellt.

Möglichkeiten der Szintigraphie:
- Skelettszintigraphie
- Schilddrüsenszintigraphie
- Nierenszintigraphie
- Lungenszintigraphie

Für Sicherheit sorgen **2.7**

Vorbereitung
– Blasen- und Darmentleerung
– Ablegen aller Metallgegenstände (z. B. Uhr, Schmuck,
  Hörgerät), da sie die Strahlung absorbieren können

Nachsorge
Um die Strahlenbelastung zu reduzieren, wird der Patient aufgefordert, viel Flüssigkeit zu trinken und häufig die Blase zu entleeren.

● **Sonographien**
Von einem Schallkopf erzeugte Schallwellen durchdringen den Körper. An Grenzflächen werden diese Schallwellen teilweise reflektiert. Die reflektierten Schallwellen werden vom Schallkopf aufgenommen und zu einem Schnittbild verarbeitet.

Vorbereitung
– Blasen- und Darmentleerung
– Vor Untersuchung zwei Tage lang blähende Nahrungsmittel
  vermeiden
– Luft im Verdauungstrakt durch Medikamente (Entschäumer)
  beseitigen

Nachsorge
Es sind keine besonderen Maßnahmen notwendig.

● **Spezielle Laboruntersuchungen**
Laboruntersuchungen gehören zur medizinischen Diagnostik und werden vom Arzt angeordnet. Die Information der Patienten über Labortermine, die Anmeldung der Laboruntersuchung und teilweise die Gewinnung der Untersuchungsproben ist Aufgabe des Pflegedienstes.
Viele Laboruntersuchungen sind heute durch den Einsatz von Teststreifen sofort auf der Station möglich.
Die **Aussagekraft** von Laboruntersuchungen ist abhängig von:
– richtige Gewinnung der Probe
– richtige Lagerung und Transport der Probe
– richtiges Untersuchungsverfahren

● **Urinzuckerbestimmung**
Beim Verwenden von Teststreifen immer die Herstellerangaben beachten!
Folgende Bestimmungen sind möglich:
– Qualitative Bestimmung von Glukose im Urin
  (Farbveränderung am Teststreifen)
– Semiquantitative Bestimmung von Glukose im Urin
  (Prozentangabe oder Farbveränderung am Teststreifen)
– Quantitative Bestimmung von Glukose innerhalb eines
  bestimmten Zeitraumes
– Nachweis von Aceton im Urin

2 Allgemeine Richtlinien

• **Blutzuckerbestimmung**

Der Blutzucker kann im Venen- und Kapillarblut bestimmt werden. Es ist möglich, den Nüchternblutzucker zu messen und gleichzeitig ein Tagesprofil aus einzelnen Blutzuckerwerten zu erstellen.

Vorbereitung
- Benötigte Gegenstände richten
- Desinfektionsmittel
- Tupfer
- Stichlanzette
- Teststreifen
- Schnellverband
- Testgerät
- Kapillarröhrchen bei Laborbestimmung

Vorgehen
- Information des Patienten
- Entnahmestelle wählen (Fingerbeere, Ohrläppchen)
- Punktionsstelle hyperämisieren (Wärme oder Reiben)
- Desinfektion der Entnahmestelle
- Einwirkzeit beachten
- seitlich mit Stichlanzette in die Entnahmestelle stechen (rasch mit mäßigem Druck; Abb. 2-108)
- Ersten Blutstropfen abwischen
- Zweiten Blutstropfen mit der Testfläche aufnehmen (bei Laboruntersuchung in Kapillarröhrchen)
- Im Testgerät nach Herstellerangaben auswerten
- evtl. Schnellverband
- Versorgen der Gegenstände
- Dokumentation

Normalwert
nüchtern: ca. 100 mg/dl

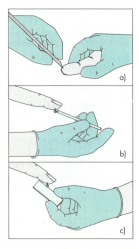

Abb. 2-108 a bis b Blutentnahme – Fingerkuppe

Wie war das noch ...?

Endoskopische Untersuchungen sind:

Welche endoskopischen Untersuchungen kennen Sie?

Nennen Sie die allgemeinen pflegerischen Vorbereitungen für eine Endoskopie:

Maßnahmen der Nachsorge sind?

Erläutern Sie den Unterschied Punktionen/Biopsien an Beispielen:

Welche allgemeinen pflegerischen Vorbereitungen treffen Sie am Patienten zur Punktion/Biopsie?

Maßnahmen der Nachsorge sind?

Welche verschiedenen Röntgenuntersuchungen kennen Sie?

Nennen Sie die gesetzliche Grundlage des Strahlenschutzes und die Schutzvorschriften:

Welche allgemeinen pflegerischen Vorbereitungen sind bei einer Röntgenuntersuchung notwendig?

Maßnahmen der Nachsorge sind?

2 Allgemeine Richtlinien

2.7.16 Fixierung eines Patienten

Die Fixierung eines Patienten ist nur in Ausnahmefällen und nach schriftlicher Arztanordnung möglich. Da sie ein massiver Eingriff in die Persönlichkeitsrechte des Patienten ist, muß sie vom Arzt begründet sein und die Art und voraussichtliche Dauer festgelegt werden.

Indikationen für eine Fixierung, z. B.
- akute Erregungszustände
- Verwirrtheit
- Selbstgefährdung des Patienten oder akute Gefahr für Mitpatienten und Krankenhauspersonal

Vorbereitungen
- Materialien (s. Abb. 2-22, Kap. 2.1.3) griffbereit herrichten
- schriftliche ärztliche Anordnung muß vorliegen oder unmittelbar nach der Fixierung eingeholt werden

Vorgehen
- Patienten informieren
- mehrere Personen bringen den Patienten ins Bett
- Fixierung je nach Fixiergurten an den Extremitäten anlegen und durch einen breiten Bauchgurt sichern
- Dokumentation der Fixierung

Besonderheiten
- Patient muß ständig beobachtet werden (Sichtkontakt)
- während der Fixierung halbstündliche Kontrolle von Puls, Atmung, Bewußtsein, evtl. Blutdruck, psychischem Zustand, Fixierung
- dem Patienten Sinneseindrücke anbieten wie Musik, Bilder, Gespräche

Während der gesamten Fixierungsdauer ist eine umfassende psychische Betreuung notwendig.

2.8 Kommunikation

Das wichtigste Mittel, um menschliche Beziehungen aufzubauen und zu erhalten, ist die sprachliche (verbale) und nichtsprachliche (nonverbale) Kommunikation, der Informationsaustausch.
Jeder gesunde Mensch ist zu diesem Austauschprozeß fähig. Diese Grundbegabung (Kommunikationsfähigkeit) muß aber ständig trainiert und zu einer adäquaten (situationsgerechten) Kommunikationsfertigkeit verbessert werden.

2.8.1 Hilfsmittel und Methoden der Kommunikation
(Tab. 2-8)

Piktogramme der folgenden Tabelle

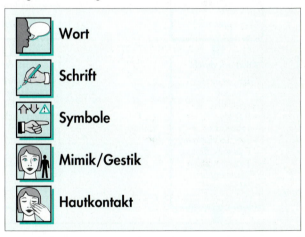

2 Allgemeine Richtlinien

Tab. 2-8 Kommunikationsmittel und -wege S. 182–185 (modifiziert nach: Deutsche Krankenpflege-Zeitschrift 4/1981)

Kommunikation **2.8**

NONVERBAL

Mimik/Gestik
Gebärden- und Mienenspiel

Ausdruck durch:
- Blickkontakt
- Handlung
- Tempo
- Zuwendung
- Gesichtsausdruck
- Körperhaltung
- Gestikulation
- Fingersprache
- Bewegung

Symbole
Farben, Figuren, Fingersprache

Ausdruck durch:
- malen
- zeichnen
- drucken
- zeigen

Hautkontakt
Sensibilität, Tasten, Fühlen

Ausdruck durch:
- Körperkontakt
- drücken, anfassen
- streicheln
- festhalten, heben
- Hand auflegen
- unterstützen
- umarmen
- physikal. Reize
- Kälte, Wärme
- Druck, weich/hart
- naß, trocken

Zum Empfangen, Verarbeiten und Wiedergeben ist es notwendig

- zu sehen
- zu verstehen
- auszuführen
- zur Aufnahme bereit zu sein
- störende Umweltfaktoren auszuschalten

- zu sehen
- zu verstehen
- sich auszudrücken
- zur Aufnahme bereit zu sein
- störende Umweltfaktoren auszuschalten

- zu fühlen
- zu empfinden
- auszuführen
- zur Aufnahme bereit zu sein
- störende Umweltfaktoren auszuschalten

2 Allgemeine Richtlinien

 sprechen   hören   verstehen

- ▶ störende Umgebungsgeräusche ausschalten
- ▶ laut und deutlich sprechen
- ▶ vertraute Atmosphäre schaffen
- ▶ bekannte Sprache sprechen
- ▶ Dolmetscher hinzuziehen
- ▶ logopädisch behandeln
- ▶ Sprachunterricht anbieten
- ▶ Zahnprothese einsetzen
- ▶ Hörgerät einsetzen
- ▶ Sprechapparat verwenden
- ▶ Sprechkanüle einsetzen
- ▶ Spieluhr einschalten
- ▶ Tonband, Kassettenrekorder anbieten
- ▶ Fernsehen anbieten
- ▶ Radio anbieten
- ▶ Film anbieten

 schreiben   sehen   lesen verstehen

- ▶ Schreibstifte, Filzstifte, Schreibpapier
- ▶ Schreibmaschine
- ▶ ABC-Zeigetafel
- ▶ Magnetbuchstaben und Magnettafel
- ▶ Schultafel, Kreide
- ▶ Löschtafel und Stift
- ▶ Halterungen für Schreibhilfen
- ▶ Brille, Kontaktlinsen, Vergrößerungsglas
- ▶ Licht
- ▶ Lesematerial, z.B. Zeitung, Zeitschrift, Buch
- ▶ Buchstütze
- ▶ Sehschule
- ▶ Film mit Untertiteln
- ▶ Fremdsprachenwörterbuch
- ▶ elektronischer Kommunikator

Kommunikation **2.8**

 Mimik/ Gestik

 sehen   verstehen   ausführen

- ▶ Brille, Kontaktlinsen
- ▶ Zeichensprache erklären
- ▶ Fingersprache
- ▶ Bewegungsübungen
- ▶ Blickkontakt
- ▶ Zuwendung

 Hautkontakt

 fühlen   empfinden   wiedergeben

- ▶ innere Bereitschaft
- ▶ menschliche Nähe, Zuwendung
- ▶ vertraute Atmosphäre, Geborgenheit
- ▶ Körperkontakt z.B. streicheln, Hand halten, umarmen, festhalten, Hand auflegen

 Symbole

 sehen   verstehen   ausführen

- ▶ Brille, Kontaktlinsen, Vergrößerungsglas
- ▶ Symbole zeigen und erklären z.B. Bilder, Figuren, Farben, Bildtafel

185

2 Allgemeine Richtlinien

2.8.2 Störungen der Kommunikation

Störungen, die den Prozeß des Austauschens von Informationen beeinträchtigen, werden als Kommunikationsstörungen bezeichnet. Sie können auftreten als
- **psychische Kommunikationsstörung**, z.B. als Störung der Informationsaufnahme und -verarbeitung durch mangelndes Hintergrundwissen
- **physische Kommunikationsstörung**, z.B. bei Schwerhörigkeit, Sehschwäche, Blindheit oder Sprachbehinderung

● **Kommunikation mit dem hörbehinderten Menschen**
- Hörbehinderung bei der Pflegeanamnese erfragen
- deutlich und langsam, mit kleinen Pausen sprechen (nicht schreien)
- evtl. nahe am Ohr des Schwerhörigen sprechen
- den hörbehinderten Menschen beim Sprechen ansehen
- für ausreichende Beleuchtung sorgen (Patient liest evtl. von den Lippen ab)
- technische Hilfsmittel (Hörgerät) einsetzen

● **Kommunikation mit gehörlosen Menschen**
- Gehörlosigkeit bei der Pflegeanamnese erkennen
- deutlich und langsam, mit kleinen Pausen sprechen, damit der gehörlose Patient von den Lippen ablesen kann
- Sprache mit Mimik und Gestik unterstützen
- Personen, die die Gehörlosen-Zeichensprache können, einbeziehen
- wenn notwendig, Informationen aufschreiben oder aufschreiben lassen

● **Kommunikation mit sehbehinderten oder blinden Menschen**
- Ausmaß der Sehbehinderung bei der Pflegeanamnese erfragen
- Patienten umfassend über Räumlichkeiten, Bettklingel, Bett etc. informieren
- sich nie dem Patienten ohne Ansprache nähern
- bei Betreten oder Verlassen des Zimmers immer Patienten informieren
- visuelle Eindrücke beschreiben (z.B. Essen, Ausblick aus Fenster)
- Bücher, Zeitschriften usw. in Blindenschrift anbieten

● **Kommunikation mit sprachbehinderten Menschen**
- Ausmaß der Sprachbehinderung bei der Pflegeanamnese erkennen
- einfache oder mit Ja/Nein zu beantwortende Fragen stellen
- Sprechtafeln mit Bildern benutzen oder Patienten schreiben lassen
- Erlernen einer Ersatzsprache (z.B. Speiseröhrensprache) ermöglichen

Wie war das noch ...?

Was sind die wichtigsten Kommunikationsmittel?

Beschreiben Sie die Grundzüge der menschlichen Kommunikation:

Welche Hilfestellungen zur Kommunikation geben Sie einem Patienten mit

Hörbehinderung:

Sehbehinderung:

Sprachbehinderung:

2.9 Organisation und Administration

2.9.1 Der Krankenpflegeprozeß

Der Krankenpflegeprozeß ermöglicht eine Einteilung des Krankenpflegeverlaufes in sechs Phasen.
Er beinhaltet zusammenhängende pflegerische Maßnahmen in einer geordneten Reihenfolge, um die individuelle Versorgung eines Patienten in seiner augenblicklichen Situation und im Hinblick auf seinen Genesungsprozeß zu ermöglichen. Die Reihenfolge der einzelnen Phasen beruht auf der Grundlage individueller Bedürfnisse eines Patienten (Abb. 2-109).

• **Phasen des Krankenpflegeprozesses**

1. Informationssammlung
Die Informationssammlung hat das Ziel, den Patienten kennenzulernen, seine Möglichkeiten und erhaltenen Kräfte sowie Art und Ausmaß seiner Pflegebedürftigkeit abzuklären und herauszufinden, welche pflegerischen Hilfen er benötigt.
– Aussagen des Patienten
– Aussagen von Angehörigen
– Krankenbeobachtung

Abb. 2-109 Beispiel für einen Patientenaufnahmebogen

Patient	Individuelle Probleme durch krankheitsbedingte Einschränkung der Lebensaktivitäten beim:		
	Atmen:		
	Essen und Trinken:		
	Ausscheiden:		
	Kommunizieren:		
	Sich sauberhalten und kleiden:		
Einweisungsdiagnose:	Regulieren der Körpertemperatur:		
	Sich bewegen:		
	Arbeiten/Spielen:		
	Schlafen:		
	Für eine sichere Umgebung sorgen:		
Aufnahme: ☐ Notfall	Sich als Mann/Frau fühlen und verhalten:		
☐ gehend ☐ sitzend ☐ liegend			
☐ überwiesen von:	Sterben:		
☐ hausinterne Verlegung	Besondere Gewohnheiten/Wünsche:		
☐ Erstaufnahme			
☐ Wiederaufnahme	**Grad der Pflege-Bedürftigkeit**	**Selbständig**	
Aufnahmezustand:			
☐ gepflegt ☐ ungepflegt	Mobilisation		
☐ ansprechbar ☐ orientiert	Körperpflege		
☐ benommen ☐ verwirrt	Ankleiden		
☐ bewußtlos ☐ erregt	Nahrungsaufnahme		
☐ teilweise orientiert ☐ alkoholisiert	Ausscheidung		
Bisherige Medikamente:			
Allergien/Unverträglichkeiten:	**erforderliche Prophylaxen**	Dekubitus	
		Thrombose	
		Pneumonie	

				Soziale Situation Wohnverhältnisse
				berufstätig
				selbständig
				Hausfrau
				arbeitslos
				Schüler
				Umschüler
				Auszubildender
				Rentner
				allein lebend
				in der Familie
				bei den Kindern
				bei den Eltern
				bei Verwandten
				Altenheim
				andere:
Teilweise hilfsbedürftig		Vollständig hilfsbedürftig		
				Hilfsmittel
				Brille
				Kontaktlinsen
				Zahnprothese
				Hörgerät
Kontrakturen		Soor/Parotitis		Gehhilfen
Zystitis				Perücke/Haarteil
Obstipation				andere:

2 Allgemeine Richtlinien

2. **Probleme und Ressourcen des Patienten**
   – Welche Faktoren beeinflussen seine Lebensqualität?
   – Welche Lebensaktivitäten sind vorhanden?
   – Bei welchen Lebensaktivitäten ist der Patient selbständig bzw. abhängig?
3. **Pflegerische Ziele**
   Zu jedem formulierten Pflegeproblem gehört ein Pflegeziel. Es beschreibt, welcher Erfolg durch die Pflegemaßnahme angestrebt wird.
   Fernziele – übergeordnete Ziele der Pflege
   Nahziele – einzelne Schritte, die zum Fernziel führen
   Die Ziele müssen sein:
   – realistisch
   – erreichbar
   – überprüfbar
   – eindeutig, unmißverständlich
   – knapp
4. **Planung der Pflegemaßnahmen**
   Die Pflegeplanung zeigt den Weg auf, wie der Patient in seiner Gesundung und der Erhaltung der verbleibenden Gesundheit unterstützt bzw. aktiviert wird.
   Die Pflegeplanung orientiert sich immer an den individuellen Problemen und Zielen des Patienten.
5. **Pflege**
   Die Ausführung der geplanten Pflegemaßnahmen orientiert sich immer am Patienten!
6. **Überprüfung der Wirksamkeit der Pflege**
   Die Wirksamkeit der Pflege wird anhand folgender Kriterien überprüft:
   – Sind die gesetzten Ziele erreicht?
   – Wie reagiert der Patient auf die Maßnahmen?
   – Wie ist sein momentanes Befinden?
   – Sind Veränderungen in seinem Zustand aufgetreten?

2.9.2 Pflegemodelle

Pflegemodelle (Tab. 2-9) dienen als Orientierungshilfen und Rahmenbedingungen für die Entwicklung eines eigenständigen Pflegebewußtseins. Durch ihre starre Struktur verhindern sie aber teilweise die Umsetzung in eine individuell umfassend geplante Pflege (s. Kap. 2.9.1).

Im Krankenpflegegesetz (§ 4) wird eine umfassend geplante Pflege gefordert, das heißt, den Patienten unter Berücksichtigung der Gesamtsituation und seiner Ressourcen zu pflegen (Pflegesituationen).

In einer Pflegesituation müssen folgende Fragen berücksichtigt werden:
– Wie ist der Gesundheitszustand des Patienten?
– Welche Diagnose- und Therapiemaßnahmen sind geplant und vorzunehmen?
– Welche Gegebenheiten auf Station beeinflussen die Pflege?
– Welche Qualifikation und Fähigkeiten hat die Pflegeperson?

2.9.3 Visite

Die Visite ist wichtiger Bestandteil der Therapie und Pflege innerhalb des Krankenhauses und bedeutet den Besuch des Kranken durch den Arzt und/oder das Pflegepersonal.

• **Erwartungen an die Visite vom:**

Patienten
– medizinische Hilfe
– Informationen
– Beratung

Pflegepersonal
– Vermittlung der vom Arzt weisungsabhängigen Maßnahmen
– fachliche Diskussion über angeordnete oder anzuordnende Pflegemaßnahmen

ärztlichen Dienst
– fachliche Diskussion über Sinn, Zweck und Erfolg angeordneter und anzuordnender Therapiemaßnahmen

• **Verschiedene Visitenformen**
– tägliche Visite durch den Stationsarzt
– wöchentliche Oberarzt- und/oder Chefarztvisite
– Verbandvisite
– Pflegevisite

Vorbereitung
– Bereitlegen aller notwendigen Patientenunterlagen (z. B. Patientendokumentation, Untersuchungsergebnisse, Röntgenbilder)
– Richten benötigter Materialien, z. B. Verbandwagen
– Mitteilung wichtiger Beobachtungen am Patienten (z. B. Veränderungen der Ausscheidungen) vor Beginn der Visite an den Arzt
– Reinigungsarbeiten im Krankenzimmer während der Visite sollen unterbleiben
– Zeitpunkt und Art der Visite müssen allen beteiligten Personen (z. B. Patienten, Pflegepersonen) bekannt sein

Ablauf der Visite
– Zeitliche Freiräume für Patientenfragen einplanen
– Patienten sollen sich zur Visite im Krankenzimmer aufhalten
– Bettruhe ist nur bei bestimmten Patienten notwendig (z. B. geplantem Verbandwechsel oder Untersuchungen)
– Die verantwortliche Pflegeperson steht dem verantwortlichen Arzt gegenüber
– Angeordnete Maßnahmen werden sofort schriftlich dokumentiert und abgezeichnet

Nachbereitung der Visite
– sachgerechte Versorgung aller benötigten Gegenstände
– Ausarbeitung und Aktualisierung der angeordneten Maßnahmen (z. B. Änderung von Pflegeplänen, Anmeldung von Laboruntersuchungen)

Tab. 2-9 Fünf bedürfnisorientierte Pflegemodelle (modifiziert nach Forum Sozialstation, Sonderausgabe 1/1993)

Die 12 Aktivitäten des täglichen Lebens (ATL)	Die 12 Lebensaktivitäten (LA)
nach Liliane Juchli	*nach Nancy Roper*
kommunizieren (Steuerung des Gleichgewichts zwischen Individualität und Sozialität, Rückzug und Interaktion, Selbstbeziehung und Fremdbeziehung)	kommunizieren
sich bewegen (Aufrechterhaltung des Tonusgleichgewichts von Bewegung und Statik)	sich bewegen
Körpertemperatur regulieren (Erhaltung der Wärme-Kälte-Regulation)	die Körpertemperatur regulieren
sich waschen und kleiden (Verantwortung und Unabhängigkeit für die persönliche Pflege)	sich sauberhalten und kleiden
essen und trinken (Aufrechterhaltung von genügender Nahrungs- und Flüssigkeitsaufnahme)	essen und trinken
ausscheiden (Regulierung des Ausscheidungsvorganges und Kontrolle der Ausscheidung)	ausscheiden
atmen (Aufrechterhaltung der Luftzufuhr (Sauerstoff) und der Kohlensäureabgabe)	atmen
wach sein und schlafen (Anpassung an den 24-Stunden-Rhythmus im Gleichgewicht von Wachen und Schlafen)	schlafen
Raum und Zeit gestalten, arbeiten und spielen sich beschäftigen (Aufrechterhaltung des Gleichgewichts zwischen Aktivität und Passivität, zwischen Arbeit und Muße, Beziehungen zur Umwelt)	sich beschäftigen
Kind, Frau, Mann sein (Aufrechterhaltung der menschlichen Fortpflanzung und des Gleichgewichts zwischen männlichen und weiblichen Lebensbezügen)	sich als Mann oder Frau fühlen und verhalten
sich sicher fühlen und verhalten (Verhüten von Risiken, Gefahren und Schäden)	für Sicherheit der Umgebung sorgen
Sinn finden im Werden, Sein, Vergehen, Selbstwertung, Selbsttranszendenz, Sterben (Bewältigung von Lebens- und Entwicklungsprozessen, Umgehenkönnen mit Grenzen, Reifen entsprechend der konstitutionellen und individuellen Veranlagung, Bezug zur Religion)	sterben

Die 13 Aktivitäten und existentiellen Erfahrungen des Lebens (AEDL) *nach Monika Krohwinkel*	Die 14 Grundbedürfnisse des Menschen *nach Virginia Henderson*	Die 18 Lebensaktivitäten *nach Chris Abderhalden*
kommunizieren	zum Ausdruck bringen von Empfindungen, Nöten, Furcht oder Gefühlen im Umgang mit anderen	kommunizieren
sich bewegen	Bewegung und Einhaltung einer gewünschten Lage	sich bewegen
vitale Funktionen des Lebens aufrechterhalten	Aufrechterhaltung normaler Körpertemperatur	Regulierung der Körpertemperatur
sich pflegen	Sauberkeit und Körperpflege (Schutz des Äußeren)	sich waschen und kleiden
essen und trinken	angemessene Nahrungs- und Flüssigkeitsaufnahme	essen und trinken
ausscheiden	Ausscheidung mittels aller Ausscheidungsorgane	ausscheiden
sich kleiden	Auswahl passender Kleidung, an- und ausziehen	
	normale Atmung	atmen
ruhen und schlafen	Ruhe und Schlaf	ruhen und schlafen
sich beschäftigen	befriedigende Beschäftigungen	sich beschäftigen
sich als Mann oder Frau fühlen und verhalten		sich als Mann oder Frau fühlen und verhalten
für eine sichere Umgebung sorgen	Vermeidung von Gefahren in seiner Umgebung und Gefährdung anderer	für Sicherheit sorgen
soziale Bereiche des Lebens sichern	lernen, entdecken oder Befriedigung der Wißbegier, die zur normalen Entwicklung der Gesundheit führt	Sinn finden
mit existentiellen Erfahrungen des Lebens umgehen	Spiel oder Teilnahme an verschiedenen Unterhaltungsformen	Beziehungen aufnehmen, aufrechterhalten, beenden
	Gott dienen entsprechend dem persönlichen Glauben	mit Problemen und Realitäten umgehen
		seine Rechte wahren, seine Pflichten erfüllen
		sich informieren und orientieren
		persönlichen Besitz verwalten
		wohnen

2 Allgemeine Richtlinien

Wie war das noch ...?

Welche Phasen des Krankenpflegeprozesses kennen Sie?

Wie müssen die Ziele sein?

Die Wirksamkeit der Pflege kann anhand der folgenden Kriterien überprüft werden:

Welche Pflegemodelle kennen Sie?

Was muß bei der Beurteilung der Pflegesituation eines Patienten berücksichtigt werden?

2.9.4 Übergabe

Bei jedem Schichtwechsel erfolgt auf Station durch das Pflegepersonal die schriftliche und mündliche Übergabe der Patienten. In manchen Kliniken sind dabei auch Ärzte anwesend.
Wenn möglich, sollte man sich ein Schema aus den Inhalten der Übergabe zurechtlegen, wie:
– Patientendaten (Name, Alter)
– privates Umfeld des Patienten (Angehörige, Lebenssituation, Beruf)
– Diagnose und Krankheitsbild
– Befinden des Patienten
– aktueller Pflegeplan (Wünsche des Patienten, Pflegemaßnahmen etc.)
– vorgesehene Diagnostik und Therapie

2.10 Spezielle Pflegesituationen

2.10.1 Pflege kranker Kinder

Um kranke Kinder adäquat pflegen zu können, muß man kindliche Verhaltensweisen kennen und verstehen. Bedürfnisse und Reaktionen sind erheblich vom Alter und von der Entwicklungsphase abhängig.
Kinder sind keine kleinen Erwachsenen. Pflegepersonen müssen sie als Individuen mit eigenen Bedürfnissen behandeln.
Jedes Kind verarbeitet den Krankenhausaufenthalt verschieden. Die Verarbeitung ist spielerisch zu unterstützen.

- **Unterschiede zum Erwachsenen**

  Alter und Entwicklungszustand
  Der Gesamtorganismus ist noch nicht vollständig ausgebildet, die Krankenbeobachtung muß differenzierter sein.

  Reaktionsweise
  Kinder sind in ihrem Verhalten immer unberechenbar.

  Fähigkeit der Informationsverarbeitung
  Informationen über Pflegehandlungen müssen altersgerecht erteilt werden.

  Möglichkeit der Beschäftigung
  Die selbständige Beschäftigung ist immer abhängig vom Alter und Entwicklungszustand. Sie sollte durch Erzieherinnen unterstützt werden.

- **Mögliche Reaktionen auf einen Krankenhausaufenthalt**
  - Protest (Weinen, Schreien, Aggressionen)
  - Verzweiflung (verschlossen, zurückgezogen, apathisch)
  - Verleugnung (Resignation, scheinbar glücklich)
  - psychischer Hospitalismus (Wiedereinnässen, Eßstörungen, Schlafstörungen)

  Psychischer Hospitalismus kann vermieden werden, wenn bei Kindern unter vier Jahren immer eine Bezugsperson mit aufgenommen wird.

2.10.2 Pflege betagter Menschen

Das Alter ist geprägt von Veränderungen in biologischen, psychologisch-geistigen und sozialen Bereichen. Der körperlichen Leistungsabnahme steht eine Leistungszunahme im soziokulturellen Bereich (Berufserfahrung, Lebensweisheit usw.) gegenüber (Tab. 2-10).

Die Pflege betagter Menschen orientiert sich grundsätzlich an:
- Wahrung der individuellen Selbständigkeit und Eigenverantwortlichkeit des Menschen

2 Allgemeine Richtlinien

- Rehabilitation im körperlichen Bereich durch Training von Kraft, Ausdauer und Koordination (aktivierende Pflege)
- Eingliederung des betagten Menschen in eine Umgebung, in der er sich wohl fühlt und Lebensfreude, Lebenssinn und Unabhängigkeit entwickeln kann

Tab. 2-10 Menschliches Leistungsvermögen

Leistungsabnahme	Leistungszunahme
Augen (kompensierbar)	Lebens- und Berufserfahrung
Gehör (kompensierbar)	Urteilsvermögen
Tastsinn (kompensierbar)	Selbständigkeit
Muskelenergie (kompensierbar)	planendes Denken
körperliche Leistung	Verantwortungsbewußtsein
seelische Kräfte	Zuverlässigkeit
Kurzzeitgedächtnis	Ausgeglichenheit
geistige Wendigkeit	positive Arbeitseinstellung

(Modifiziert nach Meier-Ruge, W.: Deutsche Krankenpflege Zeitschrift 41 [1988] 51)

2.10.3 Umgang mit Sterbenden

Pflegepersonen werden heute mehr als in den vergangenen Jahren mit dem Thema Sterben, Sterbehilfe (Euthanasie) und Tod konfrontiert.
Sachliches Wissen über die Vorgänge des Sterbens und des Todes sind deshalb Voraussetzung für eine professionelle Sterbebegleitung, in die sich der Pflegende selbst mit einbringen muß.
Das Sterben als Vorgang, der zum endgültigen biologischen Tod führt, beginnt mit dem Ausfall der lebenswichtigen Funktionen von Zentralnervensystem, Herz und Kreislauf, Atmung und Ausscheidung.

- **Wichtige Begriffe**

Biologischer Tod = Absterben aller Körperzellen
Gewaltsamer Tod = Zerstörung des Gesamtorganismus durch äußere Gewalteinwirkung.
Hirntod = Vollständiger Ausfall des Gehirns, einschließlich Hirnstamm
Klinischer Tod = Zustand bei Herz- und Kreislaufstillstand und ausgesetzter Atemfunktion
Krankheitstod = Teile des Gesamtorganismus werden durch Krankheiten und irreversible Folgen von Unfällen zerstört
Natürlicher Alterstod = Gleichmäßige und ganzheitliche Abnutzung des Organismus bis hin zum Erlöschen aller Körperfunktionen
Selbstzerstörung = Durch Selbstmord

Spezielle Pflegesituationen **2.10**

Betreuung Sterbender
Für die Betreuung Schwerkranker und Sterbender gibt es keine
festen Regeln.
Die Grundbedürfnisse eines Sterbenden müssen berücksichtigt
werden wie bei anderen Patienten auch.

Schwerpunkte der Pflegeplanung
- Aufrechterhaltung der Lebensgewohnheiten
- Kontakte zu Angehörigen und Freunden wiederherstellen
  und erhalten
- Schmerzlinderung
- Sprechen über Fragen des Lebens und des Sterbens
  (Wahrheit am Krankenbett)
- Ermöglichen einer privaten Sphäre
- Den Sterbenden nicht allein lassen

Zeichen eines nahenden Todes
Der Eintritt eines Todes ist begleitet vom langsamen Verlust der
Vitalzeichen:
- unregelmäßige und schnappende Atmung
- unregelmäßiger Puls
- Blutdruckabfall
- reduzierte Durchblutung der Peripherie (kalte, blasse und
  bläulich marmorierte Haut)
- Eintrübung des Bewußtseins
- Unruhe, Verwirrtheit, Angst oder auch ausgeglichene Ruhe

Todeszeichen
Als sichere Zeichen des Todes gelten:
- Totenflecken
- Totenstarre
- Fäulnis
- schwerste, mit dem Leben nicht zu vereinbarende Verletzun-
  gen (z. B. Kopfabriß)

Todeszeitpunkt
Rückschlüsse auf den ungefähren Zeitpunkt des Todes (Tab.
2-11) geben Totenflecken, Totenstarre, Hornhauttrübung und
Körpertemperatur.
- **Totenflecken** entwickeln sich an den abhängigen Körperpar-
  tien wie Knie, Ferse, Oberarme, hinter den Ohren, im Nacken.
  Sie treten innerhalb der ersten Stunde postmortem (p. m.; nach
  dem Leben) auf und sind 12 bis 36 Stunden wegdrückbar.
- **Totenstarre** ist regional (z. B. Unterkiefer) nach zwei bis vier
  Stunden p. m. teilweise, nach 6 bis 12 Stunden p. m. vollständig ausgeprägt.
- **Hornhauttrübung** ist abhängig von der Umgebungstempera-
  tur und läßt sich bei geöffneten Augen innerhalb von ein bis
  zwei Stunden p. m. und bei geschlossenen Augen nach einem
  Tag p. m. feststellen.
- **Körpertemperatur der Leiche** ist abhängig von der Umgebungstemperatur, Feuchtigkeitsgehalt der Luft, Lage, Beklei-
  dungs- und Ernährungszustand und wird rektal gemessen.

2 Allgemeine Richtlinien

Tab. 2-11 Anhaltswerte zur Bestimmung des Todeszeitpunktes im Rahmen der Leichenschau (modifiziert nach Böhme et al.)

Stunden p.m.	Totenflecken	Leichen-starre	Fäulnis-zeichen	Sonstiges
30 Minuten	an seitlichen Halspartien	nicht vorhanden	nicht vorhanden	
2 Stunden	in herabhängenden Körperpartien	evtl. Kiefermuskulatur	nicht vorhanden	beginnende Abkühlung der nichtbedeckten Körperpartien
3–4 Stunden	konfluierend, noch vollständig umlagerbar	in der Kiefermuskulatur	nicht vorhanden	deutliche Abkühlung der nichtbedeckten Körperpartien
6–7 Stunden	vollständig ausgebildet, nur noch teilweise umlagerbar, aber gut wegdrückbar	in allen Gelenkbereichen	nicht vorhanden	Abkühlung auch unter der Kleidung möglich
11 Stunden	gut wegdrückbar, nicht umlagerbar	in allen Gelenkbereichen	nicht vorhanden	
24 Stunden	Abblassen der Flecken durch starken Druck	in allen Gelenkbereichen	beginnende Fäulniszeichen bei Lagerung in sehr warmer Umgebung	deutliche Abkühlung der Leiche
36 Stunden	Abblassen ist auch bei starkem Druck kaum noch möglich	beginnende Lösung nur bei warmer Umgebung	Übergreifen der Grünfärbung vom rechten auf den linken Unterbauch	
48 Stunden	vorhanden	beginnende Lösung auch bei kühlerer Umgebung	Grünfärbung gesamter Unterbauch	

Aufgaben bei Eintritt des Todes
- Arzt benachrichtigen (Feststellen des Todes und Leichenschau)
- Uhrzeit dokumentieren
- Benachrichtigen der Angehörigen durch den Arzt
- Entfernen aller Sonden und Drainagen

Spezielle Pflegesituationen **2.10**

– Beachten der verschiedenen Sitten und Gebräuche je nach Religionszugehörigkeit
– Anziehen eines frischen Patientenhemdes (wenn notwendig)
– Namensetikett am Verstorbenen anbringen
– Unterkiefer zum Schließen des Mundes hochbinden oder mit einem Polster unterlegen (vorher Einlegen der Zahnprothesen)
– Schließen der Augenlider durch Auflegen eines feuchten Tupfers
– Abdecken des Leichnams mit Tüchern
– Persönliche Gegenstände des Patienten (Inventarliste) aufbewahren
– Den Trauernden tröstend und beratend zur Seite stehen
– Administrative Aufgaben erledigen (z.B. Meldung des Sterbefalles an die Verwaltung)

● **Bibelverse und Gebete**
Die vorgeschlagenen Bibelverse und Gebete sollen eine Hilfe sein zur Überwindung der Sprachlosigkeit im Umgang mit Sterbenden und zur Erfüllung eines häufig formulierten Wunsches von Patienten im Sterben nach Gebeten und Bibel-/Liedversen.

Da in einigen Religionsgemeinschaften (z.B. Zeugen Jehovas, jüdischer Glaube und Islam) Gebete nur von Mitgliedern der entsprechenden Religionsgemeinschaft gesprochen werden dürfen, wurden bewußt keine Gebete und Liedverse dieser Religionen aufgenommen.

Jesus spricht: Ich bin die Auferstehung und das Leben. Wer an mich glaubt, der wird leben, auch wenn er stirbt; und wer da lebt und glaubt an mich, der wird nimmermehr sterben.
(Joh. 11, 25–26)

Leben wir, so leben wir dem Herrn; sterben wir, so sterben wir dem Herrn. Darum: wir leben oder sterben, so sind wir des Herrn.
(Römer 14, 8)

Der HERR ist mein Hirte, / mir wird nichts mangeln. Er weidet mich auf einer grünen Aue / und führet mich zum frischen Wasser. Er erquicket meine Seele. / Er führet mich auf rechter Straße um seines Namens willen. Und ob ich schon wanderte im finstern Tal, / fürchte ich kein Unglück; denn du bist bei mir, / dein Stecken und Stab trösten mich. Du bereitest vor mir einen Tisch / im Angesicht meiner Feinde. Du salbest mein Haupt mit Öl / und schenkest mir voll ein. Gutes und Barmherzigkeit werden mir folgen mein Leben lang, / und ich werde bleiben im Hause des Herrn immerdar.
(Psalm 23, 1–6)

Dennoch bleibe ich stets an dir; / denn du hältst mich an meiner rechten Hand, du leitest mich nach deinem Rat / und nimmst mich am Ende mit Ehren an. Wenn ich nur dich habe, / so frage ich nichts nach Himmel und Erde. / Wenn mir gleich Leib und Seele verschmachtet, / so bist du doch, Gott, allezeit meines Herzens Trost und mein Teil.
(Psalm 73, 23–24)

2   Allgemeine Richtlinien

Apostolisches Glaubensbekenntnis
Ich glaube an Gott, den Vater, den Allmächtigen, den Schöpfer des Himmels und der Erde, und an Jesus Christus, seinen eingeborenen Sohn, unsern Herrn, empfangen durch den Heiligen Geist, geboren von der Jungfrau Maria, gelitten unter Pontius Pilatus, gekreuzigt, gestorben und begraben, hinabgestiegen in das Reich des Todes, am dritten Tage auferstanden von den Toten, aufgefahren in den Himmel; er sitzt zur Rechten Gottes, des allmächtigen Vaters; von dort wird er kommen, zu richten die Lebenden und die Toten. Ich glaube an den Heiligen Geist, die heilige christliche Kirche, Gemeinschaft der Heiligen, Vergebung der Sünden, Auferstehung der Toten und das ewige Leben. Amen.

Vater unser
Vater unser im Himmel, geheiligt werde dein Name. Dein Reich komme. Dein Wille geschehe, wie im Himmel, so auf Erden. Unser tägliches Brot gib uns heute. Und vergib uns unsere Schuld, wie auch wir vergeben unsern Schuldigern. Und führe uns nicht in Versuchung, sondern erlöse uns von dem Bösen. Denn dein ist das Reich und die Kraft und die Herrlichkeit in Ewigkeit. Amen.

Wie war das noch ...?

Welche Unterschiede zwischen Kind und Erwachsenem kennen Sie?

Welche Reaktionen können bei dem Krankenhausaufenthalt eines Kindes evtl. auftreten?

Woran orientiert sich die Pflege betagter Menschen?

Nennen Sie Schwerpunkte der Pflegeplanung am sterbenden Patienten:

Welche Aufgaben haben Sie beim Eintritt des Todes?

Spezielle Pflegesituationen **2.10**

2.11 Neue Konzepte und alternative Methoden in der Pflege

Die Pflege ist in einem ständigen Prozeß und wandelt sich durch neue Einflüsse und Erkenntnisse aus der Pflegeforschung. Eingang in den Pflegealltag haben in der zweiten Hälfte dieses Jahrhunderts unter anderem folgende Konzepte und alternative Methoden gefunden:
– Basale Stimulation
– Kinästhetik
– Aromatherapie
– Fußreflexzonentherapie
Die genannten Konzepte können und dürfen nur dann in die Pflege integriert werden, wenn die Pflegeperson sich persönlich mit den Methoden und deren vielschichtigen Aspekten identifiziert, sich über Fortbildungskurse bei kompetenten Veranstaltern und entsprechende Fachliteratur in die Thematik eingearbeitet hat und die ärztliche Zustimmung vorliegt. Im Rahmen des Pflegeleitfadens können nur die Grundprinzipien kurz beschrieben werden.

2.11.1 Basale Stimulation

Die Sinneswahrnehmungen (Sehen, Hören, Riechen, Schmecken, Fühlen) können bei verschiedenen Erkrankungen (z.B. Apoplexie, Hemiplegie, Komazuständen) gestört oder erloschen sein.
In den 70er Jahren entwickelte der Sonderpädagoge und Heilpädagogische Psychologe **Andreas Fröhlich** das Konzept der basalen Stimulation. Zusammen mit **Christel Bienstein** übertrug er es in den 80er Jahren in die Pflege von beatmeten, desorientierten und somnolenten Patienten.

Ziele der basalen Stimulation:
– Sinneswahrnehmungen anregen und fördern
– Körperorientierung verbessern

Voraussetzungen:
– umfassende Kommunikation mit dem Patienten (s. Kap. 2.8)
– Angehörige in die Maßnahmen mit einbeziehen
– Stimulationsarmut auf den Stationen reduzieren

Beispiele für die basale Stimulation

Sehen
– dem Patienten Bilderbücher, Bildbände, farbige Gegenstände und Filme zeigen
– auf Reaktionen wie Freude oder Abwehr achten
– Familienbilder in Sichtweite aufhängen (evtl. beim liegenden Patienten an der Zimmerdecke anbringen)

201

2 Allgemeine Richtlinien

Hören
- akustische Reize anbieten
- Geräusche und Töne erzeugen, wahrnehmen und beschreiben lassen
- Lieblingsmusik des Patienten spielen
- dafür sorgen, daß z. B. auf der Intensivstation auch „normale" Hintergrundgeräusche (z. B. Vogelgezwitscher, leise Musik) wahrgenommen werden können

Fühlen
- basalstimulierende Bobath-Körperwäsche mit mäßigem Druck und rauhem Waschlappen von der gesunden zur kranken Körperseite hin
- Abtrocknen mit festem Handtuch auf die gleiche Weise. Der Patient nimmt die gesunde Seite wahr und überträgt die sensiblen Empfindungen auf die gelähmte Körperhälfte (s. Kap. 3.11)
- Haut mit verschiedenen Gegenständen (z. B. Feder, Wolle, Massagehandschuh) stimulieren
- Vibrationen in der Mundhöhle mit der elektrischen Zahnbürste erzeugen
- Patienten streicheln und massieren

Riechen
- den Geruch von Aroma- bzw. Reizstoffen (z. B. Lieblingsparfüm des Patienten) bestimmen lassen
- komatösen Patienten Gerüche anbieten, die beispielsweise an ihren Beruf und Alltag erinnern (z. B. Motorenöl, Essensgerüche)

Schmecken
- verschiedene Geschmacksproben (z. B. salzig, bitter, süß, sauer) auf die Zunge geben und bestimmen lassen und die Reaktion beobachten

2.11.2 Kinästhetik

Die Begründer der Kinästhetik, **Frank Hatch** und **Lenny Maietta**, entwickelten diese junge Wissenschaft vorwiegend aus den Bereichen Verhaltenskybernetik, humanistische Psychologie und verschiedenen Formen des modernen Tanzes. Sie befaßt sich mit dem **Studium von Bewegung** und **Wahrnehmung von Bewegung**.
In speziellen Kursen werden vermittelt:
- die Bewegung als grundlegende Voraussetzung für jede menschliche Funktion
- die Rolle der Bewegung in der Entwicklung und Lernfähigkeit
- die Rolle der Bewegung in der Wahrnehmung und im Umgang mit anderen
- das Einsetzen von Bewegung und Bewegungswahrnehmung in der Pflege

Spezielle Pflegesituationen **2.10**

Die Pflegeperson lernt in dem Programm Grundsätze der Kinästhetik, die es ihr ermöglichen ihre Bewegungen und ihren Körper gezielt einzusetzen, um den Körper des Patienten mit ihm gemeinsam oder auch ohne seine Unterstützung (bewußtlose Patienten) zu bewegen und zu organisieren. Wichtig dabei ist es, den Patienten bei dem Erhalt seiner grundlegenden Funktionen zu **unterstützen** und seine **Ressourcen** einzusetzen.

Prinzipien der Kinästhetik sind:
– Interaktion (Interaktionsformen, Sinne, Bewegungselemente wie Zeit, Raum und Kraftaufwand)
– Funktionale Anatomie (den Körper des Menschen in Massen und Zwischenräume einteilen)
– Bewegung und Funktion (den Körper organisieren und unter Ausnutzung der Massen und Zwischenräume spiralförmig oder dreidimensional bewegen)
– Anstrengung (Zug, Druck und Ruhe einsetzen)
– Umgebung gestalten (z. B. Beweglichkeit des Patienten durch Rollstuhl oder spezielle Lagerung fördern)

Integriert werden kann Kinästhetik in den Pflegealltag u.a.
– bei der Mobilisation
– beim Transport und Bewegen eines Patienten (s. Kap. 2.2.4)
– bei der Körperpflege

2.11.3 Aromatherapie

Ätherische Öle, deren Duft Körper, Geist und Psyche beeinflussen kann, bilden die Grundlage der Aromatherapie. Ätherische Öle bestehen aus vielen Einzelverbindungen und sind natürliche, stark wirkende Pflanzenprodukte, die, richtig dosiert, gut verträglich sind.
Allergische Reaktionen sind jedoch bei allen natürlichen Produkten möglich.

Die Anwendung erfolgt
– äußerlich (z. B. durch Dämpfe, Bäder, Kompressen, Umschläge, Wickel, Massagen)
– innerlich in der Klinik nur nach Arztverordnung (z.B. als Tabletten, Tropfen, Säfte, Tees, Liköre)

2.11.4 Fußreflexzonentherapie

Im europäischen Raum gilt die Schule von **Hanne Marquardt** als richtungweisend für die Fußreflexzonentherapie (FRZT). Die Anwender der Therapie gehen davon aus, daß sich in den Füßen ein verkleinertes Abbild des sitzenden Menschen spiegelt und daß bestimmte Zonen des Fußes in reflektorischer Beziehung zu den Körperteilen und Organen stehen. Den tonisierenden oder sedierenden Massagen werden folgende Wirkungen zugesprochen:

203

2 Allgemeine Richtlinien

– verbesserte Durchblutung der entsprechenden Organe und Körperteile
– Aktivierung des Blut- und Lymphsystems
– Abnahme von Schmerzzuständen

III. Fachspezifische Krankenpflege

III. Fachspezifische Krankenpflege

Grundlagen für Pflege und Behandlung in allen Fachdisziplinen sind Ruhe, Entlastung und Schonung des Patienten und seine frühzeitige Rehabilitation.

Die pflegerischen Schwerpunkte orientieren sich an der Leistungsfähigkeit, dem aktuellen Befinden, den individuellen Bedürfnissen des Patienten und den vom Arzt verordneten Maßnahmen.

Die individuelle, umfassende, ganzheitliche und optimale Pflege ist deshalb nur über eine exakte und gewissenhafte Pflegeplanung zu erreichen.

Alle gesetzten Pflegeziele und Pflegemaßnahmen müssen im Pflegeteam besprochen und dem Patienten erläutert werden.

Eine kontinuierliche psychische Betreuung vermittelt dem Patienten Sicherheit, Geborgenheit und Akzeptanz. Auch hier soll noch einmal darauf hingewiesen werden, daß es selbstverständlich ist, den Patienten vor allen Maßnahmen zu informieren und abschließend die Materialien zu entsorgen.

Im nachfolgenden fachspezifischen Teil werden folgende Symbole verwendet:

 Umgebung des Patienten (z. B. Zimmer, Krankenbett)

 Krankenbeobachtung (z. B. Kontrolle der Vitalzeichen, Ausscheidung)

 Psychische Betreuung (z. B. Psycho- und Gesprächstherapie)

 Mobilisation (z. B. Bettruhe, Lagerungen, Krankengymnastik)

 Körperpflege (z. B. Ganzwaschungen, Intimtoilette)

 Prophylaxe (z. B. Schutz vor Sekundärschäden)

 Ernährung (z. B. enterale/parenterale Ernährung, Diäten)

 Hygiene

 Sonstiges (z. B. Medikamente, Diagnostik, Laboruntersuchungen)

3 Innere Medizin

3.1 Pflege bei Erkrankungen des Herzens

Krankheiten am Herzen können als chronisch verlaufende oder akut und als lebensbedrohliche Zustände auftreten. Die Pflegeperson hat die Möglichkeit, den Patienten bei der Bewältigung des Krankheitsgeschehens und bei der eventuell notwendigen Umstellung seiner Lebensgewohnheiten zu helfen.

- **Wichtige Begriffe**

Angeborene Herzfehler	= Angeborene (kongenitale) Fehlentwicklungen des Herzens und der großen Gefäße
Entzündungen am Herzen	= Verursacht durch Erreger, Toxine und körpereigene Stoffe
Herzinfarkt	= Akutes Absterben eines umschriebenen Muskelbezirkes, durch plötzlichen oder schubweisen Verschluß eines Herzkranzgefäßes
Herzinsuffizienz	= Unvermögen des Herzens, den Blutbedarf der peripheren Kreislaufabschnitte zu decken
Herzklappenfehler	= Verengungen (Stenosen) oder Schließunfähigkeiten (Insuffizienz) der Herzklappen (Ventilstörungen)
Herzrhythmusstörungen	= Störungen der normalen Herzschlagfolge
Hypertonie	= Erhöhung des arteriellen Blutdruckes (systolisch und/oder diastolisch) über der Norm
Koronare Herzkrankheit (KHK)	= Arteriosklerotische Veränderungen, Spasmen oder Entzündungen der Herzkranzgefäße mit einer nachfolgenden Minderdurchblutung des Herzmuskels

Überlegungen zur Pflegeplanung bei Erkrankungen des Herzens

- ruhiges und helles Zimmer, wenn möglich Fensterplatz (viele Patienten leiden unter Platzangst und Sauerstoffnot)
- verstellbares, vierteiliges Niveaubett zur entstauenden Lagerung (Herzbett)

- regelmäßige Kontrolle und Dokumentation von Puls und Blutdruck, Pulsoxymetrie (evtl. Monitoring bei Gefahr einer akuten Verschlechterung, z. B. Herzinfarkt)

3 Innere Medizin

- konsequente Kontrolle von Ein- und Ausfuhr (Gefahr der Ödembildung bei Patienten mit verminderter Herzleistung)

- Leistungsminderung kann zu erheblichen Ängsten (Organneurosen) führen. In gezielten Gesprächstherapien werden Verhaltensstrategien eingeübt und Ängste abgebaut

- in der akuten Krankheitsphase kann zur Schonung und Entlastung des Körpers Bettruhe notwendig sein
- mäßige Oberkörperhochlagerung mit Fußstütze (atemerleichternd und entstauend)
- häufiges Umlagern vermeiden (Belastung)
- gezielte Spannungs- und Bewegungsübungen nach Arztanordnung, zum Vermeiden von Sekundärschäden (z. B. Kontrakturen)
- stufenweise Rehabilitation (Unabhängigkeit) fördern

- Ganzwaschung bzw. Waschhilfe in der akuten Phase

- sämtliche Prophylaxen bei immobilen Patienten (s. Kap. 2.7.1)

- leicht verdaulich und nicht blähend
- kleine Portionen
- bei Übergewicht Kalorieneinschränkung
- bei Ödemen Flüssigkeit und Kochsalz einschränken
- Schwarztee, Kaffee und Alkohol nur mit Erlaubnis des Arztes

- da eine nosokomiale Infektion den abwehrgeschwächten Patienten erheblich gefährdet, Hygieneplan beachten

- nach Arztanordnung Kontrollen der Elektrolyte und Medikamente im Blut (z. B. Digitalis)
- auf regelmäßige Medikamenteneinnahme achten (Aufbau und Erhaltung eines Medikamentenspiegels, s. Kap. 2.7.5)
- bei Zyanose und/oder Dyspnoe evtl. Sauerstoffapplikation nach Arztverordnung (s. Kap. 2.7.13)

3.2 Pflege bei Erkrankungen des Bronchial- und Lungensystems

Chronische Erkrankungen der Atemwege können sich über einen langen Zeitraum hinweg entwickeln und die Lebensqualität des Betroffenen erheblich beeinflussen. Die Pflegeperson muß bei allen Maßnahmen wissen und berücksichtigen, daß die Atmung neben der vitalen Funktion auch wichtiger Bestandteil der Kommunikation (z. B. Sprechen und Lachen) ist.

Pflege bei Erkrankungen des Bronchial- und Lungensystems **3.2**

- **Wichtige Begriffe**

Asthma bronchiale = Anfallsartig auftretende Einengung (Obstruktion) der intrapulmonalen Atemwege mit Atemnot

Bronchiektasen = Sackartige oder zylinderförmige irreversible Erweiterungen der Bronchialäste

Bronchitis = Entzündung der Bronchialschleimhaut

Lungenemphysem = Überdehnung des Lungengewebes mit irreversibler Zerstörung der Alveolen (Emphysem-Aufblähung)

Lungenfibrose = Verdickungen der Lungen durch Bindegewebseinlagerungen

Pleuritis = Entzündung des Rippenfells, die trocken (Pleuritis sicca) oder mit Erguß (Pleuritis exsudativa) auftreten kann

Pneumonie = Entzündungen der Bronchien (Broncho-Pneumonie), der Alveolen (alveoläre Pneumonie) oder des Interstitiums (interstitielle Pneumonie) durch verschiedene Erreger

Überlegungen zur Pflegeplanung bei Erkrankungen des Bronchial- und Lungensystems

- ruhiges, helles, gut belüftbares Zimmer, Fensterplatz
- ausreichende Luftfeuchtigkeit
- Zentralanschluß für Sauerstoff im Zimmer
- verstellbares Krankenbett

- regelmäßige Kontrolle und Dokumentation von Puls, Blutdruck, Atmung, Pulsoxymetrie (Monitoring)
- auf Veränderungen des Aussehens (z.B. Zyanose) und der Körperhaltung (Einsatz der Atemhilfsmuskulatur) achten
- konsequente Ein- und Ausfuhrkontrolle bei Lungenödem

- durch die reduzierte Lebensqualität bei akuten und chronischen Atemwegserkrankungen kann die Persönlichkeit des Patienten verändert sein
- Gespräche und Anwesenheit der Pflegeperson (Gefühl der Geborgenheit) helfen Ängste abzubauen

- Bettruhe je nach Ausprägungsgrad der Erkrankung und Arztanordnung
- atemerleichternde, mäßige Oberkörperhochlagerung mit Fußstütze, evtl. zusätzlich seitliche Hochlagerung der Arme
- aufbauende Mobilisation und Rehabilitation nach Arztanordnung und gezielte Atem- und Krankengymnastik

- Waschhilfe oder tägliche Ganzwaschung bei Patienten mit reduziertem Allgemeinzustand

3 Innere Medizin

- sämtliche Prophylaxen bei immobilen Patienten (s. Kap. 2.7.1)

- eiweiß- und vitaminreiche Ernährung zur Stärkung der körpereigenen Abwehr
- ausreichende Flüssigkeitszufuhr bei Expektoration
- bei Übergewicht Kalorieneinschränkung
- Flüssigkeit und Kochsalz bei Lungenödem einschränken

- Sekrete der Atemwege können infektiös sein. Um Kreuzinfektionen zu vermeiden, Hygieneplan einhalten
- Patienten mit Atemwegserkrankungen sollen beim Husten immer die Hand vor den Mund halten und sich von anderen Personen abwenden (s. Kap. 3.10)

nach Arztanordnung:
- Kontrollen der Blutgase
- bakteriologisches Monitoring der Atemwegssekrete
- auf regelmäßige Medikamenteneinnahme achten, kein eigenmächtiges Absetzen von Medikamenten durch den Patienten bei Besserung seiner Beschwerden (s. Kap. 2.7.5)
- bei Zyanose und/oder Dyspnoe evtl. Sauerstoffapplikation (s. Kap. 2.7.13)

3.3 Pflege bei Erkrankungen von Magen und Darm

Schmerzen und Störungen bei der Verdauung sind Leitsymptome von Magen-Darm-Erkrankungen. Hauptaufgaben der Pflegenden sind deshalb das Lindern der Schmerzen, das Bessern der Verdauung und das Einbeziehen des sozialen Umfeldes des Patienten.

• **Wichtige Begriffe**

Colitis ulcerosa	=	Chronische Darmentzündung, die sich auf die Schleimhaut und die angrenzenden Gewebeschichten des Kolons beschränkt
Dickdarmpolypen	=	Gut- oder bösartige Geschwulst der Dickdarmschleimhaut
Gastritis	=	Entzündung der Magenschleimhaut
Hämorrhoiden	=	Hyperplasien (Vergrößerungen) der hämorrhoidalen (zum unteren Teil des Mastdarms gehörenden) Gefäßgeflechte
Morbus Crohn	=	Chronische Enteritis, die alle Abschnitte des Magen-Darm-Traktes befallen kann
Ulcus ventriculi und duodeni	=	Schleimhautdefekte im Magen oder Darm; es können alle Schichten der Schleimhaut und das darunterliegende Gewebe betroffen sein

Pflege bei Erkrankungen von Magen und Darm 3.3

Überlegungen zur Pflegeplanung bei Erkrankungen von Magen und Darm

- ruhiges und helles Zimmer
- wenn möglich, ein Platz in Toilettennähe
- verstellbares Krankenbett

- regelmäßige Kontrolle und Dokumentation von Puls, Blutdruck und Atmung
- Beobachtung des Eßverhaltens bei Verdauungsstörungen
- Kontrolle der Darmtätigkeit
- Inspektion der Stuhlausscheidungen auf Konsistenz und Beimengungen

- kontinuierliche psychische Betreuung
- ruhige und angenehme Atmosphäre
- Aufregungen vermeiden
- Ruhepausen ermöglichen
- Streßabbau durch Psychotherapie
- Mithilfe bei der Entwicklung von Strategien zur Konfliktbewältigung

- Bettruhe nach den Mahlzeiten oder nach Arztverordnung
- Lagerung erfolgt nach Wunsch des Patienten
- bei Neigung zur Obstipation auf ausreichende Bewegung des Patienten achten

- Waschhilfe oder tägliche Ganzwaschung bei Patienten mit reduziertem Allgemeinzustand

- sämtliche Prophylaxen bei Patienten mit reduziertem Allgemeinzustand (s. Kap. 2.7.1)

- eine der Erkrankung angepaßte Diät
- kleine Portionen
- Patient soll seine Nahrung gut kauen
- Kaffee, Alkohol und sonstige säurelockenden Nahrungsbestandteile (scharfe Gewürze) vermeiden
- bei Übergewicht Kalorieneinschränkung

- konsequente Intimtoilette bei Patienten mit häufiger Defäkation und der damit verbundenen Reizung der Analregion

- auf eine regelmäßige Medikamenteneinnahme achten
- wenn möglich, sollen die Medikamente nicht nüchtern (Ausnahme: Säurehemmer) eingenommen werden (s. Kap. 2.7.5)

3.4 Pflege bei Erkrankungen der Leber und Gallenblase

Die Funktionen des zentralen Stoffwechselorgans Leber können durch einige Substanzen (z. B. Alkohol, Chemikalien, Medikamente) und durch Infektionen beeinträchtigt werden.

211

Pflegende werden zunehmend mit Patienten konfrontiert, bei denen durch einen Alkoholmißbrauch körperliche Schäden aufgetreten sind. Nach Besserung der akuten Beschwerden schwindet oft der Leidensdruck der Patienten und somit die Einsicht für einen Entzug. Eine der Hauptaufgaben der Pflegeperson ist deshalb, den Patienten von der Wichtigkeit einer Änderung der Lebensgewohnheiten (z. B. Trinkverhalten) zu überzeugen.

• **Wichtige Begriffe**

Cholelithiasis	=	Gallensteinleiden
Cholezystitis	=	Akute oder chronische Entzündung der Gallenblase
Leberzirrhose	=	Zerstörung des Lebergewebes durch die chronische, irreversible Bildung von Knoten und Bindegewebe
Oesophagusvarizen	=	Durch regionale Stauung kommt es im Oesophagus zur Krampfaderbildung (akute, lebensbedrohliche Blutungsgefahr)
Virushepatitis	=	Durch verschiedene Viren hervorgerufene akute Leberentzündung

Überlegungen zur Pflegeplanung bei Erkrankungen der Leber und Gallenblase

- ruhiges und helles Zimmer mit der Möglichkeit zur Isolation bei infektiöser Lebererkrankung
- eigene Toilette
- verstellbares Krankenbett
- regelmäßige Kontrolle und Dokumentation von Puls, Blutdruck, Atmung, Bewußtsein
- auf regelmäßige Darmtätigkeit achten
- Kontrolle der Ausscheidungen (z. B. gallenartiges Erbrechen)
- besondere Kontrolle der Ein- und Ausfuhr bei Aszites
- auf Blutungen aus dem Magen-Darm-Trakt (z.B. bei Oesophagusvarizen) achten (s. Kap. 2.7.4)
- Farbveränderungen der Haut registrieren (z.B. Ikterus)
- auf Eß- und Suchtverhalten achten (z.B. Koliken durch umfangreiche fetthaltige Mahlzeiten)
- kontinuierliche psychische Betreuung der Patienten
- taktvoll und konsequent Alkoholabstinenz überwachen
- Psycho- und Gesprächstherapie zur Suchtbewältigung
- möglichst ausgedehnte Phasen der Bettruhe zum Verbessern der Leberdurchblutung
- körperliche Anstrengungen vermeiden
- Lagerung erfolgt nach Wunsch des Patienten unter Berücksichtigung seiner Beschwerden (z.B. Knierolle zur Entlastung der Bauchdecke)
- aufbauende Rehabilitation nach Arztanordnung
- Waschhilfe oder tägliche Ganzwaschung bei Patienten mit reduziertem Allgemeinzustand

- sämtliche Prophylaxen bei immobilen Patienten (s. Kap. 2.7.1)
- eine der Erkrankung angepaßte fettarme und kohlenhydratreiche Diät
- kleine Portionen
- Patient soll seine Nahrung gut kauen
- absolutes Alkoholverbot
- scharfe Gewürze (säurelockend) vermeiden
- bei Übergewicht Kalorieneinschränkung
- viel Flüssigkeit zum Ausschwemmen des erhöhten Bilirubins

- Regeln des Infektionsschutzes beachten (s. Kap. 2.7.2 und 3.10)
- regelmäßige Kontrollen der Leberwerte nach Arztverordnung
- auf regelmäßige Medikamenteneinnahme achten (s. Kap. 2.7.5)

3.5 Pflege bei Erkrankungen der Bauchspeicheldrüse

Erkrankungen der Bauchspeicheldrüse können z. B. als Pankreatitis oder als Diabetes mellitus auftreten. Eine konsequente Pflege und Betreuung ist für den Patienten mit einer akuten Pankreatitis lebensnotwendig (Letalität bis zu 50%). Der chronisch kranke Diabetespatient braucht besonders intensive Beratung und Unterstützung beim Umgang mit seiner Krankheit (Tab. 3-1).

Tab. 3-1 Einteilung des Diabetes mellitus

	Typ 1 (insulinabhängiger Diabetes mellitus)	**Typ II*** (nicht-insulinabhängiger Diabetes mellitus)
Auslöser	– Virusinfektionen (z. B. Mumps, oder Coxsackie-Viren)	– Vererbung – begünstigende Faktoren: Übergewicht, Streß
Ursachen	– unzureichende Insulinproduktion	– erschöpfte Insulinproduktion, – nicht zeitgerechte Insulinausschüttung, – Insulinresistenz
Alter	– vor dem 40. Lebensjahr	– ältere Menschen
Therapie	– Diättherapie – Insulintherapie	– Diättherapie – orale Antidiabetika
Besonderheiten		* Typ II a: normalgewichtig * Typ II b: übergewichtig

• **Wichtige Begriffe**
Diabetes mellitus = „Zuckerkrankheit": Störung des Kohlenhydratstoffwechsels mit Insulinmangel bzw. verminderter Insulinwirkung
Pankreatitis = akute oder chronische Entzündung der Bauchspeicheldrüse

3 Innere Medizin

Überlegungen zur Pflegeplanung bei Erkrankungen der Bauchspeicheldrüse

- ruhiges und helles Krankenzimmer, vor allem bei Patienten mit Pankreatitis
- verstellbares Krankenbett

- regelmäßige Kontrolle und Dokumentation von Puls, Blutdruck, Atmung, Körpertemperatur und Bewußtsein (z. B. Absinken des Blutdrucks und eine Ausgleichstachykardie sind Zeichen eines drohenden Schockes)
- eine besondere Ein- und Ausfuhrkontrolle nur bei Pankreatitis
- Haut regelmäßig auf Farbveränderungen beobachten (z. B. Ikterus bei Stenose der Papilla Vateri) (s. Kap. 2.7.4)
- auf Zeichen der Unter- und Überzuckerung achten
- Beobachten des Appetits und der Reaktion auf bestimmte Speisen (z. B. Unverträglichkeit von Fett und süßen Speisen)

- ruhige und angenehme Atmosphäre
- Aufregungen vermeiden
- Ruhepausen ermöglichen
- Selbsthilfegruppen
- Hilfe bei der Planung des Tagesablaufes

- Bettruhe nur bei Patienten mit akuter Pankreatitis
- körperliche Anstrengungen vermeiden
- Lagerung erfolgt nach Wunsch des Patienten unter Berücksichtigung seiner Beschwerden (z. B. Knierolle zur Entlastung der Bauchdecke)
- stufenmäßige Rehabilitation nach Arztanordnung

- Waschhilfe oder tägliche Ganzwaschung bei Patienten mit reduziertem Allgemeinzustand oder in der akuten Krankheitsphase

- sämtliche Prophylaxen bei immobilen Patienten (s. Kap. 2.7.1)

- eine der Erkrankung angepaßte und berechnete Diät (kohlenhydratarm)
- kleine Portionen
- bei akuter Pankreatitis ausschließlich parenterale Ernährung
- bei Übergewicht Kalorieneinschränkung

- Regeln des Infektionsschutzes beachten (s. Kap. 2.7.2 und 3.10)

- regelmäßige Blutzuckerkontrollen
- Kontrolle der Pankreasenzyme nach Arztanordnung
- auf regelmäßige Medikamenteneinnahme achten (Insulininjektionen)

214

Pflege bei Erkrankungen der Bauchspeicheldrüse 3.5

Überlegungen zur Pflegeplanung bei Diabetes mellitus

- ruhiges und helles Krankenzimmer
- verstellbares Krankenbett

- regelmäßige Kontrolle und Dokumentation von Puls, Blutdruck, Atmung (z. B. Kussmaul-Atmung bei Hyperglykämie), Körpertemperatur, Bewußtsein (z. B. Bewußtseinsstörungen bei Absinken des Blutzuckers)
- auf Zeichen der Unter- (hypo-) und Überzuckerung (hyperglykämisch) achten (Tab. 3-2)
- eine besondere Kontrolle der Ein- und Ausfuhr bei Harnflut
- periphere Durchblutungsstörung erkennen (z. B. kalte, blasse Extremitäten, Gangrän)
- Haut und Schleimhäute regelmäßig auf Infektionen, Pilzbefall und evtl. schlechte Wundheilung kontrollieren
- regelmäßige Gewichtskontrollen
- Beobachten des Appetits, Dursts und Ernährungszustands

- ruhige und angenehme Atmosphäre
- Aufregungen vermeiden
- Ruhepausen ermöglichen
- Diabetesberatung
- Selbsthilfegruppen
- Mut zusprechen bei subcutanen Injektionen
- Hilfe bei der Planung des Tagesablaufes
- Angehörige mit in die Betreuung einbeziehen

- für ausreichende Bewegung sorgen (auf Insulinmenge achten)
- körperliche Anstrengungen vermeiden
- stufenweise Rehabilitation nach Arztanordnung, z. B. selbständige Blut- bzw. Harnzuckerkontrollen, Selbstinjektion von Insulin, Berechnung der Broteinheiten
- mit den Frühsymptomen der Hypoglykämie vertraut machen

- Patienten über die Wichtigkeit der Hautpflege aufklären
- auf Problembereiche hinweisen, z. B. Hautfalten, Zehenzwischenräume
- tägliches Duschen ermöglichen
- Patienten schulen, Veränderungen der Haut zu erkennen und darauf zu reagieren
- auf Verletzungsgefahr bei der Nagelpflege hinweisen
- Waschhilfe oder tägliche Ganzwaschung nur bei Patienten mit reduziertem Allgemeinzustand

- sämtliche Prophylaxen bei immobilen Patienten (s. Kap. 2.7.1)

- Gewichtsreduktion bei Übergewicht
- eine der Erkrankung angepaßte und berechnete Diät (s. Kap. 2.5)

215

3 Innere Medizin

- mindestens sechs Mahlzeiten (erstes und zweites Frühstück, Mittagessen, Zwischenmahlzeit, Abendessen, Spätmahlzeit)

- Regeln des Infektionsschutzes beachten (s. Kap. 2.7.2 und 3.10)

- regelmäßige Blutzuckerkontrollen
- auf regelmäßige Insulininjektionen achten.

Tab. 3-2 Hypo-, hyperglykämischer Schock und die Pflegemaßnahmen

	Zeichen	**Maßnahmen**
Hypoglyk-ämischer Schock	– gereizte Stimmung – Kopfschmerzen – Schweißausbruch – feuchte, kalte Haut – Unruhe, Tremor – evtl. Bewußtseins-störungen – Heißhunger	– sofortige Blutzuckerkontrolle – traubenzuckerhaltige Getränke verabreichen (nur bei ansprechbaren Patienten) – Vitalzeichen engmaschig kontrollieren
Hyperglyk-ämischer Schock	– Übelkeit, Erbrechen – Appetitlosigkeit – Schwäche – Durstgefühl – vertiefte Atmung – Azetongeruch der Ausatemluft	– Blutzucker kontrollieren – Flüssigkeitsbilanz – Vitalzeichen kontrollieren – Aspirationsprophylaxe

3.6 Pflege bei Tumoren

„Krebs" ist die allgemeine Bezeichnung für eine bösartige (maligne) Gewebeneubildung (Tumor). Tumorerkrankungen können alle Organsysteme des menschlichen Körpers befallen und rufen unterschiedliche Symptome hervor. Zur umfassenden physischen und psychischen Betreuung des Patienten sind vielseitige Pflege- und Behandlungsmaßnahmen zu berücksichtigen.

• **Tumoreinteilung**
Maligne (bösartige) und **benigne** (gutartige) Tumoren lassen sich z.B. gliedern in:
- anatomische Untergruppen (z.B. Karzinome, Sarkome, Adenome, Papillome)
- histologische Untergruppen (z.B. Plattenepithel, Schleimhautepithel)

Pflege bei Tumoren 3.6

Beispiele für maligne und benigne Tumoren
- Maligne Tumoren:
  - Lungen-, Mamma-, Pankreas-, Rektum-, Uterus-, Schilddrüsen- und Hodenkarzinom
  - Knochensarkom
  - Melanom
- Benigne Tumoren:
  - Neurofibrom
  - Lipom
  - Osteom
  - Papillom
  - Polypen

Häufigkeit und geschlechtliche Verteilung von Tumorerkrankungen

Organ	Männer	Frauen
Gehirn	2%	1%
Mundhöhle und Rachen	5%	
Haut	2%	
Atemwege	25%	
Brust		
Verdauungsorgane	25%	23%
Harnblase und Niere	9%	4%
Geschlechtsorgane	18%	19%
Blut- und Lymphsystem	9%	7%
andere Organe	5%	9%

Überlegungen zur Pflegeplanung bei Tumorerkrankungen
Die pflegerischen Schwerpunkte bei Tumorpatienten orientieren sich immer an der Leistungsfähigkeit der befallenen und erkrankten Organe, am aktuellen Befinden des Patienten, seinen individuellen Bedürfnissen und der vom Arzt ausgewählten Therapieart.
Da die einzelnen Tumorerkrankungen unterschiedlich verlaufen und die Pflege sehr individuell sein muß, wird hier bewußt auf die Darstellung der Pflegemaßnahmen verzichtet.

- Unerläßlich ist die psychische Betreuung der betroffenen Patienten und ihrer Angehörigen in allen Krankheitsphasen und Krisen.

3 Innere Medizin

3.7 Pflege bei Erkrankungen der Gefäße

Für den Transport von Sauerstoff, Stoffwechselprodukten und Kohlendioxid ist beim Menschen der große und kleine Kreislauf verantwortlich. Das Herz dient als Motor. Besonders anfällig für Erkrankungen sind die peripheren arteriellen und venösen Gefäße.

Neben der Ruhigstellung, Schmerzbekämpfung und sorgfältigen Überwachung des Kreislaufes der Patienten sind psychische Betreuung und Erziehung zur gesunden Lebensweise Hauptaufgaben der Pflegeperson.

- **Wichtige Begriffe**

Arterielle Verschluß-krankheit (AVK)	=	Unterbrechungen der arteriellen Strombahnen durch Gefäßerkrankungen oder Störungen der Blutgerinnung
Phlebothrombose	=	Verschluß einer tiefen Vene durch ein Blutgerinnsel
Thrombophlebitis	=	Entzündung der Venenwand (Phlebitis) mit thrombotischem Verschluß des Lumens
Varikosis – Varizen (Krampfadern)	=	Erweiterungen oberflächlicher Venen

Überlegungen zur Pflegeplanung bei Gefäßerkrankungen

- ruhiges und helles Zimmer, konstante Zimmertemperatur
- verstellbares Krankenbett

- Inspektion, Palpation und Auskultation der Gefäße
- Umfang der betroffenen Extremität zur Verlaufskontrolle in Abständen messen
- regelmäßige Kontrolle und Dokumentation von Puls, Blutdruck, Atmung, peripherer Durchblutung – Gefahr einer Embolie! (s. Kap. 2.7.4)
- auf Zeichen einer Thrombose (z. B. Schmerzen, Rötung, Schwellung, Temperaturerhöhung) achten

- krankheitsfördernde Faktoren bewußtmachen (z. B. wenig Bewegung, Streß)
- Hilfestellungen bei Verhaltensänderungen
- Angst vor Embolien abbauen
- Gefühl der Sicherheit vermitteln

- konsequente Bettruhe bei akuter Emboliegefahr
- Beine bei arteriellen Verschlüssen tieflagern
- Beine bei venösen Verschlüssen hochlagern
- Stauungen vermeiden

- Waschhilfe oder tägliche Ganzwaschung bei Patienten mit reduziertem Allgemeinzustand oder Emboliegefahr

- Zwischenräume von Zehen und Fingern gut abtrocknen
- Verletzungen bei Pediküre/Maniküre unbedingt vermeiden

- sämtliche Prophylaxen bei immobilen Patienten (s. Kap. 2.7.1)

- ausgewogene, eiweiß- und vitaminreiche Ernährung
- bei Übergewicht Kalorieneinschränkung

- Regeln des Infektionsschutzes beachten (s. Kap. 2.7.2 und 3.10)

- regelmäßige Kontrolle der Blutgerinnungswerte nach Arztanordnung
- auf regelmäßige Medikamenteneinnahme (Antikoagulanzien) achten (s. Kap. 2.7.5)
- Schutz vor Überwärmung und Unterkühlung (konstante Hauttemperatur von 32–34 °C optimal)
- konsequentes Tragen von Kompressionsstrümpfen bei Varizen und zur Thrombose-Embolie-Prophylaxe

3.8 Pflege bei Erkrankungen der Nieren

Die Nieren produzieren den Harn und sorgen für das Ausscheiden der harnpflichtigen Substanzen und entgiften somit kontinuierlich den Körper. Sie regulieren den Wasser- und Elektrolythaushalt und das Säure-Basen-Gleichgewicht. Erkrankungen der Niere und ableitenden Harnwege führen immer zur Störung der Urinausscheidung.

Durch den oft chronischen Verlauf von Nierenkrankheiten wird die Pflegeperson bei der Betreuung mit körperlichen, psychischen und sozialen Veränderungen des Patienten konfrontiert (z. B. Dialyse-Patienten).

• **Wichtige Begriffe**

Akuter Harnwegsinfekt (Zystitis)	= Plötzlich auftretende bakterielle Entzündung der ableitenden Harnwege
Chronische Niereninsuffizienz	= Langsame Abnahme des funktionstüchtigen Nierengewebes mit Störungen bei der Ausscheidung
Glomerulonephritis	= Abakterielle oder bakterielle Entzündung der Glomerula (Nierenkörperchen)
Nephrolithiasis	= Bildung von Steinen in den Hohlsystemen der Nieren und der ableitenden Harnwege
Nierenversagen	= Totaler Ausfall der Nierenfunktion als Folge einer Nierenparenchymschädigung

Pyelonephritis = Entzündung des Nierenbeckens und des Nierenparenchyms

Überlegungen zur Pflegeplanung bei Nierenerkrankungen

- ruhiges und helles Krankenzimmer
- abdunkelbar (Lichtempfindlichkeit bei Urämie)
- verstellbares Krankenbett

- regelmäßige Kontrolle und Dokumentation von Puls, Blutdruck, Atmung und Bewußtsein
- Gewichtskontrollen (Gefahr der Ödembildung) (s. Kap. 2.7.4)
- regelmäßige Ein- und Ausfuhrkontrolle, evtl. Stundenurin

- durch den oft chronischen Verlauf ist eine kontinuierliche und umfassende psychische Betreuung notwendig
- Vermittlung eines Selbstwertgefühls
- Mithilfe bei der Konsolidierung des sozialen Umfeldes
- Aufregungen vermeiden
- Vermittlung von Selbsthilfegruppen

- Bettruhe nur bei Patienten mit akuten Nierenerkrankungen
- Ruhepausen ermöglichen
- die Lagerung erfolgt nach Wunsch des Patienten

- Waschhilfe oder tägliche Ganzwaschung bei Patienten mit reduziertem Allgemeinzustand
- bei Urämie mindestens zweimal täglich Ganzwaschung (Ausscheidung von harnpflichtigen Substanzen über die Haut)

- sämtliche Prophylaxen bei immobilen Patienten (s. Kap. 2.7.1)

- eine der Erkrankung angepaßte salz- und eiweißarme Diät
- evtl. eingeschränkte Flüssigkeit
- bei Übergewicht Kalorieneinschränkung

- Regeln des Infektionsschutzes beachten (s. Kap. 2.7.2 und 3.10)

- Blutkontrollen der harnpflichtigen Substanzen (Harnstoff, Harnsäure und Kreatinin) nach Arztanordnung
- regelmäßige Medikamenteneinnahme (s. Kap. 2.7.5)

3.9 Pflege bei Erkrankungen der Gelenke

Der Bewegungsapparat ermöglicht dem Menschen, sich aktiv in seiner Umwelt zu betätigen. Fällt die Bewegungsfähigkeit teilweise oder vollständig aus, so kommt es zu vorübergehenden oder bleibenden Störungen im körperlichen, psychischen und sozialen Bereich. Oft müssen Lebensgewohnheiten verändert werden.

Pflege bei Erkrankungen der Gelenke 3.9

- **Wichtige Begriffe**
  Arthrose = Degenerative Gelenkerkrankung
  Polyarthritis = Entzündung von mehreren Gelenken
  Rheumatoide Arthritis = Chronische Polyarthritis

Überlegungen zur Pflegeplanung bei Gelenkerkrankungen

- ruhiges und helles Krankenzimmer
- behindertengerechte Einrichtung (z. B. Haltegriffe)
- verstellbares Krankenbett

- regelmäßige Kontrolle und Dokumentation von Puls, Blutdruck, Atmung und Bewußtsein
- Beobachtung des Bewegungsapparates auf falsche Beweglichkeit, Schonhaltung, Versteifung, Deformitäten, Schwellung, Entzündung (s. Kap. 2.7.4)
- Schmerzäußerungen wahrnehmen

- chronische Erkrankungen mit Schmerzen und Bewegungseinschränkungen führen oft zu Depressionen oder Angst vor Verkrüppelung. Psycho-, Beschäftigungs- oder Arbeitstherapie helfen dem Patienten, ein neues Selbstwertgefühl zu entwickeln.

- Bettruhe nur bei Patienten mit akuten Rheumaschüben
- ausreichende Ruhepausen
- Lagerung in physiologischer Grundstellung oder nach Arztanordnung, den Bedürfnissen des Patienten anpassen
- stufenweise Rehabilitation und Training verschiedener Verrichtungen mit gezielter Krankengymnastik (Sicherung und Verbesserung der bestehenden Beweglichkeit)

- Waschhilfe oder tägliche Ganzwaschung bei reduziertem Allgemeinzustand und eingeschränkter Beweglichkeit

- sämtliche Prophylaxen bei immobilen Patienten (s. Kap. 2.7.1)

- der Erkrankung angepaßte Diät (z. B. eiweißarm bei Gicht)
- bei Übergewicht Kalorieneinschränkung

- die Regeln des Infektionsschutzes beachten
- auf ausreichende Intimtoilette des Patienten achten, evtl. liegt Vernachlässigung bei eingeschränkter Beweglichkeit vor (s. Kap. 2.7.2 und 3.10)

- Blutkontrollen der Harnsäure und Rheumawerte nach Arztanordnung
- auf regelmäßige Medikamenteneinnahme achten (s. Kap. 2.7.5)
- Pflegehilfsmittel (z. B. Anziehhilfen, Gehwagen) einsetzen

3 Innere Medizin

3.10 Pflege bei Infektionskrankheiten

Infektionen sind beispielsweise durch Bakterien, Viren, Pilze oder Protozoen hervorgerufene Erkrankungen. Der Organismus reagiert darauf mit ausgeprägten subjektiven und objektiven Symptomen (z. B. schweres Krankheitsgefühl, Fieber, Appetitlosigkeit). Durch die Langwierigkeit von Infektionskrankheiten wird die Pflegeperson mit körperlichen, psychischen und sozialen Veränderungen des Patienten konfrontiert.

● **Wichtige Begriffe**

Aids	=	Abkürzung für Acquired immune deficiency syndrome: erworbenes, virusbedingtes (HIV) Immundefektsyndrom
Hepatitis	=	Leberentzündung; meist infektiös, durch Viren, Bakterien oder Protozoen hervorgerufen. Betroffen sind der Gefäß- und Bindegewebsapparat der Leber
Salmonellose	=	Durch Salmonellen (gramnegative Stäbchen der Familie Enterobacteriaceae) ausgelöste Infektionskrankheit (Enteritis)
Tuberkulose	=	Durch Bakterien (Mycobacterium tuberculosis) hervorgerufene und in Schüben verlaufende, meldepflichtige Infektionskrankheit

Überlegungen zur Pflegeplanung bei Infektionskrankheiten

– ruhiges und helles Zimmer
– eigene Toilette und Dusche
– bei übertragbaren Infektionskrankheiten Patienten isolieren
– verstellbares Krankenbett
– evtl. Besucherbalkon mit Telefon

– regelmäßige Kontrolle und Dokumentation von Puls, Blutdruck, Atmung, Bewußtsein und Temperatur
– psychische Veränderungen wahrnehmen (s. Kap. 2.7.4)

– sinnvolle Beschäftigungen bei Isolation
– Kontakte zur Außenwelt (z. B. Telefon und Post) ermöglichen
– Besuche nur nach Erlaubnis durch den Arzt

– Bettruhe nur bei Patienten in akuten Phasen der Erkrankung
– auf Ruhepausen achten
– Lagerung den Bedürfnissen des Patienten anpassen

– Waschhilfe oder tägliche Ganzwaschung bei Patienten mit reduziertem Allgemeinzustand

– sämtliche Prophylaxen bei immobilen Patienten
– grundsätzlich Infektionsprophylaxe zur Vermeidung von Kreuzinfektionen (s. Kap. 2.7.1)

Pflege bei Infektionskrankheiten 3.10

- eine der Erkrankung angepaßte eiweiß- und vitaminreiche, leicht verdauliche Diät
- bei Übergewicht Kalorieneinschränkung
- Aufbaukost bei Untergewicht

- Patienten mit Verdacht auf eine Infektionskrankheit müssen bis zur endgültigen Klärung wie Erkrankte behandelt werden! (konkrete Hygiene bei Lungentuberkulose, Hepatitis, Salmonellose und Aids siehe folgende Seiten)

- regelmäßige Blutkontrollen nach Arztanordnung
- regelmäßige Medikamenteneinnahme (s. Kap. 2.7.5)

• **Hygiene bei einem Patienten mit offener Lungentuberkulose**

Isolierung:
- ja

Schutzkleidung:
- Schutzkittel und Handschuhe vor Betreten des Zimmers anlegen (Schleuse)

Gesichtsmasken:
- Patient soll eine Gesichtsmaske tragen
- Personal vor Betreten des Zimmers

Händedesinfektion:
- vor und nach dem Betreten des Patientenzimmers
- vor und nach jeder Maßnahme

Flächendesinfektion:
- täglich als laufende Desinfektion

Sputumdesinfektion:
- Sputum in Einmalbehälter als infektiösen Müll entsorgen

Schlußdesinfektion:
- Scheuer- und Raumdesinfektion mit Formaldehyddampf

persönliche Gegenstände:
- im Zimmer belassen bis zur Schlußdesinfektion

Instrumente:
- z. B. Blutdruckgerät, Stethoskop, Thermometer bleiben im Zimmer
- laufende Desinfektion

Wäsche:
- im Zimmer in Wäschesack, zur Entsorgung mit Plastiksack überziehen

3 Innere Medizin

Geschirr:
– Einmalgeschirr und -besteck als infektiösen Müll entsorgen

Müll:
– Müll im Zimmer sammeln und wie Wäsche versorgen

Besucher:
– über Verhaltensregeln informieren
– Schutzkittel, Handschuhe und Gesichtsmaske

Untersuchungsmaterialien:
– als infektiös kennzeichnen und dicht verpacken

● **Hygiene bei einem Patienten mit Hepatitis oder Salmonellose**

Isolierung:
– sinnvoll
– eigene Toilette notwendig

Schutzkleidung:
– Schutzkittel und Handschuhe bei Patientenkontakt und Umgang mit infizierten Materialien

Händedesinfektion:
– vor und nach dem Betreten des Patientenzimmers
– vor und nach jeder Maßnahme

Flächendesinfektion:
– täglich als laufende Desinfektion

Desinfektion der Ausscheidungen:
– nach Hygieneplan

Schlußdesinfektion:
– Scheuerdesinfektion

Instrumente:
– z.B. Blutdruckgerät, Stethoskop, Thermometer bleiben im Zimmer
– laufende Desinfektion

Wäsche:
– im Zimmer in Wäschesack, zur Entsorgung mit Plastiksack überziehen

Geschirr:
– Einmalgeschirr und -besteck als infektiösen Müll entsorgen

Müll:
– Müll im Zimmer sammeln
– Sprühdesinfektion
– wie Wäsche versorgen

Besucher:
- über Verhaltensregeln informieren
- Schutzkittel und Handschuhe

Untersuchungsmaterialien:
- als infektiös kennzeichnen und dicht verpacken

• **Hygiene bei einem Patienten mit Aids**

Handschuhe:
- bei allen Tätigkeiten, bei denen ein Kontakt mit Blut, Blutbestandteilen, Körperflüssigkeiten, Ausscheidungen oder Sekreten möglich ist
- beim Berühren von Schleimhäuten

Mund- und Nasenschutz, Brille:
- wenn mit Aerosolbildung (Absaugung) oder Verspritzen von Blut, Blutbestandteilen, Körperflüssigkeiten oder Ausscheidungen zu rechnen ist

Schutzkittel:
- bei allen Arbeiten, bei denen mit Kontamination der Kleidung mit Blut, Blutbestandteilen, Körperflüssigkeiten oder Ausscheidungen zu rechnen ist
- bei Entsorgung von Patientenausscheidungen

3.11 Pflege bei Erkrankungen des Bewußtseins

Eine intakte Gehirnfunktion ist Voraussetzung für ein bewußtes Wahrnehmen der Umwelt (z.B. Sehen, Hören, Riechen, Fühlen) und für ein situationsgerechte Reaktion.
Störungen des Bewußtseins führen zur massiven Beeinträchtigung der Lebensqualität (z.B. Schwindel) und bedrohen die Vitalfunktionen (z.B. Atmung, Schmerzreaktion).

• **Wichtige Begriffe**
Apoplexie = Sogenannter „Schlaganfall".
Plötzlich auftretende Durchblutungsstörung im Gehirn, durch eine Thrombose, arterielle Embolie oder Hirnblutung mit nachfolgender motorischer Lähmung (z.B. Hemiplegie)

Überlegungen zur Pflegeplanung bei einem Patienten mit Apoplexie

- ruhiges und helles Krankenzimmer
- Nachttisch an der gelähmten Seite des Patienten
- verstellbares Krankenbett
- Bettgitter (Schutz des Patienten) nach Arztanordnung
- keine Bettflaschen wegen der Sensibilitätsstörung

- regelmäßige Kontrolle und Dokumentation von Puls, Blutdruck, Atmung, Bewußtsein und Temperatur
- Beobachtung von Sensibilität, Reflexen und Grob- und Feinmotorik
- Sprachstörungen, Lähmungen, Schmerz und Inkontinenz registrieren
- auf Kontrakturen und Fehlstellungen achten
- psychische Veränderungen wahrnehmen

- dem Patienten Angst und Unsicherheit nehmen
- nicht ins Wort fallen, ausreden lassen
- Sätze nicht durch eigene Worte ergänzen
- langsam und in kurzen Sätzen sprechen (kein Telegrammstil, keine Kindersprache)

- Bettruhe nur bei Patienten in der akuten Krankheitsphase und mit ausgeprägten Lähmungserscheinungen
- Bobath-Methode (s. Kap. 3.11.1)
- Basale Stimulation (s. Kap. 2.11.1)
- stufenweise Rehabilitation nach Arztanordnung
- Training täglicher Verrichtungen
- Krankengymnastik zur Sicherung und Verbesserung der bestehenden Beweglichkeit
- frühzeitige Beschäftigungs- und Arbeitstherapie zur Förderung der körperlichen und psychischen Mobilität

- Waschhilfe oder tägliche Ganzwaschung bei Patienten mit reduziertem Allgemeinzustand oder Lähmungen
- Intimtoilette nach Bedarf bei bestehender Inkontinenz
- Augenpflege bei fehlendem Lidschluß
- regelmäßige, sorgfältige Mundpflege bei Schluckstörungen

- sämtliche Prophylaxen bei immobilen Patienten (s. Kap. 2.7.1)

- eine der Erkrankung angepaßte Ernährung
- parenterale Ernährung in der akuten Phase
- bei Kau- und Schluckstörungen breiige Kost
- bei Übergewicht Kalorieneinschränkung
- Aufbaukost bei Untergewicht

- Regeln des Infektionsschutzes beachten
- bei eingeschränkter Beweglichkeit auf ausreichende Intimtoilette des Patienten achten (s. Kap. 2.7.2 und 3.10)

- alle Pflegemaßnahmen immer von der gelähmten Seite aus vornehmen
- regelmäßige Blutkontrollen nach Arztanordnung
- auf regelmäßige Medikamenteneinnahme achten (s. Kap. 2.7.5)

Pflege bei Erkrankungen des Bewußtseins 3.11

3.11.1 Bobath-Methode

Konservatives 24-Stunden-Behandlungskonzept. Der Patient lernt die Unterdrückung nicht zurückgebildeter primitiver bzw. pathologischer Reflexmechanismen durch Antireflexhaltungen, beispielsweise bei Hemiplegie.

Die Bobath-Methode beinhaltet Übungen, bei denen eine normale Tonuslage hergestellt wird, und eine Anbahnung an höher integrierte Bewegungs- und Haltungsreflexe.

Ziele der Bobath-Methode sind u. a.:
- Ausgleich der sensomotorischen Defizite
- Stimulation der Sensibilität
- Spastiken, abnormen Körperhaltungen und/oder Bewegungsabläufen entgegenzuwirken
- Trainieren der gelähmten Seite in Koordination mit der nichtgelähmten Seite
- Fördern der Körperwahrnehmung
- Entwickeln der Selbständigkeit im Alltag

Möglichkeiten, um sensomotorische Defizite auszugleichen:
- Nachtschränkchen immer auf die Seite der gelähmten Körperhälfte stellen
- Bett so plazieren, daß jede Kontaktaufnahme über die gelähmte Seite stattfinden muß
- Gelähmten Arm so lagern, daß er immer im Blickfeld des Patienten ist
- Patienten anhalten, seinen gelähmten Arm mit dem gesunden Arm zu berühren, zu lagern, zu waschen und abzutrocknen
- Beim Sitzen im Stuhl beide Füße des Patienten möglichst breit und fest auf den Boden stellen

Auswirkungen
- Der Patient muß, um Gegenstände ergreifen zu können, immer über seine gelähmte Seite agieren und kann sie dadurch nicht mehr verdrängen.
- Die Kommunikation erfolgt immer in Richtung der gelähmten Seite. Der Patient kann sie nicht negieren.
- Der Patient sieht seine gelähmte Seite und nimmt sie bewußt wahr.

Verhinderung von Spastiken, abnormen Körperhaltungen und/oder Bewegungsabläufen
Die günstigste Lagerung ist immer in der sitzenden Position. Dadurch werden das Gesichtsfeld erweitert, die Bewegungsfreiheit verbessert, Prophylaxen gut integrierbar (Spitzfuß-, Pneumonie-, Dekubitusprophylaxe), spastische Muster, z. B. an Hüft- und Schultergelenk, unterbrochen.
- Lagerung auf der gelähmten Seite bei bettlägrigen Patienten führt zur besseren sensorischen Wahrnehmung der gestörten Körperhälfte.

227

– Förderung der Selbstaktivitäten (z. B. eigenständige Körperpflege)

Stimulation der Sensibilität
siehe Kapitel 2.11.1 Basale Stimulation

Förderung der Selbständigkeit im Alltag
– Schrittweises Erlernen der notwendigen täglichen Pflege nach den ATL (s. Abb. 2-109, Beispiel für einen Aufnahmebogen)
– Patienten ermutigen und motivieren, kleine Erfolge sichtbar machen, um Ängste und Unsicherheiten abzubauen

 Das Bobath-Konzept ist keine eigenständige Therapiemethode. Die genannten Ziele und Maßnahmen sind in die therapeutisch-aktivierende Pflege zu integrieren.

Pflege bei Erkrankungen des Bewußtseins **3.11**

Wie war das noch …?

Fallbeispiel

Frau H., 56 Jahre, verheiratet, zwei erwachsene Kinder, Hausfrau, lebt mit ihrem Ehemann am Rande einer Großstadt. Sie arbeitet im Baugeschäft ihres Mannes mit.

Am Donnerstag, dem 7. Februar, wird Frau H. mit akuten Atem- und Herzbeschwerden notfallmäßig in die Klinik eingeliefert.

Einweisungsdiagnose: Verdacht auf Herzinfarkt.

Ihr Mann war zum Zeitpunkt des Notfalls auf einer Baustelle unterwegs.

Vorgeschichte:

Seit einigen Jahren leidet Frau H. an Übergewicht.

Regelmäßige Untersuchungen beim Hausarzt ergaben ein erhöhtes Herzinfarktrisiko.

Erster Eindruck:

Frau H. ist blaß und leidet unter starker Atemnot.

Kalter klebriger Schweiß bedeckt die Stirn.

Sie klagt über starke Schmerzen, die von der Brust in den linken Arm ausstrahlen.

Sie hat große Angst und Mühe beim Sprechen.

1. Welche Lebensaktivitäten sind bei Frau H. durch ihre Krankheit beeinträchtigt?
2. Nennen Sie Probleme, die sich im Hinblick auf die Lebensaktivitäten ergeben können.
3. Welche aktuellen Pflegeprobleme liegen vor und welche potentiellen Pflegeprobleme können sich daraus ergeben?
4. Nennen Sie die notwendigen Pflegeziele.
5. Welche Pflegemaßnahmen planen Sie, um die Pflegeziele zu erreichen?

Bitte beantworten und planen Sie auf einem gesonderten Blatt.

229

4 Chirurgie

4.1 Spezielle Lagerungen

Spezielle Lagerungen in der Chirurgie erfolgen in physiologischer Mittelstellung, unter Berücksichtigung pathologischer Veränderungen (z.B. Arthrosen, Frakturen), der ausgeführten Operation, des Zustandes des Patienten, seiner Bewegungseinschränkungen (z.B. Gipsverbände, Extensionen, Schienen) und der ärztlichen Anordnung (s. Kap. 2.1.2 und 2.1.3).

- Information des Patienten über die beabsichtigte Lagerung
- Lagerungshilfsmittel wirkungsvoll einsetzen
- Vermeiden von Sekundärschäden (z.B. Dekubitus, Kontrakturen), Patienten situationsgerecht umlagern
- regelmäßige Bewegungsübungen der nicht erkrankten und fixierten Gelenke (Kontrakturenprophylaxe)
- Notwendigkeit und Effektivität der Lagerungsart und der eingesetzten Lagerungshilfsmittel überprüfen
- regelmäßige Kontrolle der gelagerten Extremität auf Sekundärschäden (z.B. Dekubitus, Ödeme, Kontrakturen)
- Dokumentation der Lagerungsart und der eingesetzten Lagerungshilfsmittel

4.1.1 Lagerung bei der Versorgung mit Schienen

Vorbereitung
- ärztliche Anordnung über die Schienenart und den Gelenkwinkel
- benötigte Materialien richten (Schiene, Polster- und Verbandmaterialien, evtl. Lochstabgeräte)
- prüfen, ob die Schiene sauber und funktionstüchtig ist
- Schiene (Länge, Breite, Gelenkwinkel) immer der gesunden Extremität anpassen, um dem Patienten nicht zusätzliche Schmerzen zu bereiten (Abb. 4-1)
- Schiene sorgfältig polstern

Vorgehen
- das Anlegen einer Schiene erfolgt möglichst durch zwei Pflegepersonen
- druckgefährdete Körperstellen hochlagern oder polstern (z.B. Ferse, Achillessehne, Oberschenkel)
- Patienten beobachten (Schmerzen und Sensibilitätsstörungen)
- Schiene im Bett ausreichend fixieren (z.B. durch Lochstabgeräte)
- nach ärztlicher Anordnung Extremität an der Schiene mit Binden fixieren
- mehrmals täglich korrekten Sitz der Schiene kontrollieren

Spezielle Lagerungen 4.1

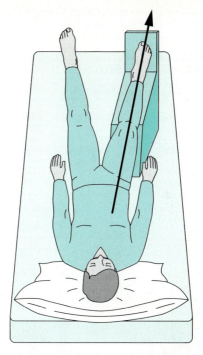

Abb. 4-1 optimale Achse bei der Schienenlagerung der unteren Extremität

– mehrmals täglich Kontrolle der geschienten Extremität auf Druckstellen, Verfärbungen, Ödeme, Temperaturunterschiede und Kontrakturen

4.1.2 Lagerung bei Gipsverbänden

Anstelle eines herkömmlichen Gipsverbandes werden oft schnellhärtende, leichte Kunststoffverbände angelegt. Kunststoffverbände haben eine geringe Aushärtungszeit, sind leicht und stabil. Ein großer Nachteil ist jedoch die Entsorgung der Kunststoffabfälle! Zur Gipsbehandlung ist immer eine ärztliche Anordnung notwendig. Nur geschultes Fachpersonal darf Gips- oder Kunststoffverbände anlegen.

- **Indikationen für Gipsverbände**
- Ruhigstellen und Fixieren von Extremitäten nach Frakturen und Luxationen
- Sichern eines Operationsergebnisses (z. B. nach Osteotomie)

231

- Ruhigstellen von entzündeten Körperregionen (z.B. Osteomyelitis)
- Korrektur von Fehlstellungen

Verschiedene Formen der Gipsbehandlung
- zirkulärer Gipsverband (Abb. 4-2)
- Gipsschiene
- Gipsliegeschalen (Abb. 4-3)

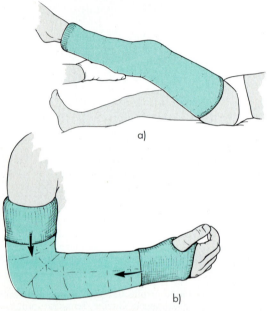

Abb. 4-2 a bis b zirkulärer Gipsverband
a) am Ober- und Unterschenkel
b) Ober- und Unterarm

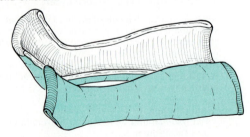

Abb. 4-3 Gipsliegeschale

Spezielle Lagerungen 4.1

- **Beim Umgang mit Gipsverbänden ist zu beachten**
- Information des Patienten über den Gipsverband (z. B. Bewegungseinschränkungen, Wärmebildung beim Anlegen)
- Austrocknung des Gipses (bis zu 48 Stunden) beachten
- Gips immer an der Luft ohne zusätzliche Wärmezufuhr (Fön) trocknen (siehe Herstellerangaben)
- Kunststoffgips härtet schneller
- der feuchte Gipsverband muß bis zur völligen Trocknung flächenhaft aufliegen
- ruhiggestellte Gliedmaßen im Gipsverband nicht bewegen

Krankenbeobachtung
- Schmerzen
- Sensibilitätsstörungen (Kribbeln, Gefühllosigkeit)
- ödematöse Schwellungen
- Hautverfärbungen (Rötung, Blaufärbung)
- Temperaturveränderungen der Extremität (Kälte oder Wärme)

 Beim Auftreten eines dieser Zeichen ist der behandelnde Arzt zu verständigen!

4.1.3 Extensionen

Bei einer Extension wird ein Gliedabschnitt zur Ruhigstellung und Streckung von Frakturen oder zur Korrektur bestehender Kontrakturen in Längsrichtung gezogen.
Es ist immer eine ärztliche Anordnung über das Zuggewicht, die Zugrichtung und die Lagerung notwendig.
Das Anlegen einer Extension ist die Aufgabe von geschultem Fachpersonal.

Verschiedene Formen der Extension
- Drahtextension (Abb. 4-4)
- Pflasterextension
- Glissonschlinge (bei Erkrankungen der Halswirbelsäule)
- Crutchfield-Klammer (s. Abb. 2-8, Kap. 2.1.2)
- Halo-Fixateur externe (Halswirbelsäulen-Extension, Abb. 4-5)

- **Beim Umgang mit Extensionen ist zu beachten**
- Information des Patienten über die Extension
- Polsterung besonders druckgefährdeter Körperstellen
- aseptische Wundbehandlung bei Drahtextensionen und Klammern
- Fixierung einer evtl. benötigten Lagerungsschiene am Lochstabgerät
- ruhiggestellte Gliedmaßen nicht bewegen
- regelmäßige Kontrolle der Zugrichtung und des -gewichtes (der Zug muß frei sein, das Gewicht darf nur auf Arztanordnung abgehängt werden)
- vorsichtiges Betten und Lagern des Patienten durch mehrere Pflegepersonen
- sämtliche Prophylaxen (s. Kap. 2.7.1)
- Training der gesunden Gliedmaßen

4 Chirurgie

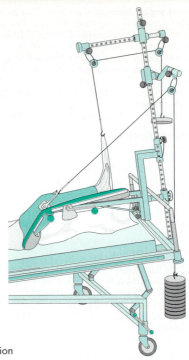

Abb. 4-4
Drahtextension

Abb. 4-5
Halo-Fixateur externe
(Halo-Weste)

Spezielle Verbandtechniken 4.2

Krankenbeobachtung:
- Schmerzen
- Sensibilitätsstörungen (Kribbeln, Gefühllosigkeit)
- ödematöse Schwellungen
- Hautverfärbungen (Rötung, Blaufärbung)
- Temperaturveränderungen der Extremität (Kälte oder Wärme)

 Beim Auftreten eines dieser Zeichen ist der behandelnde Arzt zu verständigen!

4.2 Spezielle Verbandtechniken

- **Funktionen der Verbände**
  - Schutz der Wunde vor Verschmutzung und Erregern
  - Schutz der Umwelt vor Keimen (infizierte Wunden)
  - Ruhigstellung von Körperteilen
  - Blut- und Schmerzstillung
  - Kompression (z.B. Gelenkergüsse)
  - Stützung (z.B. Verstauchung)

- **Verbandmaterialien**
  - Pflaster
  - Tape-Verbände
  - Binden je nach Verbandart
    - Mullbinden
    - Elastische Binden als Kurz-, Mittel- oder Langzugbinden
    - Zinkleimbinden
    - Gipsbinden
    - Zellstoffbinden
  - Sprühkleber
  - Netzverbände
  - Schlauchverbände mit und ohne Applikator
  - Polstermaterialien

- **Grundsätze beim Umgang mit Verbänden**
  - Verbandmaterialien wirkungsvoll einsetzen (straff, aber nicht einschnürend)
  - die Lokalisation und die Funktion des geplanten Verbandes bestimmt, ob der Verband unter Ent- oder Belastung angelegt wird und ob der Patient dabei liegt, sitzt oder steht
  - zum Vermeiden von Sekundärschäden muß die Haut vor dem Anlegen eines Verbandes trocken und sauber sein. Rückstände von z.B. Schweiß oder Salben vorher entfernen
  - kleinere Hautdefekte mit einem Wundverband abdecken
  - druckgefährdete Körperstellen (z.B. Knöchel, Tibiaköpfchen) polstern
  - Kontrolle der verbundenen Körperregion auf Sekundärschäden (z.B. Ödeme, Schmerzen, Sensibilitätsstörungen)
  - Notwendigkeit und Effektivität des Verbandes überprüfen
  - regelmäßige Bewegungsübungen der nicht erkrankten und verbundenen Gliedmaßen (Kontrakturenprophylaxe)

4 Chirurgie

4.2.1 Kopfhaubenverband mit Schlauchmull

Indikation
- Fixieren einer Wundauflage

Vorbereitung
- Schlauchmull (dreifache Kopflänge) oder Fertigverband
- Schere
- Schmuck (Ohrringe), Brille, Hörgerät entfernen

Vorgehen (Abb. 4-6a bis d)

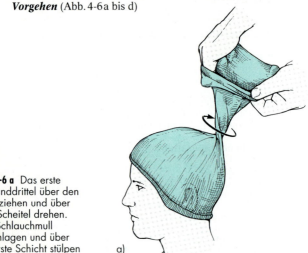

Abb. 4-6 a Das erste Verbanddrittel über den Kopf ziehen und über dem Scheitel drehen. Den Schlauchmull umschlagen und über die erste Schicht stülpen

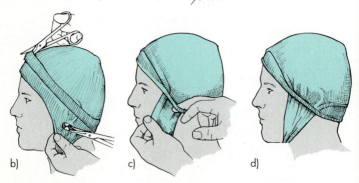

Abb. 4-6 b Die obere Lage an der Stirn einschneiden, die untere Lage an den Ohren

Abb. 4-6 c Die Zipfel der oberen Lage durch die Ohrenschlinge ziehen

Abb. 4-6 d Beide Zipfel unter dem Kinn verknoten

Spezielle Verbandtechniken **4.2**

4.2.2 Fingerverband mit Schlauchmull und Applikator

Indikation
– Fixieren einer Wundauflage

Vorbereitung
– Schlauchmull oder Fertigverband
– Applikator
– Schere
– Schmuck (Ringe) entfernen

Vorgehen (Abb. 4-7a bis f)

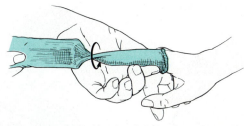

Abb. 4-7 a Passenden Schlauchverband auf Applikator ziehen, offenes Schlauchstück über Finger ziehen und durch Drehen um 180° schließen

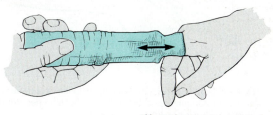

Abb. 4-7 b Der Verband ist durch beliebig viele Schlauchmull-Lagen zu vervollständigen

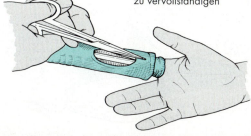

Abb. 4-7 c Schlauch in Längsrichtung an der Beugeseite des Fingers einschneiden (Einschnittspitze am Fingergrundgelenk)

4 Chirurgie

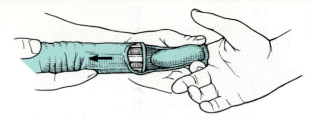

Abb. 4-7 d Applikator zurückziehen, indem man die Spitze des Einschnittes festhält

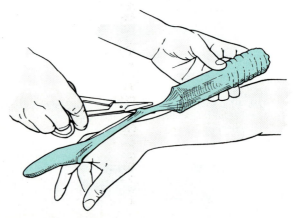

Abb. 4-7 e Den Finger durch den entstandenen Schlitz stecken und den Applikator zum Handrücken führen. In Höhe des Handgelenkes den Schlauchmull längs einschneiden

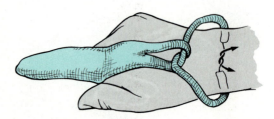

Abb. 4-7 f Die entstandenen Bänder um das Handgelenk schlingen und miteinander verknoten

Spezielle Verbandtechniken **4.2**

4.2.3 Brustverband

Indikation
– Fixieren einer Wundauflage

Vorbereitung
– Schlauchmull oder Fertigverband
– Pflaster
– Schere

Vorgehen (Abb. 4-8)
Je nach Brustumfang Verbandgröße wählen.
Bei Schlauchmull zweimal Brustumfang

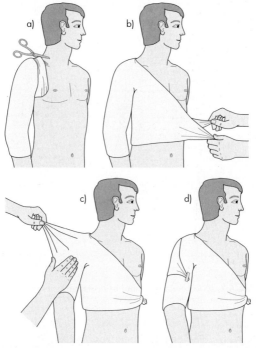

Abb. 4-8 a bis d
a) Den Schlauchmull so umschlagen, daß er doppelt liegt. Den Verband über den Arm ziehen. Der umgeschlagene Teil befindet sich unterhalb des Ellenbogens. An der Schulter Schlauchmull raffen und durchschneiden
b) Beide Zipfel schräg nach unten über die Brust ziehen und verknoten
c) Am Oberarm einen Zipfel herausziehen
d) Den Zipfel nach vorne um den Oberarm wickeln und fixieren

4.2.4 Handverband mit Binden (Abb. 4-9a und b)

Indikationen
- Fixieren einer Wundauflage
- Stabilisierung bei einer Handgelenkverstauchung

Vorbereitung
- elastische Binden (etwa 4 cm Breite)
- Pflaster
- Schere

- aufsteigender Handverband beginnt an den Fingergrundgliedern
- absteigender Handverband beginnt am Handgelenk

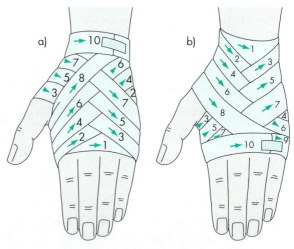

Abb. 4-9 a) Aufsteigender und b) absteigender Handverband

4.2.5 Knie- oder Ellenbogenverband
(Abb. 4-10a und b)

Indikationen
- Fixieren einer Wundauflage
- Kompression nach Punktionen

Vorbereitung
- elastische Binden (etwa 6 cm Breite)
- Pflaster
- Schere

Spezielle Verbandtechniken **4.2**

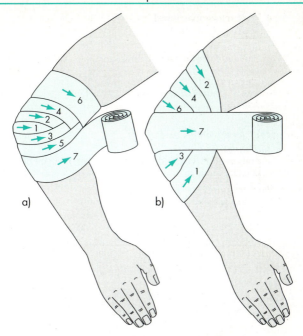

Abb. 4-10 a und b Ellenbogenverband

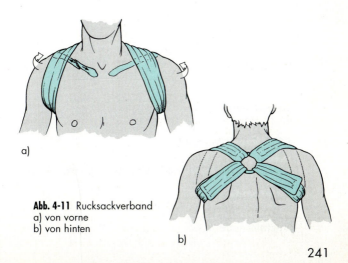

Abb. 4-11 Rucksackverband
a) von vorne
b) von hinten

4.2.6 Rucksackverband
(Abb. 4-11a und b)

Indikation
– Fixieren einer Schlüsselbeinfraktur

Vorbereitung
– Fertigverbände in verschiedenen Größen
– Schere

4.2.7 Fußverband (Abb. 4-12)

Indikation
– Kompressionsverband zum Ruhigstellen nach einer Verstauchung

Vorbereitung
– elastische Binden (etwa 4–6 cm Breite)
– Schere
– Pflaster

– der Verband beginnt immer an den Zehengrundgliedern, von innen nach außen (Fußgewölbe)
– die Ferse wird mit eingewickelt

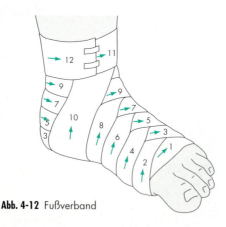

Abb. 4-12 Fußverband

4.2.8 Desault-Verband

Indikation
– Zustand nach Reposition einer Schultergelenkluxation

Vorbereitung
– Schlauchmull, Fertigverband oder elastische Binden (etwa 6–8 cm Breite)
– Achselpolster

Spezielle Verbandtechniken **4.2**

- Schere
- Pflaster

- die Achselhöhle der betroffenen Schulter polstern
- beim Desault-Verband mit Binden immer in Richtung der betroffenen Schulter wickeln

Vorgehen (Abb. 4-13 a und b)
- Ein Schlauchmull-Ende so umschlagen, daß ein doppelter Schlauch entsteht. Diesen raffen, dabei dehnen und über den gesunden Arm und Kopf führen. Das umgeschlagene Ende liegt oben. Oder Patient in den gerafften Schlauchmull einsteigen lassen und den Verband nach oben ziehen
- Achselhöhle polstern. Schlauchmull über den angewinkelten Arm ziehen und zum Körper hin einschlagen
- Schlauchmull am Handgelenk einschneiden und Hand ausleiten. Verband an gegenseitiger Schulter verknoten. Arm durch Pflasterstreifen stabilisieren

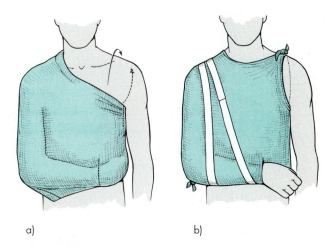

a) b)

Abb. 4-13 a und b
a) Desault-Verband: Primäranlage
b) Desault-Verband: Ausleiten der Hand

4.2.9 Gilchrist-Verband (Abb. 4-14 a bis d)

Indikationen
- Ruhigstellen von Schulter und Oberarm
- Schulterluxation nach Reposition

4 Chirurgie

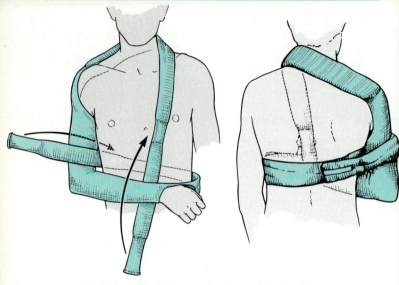

Abb. 4-14 a und b Gilchrist-Verband mit Schlauchmull

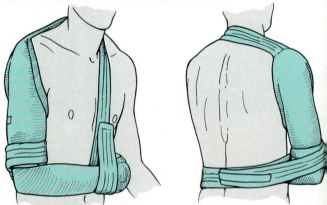

Abb. 4-14 c und d Fertigverband von vorne (c) und von hinten (d).

Vorbereitung
- Fertigverband oder Schlauchmull (viermal Armlänge)
- Watte zum Polstern
- Pflaster
- Schere

Präoperative Maßnahmen **4.3**

Vorgehen
- Den Schlauch zwischen äußerem und mittlerem Drittel zur Hälfte einschneiden und den Arm in den längeren Schlauchteil einführen. Nackenpartie mit Watte polstern. Das kleinere Ende um den Nacken nach vorne schieben, um das Handgelenk legen und fixieren
- Das längere Ende dorsal um den Thorax führen. Nach Watteeinlage um den Oberarm führen und fixieren

4.2.10 Halskrawatte (Abb. 4-15 a und b)

Indikationen
- Verletzungen der Halswirbelsäule
- Halswirbelsäulensyndrom

Vorbereitung
- Fertigverband, Größe nach Herstellerangaben

 – Verband muß auf der herabgezogenen Schulter und dem Brustbein aufliegen

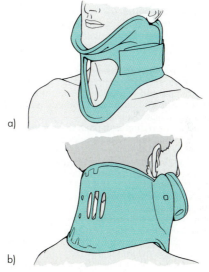

Abb. 4-15 a und b Halskrawatte
a) Ansicht von vorne
b) Ansicht von hinten

4.3 Präoperative Maßnahmen

Eine Operation löst bei jedem betroffenen Menschen Angst und Unruhe aus, da der Eingriff sein Leben bedroht.

Chirurgie

Die individuelle Belastung ist verschieden und hängt auch von der Ausgangsposition ab. Eine geplante Operation (z.B. Korrektur von abstehenden Ohren) oder ein Eingriff bei einer akuten, lebensbedrohlichen Situation ruft unterschiedliche Ängste und Bedenken hervor.
Die präoperativen Maßnahmen sind abhängig von der Patientensituation und werden eingeteilt in:

Elementare Vorbereitungen
Sie gelten für alle Patienten und umfassen diagnostische, therapeutische und pflegerische Maßnahmen. Sie sind abhängig vom Zustand des Patienten und der geplanten Operation (z.B. EKG, Röntgen, Blutuntersuchungen).

Spezielle Vorbereitungen
Diagnostische, therapeutische und pflegerische Maßnahmen, die zur Operation notwendig sind (z.B. Diagnoseverfahren wie CT, Blutabnahme zur Autotransfusion, Training postoperativ notwendiger Maßnahmen wie Gehen mit Gehhilfen).

Vorbereitungen bei Notfällen
Diagnostische, therapeutische und pflegerische Maßnahmen werden in kürzester Zeit erledigt und auf das Wichtigste beschränkt (z.B. Verzicht auf bestimmte Untersuchungen).

Vorbereitung am Operationsvortag
- Informationen über Art, Zeitpunkt der geplanten Operation (OP-Programm) und besondere Verordnungen einholen
- Information und Aufklärung des Patienten über die geplante Operation (ärztliche Aufgabe)
- Nahrungskarenz richtet sich nach der geplanten Operation
- Darmentleerung durch Klysma oder Reinigungseinlauf (s. Kap. 2.6.2) nach Schema oder Arztanordnung
- Bad oder Körperganzwaschung (s. Kap. 2.4.1)
- Körpergewicht und Körpergröße bestimmen
- Richten der Materialien (z.B. OP-Hemd, Haarhaube, Lagerungshilfsmittel, Abwurfschale mit Zellstoff, Bettschutz, Antithrombosestrümpfe)
- Verabreichen von Medikamenten (Schlaf- und Beruhigungsmittel) nach Arztanordnung (Anästhesievisite)
- Bereitlegen der Patientendokumente (z.B. Patientenaufkleber, Kurve, Röntgenbilder)
- Patienten individuell psychisch betreuen (Gespräche, bei ihm bleiben bis zum Einschlafen)

Vorbereitung am Operationstag
- Assistenz oder Übernahme der morgendlichen Toilette
- Kontrolle der Vitalzeichen (Temperatur, Puls, Blutdruck)
- Kontrolle des Operationsgebietes auf Sauberkeit
- Rasur des Operationsgebiets (Abb. 4-16a bis j)
- Entleerung der Blase, evtl. Legen eines Blasen-Dauerkatheters nach Arztanordnung (s. Kap. 2.6.1)

Präoperative Maßnahmen **4.3**

- Entfernen von Schmuck, Prothesen und Hörgeräten
- Anziehen des OP-Hemdes, der Antithrombosestrümpfe und der Haarhaube (s. Kap. 2.7.1)
- Prämedikation (medikamentöse Narkosevorbereitung zur psychischen und körperlichen Dämpfung des Patienten)
- nach der Prämedikation darf der Patient nicht mehr aufstehen (Kollapsgefahr), gute Kreislaufüberwachung
- rechtzeitiger und ruhiger Transport zur Operationsabteilung
- Übergabe des Patienten und der dazugehörenden Dokumente an das OP-Personal
  - Patientenkurve bzw. Dokumentationsmappe mit allen aktuellen Befunden
  - Anästhesieprotokoll
  - OP-Leistungsschein
  - schriftliche Einverständniserklärung des Patienten
  - evtl. Medikamente (z. B. Insulin)
- sich vom Patienten verabschieden (Aufmunterung und Trost, Gefühl der Sicherheit vermitteln)

Rasur des Operationsgebiets
(Abb. 4-16 a bis j s. Seiten 248 bis 250) →

4 Chirurgie

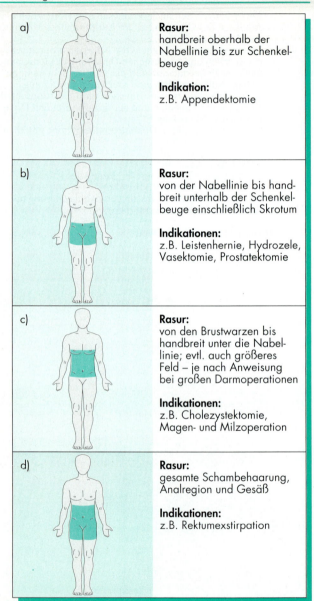

a) **Rasur:**
handbreit oberhalb der Nabellinie bis zur Schenkelbeuge

Indikation:
z.B. Appendektomie

b) **Rasur:**
von der Nabellinie bis handbreit unterhalb der Schenkelbeuge einschließlich Skrotum

Indikationen:
z.B. Leistenhernie, Hydrozele, Vasektomie, Prostatektomie

c) **Rasur:**
von den Brustwarzen bis handbreit unter die Nabellinie; evtl. auch größeres Feld – je nach Anweisung bei großen Darmoperationen

Indikationen:
z.B. Cholezystektomie, Magen- und Milzoperation

d) **Rasur:**
gesamte Schambehaarung, Analregion und Gesäß

Indikationen:
z.B. Rektumexstirpation

Abb. 4-16 a bis j: Rasur des Operationsgebietes

Präoperative Maßnahmen 4.3

e)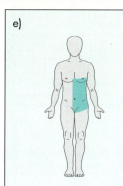

Rasur:
von den Brustwarzen bis zur Schenkelbeuge auf der betreffenden Seite vorn und hinten, jeweils über die Mittellinie hinaus

Indikationen:
z.B. Nephrektomie, Pyelolithotomie

f)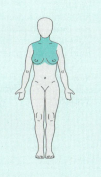

Rasur:
vom Kinn bis zur Untergrenze des M. pectoralis major bzw. der Brüste

Indikation:
z.B. Strumaresektion

g)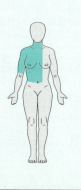

Rasur:
vom Kinn bis zur Nabellinie der betreffenden Seite, auch die Achselhöhle; auf Anforderung evtl. Stellen für die Hautentnahme

Indikationen:
z.B. Mamma-P.E., Mammaamputation

4 Chirurgie

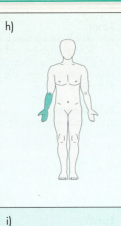

Rasur:
Finger, Handrücken und Unterarm – Ausdehnung je nach Operation

Indikation:
z.B. Handoperationen

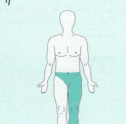

Rasur:
linke untere Extremität von der Nabellinie bis zu den Zehen der betreffenden Seite. Bein ringsum rasieren!

Indikationen:
z.B. Femoralis-Bypass u. ä., Varizen

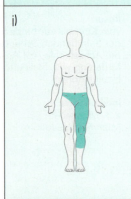

Rasur:
von der Nabellinie bis etwa zur Mitte des Unterschenkels der betreffenden Seite einschließlich der gesamten Schambehaarung (beim Mann auch des Skrotums); Bein ringsum rasieren!

Indikationen:
z.B. Schenkelhalsnagelung, Oberschenkelnagelung, Endoprothese

Fortsetzung von Abb. 4-16

4.4 Übernahme eines Patienten aus dem OP oder Aufwachraum

Die Pflege und Überwachung eines frischoperierten Patienten beginnt mit seiner Übernahme aus der Operationsabteilung oder dem Aufwachraum.

Die Übernahme und der Transport frischoperierter Patienten erfolgt immer durch zwei Pflegekräfte (mindestens eine Pflegeperson davon mit dreijähriger Krankenpflegeausbildung).

Notwendige **Informationen** bei der Übernahme
- ausgeführte Operation (z.B. Appendektomie)
- Operationsverlauf (z.B. intraoperative Komplikationen wie starke Blutungen)
- Anästhesieform (z.B. Vollnarkose)
- Zustand des Patienten (z.B. kreislaufstabil, Reflexe vorhanden)
- intraoperativ angelegte Sonden, Katheter, Drainagen und Infusionen
- verordnete Nachbehandlung, (z.B. Lagerungen, Kontrollen der Vitalfunktionen, medikamentöse Therapie, Sauerstoff-Gabe)

Postoperative Verordnungen müssen schriftlich dokumentiert sein.

4.5 Spezielle Prophylaxen

Es sind besondere Prophylaxen notwendig, um sekundäre Schäden zu vermeiden (s. Kap. 2.7.1).

- **Nahtinsuffizienz** durch Husten oder Bewegung
  Prophylaxe:
  - Anlegen einer Bauchbinde
  - Hilfe beim Abhusten
  - Hand auf Naht drücken
- **Pneumonie und Atelektasen** durch eingeschränkte Spontanatmung (z.B. Schmerzen, atemdepressive Medikamente)
  Prophylaxe:
  - Atemgymnastik
  - Totraumvergrößerung (Giebelrohr)
  - Schmerzmittel nach Arztverordnung
  - Triflow
  - Luftbefeuchtung
- **Nachblutungen**
  Prophylaxe:
  - Kompressionsverbände
  - Vermeiden von körperlicher Belastung
- **Thrombose**
  Prophylaxe:
  - Beinmassagen

- Antithrombosestrümpfe
- Beinhochlagerung
- Antikoagulanzien nach Arztverordnung
• **Parotitis** durch Nahrungskarenz
Prophylaxe:
- gezielte Mundpflege
- „saure Drops" lutschen lassen
- Kaugummi

4.6 Postoperative Überwachung und Pflege

Operative Eingriffe belasten den Patienten erheblich. Psychische und physische Störungen müssen rechtzeitig erkannt und beseitigt werden (Abb. 4-17).

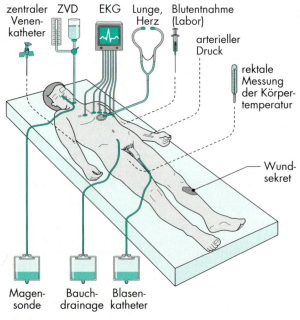

Abb. 4-17 Postoperative Überwachung nach Reifferscheid

Folgende **regelmäßige Kontrollen** sind notwendig:
- Bewußtsein (Bewußtseinseintrübung durch Anästhetika)
- Atmung (Atemdepression durch Anästhetika)
- Kreislauf (Blutdruckabfall und Pulsfrequenzsteigerung durch Blutverluste)

Umgang mit Sonden und Drainagen **4.7**

– Schmerzen (Wundschmerzen)
– Körpertemperatur (Resorptionsfieber)
– Blasenfunktion (Miktionsstörungen)
– Darmfunktion (Darmatonie)
– Aussehen (verändertes Hautkolorit bei Atemdepression, Blutdruckabfall, Blutungen)
– Verhalten (Postaggressionssyndrom)
– Verbände (Nachblutung)
– Sonden und Drainagen (Durchgängigkeit und Ausscheidungen)
– Infusionen (verordnete Infusionsgeschwindigkeit)
– Blutwerte (Hämoglobin, Hämatokrit, Blutgasanalyse)

Lagerung und Mobilisation
Die postoperative Lagerung (s. Kap. 2.2) ist abhängig von:
– der ausgeführten Operation
  (z. B. leichte Oberkörperhochlage bei Schädeloperation)
– der Anästhesieform
  (z. B. flache Rückenlage bei Lumbalanästhesie)
– dem Zustand des Patienten
  (z. B. Seitenlage bei Aspirationsgefahr)
Die Mobilisation (s. Kap. 2.2) soll so frühzeitig wie möglich erfolgen und beinhaltet:
– passive und aktive Bewegungstherapie im Bett
– Sitzen am Bettrand
– Stehen neben dem Bett
– Gehen im Zimmer

Ernährungsplan
Die postoperative Ernährung richtet sich immer nach der ausgeführten Operation und dem Zustand des Patienten (Übelkeit, Erbrechen). Während der Nahrungskarenz und dem langsamen Nahrungsaufbau erhält der Patient in der Regel eine Infusionstherapie.

4.7 Umgang mit Sonden und Drainagen

Sonden sind flexible oder starre, röhrenförmige Instrumente. Sie werden in Körperhöhlen oder -kanäle eingeführt.
Drainagen sind flexible, röhrenförmige Instrumente zum Ableiten von Sekreten (z. B. Blut, seröse Flüssigkeiten) aus Hohlräumen, Hohlorganen, Ausführungsgängen (z. B. Gallengänge) und Wundgebieten (s. Kap. 2.7.12).

● **Drainagearten**
Eine grobe Einteilung der Drainagen erfolgt nach ihrer Lage (Wunddrain) und ihrer Form (T-Drain).
● **Drainagen mit Sogsystem**
  Die Flüssigkeit wird aktiv durch ein Vakuumsystem abgesaugt. Der Arzt verordnet die Sogstärke nach dem jeweiligen Zustand des Patienten.
  – Redondrainage (Abb. 4-18)
  – Buelau-Drainage (Thoraxdrainage) (Abb. 4-19a und b)

253

4 Chirurgie

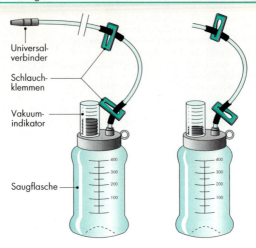

Abb. 4-18
a) offene Redon-Drainage
b) geschlossene Redon-Drainage

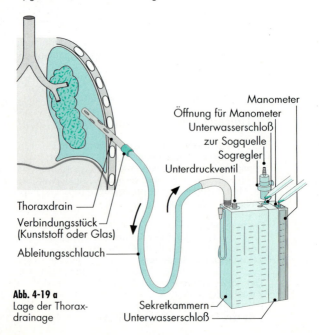

Abb. 4-19 a
Lage der Thorax-
drainage

Umgang mit Sonden und Drainagen 4.7

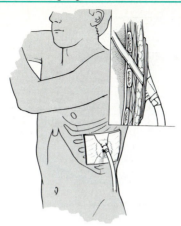

Abb. 4-19b Fixierung der Thoraxdrainage

Wechsel der Redon-Drainageflasche

- Die Häufigkeit eines Flaschenwechsels richtet sich nach der Verordnung, dem Bedarf und dem Sogzustand der Flasche
- Liegen mehrere Drains im Wundgebiet, müssen alle anderen Drainagen zum Flaschenwechsel auch abgeklemmt werden (sonst Sogausgleich)
- Manipulationen an Drainagen sind unter aseptischen Bedingungen vorzunehmen (Abb. 4-20)

Vorbereitung
- Richten der benötigten Gegenstände (sterile Vakuumflasche, 2 Klemmen, Desinfektionsspray, Handschuhe)

Vorgehen
- Handschuhe anziehen
- Verbindungsschlauch zum Patienten abklemmen
- angeschlossene Flasche mit Schlauchklemme verschließen
- Flasche entfernen
- Sprühdesinfektion der Enden von Verbindungsschlauch – Drainage/neue Flasche
- neue Vakuumflasche anschließen
- zuerst Klemme der Flasche und dann Klemme des Verbindungsschlauches öffnen
- Sekretmenge ablesen und Flasche entsorgen
- Dokumentation von Sekretmenge und Flaschenwechsel

- **Drainagen ohne Sogsystem**
  Die Flüssigkeit entleert sich auf Grund des Gewebe- und Flüssigkeitsdruckes.
  – Kurz- oder Langdrain (Abb. 4-21)

255

4 Chirurgie

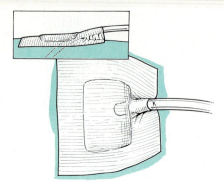

Abb. 4-20 Redon-Fixation

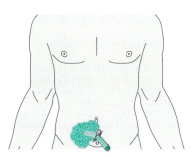

Abb. 4-21 Wunddrain (Kurz- bzw. Langdrain)

- Gummilasche
- Robinson-Drainage
- T-Drain (Abb. 4-22)

Umgang mit T-Drainagen

- T-Drainagen sollen Abflußbehinderungen, z. B. durch Ödeme an der Papilla Vateri, verhindern und werden in den Ductus choledochus eingelegt (Abb. 4-22).
- Auffangbeutel unterhalb des Matratzenniveaus aufhängen. Die Fördermenge kann in den ersten 24 Stunden bis zu 1000 ml betragen.
- Bei Fördermengen von etwa 300 ml in 24 Stunden wird nach Arztanordnung das Beutelniveau ab dem vierten/fünften Tag schrittweise nach oben verändert (max. bis oberhalb der Leberebene)
- Beutelwechsel nach vollständiger Füllung unter aseptischen Bedingungen

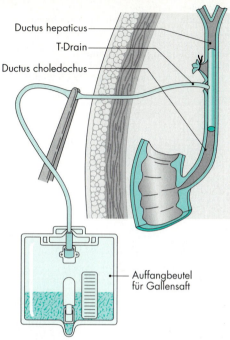

Abb. 4-22 T-Drain

- Täglichen Füllungszustand mit Datum und Uhrzeit auf Beutel markieren.

4.8 Sachgerechtes Versorgen von Wunden

Wundverbände sollen die Heilung der Wunden fördern, ein Verbreiten der Keime und eine Sekundärinfektion vermeiden (s. Kap. 2.7.14).

• Prinzipien der Wundversorgung und -behandlung

Aseptische Wunden
Der erste Verbandwechsel erfolgt nach ärztlicher Anordnung meist am dritten oder vierten postoperativen Tag.
Eine frühere Wundinspektion ist notwendig bei:
- Schmerzen
- Temperaturanstieg
- Blutungen
- stark mit Wundsekret durchtränktem Verband

4   Chirurgie

Septische Wunden
Die Wundbehandlung erfolgt nach Arztanordnung mit den angegebenen Wundheilmitteln.

● **Entfernen von Fäden und Klammern**
Nach abgeschlossener Wundheilung oder zu einer neuen Therapie werden Fäden und Klammern entfernt (Arztanordnung).

Fäden entfernen

Vorbereitung
Richten der benötigten Materialien
– sterile anatomische Pinzette
– sterile Schere oder steriles Fadenmesser
– sterile Tupfer (Wundbehandlung)
– sterile Handschuhe
– Desinfektionslösung
– Schnellverband
– Abwurfbehälter

Vorgehen
– Händedesinfektion
– Handschuhe anziehen
– Verband entfernen und entsorgen
– Inspektion der Wunde auf Veränderungen
– Desinfektion des Wundgebietes
– Fassen eines Fadenendes mit der Pinzette und hautnahes Durchtrennen des Fadens
– vorsichtiges Herausziehen des Fadens (auf Vollständigkeit überprüfen)
– Desinfektion des Wundgebietes
– sterilen Schnellverband anlegen
– Dokumentation (Uhrzeit, Wundbeschaffenheit)

Klammern entfernen

Vorbereitung
Richten der benötigten Materialien
– sterile anatomische Pinzette oder Klammerpinzette, evtl. Klammerzange
– sterile Tupfer (Wundbehandlung)
– sterile Handschuhe
– Desinfektionslösung
– Schnellverband
– Abwurfbehälter

Vorgehen
– Handschuhe anziehen
– Verband entfernen und entsorgen
– Inspektion der Wunde auf Veränderungen
– Desinfektion des Wundgebietes
– Klammer mit Pinzette oder Klammerzange abheben
– Desinfektion des Wundgebietes

Verbandvisite **4.9**

- Schnellverband anlegen
- Dokumentation (Uhrzeit und Wundbeschaffenheit)

 Der Patient soll an diesem Tag kein Vollbad nehmen.

4.9 Verbandvisite

Zum Wechseln der Verbände finden auf chirurgischen Stationen besondere Visiten statt.
Für aseptische und septische Verbände empfehlen sich separate Verbandwagen.
Die Ausstattung ist auf die Anforderungen der jeweiligen Abteilung abgestimmt und muß der modernen Krankenhaushygiene entsprechen.
Verbandwechsel sollen unter möglichst keimarmen Bedingungen und deshalb in speziellen Behandlungs- oder Verbandzimmern erfolgen.
Um eine Keimverschleppung zu verhindern, ist die Verbandvisite so zu organisieren, daß die aseptischen immer vor den septischen Verbänden gewechselt werden.

- **Häufig benötigte Instrumente**
  (Abb. 4-23)

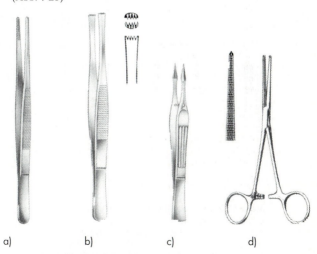

Abb. 4-23 a bis m Einige wichtige Instrumente
a) Anatomische Pinzette
b) Chirurgische Pinzette
c) Splitterpinzette
d) Kocher-Klemme

259

4 Chirurgie

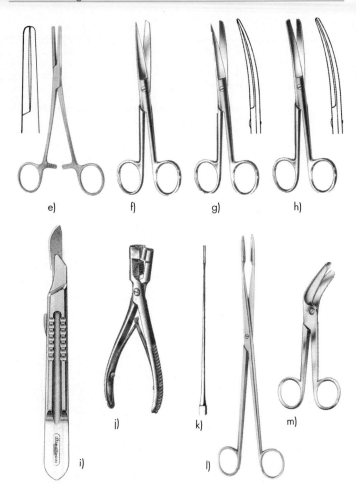

Abb. 4-23 Einige wichtige Instrumente (*Fortsetzung*)
e) Schlauchklemme
f) Chirurgische Schere, spitz-stumpf gerade
g) Chirurgische Schere, spitz-stumpf gebogen
h) Chirurgische Schere, stumpf-stumpf gebogen
i) Skalpell
j) Klammeranlege- und -entfernungszange
k) Doppelknopfsonde
l) Kornzange gerade
m) Verbandschere

4.10 Pflege bei Wundinfektionen

Erkrankungen, die durch Mikroorganismen hervorgerufen werden, treten in der Klinik häufig auf. Infektionen können zu erheblichen Beeinträchtigungen des Patienten führen. Chirurgische Wundinfektionen sind Entzündungen, die durch unterschiedliche Erreger hervorgerufen werden und die meist einer operativen Behandlung bedürfen. Durch die chirurgische Behandlung mit Desinfektion, Wundexision und Wundnaht wird eine schnelle Regeneration des infizierten Gewebes erreicht.

- **Wichtige Begriffe**

Abszeß	= Abgekapselte Eiteransammlung
Empyem	= Eiteransammlung in einer vorgebildeten Körperhöhle (Gallenblasen-Empyem, Gelenks-Empyem)
Erysipel	= Akute, flächenhafte Hautinfektion durch Streptokokken
Furunkel	= Akute, eitrige Entzündung eines Haarfollikels und seiner Talgdrüse
Gasbrand	= Meist tödlich verlaufende, meldepflichtige schwere Wundinfektion durch Anaerobier
Karbunkel	= Flächenhafte, aus mehreren Furunkeln bestehende schmerzhafte Entzündung
Lymphangitis, Lymphadenitis, Phlebitis	= Einbruch eines peripher gelegenen Infektionsherdes in Lymphbahnen, Lymphknoten oder Blutgefäße
Panaritium	= Nagelbettentzündung
Phlegmone	= Diffuse, sich flächenhaft ausbreitende eitrige Zellgewebsentzündung
Sepsis	= Sogenannte „Blutvergiftung". Allgemeininfektion des Körpers durch Erreger, die die Lymph-Blut-Schranke passieren
Tetanus	= Wundstarrkrampf (durch die Toxine der Tetanusbazillen ausgelöste Muskelstarre)
Tollwut	= Durch Tierbiß übertragene Infektionskrankheit mit Schädigung des ZNS

Überlegungen zur Pflegeplanung bei Wundinfektionen

- ruhiges und helles Zimmer
- Patienten mit septischen bzw. aseptischen Wunden trennen
- verstellbares Krankenbett

- regelmäßige Kontrolle und Dokumentation von Puls, Blutdruck, Atmung, Bewußtsein, Temperatur
- auf lokale Entzündungszeichen achten

- Zuwendung (Zeit haben) und Gespräche, um Gefühl der Geborgenheit zu vermitteln
- Patienten sind durch Verzögerungen der Wundheilung und Beeinträchtigung des Allgemeinbefindens meist ungeduldig

- Bettruhe und Lagerung je nach Ausprägungsgrad und Lokalisation der Wundinfektion

4 Chirurgie

– infizierte Körperteile hochlagern (durch die Wundruhe wird die Durchblutung im Wundgebiet verbessert und mechanische Irritation vermindert)
– frühzeitige Mobilisation und Rehabilitation durch gezielte Krankengymnastik (Arztanordnung)

– Waschhilfe oder tägliche Ganzwaschung bei Patienten mit reduziertem Allgemeinzustand oder Bewegungseinschränkungen

– sämtliche Prophylaxen bei immobilen Patienten (s. Kap. 2.7.1)

– vitamin- und eiweißreiche Ernährung

– Grundregeln der Hygiene beachten (s. Kap. 2.7.2 und 2.7.14)

– Kontrolle des Differentialblutbildes und der Elektrophorese

4.11 Pflege nach Operationen am Bewegungsapparat

Ein intaktes knöchernes Skelett, bewegliche Gelenke mit Kapseln und Bändern, quergestreifte Muskulatur und Sehnen ermöglichen die Bewegung und Körperhaltung. Die Schädigung eines Teiles aus diesem System führt zur Beeinträchtigung und/oder Bewegungsunfähigkeit des Menschen. Es sind konservative (Gipsverbände, Schienen, Extensionen) oder operative Therapieformen möglich.

- **Wichtige Begriffe**

Arthrodese	= künstliche Versteifung eines Gelenkes
Arthroplastik	= Gelenkplastik
Arthrotomie	= operative Eröffnung eines Gelenkes
Fixateur externe	= „äußerer Spanner". Konstruktionselement (Metallstab) zur Frakturstabilisierung von außen
Frakturen	= Knochenbrüche. Einteilung nach Entstehungsmechanismen (z. B. Kompressionsfraktur), Lokalisation (z. B. Schaftbruch) und Aussehen (z. B. Grünholzfraktur)
Knochentransplantation	= Übertragung von körpereigenen (autologen) oder körperfremden (homologen) Knochen
Osteoklasie	= unblutiges Knicken des Knochens bei Fehlstellungen
Osteosynthese	= operative Knochenfixierung bei Frakturen (z. B. mit Nägeln)
Osteotomie	= operative Durchtrennung des Knochens
TEP	= Totalendoprothese, Einsatz eines künstlichen Hüftgelenkes

Überlegungen zur Pflegeplanung bei Operationen am Bewegungsapparat

- ruhiges und helles Zimmer
- höhenverstellbares Krankenbett

- regelmäßige Kontrolle und Dokumentation von Puls, Blutdruck, Atmung, Bewußtsein und Temperatur
- Schmerzäußerungen und Fehlhaltungen wahrnehmen
- Motorik, Sensibilität und periphere Durchblutung überwachen
- auf Entzündungszeichen achten

- Patienten ablenken und beschäftigen (lange Verweildauer)
- Gespräche und Zuwendung

- Bettruhe kann zu Beginn der Behandlung notwendig sein
- bei Eingriffen an den Extremitäten Mobilisation nach Arztanordnung am ersten postoperativen Tag
- evtl. Gehtraining
- die Lagerung ist abhängig von der vorgenommenen Operation (s. Kap. 2.1.2 und 4.1)
- Krankengymnastik nach Arztanordnung

- Waschhilfe oder tägliche Ganzwaschung bei Patienten mit reduziertem Allgemeinzustand oder Schienenlagerung

- sämtliche Prophylaxen bei immobilen Patienten (s. Kap. 2.7.1)

- ausgewogene Ernährung
- bei Übergewicht Kalorieneinschränkung
- Aufbaukost bei Untergewicht

- Grundregeln der Hygiene beachten (s. Kap. 2.7.2)
- aseptischer Verbandwechsel

- Luxationsprophylaxe bei Patienten mit Totalendoprothese:
  - korrekte Lage des Beines (keine Außenrotation, keine Beugung der Hüfte unter 110°, keine Überkreuzung der Beine)
  - Sitzkeil zum Erhöhen des Sitzwinkels
  - bei Gehübungen kleinen Kreis gehen lassen. Operiertes Bein nicht als Drehpunkt benutzen

4.12 Pflege nach Unfällen

Unfälle sind nicht vorhersehbar und treffen den Menschen deshalb plötzlich. Dadurch kommt es zu einer Ausnahmesituation, die bei allen Pflegehandlungen am Patienten berücksichtigt werden muß.

4.12.1 Pflege bei Schädel-Hirn-Trauma (SHT)

• **Einteilung der Schädel-Hirn-Traumen**
Eine grobe Einteilung der Traumen erfolgt nach Art der Verletzungen (gedeckt oder offen) sowie nach Schweregraden (bezogen auf die Dauer der Bewußtlosigkeit)

SHT 1: leichtes Schädel-Hirn-Trauma
Schädelprellung ohne Bewußtseinsverlust
(z.B. leichte Gehirnerschütterung)

SHT 2: mittelgradiges Schädel-Hirn-Trauma
Bewußtseinsverlust bis 30 Minuten

SHT 3: schweres Schädel-Hirn-Trauma
Bewußtlosigkeit bis zu zwei Stunden

SHT 4: schwerstes Schädel-Hirn-Trauma
Bewußtlosigkeit länger als 4 Stunden

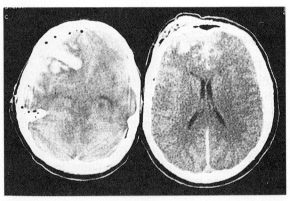

Abb. 4-24: CT einer schweren Contusio cerebri. Hirnprellung links frontal mit Einblutungen, kleinem subduralem Hämatom und Lufteintritt

• **Wichtige Begriffe**

Commotio cerebri	= Gehirnerschütterung
Compressio cerebri	= Hirnquetschung durch intrakranielle Hirndrucksteigerung oder direkte Verletzung
Contusio cerebri	= Hirnprellung (fließender Übergang zur Compressio cerebri) (Abb. 4-24)
Epidurale Hirnblutung	= Blutung zwischen Schädelknochen und harter Hirnhaut (Dura mater)
Intrakranielle Hirnblutung	= Blutung innerhalb des Schädels
Intrazerebrale Hirnblutung	= Blutung direkt im Gehirn

Pflege nach Unfällen 4.12

Subarachnoidale Hirnblutung = Blutung zwischen der Spinngewebshaut und weicher Hirnhaut (Pia mater)

Subdurale Hirnblutung = Blutung zwischen harter Hirnhaut und Spinngewebshaut (Arachnoidea)

Überlegungen zur Pflegeplanung bei Schädel-Hirn-Traumen

- Je nach Ausmaß der Verletzung Einrichtung und Ausstattung des Zimmers für Intensivpflege und Intensivbehandlung
- verstellbares Krankenbett

- regelmäßige Kontrolle und Dokumentation von Puls, Blutdruck, Atmung, Bewußtsein und Temperatur (Abb. 4-25)
- auf Liquorrhoe (Liquorfluß) achten
  - **Otoliquorrhoe:** Liquorfluß aus dem Ohr
  - **Rhinoliquorrhoe:** Liquorfluß aus der Nase
- Pupillenkontrollen (Weite und Reaktion)
- Überwachung von Bewußtseinslage, Motorik und Sensibilität; Hilfsmittel ist die Glasgow-Koma-Skala mit Pupillenlegende (Abb. 4-26) zum Beurteilen des Bewußtseinszustandes (je mehr Punkte erreicht werden, desto wacher ist der Patient)
- neurologische Ausfälle registrieren
- Leitsymptome wie Übelkeit, Erbrechen und Kopfschmerzen (intrakranielle Drucksteigerung) wahrnehmen
- Bilanz der Ein- und Ausfuhr (Stundenurin)

- Gespräche und viel Zuwendung
- Psychotherapie bei unverarbeiteter Schuld (Unfallverursacher)

- strenge Bettruhe je nach Ausmaß des Schädel-Hirn-Traumas
- flache Rückenlage mit leicht erhöhtem Kopf zur Druckentlastung des Gehirns (s. Kap. 2.1.2)
- Krankengymnastik zur Mobilisation und Rehabilitation nach Arztanordnung

- Ganzwaschung bei Patienten mit strenger Bettruhe
- Waschhilfe bei Patienten mit reduziertem Allgemeinzustand
- gezielte Intimtoilette bei liegendem Blasen-Dauerkatheter

- sämtliche Prophylaxen bei immobilen Patienten (s. Kap. 2.7.1)
- Hirnödemprophylaxe (Abb. 4-27)

- hochkalorische Ernährung bei Störung der Stoffwechsellage
- Infusionstherapie nach Arztverordnung

- Grundregeln der Hygiene beachten (s. Kap. 2.7.2)

- regelmäßige Kontrollen der Blutgerinnung, Elektrolyte, Hämatokrit, Blutgase nach Arztanordnung
- bei Liquorfluß aus Nase und Ohren keine Tamponaden. Sie führen zur Stauung mit aufsteigender Infektionsgefahr

265

4 Chirurgie

Überwachungsbogen		Uhrzeit						
Name/Vorname: _____								
Bewußtseinslage	offen							
Augen	auf Anruf offen							
	geschlossen							
	durch Schwellung geschlossen							
Ansprechbarkeit	orientiert							
	desorientiert							
	unartikulierte Laute							
	nicht ansprechbar							
Schmerzreaktion	gezielte Abwehr							
	ungezielte Abwehr							
	Streckkrämpfe							
	keine Reaktion							
Atmung	normal							
	flach							
	Schnappatmung							
	keine Atmung feststellbar							
Kreislauf	Pulsfrequenz							
	Blutdruck							
Pupillen Pupillengröße: eng/mittel/weit Reaktion: keine = 1 verlangsamt = 2 prompt = 3	re. Größe							
	re. Reaktion							
	li. Größe							
	li. Reaktion							
Motorik	normal							
Arme	re. abgeschwächt							
	Lähmung							
	normal							
	li. abgeschwächt							
	Lähmung							
Beine	normal							
	re. abgeschwächt							
	Lähmung							
	normal							
	li. abgeschwächt							
	Lähmung							

Abb. 4-25 Überwachungsbogen – Schädel-Hirn-Trauma

Pflege nach Unfällen 4.12

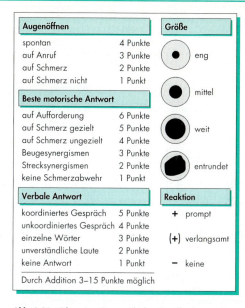

Abb. 4-26 Glasgow-Koma-Skala, Pupillenlegende

Merkblatt für Patienten mit Kopfverletzungen

Liebe Patientin, lieber Patient,
soweit bis jetzt erkennbar, ist durch Ihre Kopfverletzung kein ernsthafter und bleibender Schaden entstanden. Ein weiterer Krankenhausaufenthalt ist deshalb nicht mehr notwendig.
Bitte beobachten Sie sich aber selbst in der nächsten Zeit sehr sorgfältig.
Sollten sich eine oder mehrere der folgenden Störungen zeigen, suchen Sie sofort Ihren behandelnden Arzt auf oder kommen Sie in die Notaufnahme einer Klinik.
– Zunehmende Müdigkeit und Schläfrigkeit
– Sie werden morgens sehr schwer wach
– Erbrechen
– Langsamer Herzschlag
– Anhaltende Kopfschmerzen
– Schwäche in den Armen und Beinen
– Schmerzen im Nacken (Nackensteife)
– Krämpfe
– Austritt von Blut oder klarer Flüssigkeit aus Nase und/oder Ohren

Chirurgie

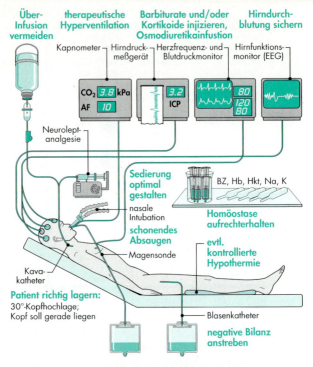

Abb. 4-27 Prinzipien der Hirnödemtherapie

4.12.2 Pflege bei Verbrennungen

Verbrennungen sind Schädigungen der Haut durch eine trockene Hitzeeinwirkung. Das Ausmaß der Verbrennung ist abhängig von der Einwirkungszeit der Hitze auf die Haut und der tatsächlichen Temperatur.
Die Gefährdung des Patienten ist abhängig von
– der Größe der verbrannten Körperoberfläche
– der Tiefe der Schädigung
– bereits bestehenden Systemerkrankungen
– dem Alter (Kleinkinder, ältere Menschen)
• Einteilung einer Verbrennung nach Graden

I. Grad: Hautrötung mit Schwellung, starke Schmerzen
II. Grad: zusätzlich Blasenbildung
III. Grad: Schädigung der gesamten Haut mit Unterhaut und den Hautanhangsgebilden
IV. Grad: tiefe, schwarze Nekrose (Verkohlung)

Pflege nach Unfällen 4.12

- **Einteilung einer Verbrennung nach Prozenten** (Abb. 4-28)

Komplikationen
- Schock durch Flüssigkeits-, Elektrolyt- und Eiweißverluste, Schmerzen
- Infektion durch eine große Wundoberfläche, Resorption von Bakterientoxinen an der Hautoberfläche
- Nierenschädigung durch Verstopfung der Nierenkapillaren mit Lipoproteinen
- Kontrakturen durch schmerzhafte Fehlhaltungen und Narbenbildung mit Strikturneigung

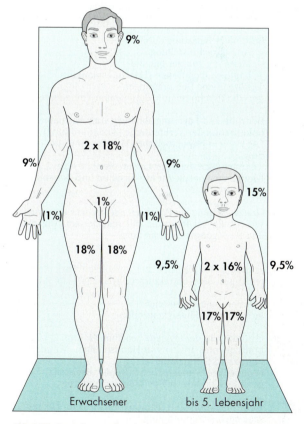

Abb. 4-28 Berechnung der Fläche der verbrannten Haut nach der sog. Neuner-Regel nach Wallace. Handfläche entspricht ca. 1 Prozent

4 Chirurgie

Überlegungen zur Pflegeplanung bei Verbrennungen

- bei Patienten mit großflächigen Verbrennungen immer Einzelzimmer mit Umkehrisolation (gestörte Infektabwehr)
- Intensivpflegestation (spezielle Verbrennungseinheit)
- Zimmertemperatur richtet sich nach dem Ausmaß der Verbrennung und nach der Körpertemperatur (etwa 28–32 °C)
- Luftfeuchtigkeit etwa 40%
- evtl. Drehbett

- regelmäßige Kontrolle und Dokumentation von Puls, Blutdruck, Atmung, Bewußtsein, Temperatur (Monitoring)
- Zeichen des Volumenmangelschockes erkennen
- Flüssigkeitsbilanz (Kontrolle von Ein- und Ausfuhr)

- Besondere Belastung durch
  - Angst vor Entstellung
  - Trennung von der Familie
  - häufige Operationen (Hauttransplantationen)
  - körperliche Behinderungen
- gezielte Psychotherapie durch einen Therapeuten

- Bettruhe und Lagerung abhängig vom Ausmaß und der Lokalisation der Verbrennung (Arztanordnung)
- Lagerung in physiologischer Mittelstellung, evtl. mit Freilagerung
- wenn möglich, häufiger Lagewechsel (s. Kap. 2.1.2)
- Krankengymnastik zur Mobilisation und Rehabilitation nach Arztanordnung

- Ganzwaschung bei Patienten mit strenger Bettruhe
- Waschhilfe bei Patienten mit reduziertem Allgemeinzustand und Bewegungseinschränkung

- sämtliche Prophylaxen bei immobilen Patienten, besonders wichtig ist die Kontrakturprophylaxe (s. Kap. 2.7.1)

- kalorien- und eiweißreich
- ausreichende Flüssigkeitszufuhr

- Grundregeln der Hygiene beachten (s. Kap. 2.7.2)
- konsequentes Tragen von Handschuhen, Mundschutz, Haarhaube und Schutzkittel
- regelmäßige Wundabstriche (Keime, Resistenz)
- geschlossene oder offene Wundbehandlung

- Kontrollen der Blutgerinnung, Elektrolyte, Hämatokrit, Blutgase nach Arztanordnung

4.13 Pflege nach Operationen im Hals-Kopf-Bereich

Veränderungen der Schilddrüse gehören zu den Symptomen bei Erkrankungen des endokrinen Systems. Häufig sind sie durch einen chronischen Jodmangel bedingt (Jodmangelgebiete).

- **Wichtige Begriffe**
Struma = Schilddrüsenvergrößerung, „Kropf"
Euthyreote Struma = Schilddrüsenvergrößerung ohne Funktionseinschränkung
Hyperthyreote Struma = Schilddrüsenvergrößerung mit Funktionseinschränkung

Überlegungen zur Pflegeplanung nach Operationen im Hals-Kopf-Bereich

– ruhiges und helles Krankenzimmer
– verstellbares Krankenbett

– regelmäßige Kontrolle und Dokumentation von Puls, Blutdruck, Atmung, Bewußtsein
– Zeichen des postoperativen Hormonmangels erkennen (z.B. Tetanien)
– auf Nachblutungen achten, regelmäßige Kontrolle von Wundverband und Wunddrainage
– Verletzungen des Nervus recurrens sind an Heiserkeit, Stimmverlust und/oder Stridor erkennbar

– Gespräche und persönliche Zuwendung
– auf die Bedürfnisse des Patienten eingehen

– Bettruhe nur bis zum Abklingen der Anästhesie
– flache Rückenlage bis zum völligen Erwachen des Patienten
– anschließend halbsitzend oder sitzend
– Nackenrolle zum Unterstützen des Halses
– Fußstütze, um ein Herunterrutschen zu verhindern (s. Kap. 2.1.2)
– ruckartige Bewegungen vermeiden
– Kopf bei Drehungen unterstützen und fixieren (Nahtspannungen vermeiden)
– Krankengymnastik nach Arztanordnung

– Waschhilfe bei Patienten mit reduziertem Allgemeinzustand

– sämtliche Prophylaxen bei immobilen Patienten (s. Kap. 2.7.1)

– erste Nahrungsaufnahme unter Kontrolle (evtl. gestörter Schluckakt)

4 Chirurgie

– Grundregeln der Hygiene beachten (s. Kap. 2.7.2)

– Kontrolle der Schilddrüsenwerte nach Arztverordnung

4.14 Pflege nach Operationen am Thorax

Das Bronchialkarzinom ist eine der verbreitetsten bösartigen Erkrankungen in den Industrieländern, deren Häufigkeit ständig zunimmt. Die Therapie der Wahl ist die operative Entfernung von Lungenanteilen (Abb. 4-29).
Etwa 85 Prozent aller Erkrankten sind Männer. Das Risiko ist bei starken Rauchern (mehr als 40 Zigaretten täglich) um 64mal größer als bei Nichtrauchern. In der Lunge bilden sich am häufigsten Metastasen von anderen Tumoren.

• **Wichtige Begriffe**

Lobektomie	=	operative Entfernung eines Lungenlappens
Pneumonektomie	=	operative Entfernung eines Lungenflügels
Segmentresektion	=	operative Entfernung eines einzelnen oder mehrerer Lungensegmente
Thorakotomie	=	operative Eröffnung des Thorax
Thoraxdrainage	=	intrapleurale Saugdrainage, z. B. bei Pneumothorax

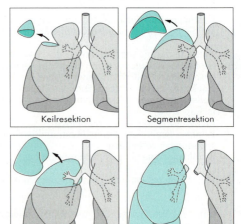

Abb. 4-29 Lungenresektion

Pflege nach Operationen am Thorax 4.14

Überlegungen zur Pflegeplanung nach einer Lungenoperation

- während der ersten postoperativen Tage ist eine Betreuung auf der Intensivabteilung notwendig
- Einrichtung und Ausstattung des Zimmers zur Intensivpflege und Intensivbehandlung
- verstellbares Krankenbett
- zentraler Sauerstoffanschluß

- regelmäßige Kontrolle und Dokumentation von Puls, Blutdruck, Atmung, Bewußtsein, Temperatur
- Pulsoxymetrie
- Kontrolle der Urinausscheidung
- auf Nachblutungen achten, regelmäßige Kontrolle von Wundverband und Thoraxdrainage
- auf Atemstörungen (z. B. Dyspnoe) achten (s. Kap. 2.7.4)

- Abbau der psychischen Probleme nach Lungenresektion durch Gespräche und Zuwendung
- Teilnahme des Patienten an Selbsthilfegruppen

- Bettruhe während der Intensivbehandlung
- flache Rückenlage bis zum völligen Erwachen des Patienten
- anschließend Kopfteil stufenweise erhöhen bis zur halbsitzenden oder sitzenden Position
- Fußstütze, um Herunterrutschen des Patienten zu verhindern
- besondere Lagerungen, z. B. auf die gesunde oder operierte Körperseite, je nach Arztverordnung (s. Kap. 2.1.2)
- gezielte Atem- und Krankengymnastik nach Arztverordnung (der Körper muß sich an die kleinere Atemfläche gewöhnen)
- zusätzliche Mobilisation ist von den Primärerkrankungen (z. B. Knochenkarzinom) abhängig

- Waschhilfe bzw. Ganzwaschung in der akuten Phase und bei Patienten mit reduziertem Allgemeinzustand
- optimale Mundpflege

- sämtliche Prophylaxen bei immobilen Patienten (s. Kap. 2.7.1)

- erste Nahrungsaufnahme nach dem Abklingen der Anästhesie

- Grundregeln der Hygiene beachten (s. Kap. 2.7.2)
- bei Aerosolbildung immer Mundschutz tragen

- Lungenfunktionsprüfung und Röntgenaufnahme der Lunge nach Arztverordnung
- bei Schmerzmittelgabe Gefahr der Atemdepression

4 Chirurgie

4.15 Pflege nach Operationen am Abdomen

Eine Reihe von Baucherkrankungen (z. B. Entzündungen, Perforationen und Blutungen) können einen operativen Eingriff notwendig machen. Unter einem akuten Abdomen versteht man einen plötzlich einsetzenden Krankheitszustand.

Wichtige Begriffe

Appendektomie	= operative Entfernung der Appendix (Wurmfortsatz)
Cholezystektomie	= operative Entfernung der Gallenblase
Gastroenterostomie	= Verbindung des Magens mit dem Jejunum (Seit-zu-Seit-Anastomose)
Hernien	= „Bruch", Vorfall von Eingeweideteilen in verschiedene anatomische Strukturen (z. B. Leistenhernie, Nabelhernie, epigastrische Hernie)
Inkarzerierte Hernie	= eingeklemmter Bruch
Magenresektion	= teilweise Entfernung des Magens – **Billroth-I:** $1/_3$–$2/_3$-Resektion des Magens mit End-zu-End-Anastomose (Magen – Duodenum) – **Billroth-II:** $2/_3$-Resektion des Magens mit End-zu-Seit-Anastomose (Magen – Jejunum)
Totale Gastrektomie	= vollständige Entfernung des Magens mit einer Ösophago-Jejunostomie
Vagotomie	= Durchtrennung der Vagusnerven am Magen zur Reduzierung der Magensäureproduktion

Überlegungen zur Pflegeplanung nach Operationen am Abdomen

- je nach Ausmaß der Operation Intensivpflege und Intensivbehandlung
- verstellbares Krankenbett

- regelmäßige Kontrolle und Dokumentation von Puls, Blutdruck, Atmung, Bewußtsein, Temperatur
- Pulsoxymetrie
- auf Nachblutungen achten, regelmäßige Kontrolle von Wundverband und Wunddrainage
- auf Atemstörungen (z. B. Dyspnoe) achten (s. Kap. 2.7.4)
- Kontrolle der Urinausscheidung
- Beobachtung der abfließenden Sekretmenge (z. B. bei liegender Magensonde)
- Beachtung von Sonden und Drainagen (s. Kap. 2.7.12)

Pflege nach Gefäßoperationen **4.16**

- Gespräche und persönliche Zuwendung zur gezielten Gesundheitserziehung (viele Störungen des Magen-Darm-Systems werden durch ungesunde Lebens- und Verhaltensweisen begünstigt)
- auf Ruhepausen achten

- Bettruhe nur bis zum Abklingen der Anästhesie
- flache Rückenlage bis zum völligen Erwachen des Patienten
- Knierolle entlastet die Bauchdecke
- besondere Lagerungen je nach Arztverordnung (s. Kap. 2.1.2)
- beim Abhusten ausreichenden Gegendruck auf die Wunde ausüben (Verhinderung einer Nahtdehiszenz)
- gezielte Krankengymnastik zur Mobilisation und Rehabilitation nach Arztverordnung

- Waschhilfe bzw. Ganzwaschung in der akuten Phase und bei Patienten mit reduziertem Allgemeinzustand
- optimale Mund- und Nasenpflege

- sämtliche Prophylaxen bei immobilen Patienten (s. Kap. 2.7.1)

- in den ersten postoperativen Tagen Infusionstherapie
- je nach ausgeführter Operation und Darmtätigkeit aufbauende Ernährung (z. B. Tee, Schleim, Brei)
- erste Nahrungsaufnahme grundsätzlich nach dem Abklingen der Anästhesie (sonst Gefahr der Aspiration)

- Grundregeln der Hygiene beachten (s. Kap. 2.7.2)

- Kontrolle von Blutgerinnung und Hämatokrit
- Schmerzmittel nach Arztverordnung
- Spezielle Verhaltensregeln für Patienten nach Magenoperationen:
  - immer nur kleine Mahlzeiten zu sich nehmen
  - keine Getränke während des Essens
  - Süßspeisen, Milch und Zucker vermeiden
  - Ruhepause nach den Mahlzeiten (z. B. Hinlegen)

4.16 Pflege nach Gefäßoperationen

Arteriosklerose (Arterienverkalkung), Varikosis (Krampfaderleiden) und Thrombosen (Blutpfropfbildung) sind häufige Erkrankungen des Gefäßsystems, die zu lebensbedrohlichen Situationen (z. B. Lungenembolie, Herzinfarkt, Schlaganfall) führen können. Durch die eingeschränkte Bewegung (z. B. Gehunfähigkeit) fühlen sich die Patienten in ihrer Lebensqualität erheblich beeinträchtigt.

4 Chirurgie

• **Wichtige Begriffe**

Bypass-Operation = Umgehung verschlossener Gefäßabschnitte durch Einsetzen von Venen oder Gefäßplastiken
Embolektomie = operative Entfernung von Blutgerinnseln
Gefäßplastiken = Einsetzen von Kunststoffplastiken in verengte Gefäßabschnitte
Varizen-Operation = operative Entfernung von Krampfadern

Überlegungen zur Pflegeplanung nach Gefäßoperationen

- ruhiges und helles Krankenzimmer
- je nach Zustand des Patienten und ausgeführter Operation erfolgt in den ersten postoperativen Tagen die Pflege und Behandlung in der Intensivabteilung
- verstellbares Krankenbett

- regelmäßige Kontrolle und Dokumentation von Puls, Blutdruck, Atmung, Bewußtsein, Temperatur
- auf Nachblutungen achten, regelmäßige Kontrolle von Wundverband und Wunddrainage
- auf Atemstörungen (z. B. Dyspnoe) achten (s. Kap. 2.7.4)
- Kontrolle der Urinausscheidung
- auf Zeichen eines thrombotischen Gefäßverschlusses achten

- Gespräche und Zuwendung zur gezielten Gesundheitserziehung (viele Gefäßerkrankungen werden durch ungesunde Lebens- und Verhaltensweisen begünstigt)
- Angst vor einer Emboliegefahr nehmen
- auf Ruhepausen achten

- Bettruhe ist nur für drei bis vier Tage bei gelenküberschreitenden Gefäßplastiken notwendig
- flache Rückenlage bis zum völligen Erwachen des Patienten
- besondere Lagerungen je nach Arztverordnung (s. Kap. 2.1.2)
- bei Femoralisbypass das Abknicken der Leiste vermeiden
- gezielte Krankengymnastik zur Mobilisation und Rehabilitation nach Arztverordnung

- Waschhilfe bzw. Ganzwaschung in der akuten Phase und bei Patienten mit reduziertem Allgemeinzustand

- sämtliche Prophylaxen bei immobilen Patienten (s. Kap. 2.7.1)

- erste Nahrungsaufnahme nach dem Abklingen der Anästhesie

- Grundregeln der Hygiene beachten (s. Kap. 2.7.2)

- Kontrolle von Blutgerinnung und Hämatokrit
- Schmerzmittel nach Arztverordnung
- Kompressionsverbände nach Varizenoperationen

4.17 Pflege nach Amputationen

Lebensbedrohliche Wundinfektionen, schwere Verletzungen der Gliedmaßen (Trümmerfrakturen), arterielle Durchblutungsstörungen oder Tumoren am Skelettsystem können eine Amputation notwendig machen (Abb. 4-30).
Für den Patienten bedeutet das immer einen Organverlust mit massiver Einschränkung seiner Beweglichkeit und seinem Lebensgefühl/-gewohnheiten. Eine umfassende psychische Begleitung ist gerade in der prä- und ersten postoperativen Phase notwendig.

• Wichtige Begriffe
Amputation = operatives Abtrennen einer Extremität
Exartikulation = Amputation eines Gliedes durch Auslösung im Gelenk

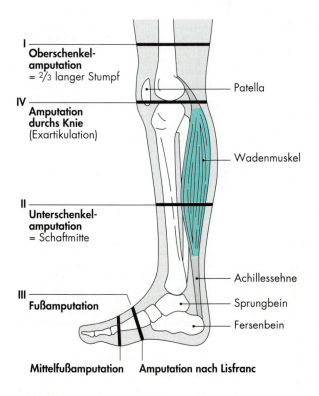

Abb. 4-30 Amputationsstellen der unteren Extremität

4 Chirurgie

Überlegungen zur Pflegeplanung nach Amputationen

- ruhiges und helles Krankenzimmer
- verstellbares Krankenbett

- regelmäßige Kontrolle und Dokumentation von Puls, Blutdruck, Atmung, Bewußtsein, Temperatur
- auf Nachblutungen achten, regelmäßige Kontrolle von Wundverband und Wunddrainage (s. Kap. 2.7.4)
- Kontrolle der Urinausscheidung
- Phantomschmerz beachten

- Gespräche und Zuwendung. Patient leidet unter dem Organverlust und der Einschränkung seiner Beweglichkeit, fühlt sich als Krüppel

- Bettruhe nur bis zum Abklingen der Anästhesie
- flache Rückenlage bis zum völligen Erwachen des Patienten
- zum Vermeiden einer Beugekontraktur dürfen bei Amputation der unteren Extremitäten keine Kissen unter Knie bzw. Oberschenkel gelegt werden
- besondere Lagerungen nach Arztverordnung (s. Kap. 2.1.2)
- gezielte Krankengymnastik zur Mobilisation und Rehabilitation nach Arztverordnung
- für viel Bewegung und ein aktives Muskeltraining sorgen

- Waschhilfe bzw. Ganzwaschung in der akuten Phase und bei Patienten mit reduziertem Allgemeinzustand

- sämtliche Prophylaxen bei immobilen Patienten (s. Kap. 2.7.1)

- erste Nahrungsaufnahme nach dem Abklingen der Anästhesie

- Grundregeln der Hygiene beachten (s. Kap. 2.7.2)

- Kontrolle von Blutgerinnung und Hämatokrit
- Schmerzmittel nach Arztverordnung
- Stumpfpflege: Stumpfbandagierung, um ein Wundödem zu vermeiden; sorgfältige Hautreinigung und Hautpflege
- Prothesenversorgung: die Anfertigung einer Prothese und die Schulung im Umgang mit Prothesen übernimmt ein Orthopädietechniker (Abb. 4-31)

Pflege nach Amputationen **4.17**

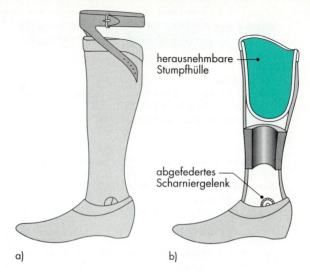

Abb. 4-31 Unterschenkelprothese
a) Außenansicht   b) Querschnitt

4 Chirurgie

Wie war das noch ...?

Fallbeispiel
Frau B., 24 Jahre, verheiratet, keine Kinder, Bürokauffrau, lebt mit ihrem Ehemann in einer kleinen Stadt. Sie arbeitet als Sekretärin und wollte in fünf Tagen in Urlaub fahren.
Am Montag, dem 9. September, wird Frau B. mit akuten Unterbauchbeschwerden von ihrem Hausarzt in die Klinik eingewiesen. Ein Arbeitskollege begleitet sie.
Einweisungsdiagnose: Verdacht auf Appendizitis.
Vorgeschichte:
Frau B. war bisher nie ernsthaft krank. Es ist ihr erster Krankenhausaufenthalt.
Erster Eindruck:
Frau B. hat starke Unterbauchschmerzen, klagt über Übelkeit und hat Fieber.
Sie wirkt ängstlich.

1. Welche Lebensaktivitäten sind bei Frau B. durch ihre Krankheit beeinträchtigt?
2. Nennen Sie Probleme, die sich im Hinblick auf die Lebensaktivitäten ergeben können.
3. Welche aktuellen Pflegeprobleme liegen vor und welche potentiellen Pflegeprobleme können sich daraus ergeben?
4. Nennen Sie die notwendigen Pflegeziele.
5. Welche Pflegemaßnahmen planen Sie, um die Pflegeziele zu erreichen?

Bitte beantworten und planen Sie auf einem gesonderten Blatt.

5 Gynäkologie

5.1 Gynäkologische Untersuchungen

Gynäkologische Untersuchungen sind notwendig, um Veränderungen an den weiblichen Geschlechtsorganen frühzeitig festzustellen (Vorsorgeuntersuchungen) oder bereits manifeste Erkrankungen zu erfassen.

- Das Schamgefühl der Frau ist grundsätzlich zu berücksichtigen.
- Bei allen gynäkologischen Untersuchungen soll neben dem untersuchenden Arzt eine zweite, weibliche Person (Pflegeperson) anwesend sein.
- Wichtig für gynäkologische Untersuchungen sind eine entleerte Blase und die Steinschnittlage (s. Abb. 16-10)

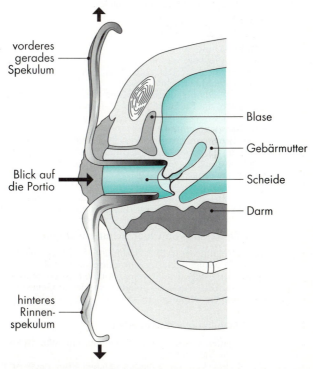

Abb. 5-1 In die Scheide eingeführtes Spekulum-Paar

5 Gynäkologie

- **Gynäkologische Untersuchungen**
- **Anamnese**
  - Eigenanamnese (z. B. Zyklus, Menarche, Beschwerden, Schwangerschaften, Geburten, Aborte, Menopause)
  - Sozialanamnese (z. B. Familien- und Wohnsituation, Beruf)
  - Klinikanamnese (z. B. Operationen, Erkrankungen)
- Inspektion des **äußeren Genitales**
  - entzündliche Prozesse
  - trophische Veränderungen
  - Hämorrhoiden
  - Tumoren
  - Uterusvorfall
- Inspektion des **inneren Genitales** (Spekulumuntersuchungen)
  - Darstellung der Scheidenwände und des Muttermundes (Abb. 5-1)
- Entnahme von **Vaginalsekret**
  Um das Scheidenmilieu zu beurteilen, wird routinemäßig Vaginalsekret entnommen. Nachweis z. B. von:
  - bakterieller Keimbesiedelung der Scheide
  - Pilzen
  - atypischen Zellen
  - Trichomonaden
- **Kolposkopie**
  Durch die Kolposkopie kann die Oberfläche des Muttermundes (Portio) mittels einer besonderen Vergrößerungsoptik (10–20fach) betrachtet werden.
  Um das Oberflächenrelief besser darstellen zu können, ist es möglich, die Portio mit einer 3%igen Essigsäurelösung einzupinseln.
- **Brustuntersuchung**
  Die Brustuntersuchung erfolgt im Sitzen oder Liegen. Dabei werden die vier Quadranten der Brust und die Achselregion auf Veränderungen abgetastet (Abb. 5-2).
- **Ultraschalluntersuchung**
  In der Gynäkologie können mit Ultraschall bzw. Sonographie Tumoren des Abdomens oder der Brust diagnostiziert werden, sowie eine Schwangerschaft und deren Verlauf.

5.1.1 Entnahme von Untersuchungsmaterial

Die Entnahme von Blut, Urin und Stuhl zu diagnostischen Zwecken erfolgt nach Arztverordnung (s. Kap. 2.6).
Spontan abgehendes Gewebe bei einem Abort muß zur histologischen Untersuchung in einem speziellen Gefäß (hausspezifisch) aufgefangen werden.

5.1.2 Ziehen von Tamponaden

Tamponaden werden zum Aufnehmen von Wundsekreten und Blut in die Vagina eingelegt.
Das Ziehen von Tamponaden geschieht nur nach Arztverordnung.

Gynäkologische Untersuchungen 5.1

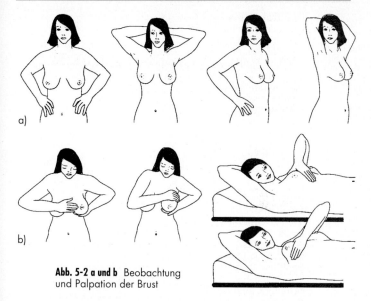

Abb. 5-2 a und b Beobachtung und Palpation der Brust

Vorbereitung
- Händedesinfektion
- Richten der benötigten Gegenstände (Einmalhandschuhe, Pinzette, Abwurfbehälter)

Vorgehen
- Information der Patientin über die Pflegemaßnahme
- Rückenlagerung mit leicht gespreizten und angewinkelten Beinen
- Einmalhandschuhe anziehen
- Spreizen der Schamlippen
- Tamponade mit Pinzette fassen, vorsichtig entfernen und entsorgen
- Dokumentation (Uhrzeit, Aussehen der Sekretbeimengungen)

5.1.3 Spülungen des äußeren Genitales

Um nach außen tretendes Wundsekret und Blut zu entfernen, ist das Spülen des äußeren Genitales als Infektionsprophylaxe notwendig. Die vaginale Spülung erfolgt nur auf Anordnung des Arztes.

Vorbereitung
- Händedesinfektion
- Richten der benötigten Gegenstände
  sterile Handschuhe

5 Gynäkologie

Einmalschürze
evtl. Mundschutz
sterilisierte Vorlagen
sterilisierte Mullkompressen
500 ml Spülflüssigkeit (gebrauchsfertig, körperwarm)
Irrigator (nur für vaginale Spülungen)
Vaginalrohr
Bettschüssel
Abwurfbehälter

Vorgehen
- Information der Patientin
- Patientin vorher die Blase entleeren lassen
- Rückenlagerung mit leicht gespreizten und angewinkelten Beinen
- Einmalhandschuhe anziehen
- Patientin auf die Bettschüssel setzen
- Spreizen der Schamlippen
- Vorlage entfernen und entsorgen
- Irrigator mit dem Vaginalrohr verbinden
- Anheben des Irrigators und vorsichtiges Abspülen des äußeren Genitales und der Leistenbeuge
- Spülflüssigkeit auf Beimengungen kontrollieren
- Flüssigkeitsreste mit Mullkompressen abtupfen (immer von Symphyse zum Anus)
- neue Vorlagen anlegen und fixieren
- sachgerechtes Entsorgen der benötigten Gegenstände

5.1.4 Beobachtung von Vaginalsekreten

Ausfluß (Fluor genitalis) entsteht durch eine gesteigerte Sekretion verschiedener Genitalabschnitte und kann unterschiedliche Ursachen haben. Das Pflegepersonal muß die Art des Ausflusses (klar, zäh, milchig) genau beschreiben können.

• **Wichtige Begriffe**
Fluor cervicalis = gesteigerte Sekretabsonderung der Zervixdrüsen
Fluor vaginalis = gesteigerte Sekretabsonderung der Vagina

Bei einer gesteigerten Absonderung von Vaginalsekreten ist der Arzt zu informieren. Gegebenenfalls muß ein bakteriologischer Abstrich abgenommen werden.

5.2 Pflege bei entzündlichen Erkrankungen des weiblichen Genitales

Entzündliche Erkrankungen des weiblichen Genitales führen zu einem beeinträchtigten Allgemeinbefinden der Patientin. Gründe für das Eindringen von Keimen in das Gewebe sind mechanische, chemische oder thermische Irritationen.

Pflege bei entzündlichen Erkrankungen des weiblichen Genitales 5.2

- **Wichtige Begriffe**

Adnexitis = aufsteigende Infektion (z. B. Endometritis) der weiblichen Adnexe (Tuben, Ovarien)

Bartholinitis = Infektion der Bartholin-Drüsen durch verschiedene Erreger (z. B. Staphylokokken, Streptokokken), mit schmerzhafter Eiteransammlung

Endometritis = aufsteigende Infektion (z. B. Vulvitis, Kolpitis) des Gebärmutterhalses und der Gebärmutterhöhle

Gonorrhoe = Geschlechtskrankheit durch Gonokokken (Tripper)

Kolpitis = Infektion der Scheide (Vagina) durch verschiedene Erreger (z. B. Staphylokokken, Streptokokken, Trichomonaden)

Lues = Geschlechtskrankheit durch Treponema pallidum (Syphilis)

Parametritis = Entzündung des Beckenbindegewebes

Salpingitis = aufsteigende Entzündung der Eileiter (Tuben) durch verschiedene Erreger

Vulvitis = Entzündung der großen und kleinen Schamlippen durch verschiedene Erreger (z. B. Staphylokokken, Streptokokken)

Überlegungen zur Pflegeplanung bei Entzündungen des weiblichen Genitales

Die **Intimsphäre** der Patientinnen ist bei allen Pflegemaßnahmen zu **wahren**.

- ruhiges und helles Krankenzimmer
- verstellbares Krankenbett
- häufiger Wechsel der Bettwäsche

- regelmäßige Kontrolle und Dokumentation von Puls, Blutdruck, Atmung, Bewußtsein und Temperatur
- auf lokale Entzündungszeichen und vaginalen Ausfluß achten
- Wahrnehmung von Schmerzäußerungen (z. B. kolikartige Bauchschmerzen)

- Zuwendung und Gespräche zum Überwinden der psychischen Probleme (bedingt durch Schmerzen im Genitalbereich, Einschränkung der sexuellen Aktivität, evtl. wurde der Partner infiziert bzw. umgekehrt)

- Bettruhe evtl. notwendig im akuten Stadium der Erkrankung
- Lagerung nach Wunsch der Patientin
- evtl. Beckentieflagerung
- gezielte Krankengymnastik (z. B. Beckenboden) nach Arztverordnung

- Waschhilfe bzw. Ganzwaschung in der Akutphase der Erkrankung und bei Patientinnen mit reduziertem Allgemeinzustand
- sorgfältige Intimpflege (z. B. Spülungen)

5 Gynäkologie

- sämtliche Prophylaxen bei immobilen Patientinnen (s. Kap. 2.7.1)

- vitamin- und eiweißreich
- Wunschkost

- die Grundregeln der Hygiene beachten (s. Kap. 2.7.2)
- bei allen Maßnahmen im Intimbereich Handschuhe tragen
- Einmalwaschlappen und Einmalhandtücher verwenden

- Vaginaltabletten zur lokalen Infektionsbekämpfung und Schmerztherapie nach Arztanordnung
- bakteriologische Untersuchungen (Ausfluß, Vaginalabstrich) nach Arztanordnung

5.3 Pflege vor und nach einem Abort

Als Abort wird der gewollte (Schwangerschaftsabbruch) oder ungewollte Abgang eines Feten bezeichnet. Frauen mit einer drohenden oder vollständigen Fehlgeburt stehen unter einer großen Anspannung, die bei der Pflege individuell berücksichtigt werden muß.

• **Wichtige Begriffe**
Abort = Fehlgeburt
Abortus artificialis = Schwangerschaftsabbruch
(Interruption)
Abortus completus = vollständige Fehlgeburt
Abortus imminens = drohende Fehlgeburt
Abortus incipiens = beginnende Fehlgeburt
Abortus incompletus = unvollständige Fehlgeburt
Abortus spontaneus = spontane Fehlgeburt

Überlegungen zur Pflegeplanung nach einem Abort

Die **Intimsphäre** der Patientinnen ist bei allen Pflegemaßnahmen zu **wahren**.

- ruhiges und helles Zimmer, Belegung mit schwangeren oder bereits entbundenen Frauen vermeiden
- verstellbares Krankenbett

- regelmäßige Kontrolle und Dokumentation von Puls, Blutdruck, Atmung, Bewußtsein und Temperatur
- auf vaginale Blutungen achten
- Wahrnehmung von Schmerzäußerungen (z. B. kolikartige Bauchschmerzen)

- Zuwendung, Gespräche und gezielte Beschäftigung helfen der Patientin bei der Verarbeitung einer Fehlgeburt

Pflege nach vaginalen und abdominalen Operationen 5.4

- Bettruhe nach Arztanordnung
- Lagerung nach Wunsch der Patientin (s. Kap. 2.1.2)
- Mobilisation nach Arztanordnung

- Waschhilfe bzw. Ganzwaschung bei Patientinnen mit reduziertem Allgemeinzustand
- sorgfältige Intimpflege

- sämtliche Prophylaxen bei immobilen Patientinnen (s. Kap. 2.7.1)

- vitaminreich, ballaststoffhaltig, eiweißreich
- Wunschkost

- Grundregeln der Hygiene beachten (s. Kap. 2.7.2)
- bei allen Maßnahmen im Intimbereich Handschuhe tragen
- Einmalwaschlappen und Einmalhandtücher verwenden

- Vaginaltabletten zur lokalen Infektionsbekämpfung und Schmerztherapie nach Arztanordnung

5.4 Pflege nach vaginalen und abdominalen Operationen

Gynäkologische Operationen werden vaginal oder abdominell vorgenommen. Sie greifen immer in die Intimsphäre der Frau ein und können zu schweren psychischen Problemen durch den Organ- und Fruchtbarkeitsverlust (z. B. Hysterektomie, Entfernung der Ovarien) führen (s. Kap. 4.3 und 4.6).

- **Wichtige Begriffe**

Abdominale Hysterektomie	=	operative Entfernung der Gebärmutter durch Eröffnung der Bauchhöhle
Cerclage	=	zirkulär angelegte subkutane Zervixnaht (bei Insuffizienz des Gebärmutterhalses)
Douglaspunktion	=	Punktion oder Inzision eines Douglas-Abszesses
Konisation der Portio	=	kegelförmiges Ausschneiden des Muttermundes zu diagnostischen oder therapeutischen Zwecken
Kürettage	=	instrumentelle Ausschabung der Gebärmutter (Uterus)
Laparotomie	=	Eröffnung der Bauchhöhle
Tubensterilisation	=	Unterbindung der Eileiter (Schwangerschaftsverhütung)
Vaginale Hysterektomie	=	operative Entfernung der Gebärmutter durch die Vagina

Junge Frauen, die ihre Fruchtbarkeit durch eine Operation verlieren, müssen besonders einfühlsam betreut werden. Oft braucht auch der Partner Unterstützung.

5 Gynäkologie

5.5 Pflege bei Erkrankungen der weiblichen Brust

Die weibliche Brust (Mamma) ist Sinnbild für Fruchtbarkeit und Weiblichkeit. Sie hat deshalb einen großen Stellenwert für die Frau. Operative Eingriffe an der Brust stellen immer eine große Belastung für die Frau dar und rufen Ängste (Partnerverlust) und Sorgen hervor.

- **Wichtige Begriffe**

Mammakarzinom	=	Brustkrebs
Mastektomie	=	Brustamputation mit oder ohne Ausräumung der Achsellymphknoten
Mastopathie	=	hormonabhängige Veränderungen der Brust
Mastopathia cystica fibrosa	=	knotenförmige Verdichtungen des Bindegewebes der Brust mit zusätzlicher Zystenbildung
Probeexzision (PE)	=	Entnahme von Gewebestückchen zur histologischen Untersuchung
TNM-System	=	Klinische Klassifikation von Tumoren
		T = Tumor
		N = Lymphknoten
		M = Metastasen
		T_0 = kein nachweisbarer Tumor
		T_1 = Tumorgröße bis 2 cm
		T_2 = Tumorgröße 2–5 cm
		T_3 = Tumorgröße mehr als 5 cm
		T_4 = Tumor jeder Größe mit Infiltration in die Brustwand oder Haut
		N_0 = keine tastbaren axillären Lymphknoten
		N_1 = bewegliche, homolaterale axilläre Lymphknoten
		N_2 = homolateral fixierte Lymphknoten
		N_3 = homolaterale infra- oder supraklavikuläre Lymphknoten oder Lymphödem des Armes
		M_0 = keine Fernmetastasen
		M_1 = Fernmetastasen sind nachweisbar

Überlegungen zur Pflegeplanung bei Erkrankungen der weiblichen Brust (Mamma-Operation)

Die **Intimsphäre** der Patientinnen ist bei allen Pflegemaßnahmen zu **wahren**.

- ruhiges und helles Krankenzimmer
- verstellbares Krankenbett

- regelmäßige Kontrolle und Dokumentation von Puls, Blutdruck, Atmung, Bewußtsein und Temperatur

288

Pflege bei Erkrankungen der weiblichen Brust 5.5

- auf Nachblutungen achten, regelmäßige Kontrolle des Wundverbandes und der Wunddrainagen
- auf Schmerzäußerungen achten
- Lymphstauung erkennen (Schwellung des Armes)

- Zuwendung, Gespräche und die Mitarbeit in einer Selbsthilfegruppe helfen der Patientin bei der Überwindung ihrer psychischen Probleme (z.B. bedingt durch den Organverlust, durch Entstellung, Verlust der Weiblichkeit, durch evtl. bösartige Erkrankung)

- Bettruhe nur bis zum Abklingen der Anästhesie
- flache Rückenlage bis zum völligen Erwachen der Patientin
- anschließend leichte Oberkörperhochlagerung
- Arm der betroffenen Seite hochlagern, um ein Lymphödem zu verhindern (s. Kap. 2.1.2)
- gezielte Krankengymnastik nach Arztanordnung
- Kontakte zu einer **Selbsthilfegruppe** herstellen, z.B.:
  Deutsche Krebsliga e.V.
  Thomas-Mann-Str.
  53111 Bonn

- Waschhilfe bzw. Ganzwaschung in der akuten Phase und bei Patientinnen mit Lymphknotenausräumung der Achselhöhle

- sämtliche Prophylaxen bei immobilen Patientinnen
- Lymphödem- – Arm hochlagern
  prophylaxe: keine Blutdruckmessung und Blutentnahme am betroffenen Arm
  - keine engen Büstenhalter
  - keine einschnürenden Ärmel
  - kein enger Schmuck (Ringe, Uhren)
  - gezielte Krankengymnastik des Schultergürtels und der Arme

- vitamin- und eiweißreich
- Wunschkost

- Grundregeln der Hygiene beachten (s. Kap. 2.7.2)

- Bei Mammaablation auf Wunsch Brustprothese anpassen lassen
- Handhabung erklären und Patientin dabei unterstützen

5 Gynäkologie

Wie war das noch ...?

Fallbeispiel

Frau N., 45 Jahre, verheiratet, zwei verheiratete Kinder, lebt mit ihrem Ehemann in einer Stadt und arbeitet halbtags als Verkäuferin.

Vorgeschichte

Frau N. leidet an einer rezidivierenden Schleimhautentzündung der Gebärmutter (Endometriose). Wegen einer stärkeren Blutung wurde die geplante Hysterektomie (Entfernung der Gebärmutter) vorgezogen.

Seit drei Tagen befindet sich Frau N. im Krankenhaus.

Die Operation ist für den nächsten Tag geplant.

Seit ihrer letzten Schwangerschaft leidet sie an Krampfadern. Zu Hause trägt sie Stützstrümpfe.

Erster Eindruck

Frau N. wirkt ruhig und gefaßt. Sie ist sehr blaß.

Sie hat Angst vor einer durch die Krampfadern entstehenden Embolie.

1. Welche Lebensaktivitäten sind bei Frau N. durch ihre Krankheit beeinträchtigt?
2. Nennen Sie Probleme, die sich im Hinblick auf die Lebensaktivitäten ergeben können.
3. Welche aktuellen Pflegeprobleme liegen vor, und welche potentiellen Pflegeprobleme können sich daraus ergeben?
4. Nennen Sie die notwendigen Pflegeziele.
5. Welche Pflegemaßnahmen planen Sie, um die Pflegeziele zu erreichen?

Bitte beantworten und planen Sie auf einem gesonderten Blatt.

6 Geburtshilfe

6.1 Beobachtung und Pflege der Schwangeren

Eine Schwangerschaft entsteht durch die Verschmelzung einer weiblichen Eizelle (Oozyt) und einer männlichen Samenzelle (Spermatozoon). Die Vereinigung beider Zellen findet im Eileiter (Tube) statt und wird als Imprägnation bezeichnet.
Die menschliche Schwangerschaft dauert normalerweise 281 Tage (40 Wochen). Alle Zellen, Organe und Funktionssysteme des Körpers stellen sich um.

Grundsätzlich müssen Schwangere darauf hingewiesen werden, daß **Alkohol**, **Nikotin** und sonstige **Drogen** die Gesundheit ihres Kindes nachhaltig **gefährden**!

- **Wichtige Begriffe**
  Gravidität = Schwangerschaft
  Imprägnation = Eindringen der Samenzelle in die Eizelle
  Konjugation = Verschmelzung beider Zellkerne und Bildung eines vollständigen Chromosomensatzes
  Nidation = Einnistung eines befruchteten Eies in die Gebärmutterschleimhaut

- **Berechnung des mutmaßlichen Geburtstermins nach der Naegele-Regel**
Erster Tag der letzten Regelblutung minus drei Monate, plus ein Jahr und sieben Tage.

Beispiel: Erster Tag der letzten Regelblutung = 1. Juli
 – 3 Monate = 1. April
 + 7 Tage = 8. April
 + 1 Jahr = 8. April nächsten Jahres

Die meisten Geburten finden innerhalb eines Zeitraumes von 10 Tagen vor bis 10 Tage nach dem errechneten Geburtstermin statt.

- **Veränderungen bei der schwangeren Frau**

- **Herz und Kreislauf**
  – stärkere Durchblutung der Genitalorgane
  – Zunahme des Blutvolumens (etwa ein Liter)
  – Blutdruckschwankungen, Blutdruck bis zu 135/85 mmHg tolerierbar
  – evtl. venöse Abflußbehinderungen (Varizen, Hämorrhoiden, Vena-cava-Kompressionssyndrom)
- **Genitalorgane und Brüste**
  – Vergrößerung und stärkere Durchblutung
  – Spannungsgefühl in den Brüsten

6 Geburtshilfe

- **Verdauungsorgane**
  - Übelkeit, Brechreiz und Erbrechen
  - Druckgefühl im Magen
  - Neigung zu Obstipation
- **Haut und Hautanhangsgebilde**
  - vermehrte Pigmentierung der Haut
  - Brüchigkeit der Nägel
  - Lockerung der Haarwurzel (Haarausfall)
  - Streifenbildung auf der Haut (Striae)
- **Körpergewicht**
  - Gewichtszunahme von 10 bis 12 Kilogramm
- **Zentralnervensystem**
  - erhöhter Parasympathikotonus in der Frühphase der Schwangerschaft mit Übelkeit und Erbrechen
  - erhöhte Sensibilität
- **Fluor** (Ausfluß)
  - vermehrt auftretendes Zervikal- und Vaginalsekret
- **Miktion**
  - häufiges Wasserlassen durch Druck des vergrößerten Uterus auf die Harnblase
- **Atmung**
  - zunehmende Kurzatmigkeit durch Druck des vergrößerten Uterus auf das Zwerchfell
- **Psyche**
  - Stimmungsschwankungen

6.1.1 Pflege der Schwangeren mit vorzeitiger Wehentätigkeit

Störungen der Wehentätigkeit, durch das CTG festzustellen (Abb. 6-1), sind häufige Regelwidrigkeiten bei der Geburt. Zu schnelle und frühzeitige Uteruskontraktionen (hyperaktive Wehen) führen zu einer eingeschränkten Durchblutung der Gebärmutter (Uterus) und gefährden das Kind durch eine mangelnde Sauerstoffzufuhr (Hypoxie).
Der Klinikaufenthalt einer Schwangeren ist nur bei Gefahren für Mutter und Kind notwendig.

- **Wichtige Begriffe**

CTG = Cardiotokographie, Erfassung und graphische Darstellung der fetalen Herztöne und Wehentätigkeit. Dadurch kann der intrauterine Zustand des Kindes überwacht werden. Bei Gefahr für den Fetus ist ein schnelles Eingreifen (z.B. Sectio) möglich.

hyperaktive Wehen = verstärkte und beschleunigte Wehen

hypokinetische Wehenstörungen = Wehenschwäche

RDS-Prophylaxe = Respiratory-Distress-Syndrom-Prophylaxe Maßnahmen, um beim Frühgeborenen ein Atemnotsyndrom zu verhindern

Beobachtung und Pflege der Schwangeren 6.1

(Enzymreifung erst ab der 35. SSW), z. B. durch Gabe von Dexamethason an die Schwangere bei vorzeitiger Wehentätigkeit 24–72 Stunden vor der Geburt

Tokolyse = medikamentöse Wehenhemmung

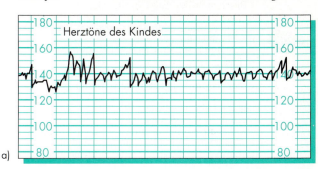

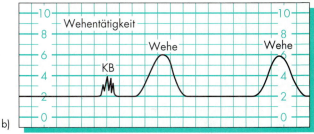

Abb. 6-1 a und b normale CTG
a) Herztöne des Ungeborenen
b) Wehentätigkeit (KB: Kindsbewegung)

Überlegungen zur Pflegeplanung bei vorzeitiger Wehentätigkeit

- ruhiges und helles Krankenzimmer, Belegung mit Patientinnen nach Abort vermeiden
- verstellbares Krankenbett
- erhöhtes Bettende (Entlastung des Muttermundes)

- regelmäßige Kontrolle und Registrierung von Puls, Blutdruck, Atmung, Temperatur und Bewußtsein (s. Kap. 2.7.4)
- Kontrolle der Urinausscheidung (z. B. Menge, Bestandteile)
- Bilanzierung der Ein- und Ausfuhr (Ödeme)

- Gespräche und Zuwendung, sinnvolle Beschäftigung und Ablenkung helfen Ängste zu nehmen

6 Geburtshilfe

- die psychische Geburtsvorbereitung erfolgt vorwiegend durch die Hebamme:
  - Erklärung der Anatomie und Physiologie der weiblichen Genitalorgane
  - Verlauf des Geburtsvorgangs
  - Beseitigung der Angst vor der Geburt

- strenge Bettruhe nach Arztverordnung bei Gefahr einer Fehl- oder Frühgeburt
- Beine zur Ödem- und Thromboseprophylaxe hochlagern (s. Kap. 2.1.2)
- gezielte Atem- und Entspannungsübungen
- Krankengymnastik nach Arztverordnung

- tägliche behutsame Ganzwaschungen, Patientin dabei unterstützen, sie darf sich nicht anstrengen
- ausreichende Intimtoilette
- Vollbäder und Scheidenspülungen sind bis zum Beginn der Geburt verboten (Gefahr einer aufsteigenden Infektion)

- sämtliche Prophylaxen bei immobilen Patientinnen (s. Kap. 2.7.1)
- für weichen Stuhlgang sorgen (Uteruskontraktionen)
- Klysmen oder Einläufe nur auf Arztanordnung

- Gefahr der Mangelernährung bei Übelkeit und Erbrechen

- Grundregeln der Hygiene beachten (s. Kap. 2.7.2)

- Medikamentengabe nach Arztverordnung
- evtl. Gabe von wehenhemmenden Medikamenten (Tokolyse)
- Ultraschalluntersuchung durch den Arzt zur Beurteilung des Schwangerschaftsverlaufes
- Patientin ist zeitweise an das CTG angeschlossen. Die Hebamme kontrolliert dies regelmäßig

6.1.2 Pflege der Schwangeren mit vorzeitigem Blasensprung

Unter einem vorzeitigen Blasensprung versteht man die Spontanruptur der Eihäute vor Wehenbeginn. Ist der Blasensprung nahe dem Geburtstermin, so wird die Geburt medikamentös eingeleitet. Erfolgt er zu einem Zeitpunkt, an dem das Ungeborene noch unreif ist, muß eine Frühgeburt verhindert werden.

- **Wichtige Begriffe**

Amnioninfektionssyndrom = aufsteigende Infektion durch eindringende Streptokokken bei vorzeitigem Blasensprung

vorzeitiger Blasensprung = Abgang von Fruchtwasser vor dem Beginn der Wehen

Beobachtung und Pflege der Schwangeren 6.1

Schwangere mit vorzeitigem Blasensprung werden wie bei vorzeitigen Wehen behandelt (s. Kap. 6.1.1). Strenge Bettruhe, Tokolyse und Antibiotikatherapie sind angezeigt.

6.1.3 Pflege der Schwangeren mit EPH-Gestose

Die EPH-Gestose ist eine der häufigsten Erkrankungen in der zweiten Schwangerschaftshälfte, bei der Mutter und Kind gefährdet sind. Durch eine intensive Pflege und Überwachung von Mutter und Kind soll eine Eklampsie verhindert werden. Die Bezeichnung EPH-Gestose leitet sich von den wichtigsten Symptomen ab.

- **Wichtige Begriffe**

Eklampsie = kurzzeitige tonisch-klonische Krämpfe nach der 28. Schwangerschaftswoche oder unter der Geburt bei bestehender EPH-Gestose
EPH-Gestose = – Edema (Ödem)
– Proteinurie
– Hypertonie

Überlegungen zur Pflegeplanung bei EPH-Gestose

– ruhiges, verdunkelbares Zimmer, Helligkeit und Lärm begünstigen einen eklamptischen Anfall
– verstellbares Krankenbett

– regelmäßige Kontrolle und Dokumentation von Puls, Blutdruck, Atmung, Temperatur und Bewußtsein
– Führen eines Intensiv-Überwachungsprotokolls (s. Kap. 2.7.4)
– tägliche Gewichtskontrolle
– Kontrolle der Urinausscheidung (z.B. Eiweiß, Menge)
– Bilanzierung der Ein- und Ausfuhr (Ödem)
– Ödemkontrolle (regelmäßige Inspektion der Haut, Messen des Beinumfanges)
– regelmäßige Darmentleerung (Pressen vermeiden)

– Gespräche, Zuwendung und Ablenkung helfen Ängste abzubauen
– Beschäftigungstherapie zur sinnvollen Gestaltung des Tagesablaufes

– strenge Bettruhe nach Arztanordnung
– Atem- und Entspannungsübungen
– Krankengymnastik nach Arztanordnung

– täglich Ganzwaschung
– exakte Intimtoilette
– Vollbäder und Scheidenspülungen sind unbedingt zu unterlassen (Gefahr einer aufsteigenden Infektion)

6 Geburtshilfe

- sämtliche Prophylaxen bei immobilen Patientinnen (s. Kap. 2.7.1)

- ausreichende Ernährung bei Übelkeit und Erbrechen (Gefahr der Mangelernährung)
- salzarme Kost, Flüssigkeitsbilanz (Ödemprophylaxe)

- Grundregeln der Hygiene beachten (s. Kap. 2.7.2)

- Medikamentengabe nach Arztanordnung
- Ultraschalluntersuchung durch den Arzt zur Beurteilung des Schwangerschaftsverlaufes
- die Hebamme überwacht den Zustand des Kindes durch das CTG

Verhalten während eines eklamptischen Anfalls

- Ruhe bewahren
- ärztliche Hilfe herbeiholen
- Patientin beruhigen, wenn ansprechbar
- Atemwege freihalten (Esmarch-Handgriff)
- bei Bedarf Mundkeil einschieben (Schutz vor Zungenbiß)
- Schutz vor Verletzungen durch umliegende Gegenstände
- Kontrolle und Überwachung von Atmung und Kreislauf

6.2 Teilnahme bei einer Geburt

Die Geburt ist die physiologische Beendigung der Schwangerschaft. Dabei öffnet sich der Muttermund, das Kind passiert den Geburtskanal, die Plazenta (Mutterkuchen) löst sich und wird ausgestoßen. Die Kontraktionen der Uterusmuskulatur bewirken eine ausreichende Blutstillung an den Geburtswunden. In der modernen Geburtshilfe geht man dazu über, die Schwangere in der Stellung entbinden zu lassen, die sie am angenehmsten empfindet (liegend, stehend, hockend). Dafür gibt es unterschiedliche Gebärstühle und -betten (Abb. 6-2).

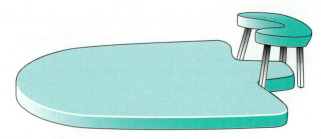

Abb. 6-2 Gebärhocker

Teilnahme bei einer Geburt **6.2**

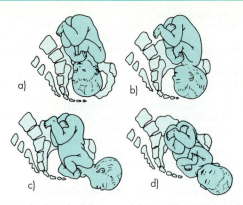

Abb. 6-3 a bis d Verlauf der normalen Entbindung bei Hinterhauptlage
a) Durchtritt durch die Beckenhöhle
b) Austritt aus dem Geburtskanal
c) Austritt vollendet, Geburt des Kopfes
d) äußere Drehung des Kopfes vollendet, Geburt der hinteren Schulter

- **Phasen einer Geburt** (Abb. 6-3)
Die Dauer der einzelnen Phasen ist auch davon abhängig, ob es sich um eine erst- oder mehrgebärende Frau handelt.

Eröffnungsphase
Einsetzen regelmäßiger Wehen (7–12 Stunden), Abgang von Fruchtwasser, Platzen der Fruchtblase

Austreibungsphase
Vollständige Öffnung des Muttermundes, Austreibung des Kindes durch den Geburtskanal (Preßwehen, 20–60 Minuten)

Nachgeburtsphase
Beginnt nach der Geburt des Kindes und endet mit der Ausstoßung der Plazenta (20–30 Minuten).
Durch die Nachwehen kommt es zu einer Blutstillung.
Die Geburt ist beendet, wenn die Nachgeburt vollständig ausgestoßen ist.

 Die schwangere Frau wird von der Hebamme aufgenommen und auf die Geburt vorbereitet.

- **Mögliche Aufgaben des Pflegepersonals**

Eröffnungsphase
- Kontrolle von Puls und Blutdruck, Gewicht, Urin
- evtl. Teilrasur der Schambehaarung
- Vollbad
- Reinigungseinlauf
- evtl. Lagerung im Kreißbett

297

Austreibungsphase
- Kontrolle der Vitalzeichen von Mutter und Kind
- Richten der benötigten Pflegeutensilien für das erste Bad, Bettchen und angewärmte Kleidung für das Neugeborene

Nachgeburtsphase
- Überwachung der Vitalzeichen von Mutter und Kind

Versorgen der Mutter nach der Geburt
- Kontrolle der Vitalfunktionen (Puls, Blutdruck, Temperatur)
- Beobachtung von Blutungen
- auf spontane Entleerung der Harnblase achten
- beim Waschen unterstützen
- frische Wäsche anziehen

Erstversorgung des gesunden Neugeborenen durch den Geburtshelfer

Abnabelung
Die Nabelschur wird etwa eine Handbreit von der Bauchdecke entfernt mit zwei sterilen Klemmen (Abstand 2–3 cm) abgeklemmt und in der Mitte mit einer sterilen Schere durchtrennt (Abb. 6-4).

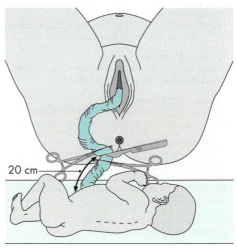

Abb. 6-4 Abnabelung

Um ein Auskühlen zu verhindern, wird das Kind nach dem Abnabeln in ein steriles vorgewärmtes Tuch gewickelt.
Damit das Neugeborene unbehindert atmen kann, Mund- und Rachenraum absaugen.

Identifikation des Neugeborenen
Anbringen eines Armbändchens um das Handgelenk des Kindes
mit folgenden Angaben
- Name des Kindes
- Familienname der Mutter
- Geburtstag mit Geburtsstunde des Kindes
- Geschlecht

Erstes Baden im Kreißsaal
Zuerst wird das Geburtsgewicht ermittelt. Zum Entfernen von
Blut-, Schleim- und Fruchtwasserresten wird das unauffällige
Neugeborene im Kreißsaal kurz (ein bis zwei Minuten) gebadet
und vorsichtig abgetrocknet. Die Käseschmiere (Vernix caseosa)
schützt die Haut und vor Wärmeverlust.
Abschließend die Windel anlegen und das Neugeborene anziehen;
Credé-Prophylaxe (Einträufeln von je einem Tropfen 1%iger
Argentum-nitricum- oder Nebacetin®-Lösung in jedes Auge, zur
Verhütung von gonorrhoischen Augeninfektionen) nach Anordnung.

6.3 Pflege der Wöchnerin

Das Wochenbett (Puerperium) beginnt mit vollendeter Geburt,
dauert etwa vier bis sechs Wochen und belastet die Frau psychisch und physisch. Während des Wochenbettes bilden sich die
veränderten Organe zurück, heilen die Geburtswunden und bildet sich die Muttermilch.

Bei der Übernahme der Wöchnerin aus dem Kreißsaal sind folgende Informationen notwendig
- Geburtsverlauf
- Dammschnitt
- geschätzter Blutverlust
- medikamentöse Therapie während der Geburt
- Miktion nach der Entbindung
- Zustand und Aufenthaltsort des Kindes
- verordnete Nachbehandlung

Überlegungen zur Pflegeplanung bei Wöchnerinnen

- ruhiges und helles Krankenzimmer
- „Rooming-in" muß möglich sein
- verstellbares Krankenbett

- regelmäßige Kontrolle und Dokumentation von Puls, Blutdruck, Atmung, Temperatur und Bewußtsein (Gefahr von Wochenbettfieber und Blutungen)
- Kontrolle der Urinausscheidungen (hormonbedingt Harnflut innerhalb der ersten 48–72 Stunden)
- Beobachtung des Wochenflusses auf Menge, Farbe, Geruch und Beschaffenheit

6 Geburtshilfe

- Lochienstauung, Mastitis, verzögerte Heilung einer Dammnaht, Bein-/tiefe Beckenvenenthrombose frühzeitig erkennen

- Gespräche und Zuwendung helfen der Wöchnerin bei evtl. wechselnden Stimmungslagen in den ersten Tagen (bedingt durch die Hormonumstellung)
- gezielte Anleitungen im Umgang mit dem Neugeborenen beseitigen Ängste und Unsicherheiten

- frühes Aufstehen nach der Geburt ist erwünscht
- erstes Aufstehen nach Wunsch der Wöchnerin, spätestens nach acht Stunden. Möglichst unterstützen (Kollapsgefahr)
- Lagerung nach Wunsch
- Sitzring zur Schmerzlinderung bei Dammnaht
- Wochenbettgymnastik ab dem zweiten Tag zur Kreislaufanregung, Thromboseprophylaxe und Festigung der Bauch- und Beckenbodenmuskulatur

- Waschhilfe, mehrmals täglich das äußere Genitale mit einer Desinfektionslösung spülen (s. Kap. 5.1.3)
- Duschen ist ab dem dritten Tag erlaubt
- Sitzbäder ab dem fünften Tag
- Vollbäder nach dem Abklingen des Wochenflusses (etwa nach drei bis fünf Wochen)
- bei Dammnaht zusätzlich zur Spülung Salbenläppchen nach Arztanordnung auflegen
- die Brust regelmäßig waschen und gut abtrocknen

- sämtliche Prophylaxen sind notwendig. Gefahr von Thrombose, Embolien, Blutungen und Wochenbettfieber (s. Kap. 2.7.1)

- eiweiß-, vitamin- und ballaststoffreich
- viel Flüssigkeit (z. B. milchfördernde Tees)

- Grundregeln der Hygiene beachten (s. Kap. 2.7.2)
- Lochien sind infektiös!
- zu allen Pflegemaßnahmen im Genitalbereich Handschuhe tragen

- Medikamentengabe nach Arztanordnung
- zur Förderung der Laktation das Neugeborene regelmäßig an beiden Brustwarzen anlegen

6.3.1 Pflege nach Kaiserschnitt

Ein Kaiserschnitt (Sectio caesarea) ist immer dann notwendig, wenn eine vaginale Geburt nicht möglich ist.

Indikationen
- pathologische CTG
- Beckenanomalien der Frau
- Fehllagen des Kindes (z. B. Querlage)
- „Riesenkind" bei Diabetes

Pflege der Wöchnerin 6.3

- extreme Frühgeburt
- Mehrlinge

 Die grundsätzliche pflegerische Versorgung der Patientin erfolgt wie nach einer Laparotomie.
Es ist besonders darauf zu achten, daß die Frau möglichst bald ihr Kind selbständig versorgt.

Wie war das noch …?

Fallbeispiel
Frau Sch., 41 Jahre, verheiratet, zwei Kinder, Hausfrau.

Vorgeschichte
Frau Sch. wurde gestern von ihrem Gynäkologen zur stationären Überwachung eingewiesen. Diagnose: Plazentainsuffizienz, EPH-Gestose und Nikotinabusus s. 38. Schwangerschaftswoche.
Nach starkem Abfall der Schwangerschaftshormone wurde ihr zur Schnittentbindung geraten.
Die letzte Schwangerschaft vor drei Jahren verlief in der ersten Hälfte normal. In der zweiten Hälfte entwickelte sich eine EPH-Gestose, die medikamentös behandelt wurde.
Wegen des Alters von Frau Sch., des Hormonabfalls und der bei der letzten Schwangerschaft aufgetretenen EPH-Gestose ist die bestehende Schwangerschaft eine Risikoschwangerschaft.

Erster Eindruck
Frau Sch. ist mittelgroß und schwergewichtig. Ihre Gesichtsfarbe ist rot. Sie macht sich Sorgen um ihre Familie und die Gesundheit des Feten. Sie hat Angst vor Mißbildungen des Kindes.

1. Welche Lebensaktivitäten sind bei Frau Sch. durch die geplante Schnittentbindung beeinträchtigt?
2. Nennen Sie Probleme, die sich im Hinblick auf die Lebensaktivitäten ergeben können.
3. Welche aktuellen Pflegeprobleme liegen vor, und welche potentiellen Pflegeprobleme können sich daraus ergeben?
4. Nennen Sie die notwendigen Pflegeziele.
5. Welche Pflegemaßnahmen planen Sie, um die Pflegeziele zu erreichen?

Bitte beantworten und planen Sie auf einem gesonderten Blatt.

6.4 Beobachtung des Neugeborenen

Unter der Neugeborenenperiode versteht man den **Zeitraum von der Geburt bis zur vierten Lebenswoche**. Innerhalb dieser Phase gibt es eine Reihe von Adaptionserscheinungen (Adaptation: Anpassung), die ursächlich auf den Übergang vom intrauterinen zum extrauterinen Leben zurückzuführen sind und genau beobachtet werden müssen.

Um den Vitalitätszustand des Neugeborenen zu erkennen, werden in der ersten, fünften und zehnten Minute nach der Geburt bestimmte Funktionen nach dem Apgar-Schema überprüft.

Tab. 6-1 Apgar-Schema

	0	1	2	Punkte
Hautfarbe	blau oder weiß	Stamm rosig Extremitäten blau	rosig	
Atmung	keine	Schnappatmung od. unregelmäßig	regelmäßig, kräftig schreiend	
Muskeltonus	schlaff	mittel, träge, Flexionsbewegung	gut Spontanbewegungen	
Reflexe beim Absaugen	keine	„Grimassen"	Husten oder Niesen	
Herzschlagfrequenz	keine	<100	>100	
			Asphyxieindex (Summe):	

Auswertung:
Punktzahl 0–3
akute Lebensgefahr des Kindes
Punktzahl 4–6
verminderte Vitalfunktion, mäßige Depression, es besteht keine akute Lebensgefahr, gezielte Beobachtung ist notwendig
Punktzahl 7–10
normaler Befund, unauffälliges Neugeborenes

70% aller Neugeborenen erreichen eine Apgar-Punktzahl von 7 und mehr Punkten.

- **Reifezeichen eines ausgetragenen Neugeborenen**

Die Reifezeichen werden unmittelbar nach der Geburt durch die Hebamme oder den Kinderarzt bestimmt.

Gewicht: 2500–3500 Gramm
Körperlänge: 48–50 cm (Scheitel – Ferse)

Beobachtung des Neugeborenen 6.4

Kopfumfang:	34 cm (Hutmaß)
Nagelwachstum:	Nägel erreichen die Finger- und Zehenkuppen
Fettpolster:	gut entwickelt
Ohr- und Nasenknorpel:	ausgebildet und gut tastbar
Reflexe:	einwandfrei funktionierender Schluck- und Saugreflex, regelrechter Muskeltonus
Äußere Geschlechtsorgane:	Hoden im Hodensack, große Schamlippen decken die kleinen Schamlippen

Bei allen Unregelmäßigkeiten muß sofort ein Pädiater (Kinderarzt) informiert werden.

- **Erstuntersuchung (U 1)**

Nach der orientierenden Untersuchung des Neugeborenen durch den Geburtshelfer im Kreißsaal folgt im Laufe des ersten Lebenstages die Basisuntersuchung durch den Pädiater.

Schwerpunkte der Untersuchung:
- Feststellung von Mißbildungen (z.B. angeborene Herzfehler, Speiseröhrenverschluß)
- Kontrolle der Reifezeichen
- Nachweis von Ödemen

- **Zweituntersuchung (U 2)**

Im Laufe der ersten zehn Lebenstage folgt die zweite Vorsorgeuntersuchung durch den Pädiater.

Schwerpunkte der Untersuchung:
- Feststellung von orthopädischen Erkrankungen (z.B. Hüftgelenksdysplasien)
- Erkennen von Miktionsstörungen
- Fontanellenuntersuchung
- erneute Kontrolle der Reifezeichen

Routinemäßig werden im Laufe der ersten Lebenswoche folgende Parameter überprüft:
- Guthrie-Test (zum Feststellen von Stoffwechselstörungen, z.B. Phenylketonurie)
- TSH-Bestimmung (Schilddrüsenhormone)
- Mekonium-Test (Früherkennung von Mukoviszidose)

- **Spezielle Beobachtungen beim Neugeborenen**

Aussehen und Hautfarbe

Ein gesundes Neugeborenes hat eine helle, rosige Hautfarbe. Eine zyanotische Färbung der Hände und Füße sollte innerhalb von 48 Stunden verschwinden.

Neugeborenen-Gelbsucht
Durch einen physiologischen Blutzerfall und eine unreife Leber kann es beim Kind ab dem dritten Lebenstag zu einer Gelbfärbung der Haut kommen (regelmäßige Bilirubinkontrolle).

Atmung
Die Atemfrequenz beträgt etwa 40 Atemzüge pro Minute und ist häufig unregelmäßig.

Temperatur
Das Neugeborene ist ausgesprochen thermolabil (Schutz vor Wärmeverlust).

Erster Stuhlgang
Ausscheidung von schwarz-grünem Mekonium (Kindspech) in den ersten 24–36 Stunden

Urinausscheidung
Sollte in den ersten 24 Stunden erfolgen

Gewicht
Physiologische Gewichtsabnahme von maximal 10% bis zum vierten Lebenstag. Das Geburtsgewicht wird in der Regel bis zum Ende der zweiten Lebenswoche erreicht.

Herz und Kreislauf
Die Herzfrequenz des Neugeborenen liegt bei 120–140 Schlägen pro Minute. Der Blutdruck (wird nur bei Bedarf gemessen) beträgt systolisch zwischen 60–80 mmHg (10,6–14,6 kPa).

6.5 Ernährung des Neugeborenen

Das Neugeborene hat einen **dreifach höheren Energiebedarf** als ein Erwachsener (Tab. 6-2). Die Ernährung kann natürlich (durch Stillen) und/oder künstlich (Flaschenernährung) erfolgen.

Die erste Nahrungsaufnahme erfolgt innerhalb der ersten sechs Lebensstunden. Der Saugreflex und die Bereitschaft zur Nahrungsaufnahme sind bei einem gesunden Neugeborenen dann bereits voll ausgebildet.

• Natürliche Ernährung
Das Neugeborene soll bereits kurz nach der Geburt angelegt werden, um die Milchproduktion zu unterstützen (erste Kontaktaufnahme).
Die Häufigkeit der Mahlzeiten richtet sich nach dem Bedarf des Kindes. Eine Regelmäßigkeit der Stillzeiten ist anzustreben (Gewöhnung des Kindes), aber nicht zwingend.
In der Anfangszeit haben die Neugeborenen alle zwei bis drei Stunden Hunger. Sie sollten dann auch gestillt werden.

Ernährung des Neugeborenen **6.5**

Tab. 6-2   Energiebedarf (Brennwertbedarf, Kalorienbedarf)
pro Kilogramm Körpergewicht und Tag

Energiequotient (EQ) = $\dfrac{\text{Brennwert (Kalorien)}}{\text{kg Körpergewicht}}$

Lebensalter	EQ in Joule	in Kalorien
Frühgeborene	504–630	120–150
Reife Neugeborene	420–504	100–120
Hypotrophe Neugeborene	504–735	120–175
Säuglinge bis zu 1 Jahr	460	110
Kleinkind, 1–3 Jahre	380	90
4–6 Jahre	330	80
Schulkind	250	60
Jugendlicher	210	50
Erwachsener	145	35

Nach vier bis sechs Wochen haben fast alle gestillten Kinder
ihren eigenen regelmäßigen Rhythmus gefunden (6–8 Mahlzeiten pro Tag).

Vorteile der natürlichen Ernährung
– qualitativ und quantitativ richtige Zusammensetzung
  der Nährstoffe
– keine Nahrungszubereitung notwendig
– immer zur Verfügung
– leicht verdaulich
– bessere Rückbildung der mütterlichen Gebärmutter
– immer die gleiche Temperatur
– Zufuhr von Antikörpern aus dem mütterlichen Blut
– Keimarmut der Nahrung
– Verstärkung der Mutter-Kind-Beziehung
– keine Kosten

• **Künstliche Ernährung**
Die künstliche Ernährung mit adaptierter (angepaßter) Milch ist
die Möglichkeit der Wahl, wenn eine natürliche Ernährung
nicht möglich ist.
• **Stillhindernisse der Mutter**
  – Hypogalaktie (Milchmangel)
  – beginnende Mastitis (Brustdrüsenentzündung) an beiden
    Brüsten
  – Hohl-, Schlupf- oder Flachwarzen (ohne Stillhütchen)
  – Abhängigkeit von Alkohol und Drogen
  – Unterernährung
  – Rhagaden an der Brust

305

6 Geburtshilfe

- **Stillhindernisse des Kindes**
  - Mißbildungen der Luft- und Speisewege
    (z. B. Lippen-Kiefer-Gaumen-Spalte, Oesophagusatresie)
  - Trinkschwäche (z. B. Herzfehler, Pneumonie)
  - extreme Unreife
- **Grundsätzliches Stillverbot besteht bei**
  - schweren Stoffwechselkrankheiten (z. B. Hyperthyreose)
  - Infektionskrankheiten (z. B. Typhus, Diphtherie, HIV bzw. Aids)
  - Medikamenteneinnahme (z. B. Chloramphenicol)

- **Flüssigkeitsbedarf**

Das gesunde Neugeborene braucht täglich mindestens folgende Flüssigkeitsmenge:

Erster Lebenstag: in vierstündigen Intervallen 10–15 ml Tee mit 5% Traubenzucker

Erste Lebenswoche: Tagestrinkmenge = (Lebenstage –1) × 70 g (Finkelstein-Formel)

Zweite Lebenswoche: Steigerung der Nahrungsmenge auf etwa $1/_6$ des Körpergewichtes. Die Menge von etwa 800–1000 g pro Tag soll nicht überschritten werden.

6.5.1 Das Stillen

Nach der Geburt wird das Neugeborene erstmals an der mütterlichen Brust angelegt. Am ersten Tag nach der Geburt fließt die sehr eiweißhaltige Vormilch. Ab dem dritten bis vierten Tag

Abb. 6-5 Stillen im Bett

Ernährung des Neugeborenen 6.5

erfolgt der Milcheinschuß, doch erst am 15. Tag ist die Muttermilch „reif".

Vorbereitungen der Mutter
– Information und Aufklärung der Frau über das Stillen (Stillen soll für Mutter und Kind angenehm sein)
– für Ruhe sorgen (kein Besuch oder Zeitdruck)
– Händedesinfektion der Mutter (Mastitisprophylaxe)
– Brust mit abgekochtem, lauwarmem Wasser abwaschen
– Die Frau nimmt eine Seitenlage im Bett oder eine bequeme Sitzposition auf dem Stuhl ein (Abb. 6-5 und 6-6).

Vorbereitungen des Kindes
– Windel erneuern
– Kind wiegen (Ausgangsgewicht)
– Personalien der Mutter mit den Angaben auf dem Armbändchen des Kindes vergleichen
– Kind zur Mutter bringen

Anlegen des Kindes
Die Mutter braucht beim ersten Anlegen ihres Kindes Unterstützung (Abb. 6-7a und b).
– Kind muß wach sein
– Brustwarze und Warzenvorhof müssen vollständig im Mund des Kindes sein
– die Zunge liegt unter der Brustwarze

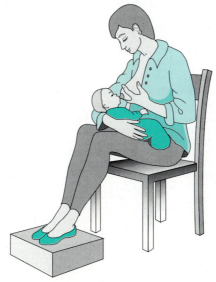

Abb. 6-6 Stillen im Sitzen. Wichtig die steile, dem Rücken angepaßte Lehne und die Unterstützung der Beine

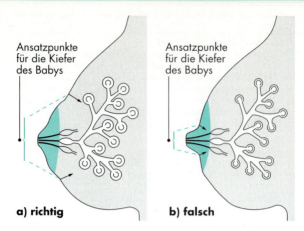

Abb. 6-7 Anlegen zum Stillen

- die Mutter hält die Brust etwas zur Seite, damit das Kind gut durch die Nase atmen kann
- Stilldauer beachten (maximal 20 Minuten, innerhalb der ersten fünf Minuten werden 80–90% der Gesamtmenge getrunken)
- Kind soll nach dem Wechseln der Brust und am Ende der Mahlzeit aufstoßen
- Kontrolle der Trinkmenge durch erneutes Wiegen des Kindes
- überschüssige Milch nach Brustkontrolle durch Hebamme evtl. abpumpen

6.5.2 Verabreichen der Flaschennahrung

Die künstliche Säuglingsnahrung ist weitgehend der Muttermilch angeglichen. Bei dieser Ernährungsform findet **kein so intensiver Mutter-Kind-Kontakt** statt (Körper-/Hautkontakte). Deshalb muß beim Verabreichen der Flaschennahrung durch die Mutter oder die Pflegeperson darauf geachtet werden, daß genügend Zeit und Ruhe vorhanden sind und das Kind Zuwendung erfährt.

Vorbereitung
- Hände desinfizieren
- Flaschennahrung nach Herstellerangaben zubereiten
- abgespülten Sauger über die Flasche stülpen (Saugerkuppe nicht berühren)
- Temperatur der Nahrung überprüfen (Tropfen auf die Innenseite der Unterarme oder auf den Handrücken)

Vorgehen
- Kind auf den Schoß nehmen und seinen Kopf in die Arm-

Ernährung des Neugeborenen **6.5**

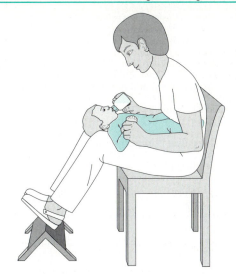

Abb. 6-8 a Füttern von vorne

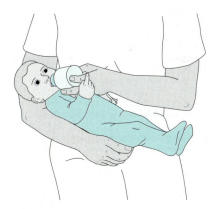

Abb. 6-8 b Füttern von der Seite

beuge oder auf die aufgestellten Beine der fütternden Person legen (Abb. 6-8 a und b)
- Flasche leicht schräg halten, Flaschenhals muß ganz mit Nahrung gefüllt sein, auf die Saugbewegungen des Kindes achten
- Kind beobachten und zum Aufstoßen Pausen machen (Flaschenmahlzeit soll nicht länger als 15 Minuten dauern)
- nach dem Trinken das Kind aufstoßen lassen

- Kind ins Bett legen (abwechselnde Lagerung)
- Trinkmenge dokumentieren

Nach jeder Mahlzeit müssen Flasche und Sauger gründlich gereinigt werden (Ausnahme: Einmalmaterial)
- Sauger unter fließendem Wasser abspülen und mit Salz ausreiben (entfernt Eiweißreste)
- Flasche ausspülen und mechanisch mit einer Flaschenbürste reinigen
- weiterer Umgang nach hausinternen Regelungen

6.6 Pflege des Neugeborenen

Zur täglichen Körperpflege des Neugeborenen gehören eine Ganzwaschung unter fließendem Wasser oder ein Bad (Abb. 6-9).

Vorbereitungen zum Baden des Säuglings
- Fenster schließen
- Raumtemperatur etwa 25 °C
- Hände waschen
- Kinderwaage tarieren, Windel auflegen und wiegen
- benötigte Kinderwäsche bereitlegen
- Pflegematerialien richten
- Badewasser einlaufen lassen (37 °C)

Vorgehen
- Händedesinfektion
- Windel und Stuhlreste entfernen
- evtl. Kontrolle der rektalen Körpertemperatur
- Wiegen (Windelgewicht abziehen)
- Beobachtung des Kindes (Haut, Verhalten, Motorik)
- Baden des Säuglings
- Gesicht mit klarem Wasser waschen, dann evtl. Badezusatz
- sorgfältiges Abtrocknen (Hautfalten)
- Gesichtspflege
- Hemdchen und Jäckchen anziehen (bei Bändchenverschluß darauf achten, daß zwischen Hals und Kleidung ein Finger dazwischen paßt, sonst Strangulationsgefahr)
- Händedesinfektion
- Nabelpflege
Durch eine regelmäßige Nabelpflege trocknet der Nabelschnurrest schneller aus und infiziert sich nicht.
Es gibt eine „offene" und eine „geschlossene" Methode.
Der Nabelschnurrest wird bei jedem Wickeln mit sterilen Kompressen mit oder ohne Alkohol abgetupft. Um Druckstellen zu vermeiden, kommt unter die Nabelklemme (kann nach 48 Stunden entfernt werden) und um den Nabelschnurrest eine sterile Kompresse (offen). Je nach hausinterner Regelung evtl. Nabelbinde (geschlossen).
- Wickeln des Säuglings
- Strampelhose anziehen
- Nagelpflege bei Bedarf (in der Regel ab der vierten Lebenswoche)

Betreuung von Mutter und Kind bei Rooming-in **6.7**

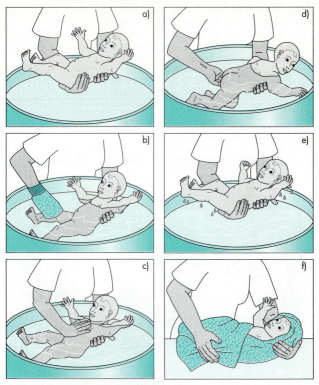

Abb. 6-9 a bis f Säuglingsbad
a) Einbringen in die Badewanne
b) Bad in Rückenlage
c) Umdrehen zur Bauchlage
d) Bad in Bauchlage
e) Herausnahme aus dem Bad
f) Abtrocknen

– Kind ins Bett legen
– gebrauchte Gegenstände versorgen
– Dokumentation von Gewicht und Körpertemperatur

6.7 Betreuung von Mutter und Kind bei Rooming-in

Um eine optimale Mutter-Kind-Beziehung zu gewährleisten und als Training der Pflege des Kindes (z. B. Stillen, Baden, Wickeln)

311

nach dem Klinikaufenthalt, hat es sich bewährt, Mutter und Kind in ein gemeinsames Zimmer zu legen.
Um der Mutter Phasen der Ruhe und Erholung zu ermöglichen, wird die Pflege des Kindes stufenmäßig aufgebaut. Jederzeit ist eine vollständige Übernahme aller notwendigen Tätigkeiten durch das Pflegepersonal zu gewährleisten.

Möglicher Aufbau der Säuglingspflege durch die Mutter
Erster Tag: Pflegeperson versorgt ohne aktive Mithilfe der Mutter das Neugeborene
Zweiter und dritter Tag: Teilweise Übernahme der Pflege durch die Mutter unter Aufsicht
Vierter Tag: Vollständige Pflege unter Aufsicht
Ab dem fünften Tag bis zur Entlassung: Selbständige Pflege des Neugeborenen. Pflegeperson berät bei Bedarf

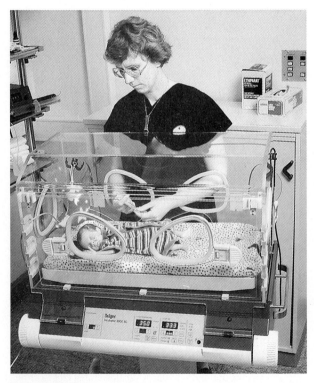

Abb. 6-10 Inkubator

Säuglingspflege im Inkubator **6.8**

6.8 Säuglingspflege im Inkubator

Ungefähr 5–10 Prozent aller Neugeborenen kommen zu früh zur Welt. Frühgeborene sind Risikokinder, die vor der 37. Schwangerschaftswoche zur Welt kommen. Sie brauchen eine besondere Überwachung und Pflege.
Besonders wichtig ist eine gezielte Wärmezufuhr, das Stabilisieren der Vitalfunktionen und eine gute Beobachtung.
Alle Frühgeborenen sollten grundsätzlich auf eine Frühgeborenenstation oder neonatologische Intensivstation verlegt werden.

● **Die apparative Grundausstattung besteht aus**
– Inkubatoren
– Beatmungsgeräten
– Monitoren zur Überwachung von Atmung, Temperatur, Puls und Blutdruck
– transkutanen Sauerstoff- und Kohlendioxidsonden
– Infusionspumpen
– Absauggeräten
– Bilirubinlampen

● **Inkubator**
– auch Brutkasten, Couveuse oder Isolette (Abb. 6-10) genannt
– elektrisch betriebene, geschlossene Einheit mit integriertem Fahrgestell und durchsichtiger Haube

Vorteile des Inkubators
– exakte Klimatisierung
– ständig zirkulierende Luft
– regulierbare Temperatur (29–39 °C)
– regulierbare Luftfeuchtigkeit bis 100%
– gleichmäßige Sauerstoffkonzentration (bis max. 100%)
  Wird Sauerstoff zusätzlich verabreicht, muß die Temperatur ± 1 Grad der Inkubatortemperatur sein.
– optimale Krankenbeobachtung möglich (Plexiglashaube ist gut einsehbar)
– Infektionsschutz (geschlossene Einheit, Bakterienfilter)
– Pflegemaßnahmen werden im Inkubator verrichtet (verschließbare Öffnungen), das verhindert Auskühlen des Frühgeborenen

Vorbereitung des Inkubators vor dem Einsatz
Auf jeder Frühgeborenenstation ist mindestens ein Inkubator vorgewärmt.
– Kontrolle des Sauerstoffanschlusses
– zur Luftbefeuchtung Wasserbehälter mit Aqua dest. füllen
– Bakterienfilter erneuern, Datum kontrollieren
– Sauerstoffkonzentration und Luftfeuchtigkeit nach Arztanordnung einstellen
– Die Temperatur richtet sich nach dem Körpergewicht.
  Richtwerte: 2000–2500 g = 32–33 °C
  　　　　　　 1000–2000 g = 34–36 °C
  　　　　　　 unter 1000 g = 37 °C

313

6 Geburtshilfe

Wartung des Gerätes während des Einsatzes
– mindestens dreistündliche Kontrollen der verordneten Einstellungen
– Inkubatorhaube täglich von innen nach außen reinigen, Irisblenden täglich wechseln
– Wechsel des Inkubators nach drei bis sechs Tagen (abhängig vom Zustand des Kindes) und Desinfektion nach Herstellerangaben
– Kontrollabstriche vom Inkubatorwasser

Pflege des Kindes im Inkubator
– darauf achten, daß die Manschetten bzw. Türen des Inkubators immer geschlossen sind (Wärme- und Sauerstoffverlust)
– gebrauchtes Material durch die untere Öffnung entfernen
– auf Inkubatoren nichts abstellen (Lärm)
– leise arbeiten
– schonende, koordinierte Pflege und Behandlung
– Pflege richtet sich nach dem individuellen Allgemeinzustand
– ausreichende Händedesinfektion
– eigene Pflegeartikel für jedes Kind
– zum Windelwechseln Handschuhe (ROTA-Virus-Infektion)

Wie war das noch ...?

Nach der Geburt wird das Neugeborene nach dem APGAR-Schema beurteilt. Was wird dabei untersucht und zu welchem Zeitpunkt?

Nennen Sie die Reifezeichen eines gesunden Neugeborenen.

Was gehört für den Geburtshelfer zur Erstversorgung bei einem gesunden Neugeborenen?

Nennen Sie die Unterschiede zwischen der natürlichen und künstlichen Ernährung des Neugeborenen.

Welche Vorbereitungen zum Stillen sind notwendig bei Mutter und Kind?

7 Pädiatrie

7.1 Aufnahme eines kranken Kindes

Die Aufnahme im Krankenhaus bedeutet für das Kind und seine Eltern ein einschneidendes Erlebnis. Die Situation wird von jedem Kind individuell aufgenommen und verarbeitet.

• **Die Verarbeitung ist abhängig von**
– dem Alter
– der Persönlichkeit
– dem Entwicklungsstand des Kindes
– der Vorbereitung auf den Krankenhausaufenthalt
– der Schwere und Art der Erkrankung
– den Eingriffen

Zusätzlich beeinflussende Faktoren sind
– das Verhältnis des Kindes zur Bezugsperson
– die familiäre Situation des Kindes (Einzelkind/Geschwister)
– Kindergarten- bzw. Schulbesuch
– der Zeitpunkt des Krankenhausaufenthaltes

• **Mögliche Empfindungen und Reaktionen des Kindes**
Die Trennung von der Bezugsperson und der fehlende Körper-kontakt werden je nach Alter als Strafe (Liebesentzug) empfun-den.

Reaktionen darauf können sein
– Angst
– Heimweh
– Trotz
– Aggressionen
– Apathie
– Depressionen
– Regression (Entwicklungsrückschritt)
  (s. Kap. 2.10.1)

Hilfen zur besseren Verarbeitung
– Einbeziehung der Bezugsperson in die Pflege
– großzügig geregelte Besuchszeiten
– Besuchserlaubnis für Geschwister und Freunde
– Mitaufnahme eines Elternteiles (Rooming-in) bei Kindern
  – unter 6 Jahren
  – mit schweren Erkrankungen
  – mit Tumorleiden und Leukämie
  – mit Behinderungen
  – ohne deutsche Sprachkenntnisse
– Förderung der Kommunikation mit dem Zuhause durch Briefe und Telefonate

315

7 Pädiatrie

– Einbeziehen eines Dolmetschers bei ausländischen Kindern
– Kenntnisse von Gewohnheiten und Eigenarten des Kindes durch eine Pflege-Anamnese (Fragebogen für Eltern)

Beispiel eines Eltern-Fragebogens
1. Welchen Kosenamen hat Ihr Kind?
2. Wie spricht Ihr Kind Sie und seine Geschwister an?
3. Was ist das Lieblingsspielzeug Ihres Kindes?
4. Hat Ihr Kind Lieblingserzählungen (Märchen)?
5. Welche Hobbies/Beschäftigungen hat Ihr Kind?
6. Hat Ihr Kind Ängste?
7. Hat Ihr Kind schon Erfahrungen mit Ärzten, Pflege-personen und Krankenhaus? (Gute – schlechte Erfahrungen?)
8. Was sind die Lieblingsspeisen Ihres Kindes?
9. Gegen welche Speisen empfindet Ihr Kind eine Abneigung?
10. Ist Ihr Kind schon sauber (Tag/Nacht)?
11. Wie sagt Ihr Kind zu den Ausscheidungen?
12. Welche besonderen Einschlafgewohnheiten werden zu Hause praktiziert (Lied, Gebet, Schmusetier usw.)?
13. Gibt es sonstige beachtenswerte Eigenarten Ihres Kindes?
14. Wie haben Sie Ihr Kind auf den Krankenhausaufenthalt vorbereitet?

Information des Kindes über
– Sinn und Zweck der Krankenhausaufnahme
– Räumlichkeiten (z. B. Spielzimmer, Schule)
– Tagesablauf
– notwendige Untersuchungen und Maßnahmen (bei der Wahrheit bleiben – Spritzen verursachen Schmerzen)
– die an der Pflege und Therapie beteiligten Personen und ihre Aufgaben

7.2 Beschäftigung mit Kindern

Das Spiel ist ein spontanes Bedürfnis des Kindes, um sich mit der Umwelt auseinanderzusetzen.
Jedes Kind muß deshalb spielen dürfen.

•Voraussetzungen zum Spielen
– genügend Zeit
– ausreichender Platz
– spielfördernde Atmosphäre
– geeignetes Spielzeug

Anforderungen an das Spielzeug
– abwasch- oder waschbar
– farbecht
– nicht zu klein (Aspirationsgefahr)
– keine Verletzungsgefahr
– Förderung und Unterstützung der Entwicklung des Kindes

Krankenbeobachtung bei Kindern 7.3

Um dem Kind eine angstfreie und geborgene Atmosphäre zu schaffen, dürfen dem Kind im Spielzimmer keine Schmerzen zugefügt werden (Abb. 7-1).

Abb. 7-1 Hinweis – keine Spritzen!

7.3 Krankenbeobachtung bei Kindern

Die Krankenbeobachtung ist ein wichtiger Bestandteil der Kinderkrankenpflege. Sie berücksichtigt auch die körperliche, geistige, seelische und soziale Verfassung des Kindes.
Die Krankenbeobachtung muß kontinuierlich und sorgfältig vorgenommen werden, da das Kind nur bedingt oder gar nicht in der Lage ist, sein Befinden auszudrücken.
Auf Beobachtungen muß schnell und angemessen reagiert werden (s. Kap. 2.7.4).

- **Stufen der Krankenbeobachtung**
1. Wahrnehmung (z. B. Aussehen und Verhalten)
2. Beobachtung (z. B. Zyanose, schlechte Atmung)
3. Sensibilisierung: die beobachteten Veränderungen deuten, erklären und bewerten (z. B. Ateminsuffizienz durch Aspiration)
4. Prüfung (z. B. Kontrolle der Atemfrequenz)
5. Entscheidung (z. B. Kind hat aspiriert)
6. Konsequenzen ziehen, Arzt informieren und reagieren (z. B. Absaugen, atemerleichternde Lagerung)

7.3.1 Puls

Bei Säuglingen und Kleinkindern zählt man die Herzschläge mit einem Stethoskop. Erst wenn die „Speckfalten" an den Handgelenken verschwunden sind, ist der Puls an der Radialis tastbar (Tab. 7-1).

7 Pädiatrie

Tab. 7-1 Normalwerte der Pulsschläge pro Minute in Ruhe

Alter	untere/obere Grenze	Mittelwert
Neugeborenes	80/160	120
Säugling	100/180	150
1–3 Jahre	100/180	130
4–7 Jahre	70/150	105
8–11 Jahre	65/120	90
ab 12. Lebensjahr	60/110	85

7.3.2 Blutdruck

Für das exakte Ermitteln des Blutdruckwertes (Tab. 7-2) ist es wichtig, die richtige Oberarmmanschette zu verwenden.
Die Breite der Manschette ist abhängig vom Umfang des Oberarms:

bei   7,5 – 10,0 cm   →   4 cm breit
bei 10,0 – 12,5 cm   →   5 cm breit
bei 12,5 – 15,0 cm   →   7 cm breit
bei 15,0 – 20,0 cm   →   9 cm breit
bei 20,0 – 30,0 cm   → 12 cm breit

Tab. 7-2 Normalwerte des Blutdrucks

Alter	systolischer/diastolischer Meßwert
Säuglinge	12/ 9 kPa (90/60 mmHg)
3–6 Jahre	13/ 8 kPa (95/65 mmHg)
6–9 Jahre	13/ 8 kPa (100/65 mmHg)
9–12 Jahre	15/ 9 kPa (110/70 mmHg)
13–15 Jahre	16/10 kPa (120/80 mmHg)
	kPa – Kilopascal
	mmHg – Millimeter Quecksilbersäule

7.3.3 Atmung

Die Atemzüge beim Säugling werden gezählt, indem man die Hand leicht auf den Thorax legt und so die Atembewegungen spürt (Tab. 7-3).

Tab. 7-3 Normalwerte der Atemzüge pro Minute in Ruhe

Alter	Atemzüge/min
Neugeborenes	ca. 70
Säugling	30–40
ab 1. Lebensjahr	25–30
ab 3. Lebensjahr	20–25
ab 6. Lebensjahr	ca. 20

Krankenbeobachtung bei Kindern 7.3

- Säuglinge haben eine typische Bauchatmung mit Beteiligung des Zwerchfells und der Bauchmuskulatur.
- Im Kleinkindalter kommt es zu einer Mischform zwischen Brust- und Bauchatmung.
- Ältere Kinder haben eine ausgeprägte Brustatmung.
- Eine Brustatmung im frühen Kindesalter ist immer pathologisch.

7.3.4 Körpertemperatur

Die Messung der Körpertemperatur (rektal) ist eine **wichtige Maßnahme, wenn das Wohlbefinden eines Kindes gestört ist.**

Messen der Körpertemperatur beim Säugling
In Rückenlage auf einer Windel mit locker gehaltenen Beinen. Die Beine des Kindes und das Thermometer während der gesamten Meßdauer festhalten (Abb. 7-2a).

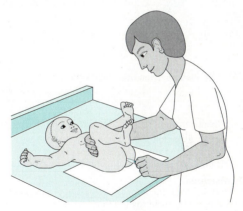

Abb. 7-2a Fiebermessen beim Säugling

Messen der Körpertemperatur bei Klein- und Schulkindern
In Seitenlage mit leicht angezogenen Beinen und festgehaltenem Thermometer (Abb. 7-2b)

Messen der Körpertemperatur bei unruhigen Kindern
Um Darmverletzungen zu vermeiden, sollte eine Pflegeperson das Kind, eine andere das Thermometer halten.

7.3.5 Verhalten/Bewußtsein

Ein Kind mit klarem Bewußtsein ist an den Vorgängen seiner Umgebung interessiert, beobachtet aufmerksam und zeigt entsprechende Reaktionen.

7 Pädiatrie

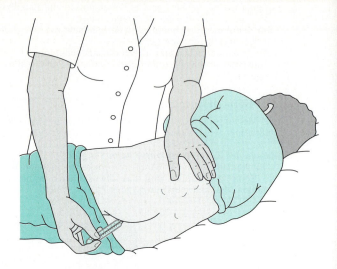

Abb. 7-2b Fiebermessen beim Kleinkind

Die Reaktionsfähigkeit ist dabei vom Alter und der Entwicklungsstufe abhängig.

- **Prüfen der Bewußtseinslage des Kindes durch**

Beobachten
- Hält das Kind die Augen offen oder geschlossen?
- Kann es Gegenstände fixieren?

Ansprechen
- Kann das Kind Fragen nach Name, Alter, Wohnort, Geschwistern, Lieblingsbeschäftigung usw. beantworten?

Bewegen lassen
- Kann das Kind sich selbst an- oder ausziehen, bewegen?

stärkere Reize
- Wie reagiert das Kind auf schmerzhafte Maßnahmen?

Reflexe
- Funktionieren Pupillen-, Saug- und Schluckreflex?

 Zum Überprüfen des Bewußtseins gibt es eine für Kinder modifizierte Glasgow-Koma-Skala.

Krankenbeobachtung bei Kindern **7.3**

7.3.6 Schlaf

Der Schlaf ist ein physiologischer Zustand mit herabgesetztem Bewußtsein, mangelnder Ansprechbarkeit und dadurch verminderter Sensibilität auf äußere Reize. Die vegetativen Vorgänge sind gedrosselt, der Körper reagiert mit einer relativen Bewegungslosigkeit.

Psychische Vorgänge und einschneidende Erlebnisse können während des Schlafes in den Traumphasen aktualisiert und erneut durchlebt werden.

● **Beobachtung des Schlafs**
– Einschlafphase (lange Einschlafzeit?)
– Störanfälligkeit des Schlafes (leicht weckbar?)
– Schlafverlauf (Hin- und Herwälzen, Aufschreien?)
– Schlafwandeln, Reden im Schlaf, Zähneknirschen
– Schlafdauer (Tab. 7-4)

Tab. 7-4 Durchschnittliches physiologisches Schlafbedürfnis

Alter	Gesamtdauer etwa
Neugeborenes	18 Stunden
2.–3. Monat	16 Stunden
ab 1. Lebensjahr	14 Stunden
ab 4. Lebensjahr	12 Stunden
ab 6. Lebensjahr	11 Stunden
ab 12. Lebensjahr	10 Stunden
ab 15. Lebensjahr	9 Stunden

7.3.7 Ernährungszustand

Der Ernährungszustand des Kindes ist abhängig von Appetit, Nahrungsaufnahme, Resorption der einzelnen Nährstoffe und der aktuellen Stoffwechsellage.

● **Wichtige Begriffe**
atroph   = stark reduzierter Ernährungszustand mit extremer Abmagerung und skelettartigem Aussehen
dystroph   = reduzierter Ernährungszustand mit Abmagerung, Schwinden der Fettpolster, Blässe und Verlangsamung des Körperwachstums
eutroph   = optimaler Ernährungszustand mit gut ausgebildeten Fettpolstern
hypertroph = übermäßiger Ernährungszustand, stark ausgeprägte Fettpolster

7.3.8 Ausscheidungen

Die Beobachtung und Beurteilung des Stuhls ist besonders im Säuglings- und Kleinkindalter von großer Bedeutung. Durchfallerkrankungen führen zu einer schweren Beeinträchti-

7 Pädiatrie

gung des Allgemeinzustandes. Bei Kleinkindern führen sie oft zu gefährlichen Komplikationen (z. B. Toxikose).

● Beobachtung des Stuhls

Menge
– abhängig von der aufgenommenen Nahrung und dem Resorptionsvermögen des Darms
– massenhafte Stühle z. B. bei Coeliakie
– Normwerte:
  Säugling   bis zu 120 g/24 Std.
  Kleinkind   bis zu 100 g/24 Std.

Konsistenz
– abhängig vom Wassergehalt

Geruch
– abhängig von der aufgenommenen Nahrung
– übelriechende Stühle z. B. bei Dyspepsie

Reaktion
– pH-Bestimmung z. B. bei Malabsorption

Farbe
– abhängig vom Sterkobilin-Gehalt und der verabreichten Nahrung

Beimengungen
– normale Beimengungen sind unverdaute Nahrungsreste
– Schleim- und Blutbeimengungen z. B. bei Darmerkrankungen

Typische Stühle im Säuglings- und Kleinkindalter

Mekonium
erster Stuhl, grünschwarz, zäh (bestehend aus Gallensäure, Fruchtwasser, Lanugobehaarung und Darmepithelzellen)

Frauenmilchstuhl
goldgelber bis grüngelber, aromatisch riechender Stuhl (während der Stillperiode)

Kalkseifenstuhl
grauweißer bis weißer, trockener Stuhl (bei eiweißreicher, schlackenarmer Säuglingskost: Milchnährschäden)

Karottenstuhl
karottenfarbiger, fest geformter Stuhl (bei Karottenzufuhr)

● Beobachtung des Urins
Die Urinausscheidung ist zum Ausschluß von Mißbildungen und Nierenfunktionsstörungen regelmäßig zu beobachten.

Miktionsfrequenzen im Säuglings- und Kleinkindalter
Neugeborenes: ein- bis zweimal täglich
Säugling: bis zu 25 Tagesportionen
ab dem dritten   willkürliche Steuerung der Blasen-
Lebensjahr: funktion

Krankenbeobachtung bei Kindern **7.3**

Urinmenge im Säuglings- und Kleinkindalter
Die Urinmenge ist abhängig von Nierenfunktion, Flüssigkeitszufuhr, Nahrung, Umgebungstemperatur, Mobilität und Alter des Kindes.

Säugling:	bis zu 500 ml täglich
bis zum achten Lebensjahr:	bis zu 1000 ml täglich
ab dem achten Lebensjahr:	bis zu 1200 ml täglich

7.3.9 Entwicklungszustand

Der Entwicklungszustand eines Kindes ist durch körperliche, geistige, seelische und soziale Merkmale bestimmbar. Tabellen, die sich auf breite Statistiken stützen, bieten eine gute Hilfe zur Beurteilung des Entwicklungszustandes. Dabei sind vier Altersstufen zu unterscheiden:

Neugeborenes	=	von Geburt bis zur vierten Lebenswoche
Säugling	=	bis zum Ende des ersten Lebensjahres
Kleinkind	=	bis zum Schuleintritt
Schulkind	=	ab dem Schuleintritt

● **Wichtige Begriffe**

Differenzierung	=	Spezialisierung der spezifischen Gewebe
Reifung	=	Wandlung und Verbesserung der verschiedenen Organleistungen
Wachstum	=	Vermehrung von Körperzellen und Körpersubstanz

● **Beobachtung des Entwicklungszustandes**

Körperlänge und Körpergewicht

Alter:	Länge etwa:	Gewicht etwa:
Neugeborenes:	50 cm	3,3 kg
Säugling:	65–75 cm	7–10 kg
Kleinkind:	95 cm	14 kg
Schulkind:	120 cm	21 kg

Zahnentwicklung
Als erste Milchzähne treten in der Regel die Schneidezähne des Unterkiefers im sechsten bis achten Lebensmonat durch. Das Milchgebiß umfaßt 20 Zähne, das bleibende Gebiß in der Regel 32 Zähne (Abb. 7-3).

Geschlechtsmerkmale
Zuverlässige Merkmale der Entwicklung sind die sekundären Geschlechtsmerkmale
– Wachsen des knöchernen Beckens
– Knospen (Thelarche) und Wachsen der Brust
– Wachsen von Hoden und Penis
– Schambehaarung (Pubarche)
– erste Regelblutung (Menarche)
– Achselhaare
– Stimmbruch

323

7 Pädiatrie

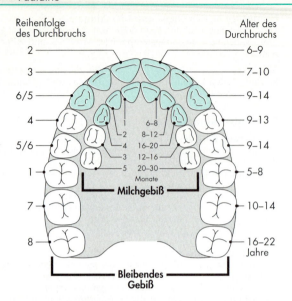

Abb. 7-3 Gebißentwicklung. Zähne in der Reihenfolge ihres Auftretens unter Angabe des Alters des Kindes

7.4 Hilfeleistungen bei Diagnostik und Therapie

Kinder müssen über alle Maßnahmen altersgerecht aufgeklärt werden. Oft ist es hilfreich, die Methoden am Bär oder der Puppe des Kindes vorzumachen.

 Kinder darf man nie über Schmerzen belügen, sonst verlieren sie jedes Vertrauen.

7.4.1 Gewinnung von und Umgang mit Untersuchungsmaterialien

Das Gewinnen von Untersuchungsmaterial (z.B. Blut, Urin, Stuhl) ist sorgfältig vorzunehmen. Um unruhige Kinder nicht zu gefährden, sind zwei Pflegepersonen notwendig.

7.4.2 Halten des Kindes bei Untersuchungen und Eingriffen

Da Kinder in ihrem Verhalten unberechenbar sind, müssen sie bei allen diagnostischen, therapeutischen und pflegerischen Maßnahmen im besonderen Maße beobachtet und fixiert wer-

Hilfeleistungen bei Diagnostik und Therapie 7.4

den (Abb. 7-4 bis 7-10). Vorteilhaft ist es, wenn die Eltern mithelfen. Alle Handlungen müssen unbedingt altersgerecht erklärt werden. Unangenehme Untersuchungen dürfen bei mobilen Kindern nie im Bett erfolgen, da diese sonst Angst vor dem Schlafen haben.

- **Fixierung und Lagerung bei verschiedenen Maßnahmen** (Abb. 7-4 bis 7-10)
- Reflexprüfungen (Abb. 7-4)
- Racheninspektion (Abb. 7-5 und 7-6)
- Ohrspiegelung (Otoskopie) (Abb. 7-7 und 7-8)
- Katheterismus (Abb. 7-9)
- Venöse Blutabnahme (Abb. 7-10)

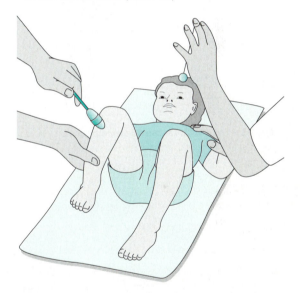

Abb. 7-4 Halten des Kindes zur Reflexprüfung

 Nach allen Eingriffen das Kind auf den Arm nehmen und trösten.

7 Pädiatrie

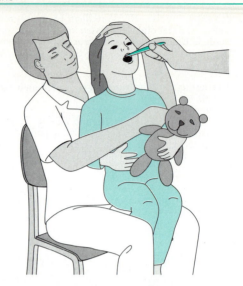

Abb. 7-5 Halten im Sitzen zur Racheninspektion

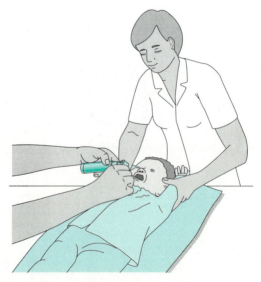

Abb. 7-6 Halten im Liegen zur Racheninspektion

Hilfeleistungen bei Diagnostik und Therapie 7.4

Abb. 7-7 Halten im Sitzen zur Ohrspiegelung

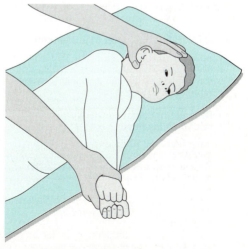

Abb. 7-8 Halten im Liegen zur Ohrspiegelung

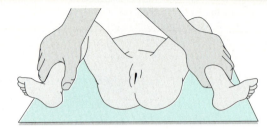

Abb. 7-9 Lagern und Halten des Kindes zur Katheterisierung

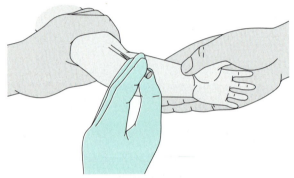

Abb. 7-10 Halten des Kindes zur peripheren Venenpunktion

7.4.3 Verabreichen von Medikamenten

Kinder haben einen natürlichen Widerstand gegen Medikamente, der durch Vertrauen, gutes Zureden und Erklären abgebaut werden muß. Medikamente immer gewissenhaft und sorgfältig verabreichen (s. Kap. 2.7.5).

- **Besonderheiten in der Pädiatrie beim Umgang mit Medikamenten**

– **Säuglinge und Kleinkinder:**
  Medikamente direkt in den Mund geben. Nie mit der Flaschennahrung verabreichen (Geschmacksveränderung, ungenaue Dosierung)
– **Schulkinder:**
  Sie können Medikamente selbst einnehmen, die Pflegeperson muß das Schlucken kontrollieren.
– **Tabletten:**
  Mit dem Mörser zerkleinern, in Tee auflösen und dem Kind zum Trinken geben (Herstellerangaben). Ausreichende Flüssigkeitszufuhr (Medikamentenreste werden weitergespült)

Besonderheiten bei der Pflege kranker Kinder **7.5**

- **Kapseln oder Dragées:**
  Auf den hinteren Teil der Zunge legen, mit einer Schleuderbewegung und etwas Flüssigkeit schlucken lassen.
  Bei Widerwillen in Pudding oder Kompott verstecken und dem Kind unbemerkt geben.
- **Tropfen und Säfte:**
  Nie direkt aus der Flasche in den Mund verabreichen. Die dafür vorgesehenen speziellen Medikamentenschälchen benützen (Überdosierung, mangelnde Hygiene)
  Bei zu großem Widerstand des Kindes gegen die Medikamente muß der Arzt eine andere Darreichungsform anordnen.

Nach der Medikamenteneinnahme Kind sorgfältig und kontinuierlich auf Wirkungen und Nebenwirkungen beobachten.
Veränderungen des Zustandes dem Arzt sofort mitteilen

7.5 Besonderheiten bei der Pflege kranker Kinder

Es gibt eine sehr große Zahl von besonderen Pflegemethoden bei Kindern. Da dies aber ein Pflegeleitfaden für Schüler aus der Erwachsenenpflege ist, soll hier nur auf das Windeln eingegangen werden.

7.5.1 Windeln

Die Haut des Säuglings und Kleinkindes ist am Gesäß und in den Gesäßfalten durch die ständige Feuchtigkeit empfindlich und besonders gefährdet. Um die Haut ausreichend vor Wundsein zu schützen, wird das Kind regelmäßig gewickelt.

- **Anforderungen an die Windeln**
- Auffangen der Ausscheidungen (Urin und Stuhl)
- Wärmeschutz (Säuglinge)
- genügend Bewegungsfreiheit

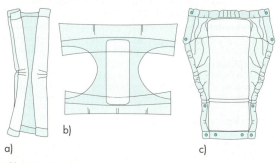

Abb. 7-11 Windelarten
a) Höschenwindel   b) Wickelfolie   c) Gummihöschen

7 Pädiatrie

- **Windelarten**
  - Höschenwindel, die einfach umgelegt und an der Seite mit Klebefolie verschlossen wird (Abb. 7-11a)
  - Wickelfolie mit einer eingelegten Vlies- und/oder Mullwindel (Abb. 7-11b)
  - Gummihöschen (Babyslips) mit einer eingelegten Vlies- und/oder Mullwindel (Abb. 7-11c)

Normalerweise werden Säuglinge fünf- bis sechsmal am Tag gewickelt, immer dem Schlaf-Wach-Rhythmus des Kindes angepaßt. Kinder, die zum Spucken neigen, vor der Mahlzeit, Säuglinge, die fast „verhungern", nach der Mahlzeit wickeln.
Grundsätzlich bekommen alle Kinder nach Stuhlentleerung eine neue Windel.

7.6 Pflege bei Kindern mit Fieber

Durch die zentrale Unreife des Temperaturzentrums (Säuglinge), durch Infektionen und Ernährungsstörungen (Flüssigkeitsmangel) reagieren Kinder schnell mit einer Temperaturerhöhung und einer starken Beeinträchtigung des Allgemeinbefindens (s. Kap. 2.7.4).

- **Begleiterscheinungen des Fiebers**
  - Beschleunigung von Puls und Atmung
  - Appetitlosigkeit
  - Durst
  - Übelkeit und Erbrechen
  - Abnahme der Urinausscheidung (Oligurie)
  - Kopf- und Gliederschmerzen
  - gesteigerte Unruhe und Trinkunlust bei Säuglingen

- **Komplikationen**
  - **Fieberkrampf:** Bei einem raschen Temperaturanstieg reagieren Kinder sehr häufig mit einem Krampfanfall, der schwer von anderen zerebralen Krämpfen zu unterscheiden ist.
  - **Fieberdelirium** (Fieberphantasien): Infektionskrankheiten mit lang anhaltendem Fieber können zu Verwirrung mit visuellen Halluzinationen, Unruhe und Erregung führen.
  - **Schüttelfrost:** Ausgelöst durch die Reizung des Wärmeregulationszentrums im Gehirn, kommt es zu starkem Muskelzittern, Zähneklappern, Frieren und raschem Temperaturanstieg.

Überlegungen zur Pflegeplanung bei Fieber

- ruhiges, abgedunkeltes Krankenzimmer
- Zugluft vermeiden
- je nach Alter des Kindes Mitaufnahme eines Elternteils
- verstellbares, altersentsprechendes Krankenbett

- Puls, Blutdruck, Atmung, Bewußtsein und Temperatur regelmäßig kontrollieren und dokumentieren
- Ein- und Ausfuhr bilanzieren (Windelabwiegen)
- gesteigerte Unruhe, Schüttelfrost, Fieberdelirium und Fieberkrämpfe wahrnehmen

- Kind nicht alleine lassen, viel Zuwendung
- passive oder aktive Beschäftigung (z. B. Vorlesen, Basteln) je nach Ausmaß der Erkrankung (kranke Kinder sind oft unleidig)
- subjektives Krankheitsempfinden des Kindes berücksichtigen (z. B. Kind fühlt sich schwer krank)

- Bettruhe nur bis zum Abklingen des Fiebers
- Lagerung richtet sich nach der Grundkrankheit, Kinder suchen sich selbst eine angenehme Lage

- Ganzwaschung bzw. Waschhilfe, Teilwaschungen bei Bedarf
- Bettwäsche und Kleidung bei Bedarf wechseln
- sorgfältige Mundpflege

- sämtliche Prophylaxen bei immobilen Kindern (s. Kap. 2.7.1)
- Ausnahmen:
Thromboseprophylaxe ist bei Kindern in der Regel nicht notwendig, Kontrakturprophylaxe nur bei stark bewegungseingeschränkten Patienten

- reichlich Flüssigkeit anbieten, „gelenkte Wunschkost", keine blähenden und schwer verdaulichen Speisen

- Grundregeln der Hygiene beachten (s. Kap. 2.7.2)

- fiebersenkende Maßnahmen:
  - Wadenwickel bei heißen Extremitäten
  - Kind nur leicht zudecken
  - kühle (keine kalten) Getränke
  - nach Arztverordnung fiebersenkende Medikamente

7.7 Pflege bei Kindern mit Ernährungsstörungen

Säuglinge und Kleinkinder reagieren schnell auf Belastungen der Verdauungsorgane und des Stoffwechsels.
Ernährungsstörungen sind deshalb oft eine gefährliche Folge.

- **Ernährungsstörungen**

- **Akute Ernährungsstörungen**
- Dyspepsie: meist infektionsbedingte schwere Durchfallerkrankung

7 Pädiatrie

Tab. 7-5 Ernährungsstörungen

Schweregrad:	Ernährungsstörung: – akut –	– chronisch –
leicht	Dyspepsie (Brechdurchfälle)	Dystrophie (Gedeihstörung)
schwer	Toxikose (Brechdurchfälle mit Schock)	Atrophie (schwere Gedeihstörung)

- Toxikose: schwerste Form einer Stoffwechselentgleisung, meist bedingt durch einen Brechdurchfall mit Störungen lebenswichtiger Funktionen (z. B. Herz und Kreislauf)
- **Chronische Ernährungsstörungen** (Tab. 7-5)
- Dystrophie/Atrophie: Gedeihstörung, bedingt durch verschiedene Ursachen (z. B. Coeliakie)

Zeichen einer Ernährungsstörung
- Appetitlosigkeit
- Erbrechen
- Durchfälle (dünne, wäßrige, schleimige Stühle)
- Stillstand bzw. Abnahme des Körpergewichtes
- erhöhte Körpertemperatur
- herabgesetzter Hautturgor, evtl. stehende Hautfalten (Abb. 7-12)
- Wundsein (Gesäß)
- Tachykardie
- vertiefte und verlangsamte Atmung (beim Coma dyspepticum)
- reduzierte Urinausscheidung
- Unruhe
- Erregungszustände mit anschließender Erschöpfung
- Bewußtseinseintrübung

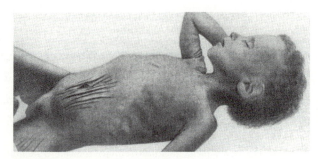

Abb. 7-12 Zwei Jahre altes Mädchen. Angehobene Hautfalten bleiben stehen

Pflege bei Kindern mit Ernährungsstörungen 7.7

Überlegungen zur Pflegeplanung bei Ernährungsstörungen

- ruhiges und abgedunkeltes Krankenzimmer
- Zugluft vermeiden (gestörte Infektabwehr)
- je nach Alter Mitaufnahme eines Elternteils
- verstellbares, altersentsprechendes Krankenbett

- Puls, Blutdruck, Atmung, Bewußtsein und Temperatur regelmäßig kontrollieren und dokumentieren
- Stuhlausscheidung kontrollieren (z. B. häufige, dünne und wäßrige Stühle)
- Ein- und Ausfuhr bilanzieren (z. B. verminderte Harnproduktion)
- Hautturgor regelmäßig beobachten
- Unruhe oder Teilnahmslosigkeit registrieren

- Kind nicht alleine lassen, viel Zuwendung
- Krankheit und Alter angemessene passive oder aktive Beschäftigung

- strenge Bettruhe im akuten Stadium der Erkrankung
- Säuglinge bei Bedarf auf den Arm nehmen
- Säuglinge regelmäßig umlagern, Kleinkinder drehen sich selbst (Intertrigo, Dekubitus)

- Ganzwaschung bzw. Waschhilfe, bei Bedarf Teilwaschungen
- Kleidung und Bettwäsche bei Bedarf wechseln
- gründliche Genitalhygiene, bei Bedarf Po eincremen (Schutz vor dem Wundsein)
- gute Mundpflege, besonders bei Nahrungskarenz

- sämtliche Prophylaxen bei immobilen Kindern (s. Kap. 2.7.1)
- Ausnahmen:
  Thromboseprophylaxe ist bei Kindern in der Regel nicht notwendig, Kontrakturprophylaxe nur bei größeren Kindern

- sog. Drei-Stufen-Plan
  1. Nahrungskarenz und parenterale Ernährung
  2. Nahrungsaufbau mit Tee/Ringerlösung im Verhältnis von 2:1, mit Traubenzucker, viele kleine (8–12) Mahlzeiten
  3. Übergang zu einer altersgemäßen Dauernahrung

- Grundregeln der Hygiene beachten (Säuglinge mit Handschuhen wickeln)

- Laborkontrollen nach Arztanordnung

7 Pädiatrie

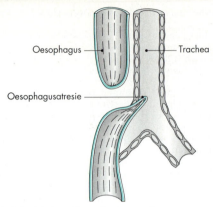

Abb. 7-13 Beispiel einer Oesophagusatresie

7.8 Pflege bei Kindern mit Fehlbildungen

Miß- oder Fehlbildungen können in allen Variationen auftreten. Die Häufigkeit ist je nach Krankheitsbild unterschiedlich. Viele der schweren Mißbildungen sind therapeutisch nicht beeinflußbar und stellen damit eine große Herausforderung an das Pflegepersonal dar.

- **Beispiele angeborener Mißbildungen**
- **Atresien** (Verschlußbildungen)
  - Oesophagusatresie = Verschluß der Speiseröhre. In 95 Prozent aller Fälle endet der obere Oesophagusteil blind. Der untere Teil verbindet sich mit der Hinterwand der Trachea (Abb. 7-13). Etwa 30 Prozent der betroffenen Kinder leiden an zusätzlichen Mißbildungen. Am häufigsten sind Kombinationen mit Fehlbildungen des Herzens.
  - Choanalatresie = knöcherner oder membranöser Verschluß der hinteren Nasenöffnung (Choane). Schwerste Atemnot beim Neugeborenen.
  - Analatresie = Fehlen der Analöffnung
- **Spaltbildungen**
  - Spina bifida = Spaltbildung der Wirbelsäule. Offene oder überhäutete Ausstülpungen des Rückenmarks. 80 Prozent der Myelocelen liegen im Bereich der Lendenwirbelsäule und des Kreuzbeins. Je höher die Myelocele liegt, desto gravierender die Behinderung

Pflege bei Kindern mit Fehlbildungen 7.8

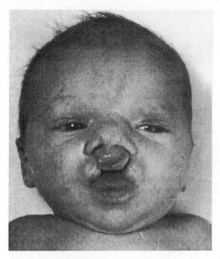

Abb. 7-14 Beidseitige Lippen-Kiefer-Spalte

- Lippen-Kiefer-   = ein- oder doppelseitige Mißbildun-
  Gaumen-Spalte   gen des Lippen-Kiefer-Gaumen-
                     Bereichs durch gehemmte Ver-
                     schmelzung der Gesichtsfortsätze
                     (Abb. 7-14)
- **Herzfehler**
  - Ventrikelseptum- = Defekt der Kammerscheidewand
    defekt
  - Herzklappenfehler = Einengung (Stenose) oder Erweite-
                        rung (Insuffizienz) der Herzklappen
  - Transposition der = Abgang der großen Herzgefäße aus
    großen Gefäße   dem falschen Ventrikel (Aorta aus
                        der rechten, Pulmonalarterie aus
                        der linken Herzkammer)
  - Fallot-Tetralogie = Herzfehlbildung mit Pulmonal-
                        stenose, Ventrikelseptumdefekt,
                        rechts verlagerter Aorta, Hyper-
                        trophie des rechten Ventrikels
- **Mißbildungen am Hals**
  - muskulärer   = Verkürzung oder Kontraktur des
    Schiefhals   M. sternocleidomastoideus durch
                       Fehllage im Mutterleib
- **Mißbildungen der Haut**
  - Hämangiom   = Blutschwämmchen bzw. netzartig
                       erweiterte Hautblutgefäße (Feuer-
                       male) in allen Größen möglich

7 Pädiatrie

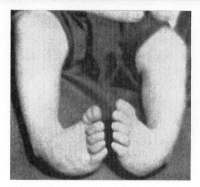

Abb. 7-15 Klumpfuß

- **Skelettanomalien**
  - Hüftgelenks- = unzureichend entwickeltes Hüftdysplasie   gelenk
  - Klumpfuß = angeborene Fehlstellung des Fußes in Spitzfuß-, Supinations- oder Adduktionsstellung (Abb. 7-15)

Überlegungen zur Pflegebehandlung bei Lippen-Kiefer-Gaumen-Spalte

- ruhiges und helles Krankenzimmer
- je nach Alter Mitaufnahme eines Elternteils
- verstellbares, altersentsprechendes Krankenbett

- Puls, Blutdruck, Atmung, Bewußtsein und Temperatur regelmäßig kontrollieren und dokumentieren
- Atmung besonders kontrollieren, da die Kinder veränderte Rachenverhältnisse haben (Aspirationsgefahr)

- intensive psychische Betreuung, viel Zuwendung
- Gespräche sind besonders bei größeren Kindern notwendig (Kinder müssen wiederholt zu plastischen und kosmetischen Operationen ins Krankenhaus)
- Kind möglichst nicht allein lassen
- passive oder aktive altersgerechte Beschäftigung

- postoperativ Arme des Kindes fixieren (Manschetten), damit die Lippen nicht berührt werden können
- Lagerung den Wünschen des Kindes entsprechend

- Ganzwaschung bzw. Waschhilfe
- gewissenhafte Mundpflege (wenn die Kinder eine Gaumenplatte haben, nach jeder Mahlzeit sorgfältig reinigen)

Pflege bei Kindern mit Fehlbildungen 7.8

- wichtig ist die Soor- und Parotitisprophylaxe (besondere Verhältnisse des Mund-Rachen-Raumes)
- Pneumonieprophylaxe (Aspirationsgefahr) (s. Kap. 2.7.1)
- je nach Alter Kontraktur- und Thromboseprophylaxe

- parenterale bzw. Sondenernährung
- nach der ersten operativen Gaumenspalten-Korrektur (Säuglingsalter) flüssige oder leicht angedickte Kost
- reichlich ungesüßte Flüssigkeit nach jeder Mahlzeit zum Spülen der Wunde

- Grundregeln der Hygiene beachten (s. Kap. 2.7.2)

- bei Kindern mit einer Lippen-Kiefer-Gaumen-Spalte ist fast immer eine logopädische (Spracherziehung) Behandlung notwendig

Wie war das noch …?

Von welchen Faktoren ist die Verarbeitung eines Krankenhausaufenthaltes beim Kind abhängig?

Nennen Sie mögliche Reaktionen des Kindes auf den Krankenhausaufenthalt.

Wie kann die Bewußtseinslage des Kindes überprüft werden?

Nennen Sie typische Stuhlveränderungen im Säuglings- und Kleinkindalter.

8 Psychiatrie

Die Psychiatrie, „Seelenheilkunde", beschäftigt sich mit der Erkennung (Diagnostik), Vorbeugung (Prävention), Rehabilitation und Begutachtung psychischer Krankheiten und Störungen sowie psychischer und sozialer Verhaltensauffälligkeiten.
Für Pflegepersonen, die ausschließlich mit psychisch Kranken arbeiten möchten, empfiehlt sich eine zweijährige Fachausbildung für psychiatrische Krankenpflege.

• **Pflegerische Aufgaben in der Psychiatrie**
– Hilfe bei der Wiederherstellung der psychischen und physischen Gesundheit in Zusammenarbeit mit anderen Fachkräften (z.B. Ärzten, Psychologen, Sozialarbeitern)
– Gestaltung eines therapeutischen Milieus in der Abteilung
– Soziotherapeutische Maßnahmen
– Mithilfe und Anleiten bei der Ergotherapie (Beschäftigungs- und Arbeitstherapie)
– Hilfestellung bei der sozialen Integration der Patienten

Innerhalb der Psychiatrie gibt es verschiedene Abteilungen. Grob wird in die **geschlossene** und **offene Psychiatrie** unterteilt.
– Offene psychiatrische Abteilung
  Der Patient kann sich nach Absprache mit dem Arzt und Therapeuten innerhalb eines bestimmten Rahmens frei bewegen.
– Geschlossene psychiatrische Abteilung
  Die persönlichen Grundrechte des Patienten (z.B. Sicherheitsverwahrung bei akuter Suizidgefahr) sind eingeschränkt.

8.1 Aufnahme eines Patienten

Die Aufnahme eines psychiatrischen Patienten erfolgt nach den Grundsätzen der allgemeinen Pflege.
Da aber der Klinikaufenthalt in einer psychiatrischen Abteilung bei vielen Menschen immer noch mit vielen tief verwurzelten Vorurteilen und Ängsten verbunden ist, kommt hier der Aufnahme eine besondere Bedeutung zu.

Vorgehen
Die Aufnahme des Patienten hat ruhig, taktvoll, geduldig und aufmerksam zu erfolgen.
– Begrüßung des Patienten und Vorstellung der eigenen Person
– schriftliche Aufnahme der persönlichen Daten (z.B. Name, Vorname, Geburtsdatum, Geburtsort, Familienstand, Beruf, Krankenkasse, Telefonnummer naher Angehöriger)
– bei der Aufnahme in eine geschlossene Abteilung die Kleidungsstücke, mitgebrachte Geldbeträge und Wertgegenstände schriftlich fixieren

Aufnahme eines Patienten **8.1**

- schriftliche Freiwilligkeitserklärung des Patienten über die stationäre Aufnahme in eine psychiatrische Klinik (Ausnahme: Zwangseinweisung)
- Mitpatienten namentlich, aber ohne Diagnose vorstellen
- Patientenzimmer zuweisen (Rücksprache mit Stationsarzt)
- Patienten nach seinen momentanen Bedürfnissen befragen
- Körpergröße, Gewicht, Puls, Blutdruck und Körpertemperatur messen

8.1.1 Information des Patienten

Der psychisch Kranke ist meistens verunsichert, ängstlich und zieht sich zurück. Das Pflegepersonal muß deshalb Zugang zum Patienten finden, seine Angst nehmen und Vertrauen aufbauen. Erster Schritt zur Bewältigung dieser Aufgabe ist die umfassende Information des Patienten über besondere Abläufe und Regelungen in der Abteilung.

Informationen
In einem Informationsblatt werden dem Patienten Stationsabläufe, Verhaltensregeln und Gepflogenheiten mitgeteilt und erläutert, beispielsweise:
- **Stationsablauf**
  - Ruhezeiten (Mittags- und Nachtruhe)
  - Mahlzeiten
  - Mitarbeit in der Beschäftigungs- oder Arbeitstherapie
- **Räumlichkeiten**
  - Aufenthaltsräume
  - Raucherecke
  - Sanitärräume (Toiletten, Duschen)
  - Telefonzellen
  - Freizeit- und Fitneßräume
  - Besucherraum
- **Einrichtungen des Patientenzimmers**
  - Rufanlage (Klingel)
  - Bett
  - Nachttisch
- **Besuchsregelung**
  - Besuchszeiten
  - evtl. Kontrolle der Besucher (z.B. auf Drogen, Alkohol)
- **Ausscheidungen**
  - veränderte Ausscheidungen (z.B. Schwitzen, Sputum, Miktion) durch die Verabreichung spezieller Medikamente (s. Kap. 8.5.1)
- **Eß- und Trinkgewohnheiten**
  - starkes Durstgefühl, Appetitlosigkeit oder -steigerung durch spezielle Medikamente (s. Kap. 8.5.1)
- **Sicherheitsmaßnahmen**
  - Abnahme und Aufbewahrung von persönlichen Gegenständen, die zu einem Suizid geeignet sind (z.B. Messer, Gürtel)
  - verschlossene Türen und Fenster (nur in der geschlossenen Abteilung)

8 Psychiatrie

– absolutes Verbot von Alkohol, Drogen und Medikamenten
(stichprobenartige Alkoholkontrollen mit dem Alcomaten)

8.2 Beobachtung und Berichterstattung

Die Beobachtung des körperlichen und seelischen Zustandes
und des Verhaltens eines psychisch Kranken ist die wichtigste
Grundlage für Diagnostik und Therapie.
Ergebnisse der Krankenbeobachtung werden in einem Beobachtungsprotokoll chronologisch festgehalten (IST-Bericht; s.
Kap. 2.7.4).
Anhand der Pflegeberichte können sich alle an der Therapie
beteiligten Personen ein Bild über den bisherigen Zustand und
den Krankheitsverlauf des Patienten machen.

Beobachtungskriterien

Allgemeine Krankenbeobachtung
Alle Beobachtungen, die zum Erfassen und Beurteilen des kör-
perlichen Zustandes notwendig sind, wie:
– Allgemeinzustand (z.B. Ernährung, Körperhygiene)
– Vitalfunktionen
– Behinderungen

Spezielle Krankenbeobachtung (Verhaltensbeobachtung)
Das Erfassen von geringfügigen Veränderungen im Verhalten
des Patienten alleine oder in der Gruppe wie:
– Stimmungslage (ängstlich, euphorisch)
– Reaktionen auf außergewöhnliche Ereignisse
– Psychomotorik (Haltung, Gang, Mimik)
– Sprache (z.B. Wortfindungsstörungen)
– Kontaktfähigkeit
– Konzentrationsfähigkeit
– Intelligenz
– Sozialverhalten (Gruppenverhalten)
– Eß- und Trinkverhalten
– Ausscheidungen
– Reaktionen auf Medikamente
– Krankheitseinstellung

8.3 Für Sicherheit sorgen

Zum Schutz des Patienten, zur Gewährleistung des Therapieer-
folges und zur Abwendung von Gefahren für ihn und die
Umwelt müssen verschiedene Aspekte der Sicherheit beachtet
werden.

Umgang mit Schlüsseln
In geschlossenen Abteilungen müssen Fenster, Türen und
Schränke verschlossen sein.

Für Sicherheit sorgen **8.3**

– kein gedankenloses, lautes Hantieren mit Schlüsseln
  (verstärkt das Gefühl des Gefangen- und Ausgeliefertseins)
– keine Demonstration der Machtposition durch offenes
  Tragen der Schlüssel
– moderne Schließsysteme ermöglichen es, mit nur einem
  Schlüssel alle Türen, Fenster und Schränke zu öffnen

Kontrolle von Besuchern
Besucher sind für die Patienten ein wichtiges Bindeglied zu
ihrem normalen Leben.
– der Besuch soll in Besucherzimmern ungestört ablaufen
  können. Ausnahme: überwachte Besuche bei gerichtlich
  eingewiesenen Patienten
– Geschenke dürfen in geschlossenen Abteilungen nicht ohne
  Wissen des Pflegepersonals abgegeben werden (z.B. Gefahr
  des Drogenmißbrauches)
– bei begründetem Verdacht taktvolle Kontrolle der Besucher

Fixieren des Patienten (s. Kap. 2.3.1)
Zwangsmaßnahmen gehören zu den besonders belastenden
Situationen in der psychiatrischen Krankenpflege.
Besonders die Behandlung gegen den Willen des Patienten
macht die Doppelfunktion deutlich – dem einzelnen zu helfen,
aber auch die Allgemeinheit zu schützen.

Mögliche Indikationen
– Suizidgefahr
– Gefahr der Selbstverletzung für die Dauer bestimmter
  Therapieformen (z.B. Infusionstherapie)
– gegen die Umwelt gerichtete Aggressionen

Die Fixierung eines Patienten ist ein Eingriff in dessen
Grundrechte und darf nur unter folgenden Bedingungen geschehen:
– prüfen, ob eine andere Sicherungsmaßnahme möglich ist
– schriftliche Anordnung durch den Arzt
– Dokumentation der Maßnahme
– besondere Beobachtung des Patienten (Sitzwache)
– sichere und feste Fixierung der Gurte (Herstellerangaben
  beachten)
– Gefahr der Strangulation absolut ausschließen

Isolation des Patienten
Die Isolierung in besonders abgepolsterten Räumen ist bei
aggressiven Patienten, ohne Suizidgefahr, der Fixierung vorzu-
ziehen (mehr Bewegungsfreiheit).

8.3.1 Besonderheiten des Krankenbettes

Zum Schutz des einzelnen (Suizidgefahr) und der Allgemeinheit
(Zerstörung durch Aggressionen) müssen besondere Vorkeh-
rungen getroffen werden:

8 Psychiatrie

●**Krankenbett in der Psychiatrie**
normales Krankenbett, aber:
– Haltebügel festgeschraubt
– Verstellhebel für Kopfteil fehlt
– Aufziehstange fehlt

●**Notfallbett**
wie Krankenbett in der Psychiatrie, zusätzlich mit:
– eingezogenem Gummi-Bettschutz (Inkontinenz)
– vorbereiteten Fixationsgurten
– Bettgitter

8.4 Organisation und Administration

Der Informationsaustausch zwischen den einzelnen Schichten und den verschiedenen Berufsgruppen einer psychiatrischen Abteilung ist Voraussetzung für eine optimale Betreuung der Patienten. Teamkonferenzen mit allen therapeutisch tätigen Mitarbeitern stellen eine solche Möglichkeit der regelmäßigen Kommunikation dar.

●**Teamkonferenzen**
– Frühbesprechungen (Koordination des Tagesablaufes)
– Stationsbesprechungen
– Fallbesprechungen
– Personalgespräche

In diesen Konferenzen werden berufsspezifische Beobachtungen über einen Patienten ausgetauscht, wie:

Arzt	– psychopathologisches Zustandsbild
	– Therapieverlauf
Pflege-personal	– allgemeine und spezielle Krankenbeobachtung
Psychologe/Soziologe	– Familien- und Berufsprobleme
	– Verhalten innerhalb der Gruppentherapie

●**Supervision**
Sie gibt den Angehörigen verschiedener Berufsgruppen die Möglichkeit der Selbstreflexion und Selbstkontrolle im beruflichen Alltag.
Sie findet regelmäßig als Team- oder Gruppensupervision statt und sollte von einem externen Psychologen oder speziell ausgebildeten Pflegesupervisor geleitet werden.

8.5 Hilfeleistungen bei Diagnostik und Therapie

Die Beschäftigungs- und Arbeitstherapie (Ergotherapie) als Methode zur Rehabilitation soll dem psychisch Kranken zu einem besseren Selbstwertgefühl und zur Selbstachtung verhel-

Hilfeleistungen bei Diagnostik und Therapie **8.5**

fen. Er lernt, sich an den normalen Lebensrhythmus anzupassen und in den beruflichen Alltag wieder einzugliedern.
Die Ergotherapie erfolgt individuell angepaßt als Einzel- oder Gruppentherapie.

● **Beschäftigungs- und Arbeitstherapie**
Sobald der Zustand des Patienten es zuläßt.

Ziele sind dabei z. B.:
– allgemeine Aktivierung
– Verbesserung der Konzentrationsfähigkeit
  und Zielstrebigkeit
– Ausdauertraining
– Förderung der Kontaktfähigkeit
– Ablenkung von der Erkrankung
– Abbau von Aggressionen
– Erfolgserlebnisse

Möglichkeiten der Beschäftigungstherapie
– gestalterische Tätigkeiten (z. B. Malen, Modellieren)
– Handarbeiten (z. B. Stricken, Flechten, Weben)
– Holzarbeiten (z. B. Basteln)

Möglichkeiten der Arbeitstherapie
– handwerkliche Arbeiten (z. B. Korbflechten)
– Mithilfe in Handwerksbetrieben des Krankenhauses
  (z. B. Gärtnerei, Wäscherei)

8.5.1 Umgang mit Medikamenten

Die medikamentöse Behandlung mit Psychopharmaka gehört bei den meisten psychiatrischen Erkrankungen zu den Voraussetzungen weiterer therapeutischer Maßnahmen.
Diese Medikamente heilen nicht die Grunderkrankung, sondern beseitigen Krankheitssymptome und verbessern die Lebensqualität des Patienten (s. Kap. 2.7.5).

● **Psychopharmaka**
Psychopharmaka sind Medikamente, die u. a. selektiv Überträgerstoffe im Gehirn beeinflussen und normalisieren. Sie verändern dämpfend oder anregend Gefühle, Stimmungen, Handeln, Erleben und den Antrieb des Menschen.

Verschiedene Medikamentengruppen

Antidepressiva	→	depressionslösend, stimmungsaufhellend
Antiepileptika	→	antikonvulsiv
Lithium	→	beeinflußt manische und depressive Zyklen
Neuroleptika	→	wahn- und körperdämpfend
Nootropika	→	verbesserte Hirndurchblutung
Tranquilizer	→	angstlösend, entspannend, antikonvulsiv (gegen Anfälle)

343

Die meisten Medikamente werden zu Beginn der Behandlung parenteral verabreicht. Dadurch beschleunigt sich der Wirkungseintritt, und die Applikation ist bei nicht-kooperativen Patienten gesichert.

Mögliche Nebenwirkungen
– Hypotonie
– Tachykardie
– Mundtrockenheit
– Schwitzen
– Gewichtszunahme
– Libidoverlust
– Amenorrhoe (Ausbleiben der Regelblutung)
– Miktionsstörungen
– Akkommodationsstörungen
– allergische Reaktionen
– Leberparenchymschäden
– Blutbildveränderungen
– Abhängigkeit

Die häufigsten Nebenwirkungen sind extrapyramidale Störungen **(Parkinsonismus)**, z. B. mit:
– Ruhetremor (Pillendrehen)
– Verlangsamung
– Erstarren von Mimik und Gestik
– vermehrter Talgdrüsenproduktion (Salbengesicht)

– grundsätzliches Wissen über die Wirkung und Nebenwirkung der verordneten Medikamente
– umfassende Krankenbeobachtung
– Überwachung der regelmäßigen Medikamenteneinnahme
sind unabdingbar

8.6 Arbeit in der Sozialpsychiatrie

In der Sozialpsychiatrie werden Zusammenhänge zwischen dem Verhalten eines psychisch Kranken und seinen sozialen Bedingungen (z. B. Familie, Beruf, Gesellschaft) aufgezeigt.
Die Soziotherapie (eine Form der Verhaltenstherapie) versucht als gruppenorientierte Therapieform bestimmte neurotische Verhaltensmuster zu ändern.

• **Ziele der Sozialpsychiatrie**
– Änderung der Einstellung zu sich selbst
– Reduzierung sozialer Ängste und Hemmungen
– Training sozialer Fähigkeiten

Zu Beginn der Soziotherapie wird dem Patienten eine Bezugsperson aus dem Bereich des Pflegepersonals zugeteilt.

Aufgaben der Bezugsperson
- Ansprechpartner für alle Probleme des Patienten
- Verantwortung für die Einhaltung des individuellen Therapieplanes
- Vermitteln einer ausreichenden persönlichen Hygiene
- Begleitung bei der Ergotherapie

8.7 Pflege bei Schizophrenien

Als Schizophrenie (Ich-Spaltung) bezeichnet man eine Psychose mit dem Zerfall der Gesamtpersönlichkeit. Etwa ein Drittel aller Patienten, die in einer psychiatrischen Klinik behandelt werden, leidet an einer Schizophrenie.

- **Einteilung der Schizophrenien**
- **Hebephrene Schizophrenie**
  - Schleichende Form der Schizophrenie im jugendlichen Alter, mit Intelligenzverlust und Vereinsamung
- **Katatone Schizophrenie**
  - Wechselhafte Schizophrenie, vor allem mit Störungen der Motorik (Hyperkinese – überschießend, Akinese – erstarrend) und symptomfreien Intervallen
- **Paranoid-halluzinatorische Schizophrenie**
  - Entwicklung von unterschiedlichen Wahnvorstellungen, die der erkrankte Mensch als Realität erlebt

Alle Formen der Schizophrenie haben – mit unterschiedlicher Ausprägung – gemeinsame Symptome, wie Störungen
- des Denkens
- der Gefühlswelt
- der Kontakte
- von Willen und Antrieb

Daraus ergeben sich
- Zerfall der Persönlichkeit
- Realitätsverlust
- Abkehr von der Außenwelt
- Ambivalenzen (Wunsch nach zwei sich ausschließenden Möglichkeiten)

Überlegungen zur Pflegeplanung bei Schizophrenen

Akutstadium

- ruhiges und helles Krankenzimmer
- Unterbringung in einer geschlossenen Abteilung bei Gefährdung des Patienten und seiner Umwelt nach Arztverordnung
- abschließbare, evtl. vergitterte Fenster
- verstellbares Krankenbett (Psychiatrie)

- Puls, Blutdruck, Atmung und Bewußtsein regelmäßig kontrollieren und dokumentieren
- auffälliges Verhalten wahrnehmen

8 Psychiatrie

- regelmäßige Kontrolle von Ernährungszustand und Körpergewicht

- Psycho- und Gesprächstherapie
- viel Zuwendung
- Hinweise auf die Realität geben:
  „Ich glaube Ihnen, daß Sie meinen, Sie wären der Herrscher des Weltalls. Aber ich kenne Sie als Frau/Herr..."
- Patienten nicht in seinem Wahn bestätigen, deshalb nie mit dem Namen seiner Wahnwelt ansprechen
- den Patienten konsequent auf die Entlassung vorbereiten

- Beschäftigungs- und Spieltherapie zur sinnvollen Gestaltung des Tagesablaufes, Höhepunkte setzen
- für ausreichende Bewegung sorgen

- Unterstützung bei der Körperpflege, bei Bedarf Übernahme

- sämtliche Prophylaxen bei immobilen Patienten (s. Kap. 2.7.1)

- auf ausreichende Nahrungsaufnahme achten (nach Arztverordnung parenterale Ernährung)

- Grundregeln der Hygiene beachten (s. Kap. 2.7.2)

- die verordneten Neuroleptika gewissenhaft verabreichen

Chronisches Stadium
Hierbei ist zusätzlich wichtig:
- kontinuierliche Aktivierung
- regelmäßige Kontrolle von Ernährungszustand und Gewicht
- konsequente Medikamenteneinnahme
- sinnvolle Beschäftigungs- und Arbeitstherapie
- Freizeitplanung (z. B. Ausflüge, Schwimmen)

8.8 Pflege bei Manien und Depressionen

Manien und Depressionen gehören zur Gruppe der affektiven Psychosen.
In den westlichen Industrienationen besteht ein Erkrankungsrisiko von etwa 10 Prozent. Das bedeutet, daß statistisch gesehen jeder zehnte Mensch einmal während seines Lebens eine affektive Psychose (meistens Depression) durchmacht.

- **Wichtige Begriffe**
Depression = Zustand der traurigen Verstimmung mit dem „Gefühl der Gefühllosigkeit"
Manie = Zustand mit gehobener Stimmungslage und Antriebssteigerung

Pflege bei Manien und Depressionen 8.8

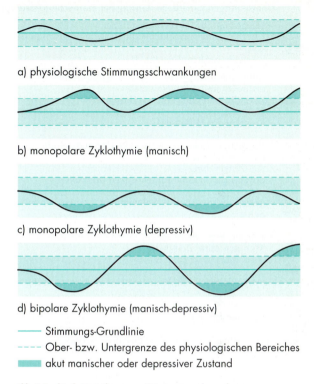

a) physiologische Stimmungsschwankungen

b) monopolare Zyklothymie (manisch)

c) monopolare Zyklothymie (depressiv)

d) bipolare Zyklothymie (manisch-depressiv)

——— Stimmungs-Grundlinie
- - - - Ober- bzw. Untergrenze des physiologischen Bereiches
▬▬ akut manischer oder depressiver Zustand

Abb. 8-1 a bis d Einteilung von Stimmungsschwankungen

Zyklothymie = Wechsel zwischen Manien und Depressionen (Abb. 8-1 a bis d)
- monopolar = Wechsel zwischen einer Manie oder einer Depression und beschwerdefreien Phasen
- bipolar = ständig wechselnde manisch-depressive Phasen

- **Zeichen einer Manie**
- euphorisch gehobene Grundstimmung
- allgemeine Hemmungslosigkeit
- Bewegungsunruhe
- Schlaflosigkeit
- sexuelle Überaktivität
- stark gehobenes Selbstwertgefühl und Überschätzung der eigenen Person
- Gefahr der rücksichtslosen Aggressivität bei Überreizung

Überlegungen zur Pflegeplanung bei manischen Patienten

- ruhiges und helles Krankenzimmer
- Überbelegung vermeiden (Ruhelosigkeit regt Mitpatienten auf)
- verstellbares Krankenbett

- Puls, Blutdruck, Atmung und Bewußtsein regelmäßig kontrollieren und dokumentieren
- Verhaltensauffälligkeiten wahrnehmen
- Nahrungsaufnahme und Körpergewicht kontrollieren (Ruhelosigkeit des Patienten)

- Psycho- und Gesprächstherapie (bei mangelnder Krankheitseinsicht erschwert)
- viel Zuwendung
- durch Ergotherapie Ruhelosigkeit bremsen

- gezielte Aktivität (z. B. Schwimmen, Laufen) für besseren Schlaf

- Körperpflege überwachen (durch die Ruhelosigkeit haben Maniker keine Zeit dazu)

- prophylaktische Maßnahmen sind nicht notwendig

- normale Ernährung

- Grundregeln der Hygiene beachten (s. Kap. 2.7.2)

- die vom Arzt verordneten Medikamente (z. B. Neuroleptika, Sedativa) gewissenhaft verabreichen

• **Zeichen einer Depression**
- depressive Grundstimmung (z. B. niedergeschlagen, lustlos)
- gehemmter Antrieb
- Libidoverlust
- Vereinsamung
- Schuldgefühle
- Verlust der Selbstachtung
- vegetative Störungen (z. B. Schlaflosigkeit, Obstipation)
- Hoffnungslosigkeit (Suizidgefahr)

Der Ausprägungsgrad der Symptome ist morgens stärker als abends (Morgentief).

Überlegungen zur Pflegeplanung bei depressiven Patienten

- ruhiges und helles Krankenzimmer, kein Einzelzimmer (Kontrolle und Ermunterung durch Mitpatienten)
- verstellbares Krankenbett

Pflege bei suizidgefährdeten Patienten 8.9

- Puls, Blutdruck, Atmung und Bewußtsein regelmäßig kontrollieren und dokumentieren
- regelmäßige Darmentleerung (medikamentös bedingte Obstipation)
- auffälliges Verhalten wahrnehmen (Suizidgefahr)
- Ernährungszustand, Nahrungsaufnahme und Körpergewicht (bei Nahrungsverweigerung) kontrollieren

- intensive Psycho- und Gesprächstherapie
- viel Zuwendung (Zeit für den Patienten haben)
- Ergotherapie zum Überwinden der Antriebshemmung

- gezielte Aktivität (z. B. Sport) für besseren Schlaf
- Beschäftigungs- und Spieltherapie zur sinnvollen Gestaltung des Tagesablaufes

- Körperpflege überwachen und bei Bedarf assistieren

- sämtliche Prophylaxen bei immobilen Patienten (s. Kap. 2.7.1)

- normale, ballaststoffreiche Ernährung

- Grundregeln der Hygiene beachten (s. Kap. 2.7.2)

- die vom Arzt verordneten Medikamente (z. B. Antidepressiva, Tranquilizer, Lithium) gewissenhaft verabreichen
- Patienten vom Sammeln von Medikamenten abhalten
- Jeder depressive Patient ist suizidgefährdet! (s. Kap. 8.9)

8.9 Pflege bei suizidgefährdeten Patienten

Der Suizid, als fast einzige Komplikation psychischer Erkrankungen (z. B. bei Depressionen), muß unbedingt verhindert werden. Das erfordert von den Pflegekräften eine kontinuierliche Überwachung des Patienten.

- **Wichtige Begriffe**
Suizid = vorsätzliche Vernichtung des eigenen Lebens

Suizidalität = Neigung zur Selbsttötung

Suizidversuch = erfolgloser Versuch der Selbsttötung

Ursachen
- scheinbar ausweglose Situationen
- Hilfeschrei an die Umwelt
- Aggressionen gegen sich und die Umwelt
- unstillbarer Wunsch nach Ruhe und Schlaf
- Abhängigkeiten (z. B. Drogen)

8 Psychiatrie

- Verzweiflung (z. B. Klimakterium)
- Vereinsamung
- Wahnideen, Halluzinationen

Überlegungen zur Pflegeplanung bei suizidgefährdeten Patienten

- Beobachtung in einer geschlossenen Abteilung
- Mehrbettzimmer (Kontrolle durch Mitpatienten)
- Beseitigung aller Gegenstände, die zu einem Suizid geeignet sind (z. B. Schere, Messer, Gürtel, Kabel, Medikamente)

- gezielte Beobachtung zur Einschätzung der Suizidgefahr (z. B. versteckte Äußerungen, plötzliches Ordnen der eigenen Gegenstände, Verschenken liebgewordener Dinge)

- ständige Gesprächsbereitschaft signalisieren. Patient muß seine quälenden Gedanken im Moment des Auftretens mitteilen können

- kontrollierte Einnahme der verordneten Medikamente (Antidepressiva)
- keine Gelegenheit zum Sammeln von Medikamenten geben

8.10 Pflege bei gerontopsychiatrischen Patienten

Ältere Menschen leiden oft an einer allgemeinen Verunsicherung mit einer daraus resultierenden Entschlußunfähigkeit. Der eigene Blickwinkel ist eingeengt, die geistige Leistungsfähigkeit nimmt ab, der alte Mensch ist verwirrt. Vielfach beruht dieses „Verwirrtsein" auf Angst, Kummer und Einsamkeit. Seit einigen Jahren gibt es eine besondere Therapieform, um sich alten, desorientierten Menschen zu nähern. Bei der **„Validation Therapy"** nach **Naomi Feil** wird die demente Person in ihre Erlebniswelt begleitet, nach der Bedeutung des Verhaltens gesucht, ihre Gefühle werden erkannt, respektiert und bestätigt.

• **Wichtige Begriffe**

Altersdemenz	=	Verwirrtheit, Verlust der erworbenen Intelligenz und des Gedächtnisses
Gerontologie	=	Wissenschaft, die sich mit den biologischen, medizinischen, psychologischen und sozialen Aspekten des alternden Menschen beschäftigt
Hirnorganisches Psychosyndrom	=	psychische Störungen, verursacht durch hirnorganische Veränderungen
Morbus Alzheimer	=	diffuse Hirnatrophie, zwischen dem 50. und 60. Lebensjahr auftretend. Ursache noch unklar, evtl. genetische oder metabolische Störung

Überlegungen zur Pflegeplanung bei gerontopsychiatrischen Patienten

- ruhiges und helles Zimmer mit persönlichen Gegenständen
- alters- und behindertengerechte Einrichtung (z. B. Haltegriffe, höherer Toilettensitz)
- verstellbares Krankenbett
- Bettgitter zum Schutz des Patienten nach Arztanordnung

- Puls, Blutdruck, Atmung und Bewußtsein regelmäßig kontrollieren und dokumentieren
- regelmäßige Darmentleerung (altersbedingte Obstipation)
- auf verändertes Verhalten achten
- Nahrungsaufnahme und Körpergewicht kontrollieren

- Einfühlungsvermögen, Gespräche und viel Zuwendung. Durch die ungewohnte Umgebung verschlechtert sich oft die psychische und physische Situation. Der Patient ist evtl. noch stärker verwirrt.

- Bettruhe nur nach Arztanordnung
- altersgerechtes körperliches Training zur Verbesserung von Kraft, Ausdauer und Koordination
- Selbständigkeit erhalten, Hilfe zur Selbsthilfe
- gezielte Rehabilitation
- Krankengymnastik zur Besserung der körperlichen, geistigen und psychischen Situation (z. B. bei Lähmungen, Koordinationsstörungen, peripheren Durchblutungsstörungen)

- Waschhilfe oder Ganzwaschung bei Patienten mit reduziertem Allgemeinzustand (Selbständigkeit fördern)

- sämtliche Prophylaxen bei immobilen Patienten (s. Kap. 2.7.1)

- normale, leicht verdauliche, dem Alter angepaßte Ernährung
- ausreichend Flüssigkeit

- Grundregeln der Hygiene beachten (s. Kap. 2.7.2)

- Es ist falsch, dem Patienten in einer übertriebenen Fürsorgepflicht jeden Handgriff abnehmen zu wollen!

8.11 Pflege bei suchtkranken Patienten

Sucht ist eine körperliche und/oder psychische Abhängigkeit von einem Stoff (z. B. Alkohol, Drogen, Nikotin). Je nach Suchtstoff und Dauer der Abhängigkeit verändert sich der Mensch sein Verhalten. Dies kann zum Verlust von Arbeit, Familie, Wohnung führen; oft auch zum Ausschluß aus der Gesellschaft.

Psychiatrie

• Wichtige Begriffe

Gewöhnung = psychische Abhängigkeit von einem Suchtstoff mit Entzugserscheinungen beim Absetzen
Mißbrauch = übersteigerter Gebrauch eines Suchtstoffes mit gesundheitlicher Schädigung
Sucht = physische und psychische Abhängigkeit von einem Suchtstoff mit ständiger Dosissteigerung

Überlegungen zur Pflegeplanung bei Suchtkranken

- sofortiger Entzug in einer geschlossenen Abteilung (Erfolg nur möglich bei Einsicht des Patienten)
- ruhiges, verdunkelbares Krankenzimmer (bei starker Entzugssymptomatik besteht eine Hypersensibilität auf visuelle und akustische Reize)
- verstellbares Krankenbett mit vorbereiteten Fixiergurten
- alle mitgebrachten Gegenstände des Patienten auf Suchtmittel und Suchtersatzmittel kontrollieren

- Puls, Blutdruck, Atmung, Temperatur und Bewußtsein regelmäßig kontrollieren und dokumentieren
- bei alkoholkranken Patienten Atemkontrolle
- Auffälligkeiten wahrnehmen (Aggressivität)
- Nahrungsaufnahme und Körpergewicht kontrollieren (Süchtige vernachlässigen oft ihre Ernährung)
- gezielte Krankenbeobachtung bei Entzugssymptomatik wie Zittern, Schwitzen, Unruhe, Halluzinationen

- Beschäftigungs- und Arbeitstherapie
- Gesprächstherapie in einer Suchtgruppe
- Wichtig ist eine konsequente Umsetzung aller pflegerischen und therapeutischen Maßnahmen – NICHT WEICH WERDEN!

- Beschäftigungs-, Spiel- und Sporttherapie zur sinnvollen Gestaltung des Tagesablaufes. Patient schläft besser
- Vorbereitung auf die Entlassung

- Körperpflege überwachen und bei Bedarf assistieren

- sämtliche Prophylaxen bei immobilen Patienten (s. Kap. 2.7.1)

- normale, ballaststoffreiche Ernährung
- bei Untergewicht aufbauende Kost

- Grundregeln der Hygiene beachten (s. Kap. 2.7.2)
- Vorsicht beim Umgang mit Blut (Hepatitis- und HIV-Infektionsgefahr)

- die vom Arzt verordneten Medikamente (z. B. Distraneurin®) gewissenhaft verabreichen. Dableiben, bis der Patient die Medikamente eingenommen hat

8.12 Pflege bei Neurosen und Psychopathien

Neurosen sind Störungen des Erlebens, Verhaltens und des körperlichen Empfindens. Die Gefühlsbeziehung zu sich selbst und zur Umwelt ist gestört.
Als Psychopathen bezeichnet man Menschen mit abnormer seelischer Persönlichkeit.
Beim Umgang mit diesen Patienten ist es wichtig, daß die Pflegenden sich nicht mit deren Problemen identifizieren.

- **Wichtige Begriffe**

Halluzination	= sinnliche Wahrnehmung von nicht vorhandenen Gegenständen und Ereignissen
Hemmung	= Mangel an Antrieb, an Entschluß- und motorischer Ausdrucksfähigkeit
Hysterie	= Persönlichkeitsstörung mit gesteigertem Bedürfnis nach Anerkennung und Geltung
Illusion	= Wunschvorstellung
Organneurose	= nicht verarbeitete psychische Störung mit körperlichen Störungen ohne faßbare Organerkrankung (z. B. Herzneurose)
Phobie	= zwanghafte Angst (z. B. geschlossene Räume – Klaustrophobie)
Psychoneurose	= psychische Zwangsvorstellung mit immer wiederkehrenden Handlungen (z. B. Waschzwang)
Psychosomatische Erkrankung	= körperliche Reaktionen auf psychische Vorgänge (z. B. Hypertonie, Magenulkus, Herzrhythmusstörungen)
Wahn	= inhaltliche Denkstörung mit unkorrigierbarem Fehlurteil des Patienten

Überlegungen zur Pflegeplanung bei neurotischen oder psychotischen Patienten

- ruhiges und helles Krankenzimmer, Mitpatienten im Zimmer gezielt auswählen
- verstellbares Krankenbett

- Puls, Blutdruck, Atmung und Bewußtsein regelmäßig kontrollieren und dokumentieren
- auffälliges Verhalten wahrnehmen (z. B. bei Psychoneurosen), es können Symptome auftreten, die nicht zur Neurose gehören
- Nahrungsaufnahme und Körpergewicht kontrollieren (Nahrungsverweigerung bei Vergiftungswahn)

- Psycho- und Verhaltenstherapie
- Beschäftigungs- und Arbeitstherapie zur sinnvollen Gestaltung des Tagesablaufes und zur Ablenkung

8   Psychiatrie

– Gesundheitsförderung durch Spaziergänge und Sport

– Körperpflege überwachen und bei Bedarf übernehmen
– z. B. auf Waschzwänge achten

– sämtliche Prophylaxen bei immobilen Patienten
  (s. Kap. 2.7.1)

– normale Ernährung
– bei Untergewicht aufbauende Kost
– bei Übergewicht Reduktionskost

– Grundregeln der Hygiene beachten (s. Kap. 2.7.2)

– die vom Arzt verordneten Medikamente (z. B. Sedativa)
  gewissenhaft verabreichen

Pflege bei Neurosen und Psychopathien **8.12**

Wie war das noch ...?

Fallbeispiel
Herr U., 48 Jahre, verheiratet, drei Kinder, Hausmeister, lebt mit seiner Familie in einer Dienstwohnung.

Vorgeschichte
Herr U. leidet seit fünf Jahren an einer Zyklothymie. Seit zwei Monaten befindet er sich in einer schweren Depression mit Schlaflosigkeit und Antriebsschwäche. Trotz medikamentöser Behandlung durch einen niedergelassenen Facharzt für Psychiatrie konnte keine Besserung der Beschwerden erreicht werden.

Herr U. ist seit dem Auftreten der depressiven Phase krankgeschrieben. Er äußert konkrete Selbstmordabsichten.

Sein Arbeitsplatz ist durch die häufigen Ausfälle in Gefahr. Zum Selbstschutz und zur Intensivierung der medikamentösen Therapie wird Herr U. in eine psychiatrische Abteilung eingewiesen.

Erster Eindruck
Herr U. wirkt teilnahmslos und apathisch. Das Reden fällt ihm schwer, sein Blick wirkt starr, ins Leere gehend. Sein Allgemeinzustand ist reduziert.

1. Welche Lebensaktivitäten sind bei Herrn U. durch seine Krankheit beeinträchtigt?
2. Nennen Sie Probleme, die sich im Hinblick auf die Lebensaktivitäten ergeben können.
3. Welche aktuellen Pflegeprobleme liegen vor, und welche potentiellen Pflegeprobleme können sich daraus ergeben?
4. Nennen Sie die notwendigen Pflegeziele.
5. Welche Pflegemaßnahmen planen Sie, um die Pflegeziele zu erreichen?

Bitte beantworten und planen Sie auf einem gesonderten Blatt.

9 Neurologie

Die Neurologie (Nervenheilkunde) beschäftigt sich mit den Erkrankungen und Verletzungen des zentralen und peripheren Nervensystems. Eine Überschneidung mit anderen Gebieten wie Psychiatrie und Innere Medizin ist möglich.

9.1 Beobachtung und Berichterstattung

Die Beobachtung des körperlichen und seelischen Zustandes sowie der einzelnen motorischen Bewegungsabläufe beim Patienten ist die Voraussetzung für Diagnostik und Therapie.
Ergebnisse der Krankenbeobachtung werden in einem Beobachtungsprotokoll festgehalten (s. Kap. 2.7.4).
Anhand der Berichte können sich alle an der Pflege und Therapie beteiligten Personen ein Bild über den bisherigen Zustand und den Krankheitsverlauf machen.

• Besondere Beobachtungen

Periphere Lähmungen
Schädigung der peripheren Nerven mit Ausfallserscheinungen im dazugehörigen Versorgungsgebiet
– Hypotonie/Atonie der entsprechenden Muskelgruppe
– Muskelatrophie
– Minderung/Ausfall der Kraftentfaltung
– Fehlen der Muskeleigenreflexe

Zentrale Lähmungen
Schädigung des Gehirns bis zur Umschaltstelle der Vorderhornzellen (Rückenmark)
– Spastiken
– Minderung/Ausfall der Willkürbewegungen
– gesteigerte Muskeleigenreflexe
– pathologische Reflexe

Sensibilitätsstörungen
Empfindungsstörungen der Sinnesorgane, vor allem der Berührungsempfindung (Oberflächen- und Tiefensensibilität), Schmerzen und Temperatur
– Analgesie   = aufgehobene Schmerzempfindung
– Dysästhesie   = schmerzhafte Berührungsempfindung
– Hypalgesie   = herabgesetzte Schmerzempfindung
– Parästhesie   = Mißempfindung

Koordinationsstörungen
Störungen der Koordination einzelner Bewegungen (Ataxie), die bei vielen neurologischen Erkrankungen auftreten

Hilfeleistungen bei Diagnostik und Therapie **9.2**

- Gangunsicherheit
- ungenaue und unsichere Bewegungen

Sprachstörungen und Störungen anderer Leistungen
- Agnosie   = Störung des optischen oder akustischen
                      Erkennens
- Agraphie   = Unfähigkeit zu schreiben
- Akalkulie = Unfähigkeit zu rechnen
- Alexie   = Unfähigkeit zu lesen
- Aphasie   = Verlust des Sprachvermögens
- Apraxie   = Unfähigkeit, geschickt und zielstrebig zu
                      handeln, obwohl keine Lähmung vorliegt

Extrapyramidale Störungen
Störungen des extrapyramidalen Systems, das die unbewußt
ablaufenden motorischen Bewegungen wie Körperhaltung, Be-
wegen von Gliedmaßen, Mimik und Muskeltonus kontrolliert
und koordiniert.
Beispielsweise:
- Parkinson-Syndrom: Einschränkung der Willkürbewegung
- Chorea Huntington: Überschießen der Willkürbewegungen

Anfälle
plötzliche, reversible Änderungen des Bewußtseinszustandes,
der vegetativen Körperfunktionen oder des Herz-Kreislauf-
Systems, oft Ausdruck schwerer neurologischer Erkrankungen.
Einteilung in epileptische und nicht-epileptische Anfälle.

Beobachtung
- vorausgegangene Unruhe
- Bewußtseinslage (z.B. Somnolenz)
- motorische Erscheinungen (z.B. Krämpfe)
- Pupillenbefunde (z.B. Seitendifferenz)
- vegetative Symptome (z.B. Einnässen, Schwitzen)
- Verletzungen (z.B. Zungenbiß)
- Dauer des Anfalls
- Phase danach (z.B. Erholungsschlaf)

9.2 Hilfeleistungen bei Diagnostik und Therapie

Um vorliegende neurologische Erkrankungen festzustellen und
eine optimale Therapie und Pflege zu gewährleisten, sind umfas-
sende Untersuchungen notwendig.
Untersuchungsmethoden in der Neurologie:
- **Anamnese**
  - Vorgeschichte
  - Eigenanamnese
  - Familienanamnese
  - spezielle Anamnese
- **Körperliche Untersuchungen**
  - z.B. Ernährungszustand

357

Neurologie

- **Neurologische Untersuchungen**
  - z. B. Sensibilität, Reflexe, Vegetativum
- **Psychische Untersuchungen**
  - z. B. Bewußtsein, Intelligenz, Emotionalität
- **Klinisch-chemische Untersuchungen**
  - z. B. Blut und Urin
- **Röntgenologische Untersuchungen (Neuroradiologie)**
  - Übersichtsaufnahmen
  - Computertomographie mit und ohne Kontrastmittel

a) β-Wellen (Beta-Wellen)

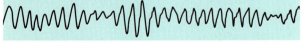

b) α-Wellen (Alpha-Wellen)

c) ϑ-Wellen (Theta-Wellen)

d) δ-Wellen (Delta-Wellen)

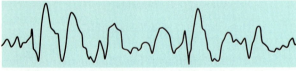

e) spike-waves und atypische bzw. abortive spike-waves

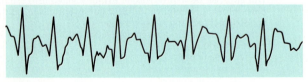

f) spikes

Abb. 9-1 EEG-Wellen-Beispiele

Pflege bei Erkrankungen des Gehirns **9.3**

- Magnetresonanztomographie (MRT)
- Angiographien
- **Elektrophysiologische Untersuchungen**
  - Elektroenzephalographie (EEG):
    Aufzeichnung der Hirnfunktionsströme einzelner Hirn-
    areale (Abb. 9-1 a bis f)
  - Elektromyographie (EMG): Darstellung der elektrischen
    Aktivität einzelner Muskeln
  - Elektroneurographie (ENG): Messung der Nervenleit-
    geschwindigkeit
- **Szintigraphie**
  - Darstellung von Stoffwechselvorgängen in Gehirn, Liquor-
    raum und Knochen mit Hilfe von Radionukliden
- **Liquoruntersuchungen** (Lumbalpunktion)
  - Liquordruck
  - Durchgängigkeit des Spinalkanals
  - chemische Analyse des Liquors
- **Punktionen**
  - Lumbalpunktion (LP)
  - Subokzipitalpunktion (SOP)
  - Ventrikelpunktion (VP)
- **Hirndurchblutungsmessungen**
  - bei zerebralen Durchblutungsstörungen und intrakraniellen
    Drucksteigerungen (z.B. bei Tumoren) über eine Ultra-
    schall-Doppler-Sonographie (USD)

9.3 Pflege bei Erkrankungen des Gehirns

Erkrankungen des Gehirns haben vielfältige Ursachen. Sie können erworben (Gehirnblutung durch Unfall), angeboren oder
vererbt sein. Relativ häufig sind Krampfleiden (z.B. Epilepsie)
und Tumorerkrankungen zu beobachten.

9.3.1 Pflege bei epileptischen Anfällen

Plötzlich einsetzende Funktionsstörungen des Gehirns, die häufig mit einer Bewußtseinsveränderung, Krämpfen und vegetativen Zeichen einhergehen, werden als hirnorganische oder epileptische Anfälle bezeichnet.
Diese Anfälle können verschiedenartig verlaufen und sind in
allen Altersstufen möglich.

Wichtige Begriffe

Absencen = kurze Bewußtseinslücken
Epilepsie = hirnorganisches Anfallsleiden
Fokale Anfälle = Herdanfälle mit unterschiedlichen
Symptomen
Grand-mal-Anfall = großer Anfall
Petit-mal-Anfall = kleiner Anfall
Status epilepticus = pausenlos aufeinanderfolgende Anfälle
ohne Bewußtseinsklarheit

359

9 Neurologie

Überlegungen zur Pflegeplanung bei epileptischen Anfällen

- ruhiges, verdunkelbares Krankenzimmer
- verstellbares Krankenbett

- Puls, Blutdruck, Atmung, Temperatur und Bewußtsein regelmäßig kontrollieren und dokumentieren
- auf vegetative Symptome (z. B. Schwitzen) und motorische Erscheinungen (z. B. Zittern) achten
- Pupillenveränderungen registrieren
- Sinnestäuschungen beim Patienten (z. B. akustische, optische, geschmackliche Halluzinationen) wahrnehmen

- Gespräche, viel Zuwendung, Psychotherapie und die Mitarbeit in einer Selbsthilfegruppe helfen, Ängste und psychosoziale Probleme (z. B. Fahrverbot, Arbeitsplatzverlust) zu überwinden
- bei der Neugestaltung des Lebens (z. B. regelmäßig essen, Streß vermeiden, ausreichend schlafen) mithelfen

- Bettruhe nur nach dem Anfall
- Krankengymnastik nach Arztanordnung (keine Überforderungen)

- Patient kann die vollständige Körperpflege selbst übernehmen

- sämtliche Prophylaxen bei immobilen Patienten (s. Kap. 2.7.1)
- Streß und wechselnde Lichtverhältnisse (z. B. Alleenphänomen = Hell/Dunkel/Hell/Dunkel) vermeiden

- normale Ernährung, auf regelmäßige Mahlzeiten achten

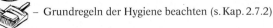
- Grundregeln der Hygiene beachten (s. Kap. 2.7.2)

- vor Verletzungen schützen
- regelmäßige Einnahme der verordneten Medikamente

Verhalten während eines Anfalls
- Arzt verständigen
- Patienten so lagern, daß er sich nicht verletzen kann
- Gummikeil, z. B. Guedel-Tubus, zwischen die Zähne schieben (Zungenbiß)
- beengende Kleidungsstücke öffnen
- Absauggerät bereithalten (Aspirationsgefahr)
- Puls- und Atemkontrolle, wenn möglich
- evtl. Intubationsbereitschaft
- Patienten nicht unnötig berühren und bewegen (kann neuen Anfall auslösen)
- Dauer und Verlauf des Anfalls dokumentieren

Pflege bei Erkrankungen des Gehirns **9.3**

9.3.2 Pflege bei Durchblutungsstörungen

Gefäßerkrankungen mit Durchblutungsstörungen des Gehirns nehmen in den Industrienationen zu und stehen als dritthäufigste Todesursache in den Statistiken.

● Wichtige Begriffe

Aneurysma	=	sack- oder spindelförmige Erweiterung der Arterien
Angiom	=	Gefäßfehlbildung
PRIND	=	Prolongiertes Reversibles Ischämisches Neurologisches Defizit. Zerebrale Funktionsstörungen, die sich innerhalb von 24 Stunden zurückbilden und einem leichten Schlaganfall ähneln.
Schlaganfall	=	plötzlich auftretende Hirnfunktionsstörung mit z.T. bleibenden neurologischen Ausfällen.

Ursachen:
- arteriosklerotische Veränderungen (ca. 70%)
- Hirnblutungen (ca. 20%)
- Hirnembolien (ca. 10%)

TIA	=	Transitorische Ischämische Attacke mit vorübergehenden zerebralen Störungen
Vaskuläre Enzephalopathie	=	chronische Hirndurchblutungsstörung mit diffusen Hirnschädigungen

Überlegungen zur Pflegeplanung bei Durchblutungsstörungen
(s. Kap. 3.11 Pflege bei Erkrankungen des Bewußtseins)

9.3.3 Pflege bei Entzündungen im Zentralnervensystem

Entzündliche Prozesse des Zentralnervensystems kommen in unterschiedlichen Formen vor und gehen häufig auf angrenzende Hirnstrukturen über.

● Wichtige Begriffe

Enzephalitis	=	Hirnentzündung
Meningismus	=	typische Krankheitszeichen bei einer Reizung der Hirnhäute mit Kopfschmerzen, Opisthotonus, Nackensteifigkeit, vegetativen Störungen, Hypersensibilität und Bewußtseinseintrübung
Meningitis	=	Hirnhautentzündung
Meningoenzephalitis	=	Hirnhautentzündung mit Übergreifen auf das Hirngewebe
Meningoenzephalomyelitis	=	Hirnhaut- und Hirnentzündung mit Übergreifen auf das Rückenmark

361

9 Neurologie

Opisthotonus = starke Streckung des Kopfes nach hinten in das Kissen, gebeugte Arme, angezogene Beine, eingezogenes Abdomen, verstärkte Lordosestellung der Wirbelsäule

Überlegungen zur Pflegeplanung bei Meningitis

- ruhiges Einzelzimmer
- abgedunkelt, um unnötige Reize auszuschalten
- verstellbares Krankenbett

- Puls, Blutdruck, Atmung, Temperatur und Bewußtsein regelmäßig kontrollieren und dokumentieren
- auf Hirndruckzeichen achten (z.B. Kopfschmerzen, Pupillenveränderungen, Atemstörungen)
- Zwangshaltungen (z.B. Opisthotonus) registrieren
- Zeichen eines Schüttelfrostes erkennen
- regelmäßige Darmentleerung
- Bilanz der Ein- und Ausfuhr

- viel Zuwendung und Gespräche helfen, Ängste zu überwinden

- strenge Bettruhe nach Arztverordnung
- behutsam lagern in Abhängigkeit vom Ausmaß der Zwangshaltung (Opisthotonus)
- bei Bedarf Kopfteil leicht erhöhen, um Hirndrucksteigerung zu mindern
- Krankengymnastik nach Arztverordnung (erst nach Abklingen der akuten Symptome)

- Ganzwaschung und Körperpflege übernehmen
- später Assistenz bei der Körperpflege

- sämtliche Prophylaxen bei immobilen Patienten (s. Kap. 2.7.1)

- parenterale Ernährung nach Arztverordnung
- bei Besserung orale, eiweiß- und vitaminreiche Ernährung

- Grundregeln der Hygiene beachten, hohe Infektionsgefahr! (s. Kap. 2.7.2 und 3.10)

- Meningitis ist nach dem Bundesseuchengesetz meldepflichtig.

9.3.4 Pflege bei Hirntumoren

Tumoren (Geschwülste) sind raumfordernde Prozesse. Symptome, Therapie und Krankheitsverlauf sind jeweils von der Lokalisation abhängig. Hirntumorpatienten sind oft auffällig in ihrem Verhalten und haben Angst vor Wesensveränderungen.

Pflege bei Erkrankungen des Gehirns 9.3

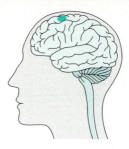

Abb. 9-2 Meningeom

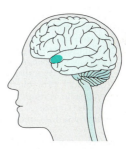

Abb. 9-3 Hypophysenadenom

- **Hirntumorformen**

benigne (gutartige) Tumoren, z. B.:
Hypophysenadenom = Tumor, der vom Gewebe der Hypophyse ausgeht (Abb. 9-3)
Meningeom = Tumor, der von den Hirnhäuten ausgeht (Abb. 9-2)
Neurinom = Tumor, der von der Hülle der Hirnnerven und Spinalnervenwurzeln ausgeht

maligne (bösartige) Tumoren, z. B.:
Astrozytom = Wucherung der Astrozyten
Gliom = Tumor, der von den Gliazellen des Hirngewebes ausgeht (Abb. 9-4)

Überlegungen zur Pflegeplanung nach operativer Entfernung eines Hirntumors

– Intensivpflegestation (in den ersten postoperativen Tagen)
– ruhiges, verdunkelbares Krankenzimmer
– verstellbares Krankenbett

– Puls, Blutdruck, Atmung, Temperatur und Bewußtsein regelmäßig kontrollieren und dokumentieren

9 Neurologie

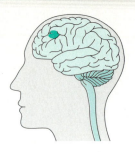

Abb. 9-4 Gliom

- Pulsoxymetrie (ausreichende Atmung?)
- Wundverband und Wunddrainagen kontrollieren
- auf neurologische Funktionsausfälle (z. B. Lähmungen, Sensibilitätsstörungen, Schutzreflexe) achten
- vegetative Störungen (z. B. Kreislaufstörungen) erkennen
- Zeichen der Hirndrucksteigerung (z. B. Kopfschmerzen, Schwindel, Erbrechen) beachten
- psychische Veränderungen wahrnehmen (z. B. Apathie, Unruhe, Ängste)
- Bilanz von Ein- und Ausfuhr (Gefahr des Hirnödems)

- durch Gespräche und viel Zuwendung dem Patienten die Angst vor bleibenden Schäden (z. B. neurologischen Ausfällen) und Entstellungen (z. B. Kopfrasur) nehmen

- strenge Bettruhe für etwa 48 Stunden (abhängig von der Operation) nach Arztanordnung
- seitlich (nicht auf die operierte Schädelseite) mit leicht erhöhtem Kopf lagern
- nach Abklingen der Anästhesie flache Rückenlage mit leicht erhöhtem Kopf
- aufbauende Krankengymnastik nach Arztanordnung
- Rehabilitation rechtzeitig planen

- Körperpflege übernehmen, später bei Bedarf assistieren

- sämtliche Prophylaxen bei immobilen Patienten (s. Kap. 2.7.1)
- Antikonvulsiva (Anfallsprophylaxe) nach Arztverordnung

- parenterale Ernährung nach Arztverordnung
- dann aufbauend eiweiß- und vitaminreiche orale Ernährung

- Grundregeln der Hygiene beachten (s. Kap. 2.7.2)

- regelmäßige Einnahme der verordneten Medikamente
- Computertomographie zum Nachweis des Operationserfolges
- EEG-Kontrolle

Pflege bei Erkrankungen des Gehirns 9.3

9.3.5 Pflege beim Parkinson-Syndrom

Erkrankungen der Stammganglien des extrapyramidalen Systems führen zu unterschiedlichen Störungen des Bewegungsablaufes.

Die häufigste Störung ist das Parkinson-Syndrom (Schüttellähmung) mit den drei wichtigsten Symptomen Rigor, Akinese, Tremor und einer typischen Körperhaltung (Abb. 9-5). Durch eine adäquate Pflege und Behandlung werden alle verbliebenen Fähigkeiten erhalten und trainiert.

Abb. 9-5 Typische Körperhaltung beim Parkinson-Syndrom

- **Wichtige Begriffe**

Akinese = Bewegungsarmut in Mimik und Gestik
Rigor   = Erhöhung des Muskeltonus mit wachsendem Widerstand (Zahnradphänomen)
Tremor = rhythmisches Muskelzittern etwa vier- bis achtmal pro Sekunde (Pillendrehen–Finger, Ja-Nein-Kopfbewegung)

Überlegungen zur Pflegeplanung beim Parkinson-Syndrom

- ruhiges und helles Krankenzimmer
- behindertengerechte Einrichtung (z. B. Haltegriffe)
- verstellbares Krankenbett

- Puls, Blutdruck, Atmung, Bewußtsein und Temperatur regelmäßig kontrollieren und dokumentieren
- auf vegetative Störungen (z. B. Speichelfluß) achten

9 Neurologie

- Intensität des Tremors wahrnehmen (z. B. Zittern bei bestimmten Bewegungsabläufen wie Essen oder Trinken)
- psychische Grundstimmung erkennen (z. B. Depressionen mit Suizidgefahr im Anfangsstadium)

- Gespräche und viel Zuwendung erleichtern dem Patienten den Umgang mit seiner Erkrankung (hoher Leidensdruck durch wahrgenommene Veränderungen)
- eingeschränkte verbale und nonverbale Kommunikation berücksichtigen (z. B. Unverständlichkeit der Sprache)
- Patienten ablenken und Tagesablauf sinnvoll gestalten

- Bettruhe ist nicht erforderlich
- viel Bewegung zur Sicherung der Mobilität
- auf Ruhepausen achten
- konsequente Krankengymnastik und Training praktischer Tätigkeiten (z. B. Ankleiden, Zähneputzen)
- Behinderungen des Kranken und sein mühsames Herumhantieren dürfen nicht zum Anlaß genommen werden, die Tätigkeiten selbst zu übernehmen (Hilfe zur Selbsthilfe)

- Waschhilfe und Assistenz bei der Körperpflege nur bei Patienten mit schlechtem Allgemeinzustand und starker Behinderung, z. B. Tremor

- sämtliche Prophylaxen bei immobilen Patienten (s. Kap. 2.7.1)

- altersgerechte Ernährung, leicht verdaulich, vitamin- und eiweißreich, kohlenhydratarm

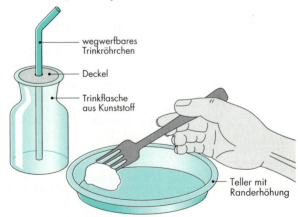

Abb. 9-6 Teller mit Randerhöhung
Abb. 9-7 Trinkflasche mit Trinkröhrchen

Pflege bei Erkrankungen des Rückenmarks **9.4**

- patientengerechtes Servieren der Mahlzeit (z. B. Fleisch schneiden, spezielles Geschirr und Besteck; Abb. 9-6, 9-7)
- ausreichend Flüssigkeitszufuhr

- Grundregeln der Hygiene beachten (s. Kap. 2.7.2)

- regelmäßige Einnahme der verordneten Medikamente

9.4 Pflege bei Erkrankungen des Rückenmarks

Häufig verlaufen diese Erkrankungen sehr dramatisch für Patienten und Angehörige, da der Betroffene meist plötzlich unter Ausfallerscheinungen leidet. Diese Zeichen bereiten Angst. Deshalb ist hier vom Pflegepersonal und von den Ärzten ein hohes Maß an Einfühlungsvermögen gefordert.

9.4.1 Pflege bei Patienten mit Multipler Sklerose

Die Multiple Sklerose ist eine Herderkrankung des Zentralnervensystems mit chronischen Entzündungen in Gehirn und Rückenmark.
Die weiße Substanz der Schutzhüllen der Nervenfasern ist befallen und die Leitung der Nervenimpulse verzögert. Die Erkrankung verläuft in Schüben oder langsam fortschreitend. Alle pflegerischen Maßnahmen zielen auf das Ausnutzen und Trainieren der verbliebenen Fähigkeiten.

- **Typische Krankheitszeichen**
- Parästhesien (Kribbeln in den Extremitäten)
- Koordinationsstörungen (Zielwackeln)
- spastische Paresen
- Nystagmus (Augenwackeln)
- Blasenstörungen (Inkontinenz)
- Sehstörungen (Doppelbilder)

Überlegungen zur Pflegeplanung bei Multipler Sklerose

- ruhiges und helles Krankenzimmer
- behindertengerechte Einrichtung (z. B. Haltegriffe)
- verstellbares Krankenbett

- Puls, Blutdruck, Atmung, Bewußtsein, Temperatur regelmäßig kontrollieren und dokumentieren
- Störungen der Sensibilität und Motorik (z. B. Parästhesien, Paresen) wahrnehmen
- auf Blasen- und Darminkontinenz achten
- Ausmaß der Koordinationsstörungen (z. B. Zielwackeln, Gehstörungen) einschätzen
- psychische Veränderungen (z. B. Depressionen) registrieren
- Einschränkungen des Sehens (z. B. Doppelbilder, Nystagmus?)
- Schluckstörungen erkennen

9 Neurologie

Tab. 9-1 Auswirkungen von Rückenmarksschädigungen

Verletztes Gebiet	Ausfälle	Folgen
Halsmark	Spastische Tetraplegie	Herz-Kreislauf-Störungen, schwere Kontrakturen, Blasen- und Darmentleerungsstörungen
oberhalb C 4	Lähmungen des Zwerchfells und der Interkostalmuskulatur	Atemstillstand
C 4 und unterhalb	Lähmungen der Interkostalmuskulatur	Ateminsuffizienz
Brustmark	Spastische Paraplegie	Kontrakturen der Beine, Blasen- und Darmentleerungsstörungen
Lenden- und Sakralmark	Schlaffe Paraplegie Blasen- und Darmlähmung	Atrophie der Beinmuskulatur

- Gespräche und viel Zuwendung (hoher Leidensdruck durch eingeschränkte Bewegungsabläufe und Angst vor der Zukunft)
- Ablenkung und sinnvolle Gestaltung des Tagesablaufes

- strenge Bettruhe während des akuten Schubes verbessert die körperliche Abwehrlage
- auf Ruhepausen achten
- konsequente Krankengymnastik zur Verbesserung der Beweglichkeit und Training, z. B. von Ankleiden, Zähneputzen
- Behinderungen des Kranken und sein mühsames Herumhantieren dürfen nicht zum Anlaß genommen werden, die Tätigkeiten selbst zu übernehmen (Hilfe zur Selbsthilfe)

- Ganzwaschung oder Waschhilfe bei Patienten mit reduziertem Allgemeinzustand oder im akuten Krankheitsschub

- sämtliche Prophylaxen bei immobilen Patienten (s. Kap. 2.7.1)
- gezieltes Blasentraining

- leicht verdauliche, vitamin- und eiweißreiche, kohlenhydratarme Nahrung
- patientengerechtes Darreichen der Mahlzeit (z. B. Fleisch schneiden, spezielles Geschirr und Besteck)
- ausreichende Flüssigkeitszufuhr

Pflege bei Erkrankungen des Rückenmarks 9.4

– Grundregeln der Hygiene beachten (s. Kap. 2.7.2)

– regelmäßige Einnahme der verordneten Medikamente

9.4.2 Pflege bei Patienten mit Querschnittslähmung

Eine Querschnittslähmung ist die Folge einer vollständigen Durchtrennung aller Rückenmarksbestandteile (z. B. durch Traumen und Tumoren). Die verbliebenen Fähigkeiten müssen trainiert und ausgenützt werden.

Der Patient durchläuft abwechselnd Phasen der Aggression, Verdrängung, Depression und Hoffnung und braucht bei der Anpassung an seine extreme Behinderung viel Zuwendung und Verständnis.

- **Wichtige Begriffe**

Hemiplegie	= Halbseitenlähmung
Paraplegie	= vollständige Lähmung zweier symmetrischer Extremitäten
Querschnittsläsion	= vollständige Schädigung des Rückenmarks
Spastik	= Zunahme der Muskelspannung
Tetraplegie	= vollständige Lähmung aller vier Extremitäten

Überlegungen zur Pflegeplanung bei Patienten mit Querschnittslähmung

– In der akuten Phase ist eine Betreuung auf einer Intensivstation notwendig! Anschließend Verlegung in eine Spezialklinik (Rehaklinik)
– ruhiges und helles Krankenzimmer, persönliche Gegenstände (z. B. Bilder) bei längerem Klinikaufenthalt
– wenn möglich ein Stryker-Bett benutzen (Abb. 9-8)

– Puls, Blutdruck, Atmung, Bewußtsein, Temperatur regelmäßig kontrollieren und dokumentieren
– fehlende Regulierung der Körpertemperatur (kein Schwitzen oder Kältezittern)
– auf Gefäßdurchblutung der gelähmten Körperteile achten
– auf spinalen Schock achten (totaler Verlust der Sensibilität, schlaffe Paraplegie, Lähmung von Blase und Darm)
– neurogene Blasen- und Darmstörungen (z. B. Inkontinenz)
– Störungen von Sensibilität und Motorik (z. B. Parästhesien, Paresen, Paraplegie) registrieren
– freie Atemwege (z. B. Störungen des Hustenreflexes)

– Zeit haben für Gespräche mit dem Patienten
– gezielte Psychotherapie. Patienten haben in der Regel psychische Probleme (Inkontinenz, Bewegungs- und Wahrnehmungseinschränkung, eingeschränkte Sexualität)
– Besucher in die psychische Betreuung einbinden

9 Neurologie

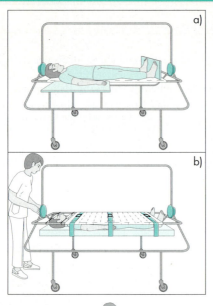

Abb. 9-8 a bis d
Umlagern mit dem Stryker-Bett

a) Rückenlage – Lagerung mit gestreckter Wirbelsäule

b) Befestigung des Rahmens mit Sicherheitsgurten

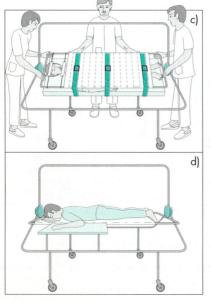

c) Umwenden des Patienten

d) Bauchlage – nach dem Umwenden wieder Lage mit gestreckter Wirbelsäule

Pflege bei Erkrankungen des Rückenmarks 9.4

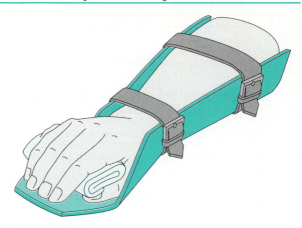

Abb. 9-9 Armschiene

- Bettruhe, da sich der Patient nicht bewegen kann
- flache Rückenlage, zweistündlich umlagern
- zur Verbesserung der Armfunktion Armschiene (Abb. 9-9), jeweils zwei Stunden pro Tag (verhindert eine Bewegung im Handgelenk)
- konsequente Krankengymnastik und angepaßte Rehabilitation nach Arztverordnung

- in der akuten Phase Ganzwaschung des Patienten und Körperpflege übernehmen
- gründliche Hautpflege
- keine Bettschüssel benutzen (führt zur Störung der Wirbelsäulenausrichtung), besser sind saugfähige Unterlagen (regelmäßig wechseln)

- sämtliche Prophylaxen (s. Kap. 2.7.1)
- Blasentraining:
  Bei intaktem Reflexbogen Möglichkeit der reflektorischen Blasenentleerung durch intensives Training
  Kontrollierte orale Flüssigkeitszufuhr
  Dreistündlich die Blase nach einem bestimmten Schema abklopfen und die Oberschenkel leicht massieren.
  Die Blase soll sich dadurch reflektorisch entleeren.
- Darmtraining:
  Möglichkeit der reflektorischen Darmentleerung durch rektale Reizungen (Darmrohr)

- parenterale, hochkalorische, eiweiß- und vitaminreiche Ernährung
- später orale Ernährung nach Arztverordnung

371

9 Neurologie

– Grundregeln der Hygiene beachten (s. Kap. 2.7.2)

– Medikamente nach Arztverordnung

9.5 Pflege bei Erkrankungen der peripheren Nerven und Muskeln

Bei diesen Erkrankungen kommt es häufig zu akuten Funktionseinschränkungen. Dies führt zu Unsicherheit und Ängsten, die bei dem Umgang mit den Patienten besonders zu beachten sind.

9.5.1 Pflege bei Patienten mit Polyneuropathie

Der Begriff Polyneuropathie umfaßt alle Erkrankungen mit Störungen der peripheren Nerven und der Überleitungsstellen an den Erfolgsorganen. Die Ursachen können verschieden sein. Die Pflege orientiert sich immer am Ausmaß der Erkrankung. Die Selbständigkeit des Patienten soll erhalten bleiben.

- **Typische Symptome**
- schlaffe Lähmungen
- Sensibilitätsstörungen
- Veränderungen des Reflexverhaltens

9.5.2 Pflege bei Patienten mit Myopathien

Myopathien sind Muskelerkrankungen mit Störungen der motorischen Endplatte oder der Muskelfaser. Die Ursachen sind verschieden. Hauptsymptom aller Muskelerkrankungen sind Lähmungen. Auch hier steht die Hilfe zur Selbsthilfe im Vordergrund der Pflege.

- **Wichtige Begriffe**

Myasthenia gravis	= Autoimmunerkrankung mit Antikörperbildung gegen die Acetylcholinrezeptoren an der motorischen Endplatte
Polymyositis	= entzündlich bedingter, fortschreitender Muskelzerfall
Progressive Muskeldystrophie	= genetisch bedingte Degeneration des Muskelgewebes mit fortschreitendem Verlauf

Pflege bei Erkrankungen der peripheren Nerven und Muskeln **9.5**

Wie war das noch ...?

Fallbeispiel

Herr M., 32 Jahre, verheiratet, zwei Kinder, selbständiger Handelsvertreter im Außendienst.

Durch Umstrukturierungen seines Verkaufsgebietes war er in den letzten Monaten sehr viel mit seinem Fahrzeug unterwegs.

Aufgrund seiner unregelmäßigen Arbeitszeiten besucht Herr M. selten den Arzt.

Vorgeschichte

Herr M. ist starker Raucher und trinkt gelegentlich exzessiv.

Nach einer Nachtfahrt tritt bei Herrn M. daheim ohne erkennbare Vorzeichen ein zerebraler Krampfanfall auf. Herr M. wird durch den Notarzt in die nächste neurologische Klinik eingewiesen.

Erster Eindruck

Der zerebrale Krampfanfall ist abgeklungen.

Herr M. wirkt müde und apathisch. Das Reden fällt ihm schwer, er hat sich durch einen Biß die Zunge verletzt. Er kann sich an keine Einzelheiten mehr erinnern.

1. Welche Lebensaktivitäten sind bei Herrn M. durch seine Krankheit beeinträchtigt?
2. Nennen Sie Probleme, die sich im Hinblick auf die Lebensaktivitäten ergeben können.
3. Welche aktuellen Pflegeprobleme liegen vor, und welche potentiellen Pflegeprobleme können sich daraus ergeben?
4. Nennen Sie die notwendigen Pflegeziele.
5. Welche Pflegemaßnahmen planen Sie, um die Pflegeziele zu erreichen?

Bitte beantworten und planen Sie auf einem gesonderten Blatt.

10 Urologie

10.1 Vorbereitung und Nachsorge bei Diagnostik und Therapie

Da die Symptomatik bei Patienten mit urologischen Erkrankungen sehr vielfältig sein kann, hat die Diagnostik in der Urologie einen hohen Stellenwert.

- **Urologische Untersuchungsmethoden**
- **Allgemeinuntersuchungen**
  - Anamnese (z. B. Miktionsstörungen, Blutungsneigungen, Geschlechtskrankheiten)
  - körperliche Untersuchungen (z. B. allgemeine abdominelle Untersuchungen mit Palpation von Nieren und Blase, rektale Untersuchung der Prostata, Inspektion und Palpation des äußeren Genitales)
- **Harnuntersuchungen** (s. Kap. 2.6.1)
  - Farbe
  - Menge
  - Beimengungen
  - spezifisches Gewicht
  - Zucker
  - Reaktion (pH-Wert)

  Die meisten Untersuchungsergebnisse werden durch Teststreifen ermittelt (Abb. 10-1).
- **Ultraschalluntersuchung**
  sonographische Untersuchung des Abdomens zum Darstellen von z. B. Steinen oder Lageanomalien der Bauchorgane

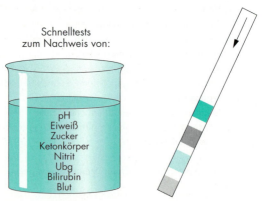

Abb. 10-1 Schnelltests: Untersuchung mit dem Teststreifen

Vorbereitung und Nachsorge bei Diagnostik und Therapie 10.1

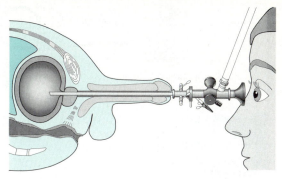

Abb. 10-2 Zystoskopie

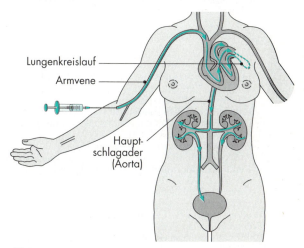

Abb. 10-3 Intravenöses Urogramm

- **Zystoskopie**
  Einführung eines Endoskopes durch die anästhesierte Harnröhre in die Blase. Zur Darstellung der gesamten Blase wird sie mit sterilisiertem Wasser gefüllt (Abb. 10-2).
- **Röntgenuntersuchungen** mit und ohne Kontrastmittel
  - **Abdomen-Leeraufnahme:** Darstellung z.B. der Bauchorgane, der Wirbelsäule und von Steinen ohne Kontrastmittel
  - **Tomographie:** Schichtaufnahme
  - **Computertomographie:** Darstellung überlagerungsfreier Körperquerschnitte mit und ohne Kontrastmittel

10 Urologie

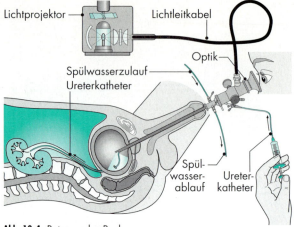

Abb. 10-4 Retrogrades Pyelogramm

- **Intravenöses Urogramm:** Darstellung der ableitenden Harnwege durch die intravenöse Verabreichung von Kontrastmittel (Abb. 10-3)
- **Retrogrades Pyelogramm:** Darstellung der ableitenden Harnwege durch Verabreichung des Kontrastmittels in den Ureterkatheter (Abb. 10-4)
- **Zystographie:** Darstellung der Harnblase durch Instillation von Kontrastmittel in die Blase
- **Renale Angiographie:** Darstellung der Nierenarterien durch z.B. Punktion der Arteria femoralis und Legen eines speziellen Katheters in die Aorta (Abb. 10-5)

Vorbereitung des Patienten zu Kontrastmitteluntersuchungen
- Information über die Untersuchung mit Einwilligungserklärung
- leichte, nicht blähende Kost am Vortag
- Nahrungskarenz am Untersuchungstag
- Verabreichen von Entschäumern und von oralen Laxanzien (Abführmitteln) nach Arztverordnung
- je nach Untersuchung viel Flüssigkeit, z.B. bei Zystographie

Urodynamische Prüfungen
Zur objektiven Erfassung der Funktion des unteren Harntraktes z.B. durch:
- **Uroflowmetrie:** objektive Harnflußmessung durch ein Uroflowmeter. Ermittelt wird die Harnflußmenge innerhalb einer bestimmten Zeit. Der Normalwert beträgt 20–50 ml/Sekunde (Abb. 10-6).

Vorbereitung und Nachsorge bei Diagnostik und Therapie 10.1

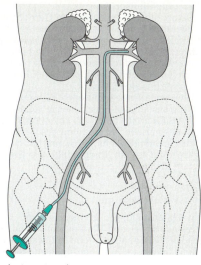

Abb. 10.5 Renale Angiographie

- **Zystometrie:** fortlaufende Druckmessung in der Blase während der Füllungs- oder Miktionsphase durch elektromechanische Messungen und Aufzeichnungen des Blaseninnendruckes

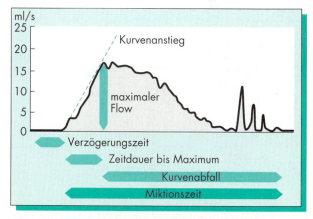

Abb. 10-6 Uroflowmetriekurve

10 Urologie

Nierenfunktionsprüfungen
– Bestimmung des **spezifischen Gewichtes** (s. Kap. 2.6.1)
– **Pitressin-Test:** Stimulierung des Hypophysenhinterlappens durch die intravenöse oder subkutane Gabe von Vasopressin® bzw. Pitressin®. Dadurch wird vermehrt Adiuretin (Hormon zur Wasserrückresorption) ausgeschieden. Dies führt bei gesunden Nieren zu kleineren Urinportionen mit einem erhöhten spezifischen Gewicht.
– **Clearance-Untersuchungen:** Clearance ist die Reinigung einer bestimmten Plasmamenge von bestimmten harnpflichtigen Substanzen innerhalb einer bestimmten Zeit.
– Blutchemische Bestimmung des **Serumkreatinins:** Messung des Kreatiningehalts im Serum (Normalwert 0,5 – 1,2 mg %). Kreatinin ist ein Endprodukt des Eiweißstoffwechsels und wird über die Nieren ausgeschieden.

10.1.1 Blasenspülung

Mit Blasenspülungen können in erster Linie Katheterverstopfungen beseitigt und Blutkoageln aus der Blase über einen liegenden Blasenkatheter entfernt werden. Eine Blasenspülung erfolgt immer auf Arztanordnung und nie routinemäßig.

• Mögliche Indikationen
– Blasenreinigung bei eitriger Zystitis
– Prophylaxe und Ausräumung von Blutkoageln nach urologischen Operationen

Verfügbare Methoden
– Blasenspritze (s. Kap. 2.6.1)
– Infusionssysteme
– geschlossene Spülsysteme (Abb. 10-7)

Geschlossenes Spülsystem

Vorbereitung
– steriles Spülset (Beutel für die Spüllösung und Auffangbeutel mit Schläuchen und Dreiwegehahn)
– Infusionsständer
– anatomische Klemme
– Desinfektionslösung
– Bettschutz
– Handschuhe
– Abwurfbehälter

Vorgehen
– flache Rückenlage des Patienten
– Handschuhe anziehen
– Bettschutz unterlegen
– Katheter abklemmen und Urinauffangbeutel entfernen
– Katheterende desinfizieren
– Spülsystem steril anschließen

Vorbereitung und Nachsorge bei Diagnostik und Therapie 10.1

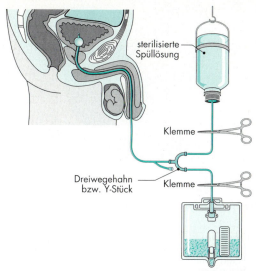

Abb. 10-7 Geschlossenes Spülsystem mit doppelläufigem Katheter zur Dauerspülung mit Y-Zwischenstück bzw. Dreiwegehahn

- Klemme am Katheter öffnen, Schlauch am Auffangbeutel abklemmen
- evtl. vorgewärmte Spüllösung einfließen lassen
- Menge nach Arztverordnung, während des Spülvorganges Patienten beobachten (Schmerzen), Klemme am Auffangbeutel öffnen und dafür Schlauch der Spüllösung abklemmen
- Vorgang bei Bedarf wiederholen
- Spülset entfernen
- Katheterende desinfizieren
- Urinauffangbeutel anschließen
- sachgerechte Entsorgung aller benötigten Materialien
- Patienten rücklagern
- Dokumentation (Uhrzeit und Beobachtungen)

10.1.2 Blaseninstillation

Zur Behandlung von Harnwegsinfektionen oder als Infektionsprophylaxe nach instrumentellen Eingriffen (z. B. Blasenspiegelungen) ist eine Blaseninstillation angezeigt.
Ein vom Arzt verordnetes Medikament wird durch die Harnröhre direkt in die Blase verabreicht.

Die Instillation ist möglich
- über liegenden Katheter oder Zystoskop
- direkt in die Harnröhre (Abb. 10-8)

10 Urologie

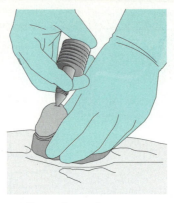

Abb. 10-8 Instillation ohne Katheter

Vorbereitung
- Fertigapplikator mit Medikament
- Handschuhe
- Bettschutz
- Abwurfbehälter

Vorgehen bei liegendem Katheter
- flache Rückenlage des Patienten
- Handschuhe anziehen
- Bettschutz unterlegen
- je nach Arztverordnung Blase entleeren oder Blasenfüllung zur besseren Verteilung des Medikamentes nutzen
- Katheter hochhalten
- Applikator aufsetzen und Medikament instillieren
- Katheter abklemmen und nach oben (Bauchdecke) fixieren – verhindert das Zurückfließen des Medikamentes in den Katheter
- Katheter bleibt eine angeordnete Zeit geschlossen
- Materialien entsorgen
- Dokumentation

10.1.3 Untersuchung des Ejakulates

Zur Abklärung bei Fertilitätsstörungen (Störungen der Fruchtbarkeit) wird das Ejakulat untersucht.

• **Untersuchungskriterien**
- Menge des Ejakulates (Normwert: 2–6 ml)
- Zahl der Spermien (Normwert: 40 Millionen/ml)
- Beschaffenheit und Beweglichkeit der Spermien (Normwert: etwa 60% sind normal und gut beweglich)
- Verflüssigungszeit (Normwert: in 15–20 Minuten)

- **Gewinnung des Ejakulates**
Durch ungestörte Masturbation in der Sprechstunde des Arztes nach fünftägiger sexueller Abstinenz.
Kondomsperma ist für diese Untersuchung unbrauchbar.

10.2 Mögliche Harnableitungen

Die Indikationen zur künstlichen Harnableitung sind vielfältig. Blasendauerkatheter können kurzfristig (z. B. Vorbereitung zur Operation) oder längerfristig (z. B. Inkontinenz) notwendig sein. Zur Entlastung des Operationsgebietes werden häufig postoperativ Nieren- oder Harnleiterfisteln angelegt.

10.2.1 Blasenkatheter und Nephrostomie-Drain

Katheter werden in der Urologie als diagnostisches und therapeutisches Hilfsmittel verwendet.

- **Indikationen zur Harnableitung mit einem Katheter**
- Entleerung der Blase bei Harnverhalten
- Bilanzierung der Flüssigkeiten (Ein- und Ausfuhr)
- Entfernen einer Blasentamponade (Blutgerinnsel in der Blase)
- Spülungen der Blase
- Schienung der Harnröhre und Entleerung der Blase

Verfügbare Katheter
- Einmalkatheter (s. Kap. 2.6.1)
- Dauerkatheter (s. Kap. 2.6.1)
- Ureterkatheter
  Diese Katheter liegen im Harnleiter, sind etwa 70 cm lang, in den Größen 3–10 Charrière erhältlich und besitzen eine Graduierung in Zentimetern (Abb. 10-9 a bis d).
- Nephrostomie-Drain
  Zur vorübergehenden Harnableitung direkt aus dem Nierenbecken nach außen mit dicklumigen Kathetern
- Suprapubische Harnableitung (s. Kap. 2.6.1)

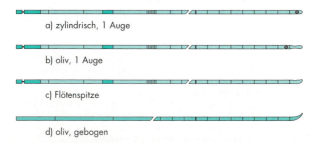

a) zylindrisch, 1 Auge

b) oliv, 1 Auge

c) Flötenspitze

d) oliv, gebogen

Abb. 10-9 Ureterkatheter (UK) mit verschiedenen Spitzen

10 Urologie

- regelmäßige Kontrolle der Lage und Funktion von Katheter und Drainagen (Verrutschen verhindern)
- Wundkontrolle bei Nephrostomie-Drainagen und suprapubischen Blasenkathetern (Gefahr von Blutungen)
- aseptischer Verbandwechsel
- Flüssigkeitsbilanz (Verstopfungen von Ureterkathetern und Nephrostomie-Drains führen zum Druckanstieg und schädigen die Niere)
- Patienten über hygienischen Umgang mit Harnableitungen informieren (z.B. keine Manipulationen am Katheter)
- Dokumentation der Harnableitung und aller Beobachtungen

10.2.2 Urostoma

Große Tumoren in der Blase werden zusammen mit der Harnblase (Zystektomie) entfernt. Für die dadurch notwendige Umleitung des Harns stehen mehrere Operationstechniken zur Verfügung.

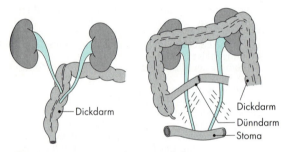

Abb. 10-10 Ureterosigmoideostomie (links)

Abb. 10-11 Isoliertes Dünndarmsegment, Ileum-Conduit (rechts)

- **Möglichkeiten der Harnumleitung**

- **Ureterosigmoideostomie**
  Einleitung der Harnleiter in einen Abschnitt des Dickdarms. Die Urinausscheidung erfolgt über den Dickdarm (Abb. 10-10).
- **Ileum-Conduit**
  Einleitung der Harnleiter in einen ausgeschalteten Abschnitt des Dünndarms. Die Urinausscheidung erfolgt über ein Stoma (Abb. 10-11).
- **Kolon-Conduit**
  Einleitung der Harnleiter in einen ausgeschalteten Abschnitt des Dickdarms. Die Urinausscheidung erfolgt über ein Stoma.

- **Allgemeine postoperative Pflege**
  - Überwachung der Vitalfunktionen

Pflege bei urologischen Erkrankungen **10.3**

– angepaßte Ernährung (ab dem sechsten postoperativen Tag soll die normale orale Ernährung erreicht sein)
– Sauber- und Trockenhalten des Wundgebietes
– Verhüten von Komplikationen (z.B. durch Prophylaxen)
– Stomapflege

● **Pflege eines Patienten mit Urostoma**
Der Wechsel des Urostomabeutels sollte morgens erfolgen, da zu diesem Zeitpunkt die Urinausscheidung am geringsten ist.

– Information des Patienten über die Pflegemaßnahmen
– frühzeitiges Anlernen zur Selbstversorgung (evtl. Stoma-therapeut)
– Händedesinfektion
– Richten der benötigten Materialien (Hautschutzplatten, Beutelsystem, Handschuhe, Tupfer, Kompressen, Wasser, Seife, Bettschutz, Abwurfgefäß)
– Lagerung des Patienten in bequemer Rückenlage
– Zurechtschneiden einer Hautschutzplatte (mit einer Schablone genau nach Stomagröße)
– Überprüfen des Beutelsystems
– Handschuhe anziehen
– Entleeren des alten Beutels
– vorsichtiges Entfernen der alten Versorgung, dabei die Haut nicht zu stark reizen
– Reinigen der stomaumgebenden Haut von außen nach innen in kreisförmigen Bewegungen mit Wasser und Seife (Kompressen), starkes Reiben vermeiden
– sorgfältiges Abtrocknen der Haut
– Anbringen der neuen Urostoma-Versorgung
– sachgerechtes Entsorgen der benötigten Materialien
– Dokumentation

10.3 Pflege bei urologischen Erkrankungen

10.3.1 Pflege bei Steinleiden

Unter Harnsteinen leiden in der Bundesrepublik Deutschland etwa zwei bis vier Prozent der Bevölkerung.

● **Entstehungsmechanismen von Harnsteinen**

Begünstigende Faktoren
– Harnstauungen
– Infektionen
– Stoffwechselerkrankungen

Entwicklung der Harnsteine
1. Bildung einer intratubulären Grundsubstanz
2. Anlagerungen von kristallinen Substanzen
3. Entstehung von mikroskopisch kleinen Steinchen (Mikrolithen)
4. Anlagerung zu Konkrementen, dadurch Vergrößerung

10 Urologie

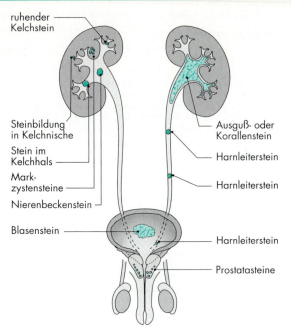

Abb. 10-12 Steinlokalisationen

Steinlokalisationen (Abb. 10-12)

Symptome
- Kreuzschmerzen
- Mikro- und Makrohämaturie
- Dysurie
- Pollakisurie
- Fieber
- Koliken

Harnsteinarten
- Kalziumoxalatsteine (etwa 60% aller Steine; Abb. 10-13)
- Harnsäuresteine (etwa 20% aller Steine; Abb. 10-14)
- Kalziumammoniumphosphatsteine (etwa 15% aller Steine; Abb. 10-15)
- Zystinsteine (etwa 1% aller Steine)
- Mischsteine

• **Therapieformen**
- Durch vermehrtes Trinken (gesteigerte Flüssigkeitszufuhr) kann es zu einem Spontansteinabgang kommen
- Steinentfernung durch Schlinge

Pflege bei urologischen Erkrankungen **10.3**

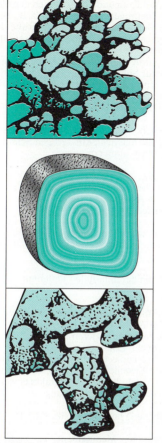

Abb. 10-13
Kalziumoxalatsteine

Abb. 10-14
Harnsäurestein

Abb. 10-15
Kalziumammonium-
phosphatsteine

- Litholapaxie
  Zerkleinern und Entfernen von z. B. Harnleitersteinen unter Sicht
- Extrakorporale Stoßwellen-Lithotripsie – ESWL
  Nierensteinzertrümmerung durch spezielle Stoßwellenbehandlung
- Operative Steinentfernung

 Überlegungen zur Pflegeplanung bei Nierensteinkoliken

- ruhiges und helles Zimmer
- verstellbares Krankenbett

10 Urologie

- Puls, Blutdruck, Atmung, Bewußtsein und Temperatur in kurzen Abständen kontrollieren und dokumentieren (s. Kap. 2.7.4)
- auf Zeichen eines neurogenen Schockes (z. B. Blutdruckabfall, Tachykardie, Schweißausbruch und Unruhe) achten
- kolikartige Schmerzen wahrnehmen. Achten auf Lokalisation, Stärke und Häufigkeit
- 24-Stunden-Sammelurin zum Nachweis eines spontanen Steinabganges und zur Steinanalyse konsequent filtrieren
- Symptome einer Harnstauung erkennen (z. B. Oligurie, negative Flüssigkeitsbilanz)
- auf Zeichen einer Hämaturie achten

- Zuwendung, Gespräche, Zeit für den Patienten haben, er hat Todesängste durch die massiven kolikartigen Schmerzen
- bei der Ernährungsumstellung ermutigen

- Bettruhe nur in der akuten Phase einer Kolik
- viel Bewegung, z. B. Treppensteigen, Seilhüpfen, Trampolinspringen (fördert den Abgang von Steinen)
- Lagerung nach Wunsch des Patienten

- Waschhilfe bzw. Ganzwaschung in der akuten Phase nur bei verschwitzten Patienten und bei Patienten mit reduziertem Allgemeinzustand

- sämtliche Prophylaxen bei immobilen Patienten (s. Kap. 2.7.1)

- viel Flüssigkeit (harntreibende Tees), mindestens zwei Liter in 24 Stunden (bei Ausschluß einer Harnstauung)
- bei Übergewicht Nahrung reduzieren
- gemischte, vitaminreiche Ernährung
- Patienten müssen ihre Trink- und Eßgewohnheiten ändern
- bei Harnsäuresteinen Eiweißeinschränkung, keine Innereien
- bei Kalziumsteinen Milch und Milchprodukte einschränken
- bei Zystinsteinen vitaminreiche Ernährung

- Grundregeln der Hygiene beachten (s. Kap. 2.7.1)

- die vom Arzt verordneten Medikamente zur Steinverhütung (Alkalisierungstherapie des Urins) regelmäßig verabreichen
- pH-Wert des Urins regelmäßig bestimmen

10.3.2 Pflege bei Tumoren der Nieren, der ableitenden Harnwege und der Hoden

Tumoren können in allen Abschnitten des Urogenitalsystems entstehen und treten als maligne (bösartige) Neubildungen auf (Abb. 10-16). Benigne (gutartige) Tumoren der Niere sind eher selten.
Hauptsymptom aller Tumoren ist die schmerzlose Blutung (Hämaturie). Deshalb ist jede unklare Hämaturie so lange

tumorverdächtig, bis eine Geschwulst mit Sicherheit ausgeschlossen werden kann.

- **Tumoren des Urogenitalsystems**

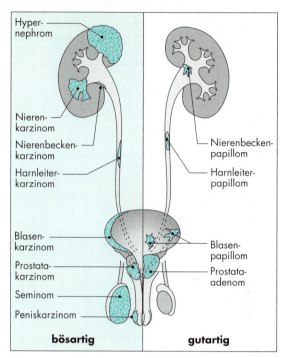

Abb. 10-16 Tumoren der Urogenitalorgane

Bösartige Tumoren

- **Hypernephrom:** vom Epithel der Nierentubuli ausgehender Nierentumor, der meistens erst nach dem 30. Lebensjahr auftritt. Männer sind häufiger betroffen als Frauen. Metastasenbildung in regionären Lymphknoten, Lunge, Knochen und Leber (Abb. 10-17)
- **Karzinom:** Tumor mit Lokalisationen in Nierenbecken, Harnleiter, Blase, Prostata und Penis
- **Seminom:** Tumor des Hodens. Tritt meistens zwischen dem 20. und 40. Lebensjahr auf (Abb. 10-18)

Gutartige Tumoren

- **Adenom:** Wucherung des paraurethralen Drüsengewebes. Betroffen sind etwa 50% aller Männer ab dem 60. Lebensjahr

10 Urologie

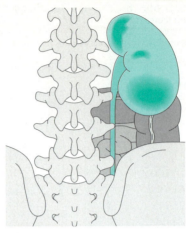

Abb. 10-17 Hypernephrom

Abb. 10-18 Seminom

– **Papillom:** Zottengeschwulst im Urogenitalsystem, tritt am häufigsten in der Blase auf

Pflege eines Patienten mit Tumoren im Urogenitaltrakt
Zu berücksichtigende pflegerische Maßnahmen sind in folgenden Kapiteln nachzulesen:
– Tumorchirurgie (s. Kap. 4 und 10)
– Zytostatikatherapie (s. Kap. 2.7.5)
– Hormontherapie (s. Kap. 2.7.5)

10.3.3 Pflege bei entzündlichen Erkrankungen

Entzündungen im Urogenitalsystem beschränken sich wegen der funktionellen Einheit meist nicht nur auf ein Organ. So kann z. B. eine Blasenentzündung eine Nierenbeckenentzündung auslösen oder eine Nierensteinerkrankung mit Infektion die unte-

Pflege bei urologischen Erkrankungen **10.3**

ren Harnwege beteiligen. Häufigste Ursache der Entzündungen
sind Infektionen durch Coli-Bakterien (über 50%).
Entzündungen an gewebereichen Organen wie Niere, Prostata
und Hoden verursachen meistens hohes Fieber und beeinträchtigen das Wohlbefinden stark.
Entzündungen an Hohlorganen, z.B. Nierenbecken und Harnblase, verlaufen mit weniger stark ausgeprägten Symptomen.
Der Verlauf kann akut oder chronisch sein.

● **Wichtige Begriffe**

Epididymitis	=	Nebenhodenentzündung (Abb. 10-19), meistens Folge einer anderen Entzün-dung (z.B. Prostatitis oder Zystitis)
Nephritis/ Glomerulonephritis	=	Akute oder chronische Entzündung des intertubulären Bindegewebes und der Nierenkörperchen (Glomerula)
Orchitis	=	Hodenentzündung, z.B. durch häma-togene Streuung (Mumps)
Prostatitis	=	Bakterielle Entzündung der Prostata
Pyelonephritis	=	Nieren-Nierenbeckenentzündung Häufigste Form entzündlicher Nierenerkrankungen. Die Infektion kann erfolgen

  – hämatogen, bakterielle Streuung
    über Blutwege
  – lymphogen, bakterielle Streuung
    über Lymphbahnen
  – aszendierend, ausgehend von
    Verletzungen und Entzündungen der
    unteren Harnwege
  – deszendierend, ausgehend von einer
    isolierten Entzündung der Niere
  – direktes Übergreifen, ausgehend von
    Entzündungen im Bauchraum

Pyonephrose	=	Eine mit Eiter gefüllte Niere. Ursache ist z.B. eine Pyelonephritis mit beste-hender Harnabflußstörung
Urethritis	=	Eine durch Bakterien, Mykoplasmen oder Trichomonaden hervorgerufene Harnröhrenentzündung mit Ausfluß
Zystitis	=	Bakteriell bedingte Blasenentzündung mit akutem oder chronischem Verlauf

Abb. 10-19 Epididymitis

10 Urologie

Überlegungen zur Pflegeplanung bei Pyelonephritis

- ruhiges und helles Zimmer
- vor Zugluft schützen
- verstellbares Krankenbett

- Puls, Blutdruck, Atmung, Bewußtsein und Temperatur in kurzen Abständen kontrollieren und dokumentieren (s. Kap. 2.7.4)
- die Zeichen eines Schüttelfrostes erkennen
- regelmäßige Kontrollen des Urins mit Teststäbchen (Leukozyten, Erythrozyten)
- Bilanzierung von Ein- und Ausfuhr
- auf Symptome einer Niereninsuffizienz (z. B. Oligurie, Kopfschmerzen, Ödeme, Blutdruckanstieg) achten

- Zuwendung, Gespräche, Zeit haben für den Patienten
- bei der Ernährungsumstellung ermutigen
- sinnvolle Gestaltung des Tagesablaufes

- Bettruhe nur in der akuten Phase der Pyelonephritis
- Lagerung nach Wunsch des Patienten
- körperliche Schonung, auf Ruhepausen achten
- gezielte Krankengymnastik nach Arztverordnung

- Waschhilfe bzw. Ganzwaschung in der akuten Phase und bei Patienten mit reduziertem Allgemeinzustand

- sämtliche Prophylaxen bei immobilen Patienten (s. Kap. 2.7.1)

- viel Flüssigkeit – mindestens zwei Liter in 24 Stunden (bei Ausschluß einer Harnstauung)
- bei Übergewicht Nahrung reduzieren
- gemischte, vitaminreiche Ernährung

- Grundregeln der Hygiene beachten (s. Kap. 2.7.2)

- regelmäßiger Erregernachweis im Urin (bakterielles Monitoring)
- Kontrolle der harnpflichtigen Substanzen im Blut (z. B. Serum-Kreatinin)

Bei Zystitis
- reichliche Flüssigkeitszufuhr (Spüleffekt, Abb. 10-20)
- Ein- und Ausfuhr kontrollieren
- körperliche Schonung
- lokale Wärmeanwendung

Bei Epididymitis/Orchitis
- strenge Bettruhe
- reichliche Flüssigkeitszufuhr (Spüleffekt der Harnröhre)
- Salbenverbände

Pflege bei urologischen Erkrankungen **10.3**

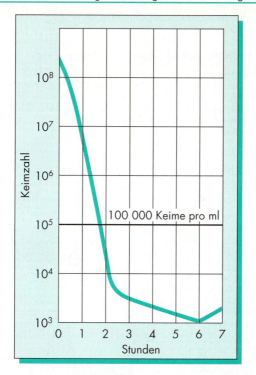

Abb. 10-20 Keimzahlabfall nach Gabe von drei Litern Flüssigkeit (Tee, Mineralwasser) im Blasenharn

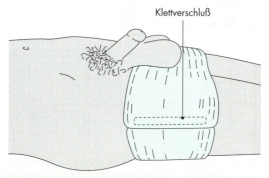

Abb. 10-21 Hodenhochlagerung

10 Urologie

– Hodenhochlagerung mit einem Handtuchverband oder Hodenball (Abb. 10-21)

10.3.4 Pflege bei Entleerungsstörungen

Das Urogenitalsystem ist für den Transport des Urins und für die zeitweilige Speicherung in der Harnblase verantwortlich. Erkrankungen einzelner Abschnitte des Systems haben deshalb immer auch Wirkungen auf das Gesamtsystem. Abflußbehinderungen (Abb. 10-22) der Harnleiter führen z. B. zum Rückstau ins Nierenbecken.

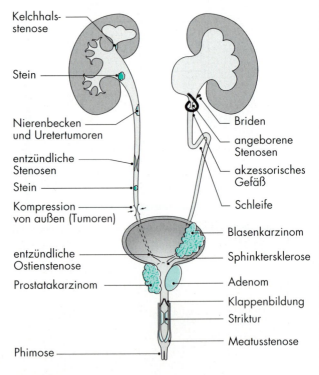

Abb. 10-22 Die verschiedenen Harnabflußstörungen

- **Wichtige Begriffe**

Ektasie = reversibler Harnstau im Nierenbecken. Das Nierenbecken ist erweitert, das Nierengewebe noch nicht dauerhaft geschädigt (Abb. 10-23)

Pflege nach urologischen Operationen **10.4**

Abb. 10-23
Ektasie

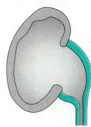

Abb. 10-24
Hydronephrose

Harnröhrenstriktur = hochgradige Lichtungseinengung der Harnröhre
Hydronephrose = Harnstauungsniere mit sackartigen Erweiterungen des Nierenhohlsystems (Abb. 10-24)

 Bei Entleerungsstörungen stehen pflegerisch die exakte Überwachung der Ein- und Ausfuhr der Flüssigkeiten und der sorgfältige Umgang mit Harnableitungssystemen (z. B. Katheter, Drainagen) im Vordergrund (s. Kap. 10.3.3).

10.4 Pflege nach urologischen Operationen

Da es eine Vielzahl von urologischen Operationen gibt, werden hier nur Beispiele genannt (s. Kap. 3).

- **Wichtige Begriffe**

Elektroresektion der Prostata = Abhobeln der Prostata (Abb. 10-25) mit einem Resektoskop (Spezialinstrument mit elektrischer Schlinge)
Epispadie = angeborene Harnröhrenspalte an z. B. der Oberseite des Penis (Abb. 10-26)
Hypospadie = angeborene Fehlmündung der Harnröhre an z. B. der Unterseite des Penis (Abb. 10-27)
Nephrektomie = Nierenentfernung

10 Urologie

Nierenbeckenplastik	=	operative Verkleinerung eines zu großen Nierenbeckens
Polresektion	=	Entfernung eines Nierenpols
Prostatektomie	=	operative Entfernung der Prostata (Abb. 10-28)
Pyelolithotomie	=	operative Entfernung eines Nierenbeckensteines
Pyelotomie	=	operative Eröffnung des Nierenbeckens
Ureterolithotomie	=	operative Entfernung eines Harnleitersteines
Zystektomie	=	operative Blasenentfernung

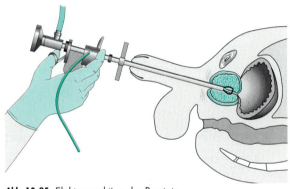

Abb. 10-25 Elektroresektion der Prostata

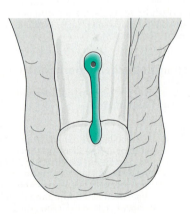

Abb. 10-26 Penile Epispadie

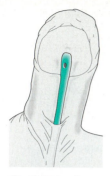 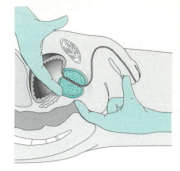

Abb. 10-27 Penile Hypospadie

Abb. 10-28 Prostatektomie

Besonderheiten der postoperativen urologischen Pflege
- Regelmäßige Kontrollen von
  - Puls, Blutdruck und EKG
  - Atmung
  - Temperatur
  - Bewußtsein
  - Hämodynamik
- Infusionstherapie überwachen
- Harnausscheidung überwachen
  - Menge
  - Fluß
  - Druck
  - Beimengungen
- Drainagen und Harnab- und -umleitungen sichern

10.5 Pflege bei verschiedenen Dialyseverfahren

Ist die Ausscheidungsfunktion der Nieren zeitweise oder vollständig erloschen, kann das Leben des Patienten nur noch mit Hilfe einer Dialyse (künstlicher Niere) erhalten werden.

• Funktionsprinzip
Die Dialyse ist ein chemisch-physikalisches Trennverfahren für kolloidal-gelöste Teilchen mittels selektiver (ausgewählter) Diffusion durch eine semipermeable (halbdurchlässige) Membran. Durch die Poren der Membran diffundieren nur Wasser, Mineralien und die harnpflichtigen Substanzen.
Die Diffusion erfolgt immer vom Ort der höheren Konzentration zum Ort der niederen Konzentration (Abb. 10-29).
Dabei werden:
- Stoffwechselprodukte entfernt
- Wasser ausgeschieden

10 Urologie

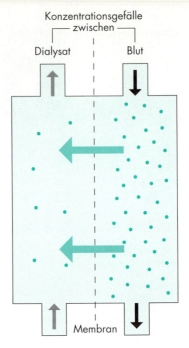

Abb. 10-29 Schematische Darstellung des Durchtritts gelöster Partikel durch eine semipermeable Membran

- Gifte oder Medikamente bei Intoxikationen entfernt
- Elektrolyte ausgetauscht
- der Säure-Basen-Haushalt korrigiert

Dialyseverfahren

Hämodialyse:
komplette Filtration des Blutes (Abb. 10-30) über einen extrakorporalen Kreislauf und spezielle Geräte (künstliche Niere)
Peritonealdialyse:
Über einen Dauerkatheter wird in die freie Bauchhöhle Flüssigkeit (Dialysat) gespült. Das Peritoneum (Bauchfell) dient als semipermeable Membran zum Stoffaustausch (Abb. 10-31 und 10-32).
Kontinuierliche ambulante Peritonealdialyse (CAPD):
Der Patient bekommt bis zu viermal täglich zwei Liter Dialysat in die freie Bauchhöhle instilliert. Die Verweildauer beträgt vier bis acht Stunden am Tag und acht Stunden in der Nacht (Abb. 10-33).

Pflege bei verschiedenen Dialyseverfahren 10.5

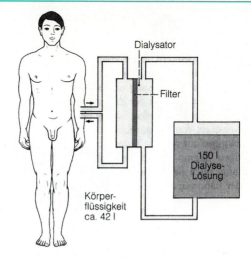

Abb. 10-30 Hämodialyse

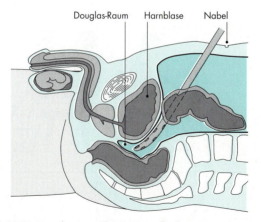

Abb. 10-31 Korrekte Lage des Peritonealkatheters

- **Wichtige Begriffe**

Dialysat = Flüssigkeit zur Hämo- oder Peritonealdialyse, unterschiedlich zusammengesetzt und konzentriert.

Shunt = Gefäßzugang, z. B. die operative Gefäßverbindung von der Arteria radialis zur Vena cephalica antebrachii (Abb. 10-34).

10 Urologie

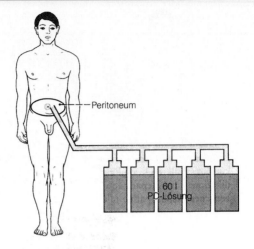

Abb. 10-32 Peritonealdialyse

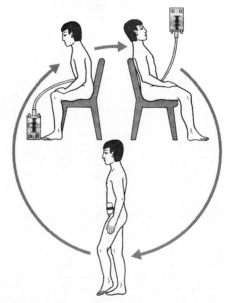

Abb. 10-33 Kontinuierliche ambulante Peritonealdialyse (CAPD)

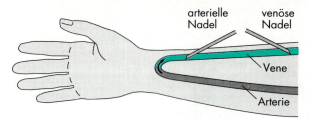

Abb. 10-34 Shunt

Besonderheiten bei Dialyse-Patienten

- Hyperkaliämie, z.B. durch Ernährungsfehler
- Lungenödem, z.B. durch zu große Trinkmenge
- Herzinsuffizienz, z.B. durch Bluthochdruck
- Anämie, z.B. durch Blutverluste bei der Hämodialyse
- Juckreiz, z.B. durch eine Hyperphosphatämie
- Infektionen, z.B. durch die eingeschränkte Immunabwehr
- Blutdruckabfall, z.B. durch den Flüssigkeitsentzug während der Dialyse
- Hepatitis, z.B. durch eine gemeinsame Gerätebenutzung
- Psychische Streßsituationen, z.B. durch die ständige Abhängigkeit von einer Maschine

 Pyrogene Reaktionen durch Bakterien im Dialysegerät können durch eine hygienische Arbeitsweise vermieden werden.

Shuntpflege
- Handschuhe zum Eigenschutz
- nach jeder Dialyse sterilen Wundverband auf die Einstichstelle
- die Haut über dem Shunt nach jedem vorsichtigen Waschen leicht einfetten (hält die Haut geschmeidig)
- keine Blutdruckmessung am Arm mit einem Shunt (unterschiedlicher Druck kann den Zugang gefährden)
- keine Injektionen und Blutentnahmen am Shunt-Arm

10.6 Notfälle in der Urologie

Als Notfälle in der Urologie bezeichnet man Situationen, in denen unverzüglich eingegriffen werden muß (z.B. bei Hodentorsion, Anurie), die Schmerzen für den Patienten unerträglich sind (z.B. Koliken) oder eine rasche Diagnose notwendig ist.

- **Häufige urologische Notfälle**

- **Akutes Harnverhalten**
  Störung der Harnentleerung. Die Blase ist stark gefüllt und bis zum Nabel tastbar.
  Therapie: Blasenpunktion oder Katheterismus

10 Urologie

- **Anurie**
  Nierenversagen verschiedener Genese. Die Urinmenge liegt unter 100 ml pro 24 Stunden.
  Man unterscheidet drei Formenkreise, prärenal, renal und postrenal (Abb. 10-35):
  Therapie: Notfall-Dialyse, Ursachen beseitigen

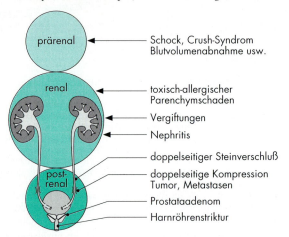

Abb. 10-35 Formenkreise bei Nierenversagen

- **Hodentorsion**
  Stieldrehung des Hodens mit heftigen Schmerzen.
  Innerhalb kurzer Zeit kommt es zum Absterben des Hodens (Abb. 10-36).
  Therapie: Operation

Abb. 10-36
Hodentorsion

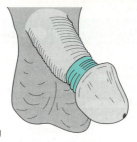

Abb. 10-37 Schnürring

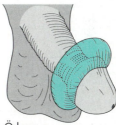

Abb. 10-38 Entwicklung des Ödems

- **Paraphimose**
  Ödematöse Schnürringbildung hinter der Eichel bei zu enger Vorhaut (Abb. 10-37 und 10-38). Sie entsteht, wenn die Vorhaut zurückgestreift und nicht wieder reponiert wird (z.B. bei der Genitalhygiene oder bei Katheterismus).
  Therapie: vorsichtige Reposition, Zirkumzision (Beschneidung)
- **Priapismus**
  Schmerzhafte, ungewollte Dauererektion durch Störung des venösen Abflusses.
  Therapie: Punktion des Schwellkörpers, Injektion von Antikoagulanzien, Anastomosenoperation
- **Steinkoliken**
  Plötzlich einsetzende starke Schmerzen mit unterschiedlicher Ausstrahlung
  Therapie: intravenöse Injektion von schmerz- und krampflindernden Medikamenten nach Ausschluß einer anderen Baucherkrankung
- **Hämaturie**
  Harnblutungen, die bis zur endgültigen Abklärung immer als Zeichen einer Tumorerkrankung gelten
  Therapie: umfangreiche Diagnostik, Ursache beseitigen
- **Verletzungen**
  Verletzungen treten bei schweren Unfällen durch direkte oder indirekte Gewalteinwirkung auf.
  Therapie: chirurgische Versorgung

10 Urologie

Wie war das noch ...?

Fallbeispiel
Frau B., 32 Jahre, verheiratet, Bankkauffrau.
Vorgeschichte
Bei Frau B. wurde vor 1 1/2 Jahren ein chronisches Nierensteinleiden (Harnsäure-Steine) diagnostiziert.
Trotz Umstellung der Ernährung, einer deutlichen Gewichtsreduzierung und einer ausreichenden Flüssigkeitszufuhr haben sich erneut Steine gebildet.
Frau B. ist in regelmäßiger ärztlicher Behandlung.
Alle bisherigen Steine sind durch intensive körperliche Bewegungsübungen spontan abgegangen.
Seit zwei Tagen klagt Frau B. über heftige Steinkoliken.
Trotz medikamentöser Behandlung und körperlicher Bewegung ist bisher kein Stein abgegangen.
Sonographisch stellt der behandelnde Arzt mehrere festsitzende Steine in beiden Harnleitern fest.
Er überweist Frau B. zur weiteren Behandlung in eine urologische Klinik.
Erster Eindruck
Frau B. hat wieder starke Schmerzen.
Ihre Atmung ist beschleunigt, der Blutdruck erhöht und der Puls tachykard. Kalter Schweiß steht auf ihrer Stirn. Durch die schon mehrfach aufgetretenen Steinkoliken wirkt sie müde. Sie bittet um ein Schmerzmittel.

1. Welche Lebensaktivitäten sind bei Frau B. durch ihre Krankheit beeinträchtigt?
2. Nennen Sie Probleme, die sich im Hinblick auf die Lebensaktivitäten ergeben können.
3. Welche aktuellen Pflegeprobleme liegen vor, und welche potentiellen Pflegeprobleme können sich daraus ergeben?
4. Nennen Sie die notwendigen Pflegeziele.
5. Welche Pflegemaßnahmen planen Sie, um die Pflegeziele zu erreichen?

Bitte beantworten und planen Sie auf einem gesonderten Blatt.

11 Ambulante Krankenpflege

11.1 Organisation und Administration

Die Gemeindekrankenpflege (ambulante Pflege) wird für die Gesellschaft immer wichtiger. Viele alte Menschen möchten ihren Lebensabend zu Hause verbringen, chronisch kranke Patienten ziehen die Pflege daheim dem Krankenhaus vor. Angehörige und das übrige soziale Umfeld können in die Pflege integriert werden. Persönliche Bedürfnisse des Patienten sind leichter umsetzbar als in der Klinik.

- **Aufgaben der ambulanten Krankenpflege im gesamtpflegerischen Versorgungssystem**

Die optimale Pflege und Betreuung des Pflegebedürftigen ist möglich durch eine vertrauensvolle Zusammenarbeit von Patienten, den Angehörigen, dem Hausarzt und den Mitarbeitern der Sozialstationen.

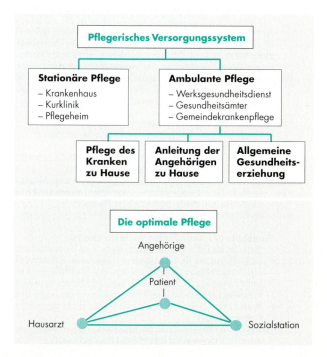

11 Ambulante Krankenpflege

Die ambulante Krankenpflege ist abhängig von
- Ort: Die Pflege wird am Ort ihres Bedarfes erbracht.
           Räumliche Gegebenheiten sind zu berücksichtigen.
- Zeit: Die Dauer der Pflege ist auf kleine Zeiteinheiten
           innerhalb des Tages oder der Woche begrenzt.
           Die Gesamtdauer der Pflege kann sich über Jahre
           erstrecken.
- Inhalt: Die Pflege wird unabhängig vom ärztlichen Dienst
           erbracht und beinhaltet normalerweise die pflege-
           rische Grundversorgung.

Finanzierung der ambulanten Krankenpflege
- Entgelte für Leistungen entsprechend der Gebührenordnung (Krankenkasse)
- Zuschüsse der Stadt/Gemeinde
- Zuschüsse des Landkreises
- Landeszuschüsse
- Eigenmittel des Patienten
- Beiträge der Krankenpflegevereine
- Pflegekassen

11.2 Informationen über soziale Angebote

Kranke, alte oder behinderte Menschen wollen möglichst lange in ihrer gewohnten Umgebung bleiben. Die Angebote der Sozialstationen und der verschiedenen sozialen Dienste ermöglichen diesen Menschen eine selbständige und eigenverantwortliche Lebensführung. Angehörige pflegebedürftiger Menschen werden dadurch entlastet. Mitarbeiter der Sozialstationen helfen bei der Vermittlung der einzelnen Angebote.

Angebote der Sozialstationen
- Grundpflege von kranken und alten Menschen (z.B. Waschen, Betten, Prophylaxen)
- Behandlungspflege bzw. Ausführung ärztlich verordneter Maßnahmen (z.B. Verbände, Injektionen)
- Seelsorgerische Begleitung der Patienten und Angehörigen (z.B. Hilfestellungen bei Fragen über Leiden und Sterben)
- Organisation pflegeergänzender Dienste (z.B. ambulanter sozialer Dienst)

Angebote der ambulanten sozialen Dienste
- Hilfe beim Erhalten und Erweitern von Umweltkontakten (z.B. Besuche, Spaziergänge, Hilfen beim Schriftverkehr)
- Hilfen im Haushalt (z.B. Einkaufen, Wohnungsreinigung)
- Fahrdienste (z.B. Fahrten zu verschiedenen Veranstaltungen)
- Hausnotruf (ein Sender wird am Körper getragen und löst im Notfall durch Tastendruck einen Alarm bei der nächsten Leitstelle aus)
- Essen auf Rädern (z.B. warme Kost, tiefgefrorene Menüs oder Diäten werden direkt ins Haus geliefert)

404

Pflegeversicherung **11.3**

- Hilfsmitteldepots (Verleihen notwendiger Geräte wie Krankenbetten, Rollstühle und Pflegeutensilien)
- Individuelle Schwerstbehinderten-Betreuung (intensive und langfristige Rund-um-die-Uhr-Betreuung von Schwerstbehinderten bei allen Verrichtungen)

11.3 Pflegeversicherung

Gesetzlich neu geregelt sind die Pflegeleistungen der ambulanten sozialpflegerischen Dienste durch die ab dem 1. April 1995 stufenweise in Kraft tretende Pflegeversicherung.

Pflegebedürftigkeit
Der Medizinische Dienst der Krankenkassen stellt fest, ob die von den Pflegekassen festgelegten Voraussetzungen erfüllt sind und welcher Grad der Pflegebedürftigkeit vorliegt.

Krankheiten oder Behinderungen sind u.a.
- Verluste, Lähmungen oder andere Funktionsstörungen am Stütz- und Bewegungsapparat
- Funktionsstörungen innerer Organe und der Sinnesorgane
- Störungen des Zentralnervensystems wie Antriebs-, Gedächtnis- oder Orientierungsstörungen sowie geistige Behinderungen

Antrag für Pflegeleistungen
Die Antragsteller (Pflegebedürftige oder Angehörige) wenden sich an die Pflegekassen. Die Leistungen erfolgen ab der Antragstellung.

● **Die drei Pflegestufen**

Pflegestufe I (erheblich Pflegebedürftige)
Personen, die bei der Körperpflege, der Ernährung oder der Mobilität für wenigstens zwei Verrichtungen aus einem oder mehreren Bereichen mindestens einmal täglich der Hilfe bedürfen und zusätzlich mehrfach in der Woche Hilfe bei der hauswirtschaftlichen Versorgung benötigen

Pflegestufe II (Schwerpflegebedürftige)
Personen, die bei der Körperpflege, der Ernährung oder der Mobilität mindestens dreimal täglich zu verschiedenen Tageszeiten der Hilfe bedürfen und zusätzlich mehrfach in der Woche Hilfe bei der hauswirtschaftlichen Versorgung benötigen

Pflegestufe III (Schwerstpflegebedürftige)
Personen, die bei der Körperpflege, der Ernährung oder der Mobilität täglich rund um die Uhr, auch nachts der Hilfe bedürfen und zusätzlich mehrfach in der Woche Hilfe bei der hauswirtschaftlichen Versorgung benötigen

11 Ambulante Krankenpflege

 Bei Kindern ist der zusätzliche Hilfebedarf gegenüber gesunden gleichaltrigen Kindern maßgeblich für eine Einstufung.

• Leistungen der Pflegeversicherung

Pflegesachleistungen
Pflegebedürftige, die in ihrem oder in einem anderen Haushalt, in dem sie aufgenommen wurden, gepflegt werden, erhalten Grundpflege und hauswirtschaftliche Versorgung als Sachleistung. Diese Leistung (häusliche Pflegehilfe) ist durch geeignete Pflegepersonen zu erbringen.

Pflegegeld für selbstbeschaffte Pflegehilfen
Anstelle der häuslichen Pflegehilfe können Pflegebedürftige Pflegegeld beantragen. Diese Unterstützung setzt voraus, daß der Pflegebedürftige mit dem Geld die erforderliche Grundpflege und hauswirtschaftliche Versorgung durch eine Pflegeperson selbst sicherstellt.

 Ist eine Pflegeperson an der Pflege gehindert (z. B. Urlaub), übernimmt die Pflegekasse die Kosten für eine Ersatzpflegekraft für längstens vier Wochen je Kalenderjahr.

Pflegehilfsmittel und technische Mittel
Die Pflegekassen unterstützen die Versorgung mit Pflegehilfsmitteln mit einem festgelegten Betrag. Sie überlassen den Pflegebedürftigen technische Hilfsmittel wie Rollstühle und Gehhilfen leihweise mit einer begrenzten Eigenbeteiligung.

12 Intensivstationen

12.1 Aufbau und Einrichtung

Eine Intensivstation ist eine spezielle Einrichtung zur Behandlung von lebensbedrohlich erkrankten Patienten. Um den umfassenden Anforderungen auf diesen Stationen gerecht zu werden, sind mehrjährige Berufserfahrung und eine spezielle Weiterbildung (Fachschwester/-pfleger für Intensivmedizin) unabdingbar.

• Aufgaben auf einer Intensivstation

Intensivüberwachung
– ist die kontinuierliche apparative und personelle Überwachung des Patienten zur Früherkennung von lebensbedrohlichen Komplikationen und zur Einleitung erforderlicher Behandlungsmaßnahmen.

Intensivpflege
– ist die kontinuierliche exakte und gewissenhafte Pflege eines Patienten, der infolge seiner schweren Erkrankung nicht mehr selbständig handeln kann.

Intensivbehandlung
– ist das Wiederherstellen, Unterstützen und Aufrechterhalten der vitalen Funktionen eines Patienten, die vorübergehend lebensbedrohlich gestört sind.

• Voraussetzungen für die Intensivpflege

Räumlichkeiten
Die Intensivstation ist vom übrigen Klinikbereich durch ein Schleusensystem getrennt. Notwendig sind genügend große und zahlenmäßig ausreichende Patienten-, Arbeits-, Lager- und Personalräume.
Die Intensivbettplätze können auf Mehrbett- oder Einzelzimmer (Boxen) verteilt sein.

Materialien/Geräte
Die zur Intensivpflege notwendigen Materialien (z.B. Pflegehilfsmittel, Medikamente) sollen in ausreichender Menge in jedem Zimmer vorhanden sein (s. Kap. 12.4).
Geräte zur Intensivüberwachung und Behandlung sind flexibel an einer Wandschiene oder Deckenampel installiert (Abb. 12-1, 12-2, 12-3).

Personal
Qualifiziertes Personal aus unterschiedlichen Berufsgruppen (z.B. Pflege, Medizin, Krankengymnastik) muß für die Intensivpflege und -medizin in ausreichender Zahl zur Verfügung stehen (Abb. 12-4).

12 Intensivstationen

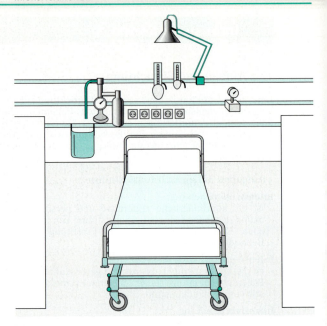

Abb. 12-1 Wandschienensystem

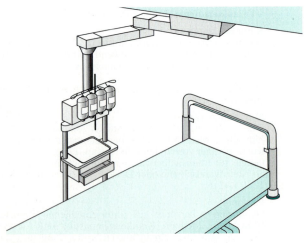

Abb. 12-2 Deckenversorgungs-System

Aufbau und Einrichtung **12.1**

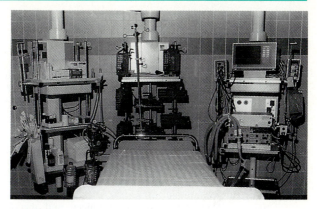

Abb. 12-3 Grundausstattung eines Intensivplatzes

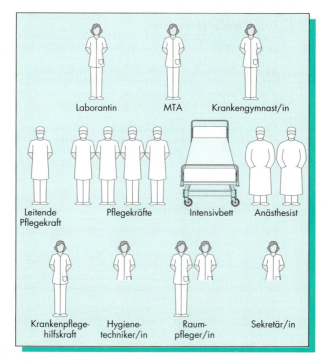

Abb. 12-4 Personalbedarf pro Patient

12 Intensivstationen

12.2 Aufnahme und Verlegung eines Patienten

Ob ein Patient auf eine Normalstation oder Intensiveinheit aufgenommen wird, ist abhängig von seinem Zustand.
Notfallpatienten werden direkt in die Intensiveinheit aufgenommen. Die Verlegung von einer Normalstation erfolgt bei akuter Verschlechterung eines Patienten.

• Notfallschema für Intensivpatienten

Aufnahme oder Übergabe des Patienten
Informationen über den bisherigen Zustand des Patienten und diagnostische Ergebnisse werden vom Rettungsdienst oder der verlegenden Station in einem Notfallprotokoll festgehalten.

Klinische Notfallmedizin
Erkennen lebensbedrohlicher Störungen und das Einleiten geeigneter Therapiemaßnahmen (z.B. bei Herzstillstand Reanimation, Gabe von Medikamenten)

Diagnostische Maßnahmen
Parallel zur klinischen Notfallmedizin ist eine detaillierte Diagnostik notwendig (z.B. Ursache für den Herzstillstand).

Kontinuierliche Überwachung der Vitalfunktionen
Mit der Aufnahme des Patienten in der Intensiveinheit beginnt eine lückenlose Überwachung der Vitalfunktionen (Herz, Kreislauf, Atmung, Bewußtsein und Ausscheidung).

Maßnahmen bei stabilem Zustand des Patienten
Hat sich der Zustand des Patienten stabilisiert oder gebessert, werden zusätzliche diagnostische und therapeutische Maßnahmen eingeleitet (z.B. Blutgruppenbestimmung, Röntgenaufnahmen).

12.3 Pflegedokumentation

Bei einem Intensivpatienten werden innerhalb kürzester Zeit viele Daten und Befunde erhoben.
Die Fülle der Daten macht deshalb eine übersichtliche und sorgfältige Dokumentation notwendig.
Um die Übersichtlichkeit zu wahren, werden häufig verschiedene Dokumentationsbögen benutzt (z.B. für Atemfunktion oder Ausscheidung).
Von der elektronischen Datenverarbeitung (EDV) werden Verbesserungen hinsichtlich Übersichtlichkeit und des schnelleren Zugangs erwartet. Ob sich dieses Ziel verwirklichen läßt, muß die Zukunft zeigen.

Umgang mit den Geräten **12.4**

12.4 Umgang mit den Geräten auf einer Intensivstation

Viele verschiedene Geräte in der Intensiveinheit ermöglichen eine kontinuierliche Überwachung des Patienten (Monitoring). Lebensbedrohliche Veränderungen werden sofort durch das Auslösen eines Alarms (akustisch, optisch) registriert und dokumentiert. Ohne Verzögerung ist dann eine adäquate Behandlung einzuleiten.

● Richtlinien für den Umgang mit medizintechnischen Geräten

Diese Richtlinien sind notwendig, um alle beteiligten Personen (Patienten und Benutzer) vor evtl. Gefahren durch die medizintechnischen Geräte zu schützen.

Der Arbeitgeber ist dafür verantwortlich, daß in der Klinik bzw. in verschiedenen Abteilungen ein Gerätebeauftragter benannt ist, der neue Mitarbeiter in den Umgang mit Geräten einweist bzw. neue Geräte auf der Station vorstellt.

- Lesen Sie vor der Anwendung eines Gerätes am Patienten die Betriebsanleitung (z. B. Bedienen eines Beatmungsgerätes)
- Machen Sie sich mit Problemen und Risiken der Behandlung vertraut (z. B. Umgang mit einem Defibrillator)
- Melden Sie Defekte oder Unregelmäßigkeiten sofort
- Nehmen Sie regelmäßig an Geräteeinweisungen teil

Gesetzliche Grundlagen
- Bürgerliches Gesetzbuch und Strafgesetzbuch
  (z. B. Haftungsrecht)
- Gerätesicherheitsgesetz
  (z. B. Aufstellen von medizinischen Geräten)
- Medizingeräteverordnung (MedGV)
- Gewerbeverordnung
  (z. B. Überwachung von Anlagen)
- Unfallverhütungsvorschriften
  (z. B. Einweisungspflicht)

12.4.1 EKG und Pulsfrequenzmessung

Zur kontinuierlichen Überwachung des Elektrokardiogrammes benötigt man EKG-Monitoren. Die Brustwandableitung erfolgt durch Elektroden (Kleberinge, Gel), die in richtiger Anordnung auf dem Thorax angebracht werden.

Die rote und die gelbe Elektrode müssen mit der elektrischen Herzachse übereinstimmen.

Das Elektrokardiogramm wird auf einem Oszilloskop oder einem mitlaufenden Papierstreifen fortlaufend dargestellt.

Die Pulsfrequenz kann entweder durch Messung der R-Zacken im EKG oder digital durch einen peripher angebrachten Pulsrezeptor festgestellt werden (Abb. 12-5).

12 Intensivstationen

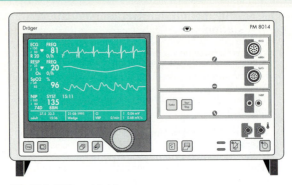

Abb. 12-5 EKG und Pulsfrequenzmessung

12.4.2 Unblutige und blutige arterielle Blutdruckmessung

Der Blutdruck kann auskultatorisch nach der Methode von Riva-Rocci, oszillographisch oder blutig durch Punktion einer Arterie gemessen werden.

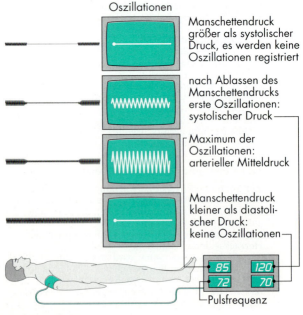

Abb. 12-6 Oszillometrische Blutdruckmessung

Umgang mit den Geräten 12.4

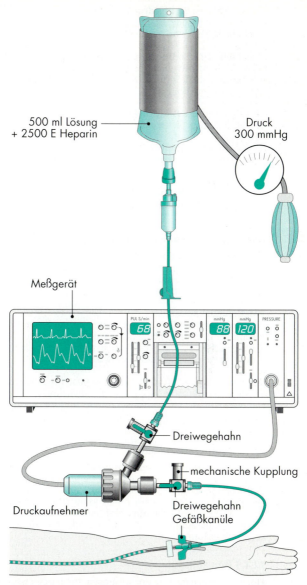

Abb. 12-7 Blutige arterielle Blutdruckmessung

12 Intensivstationen

• **Auskultatorische Blutdruckmessung**
Die auskultatorische Blutdruckmessung erfolgt mit einer Blutdruckmanschette und einem Stethoskop (s. Kap. 2.7.4).

• **Oszillometrische Blutdruckmessung**
Bei der oszillometrischen Messung kann der arterielle Blutdruck automatisch und kontinuierlich (z. B. in bestimmten Intervallen) erfaßt werden (Abb. 12-6).

• **Blutig-arterielle Blutdruckmessung**
Die blutig-arterielle Druckmessung kommt bei Patienten mit instabilen Kreislaufverhältnissen oder beim Einsatz von gefäßaktiven Substanzen (z. B. Katecholamine) zur Anwendung.
Dafür wird eine Arterie, z. B. die A. ulnaris oder A. femoralis, punktiert und die großlumige Kanüle oder der Katheter gut fixiert bzw. festgenäht (Abb. 12-7).
Warnschilder an der Kanüle und dem Dreiwegehahn verhindern eine versehentliche intraarterielle Injektion.

12.4.3 Zentrale Venendruckmessung

Der zentrale Venendruck (ZVD) wird im klappenlosen oberen Hohlvenensystem gemessen und dient als Parameter für die Bestimmung der Leistungsfähigkeit des Herzens und des zirkulierenden Blutvolumens.

• **Meßmöglichkeiten**
– Hydrostatische Messung über einen zentral liegenden Katheter nach dem Prinzip der kommunizierenden Röhren
– Elektrische Messung über einen zentral liegenden Katheter und einen speziellen Druckumwandler (Abb. 12-8)

Der zentral liegende Katheter muß aseptisch versorgt werden. In der Regel ist alle zwei Tage ein Verbandwechsel notwendig. Die Hautverhältnisse an der Einstichstelle sind zu dokumentieren (s. Kap. 2.7.9).

12.4.4 Temperaturmessung

Die kontinuierliche Temperaturüberwachung ist z. B. bei unterkühlten Patienten oder bei einer gezielten Temperatursenkung (Hibernation) erforderlich (Abb. 12-9).
Die Körpertemperatur wird durch Meßfühler im Oesophagus, an der Haut oder im Rektum bestimmt und am Monitor durch einen Temperatureinschub oder durch Digitalthermometer angezeigt (s. Kap. 2.7.4).

12.4.5 Infusionspumpe

Hochkonzentrierte Infusionslösungen zur parenteralen Ernährung oder auch Infusionslösungen mit Medikamentenzusätzen

Umgang mit den Geräten **12.4**

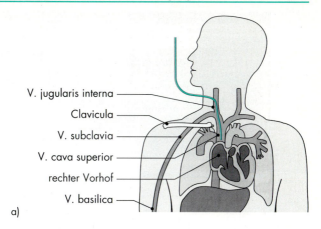

Abb. 12-8
a) Zentrale Zugänge; b) Meßmöglichkeiten des ZVD

machen eine exakte Dosierung über Infusionspumpen notwendig (Abb. 12-10).
In den meisten Geräten ist eine automatische Überwachung eingebaut. Die Genauigkeit der Dosierung liegt bei ± 2 Prozent.

12 Intensivstation

Abb. 12-9 Temperaturmeßgerät

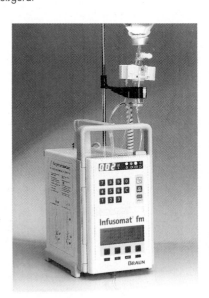

Abb. 12-10
Infusionspumpe

Geräteausfall, abweichende Förderungsraten und Luftblasen im Infusionsschlauch werden durch akustischen oder/und optischen Alarm angezeigt.
Vor der Benutzung solcher Infusionspumpen ist eine Einweisung durch einen Gerätebeauftragten notwendig und das aufmerksame Lesen der Betriebsanleitung unabdingbar.

Umgang mit den Geräten **12.4**

● **Bedienung einer Infusionspumpe**

Funktionskontrolle vor Inbetriebnahme
- Kontrolle des Gerätes auf erkennbare äußerliche Schäden Kontrollampen müssen alle leuchten
- die Tropfenanzeige muß leuchten, wenn durch Fingerbewegung eine Tropfenrate in der Lichtschranke simuliert wird
- Alarmfunktionen müssen ansprechen (z. B. Luft im System)

Vorbereiten des Infusionsbesteckes
- nur für Infusionspumpen vorgesehene Systeme verwenden
- Infusionssystem vollständig entlüften
- richtigen Tropfkammerspiegel einstellen
- Belüftungsventil öffnen
- Schlauch nach Bedienungsanleitung einlegen
- Lufterkennungssystem und Lichtschranke anschließen

Anschluß an den Patienten
- Verbindung zum Patienten herstellen
- evtl. vorhandene Rollenklemme vollständig öffnen
- Einschalten des Gerätes
- Infusionspumpe starten

Überwachung des Infusionsbeginns
- Kontrolle der eingestellten Infusionsrate
- Überprüfung des Patientenanschlusses auf Dichtigkeit

12.4.6 Injektionspumpe

(s. Kap. 2.7.10)

12.4.7 Ernährungspumpe

Die Nährstoffzufuhr über den Gastrointestinaltrakt ist neben der parenteralen Ernährung ein wichtiger Bestandteil bei der Behandlung von Intensivpatienten.
Um mit der Sondenernährung beginnen zu können, müssen die Stoffwechsellage stabilisiert, gravierende Erkrankungen des Gastrointestinaltraktes ausgeschlossen und die Sonde optimal plaziert sein.
Die Zusammensetzung der Sondennahrung ist von der Leistungsfähigkeit des Verdauungstrakts (z. B. Resorptionsfähigkeit und Darmmotilität) abhängig.
Mit einer Ernährungspumpe kann die Sondennahrung langsam und in kleinen Portionen verabreicht werden. Dies ist vorteilhafter als die Zufuhr durch die Schwerkraft (Nahrungsbeutel) oder portionsweise mit einer Spritze (Abb. 12-11).

12.4.8 Thoraxsaugdrainage-System

Das Legen einer Thoraxdrainage kann bei Traumen oder Eingriffen am Thorax aus therapeutischen oder prophylaktischen Gründen notwendig sein.

12 Intensivstationen

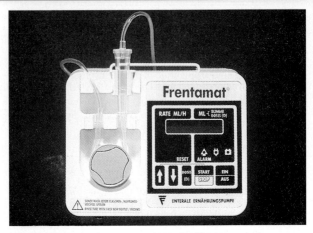

Abb. 12-11 Die Ernährungspumpe zur Applikation enteraler Nahrungen

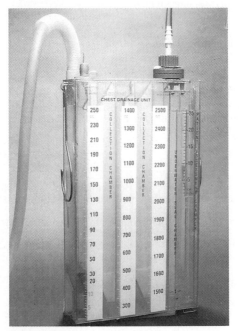

Abb. 12-12 Thoraxsaugdrainage-System

Umgang mit den Geräten 12.4

Pathologische Luft- oder Flüssigkeitsansammlungen, die eine Kompression der Lunge verursachen und den Gasaustausch behindern, werden dadurch verhindert oder abgebaut.
Den Drain legt der Arzt in den Pleuraraum zwischen dem dritten und fünften Interkostalraum (ICR).
Einfach im Umgang sind die gebrauchsfertigen, sterilen Thoraxsaugdrainage-Systeme (Abb. 12-12), die am Bett leicht anzubringen sind.

Sie bestehen aus drei Kammern:
1. **Sekret-Sammelkammer:** Für maximal 2500 ml Sekret.
   Die Menge ist an der Graduierung ablesbar.
2. **Wasserschloß-Kammer:** Die mittlere Kammer ist vollständig mit destilliertem Wasser zu füllen und dient als Sicherheitsventil.
3. **Saugkammer:** Diese Kammer ist nach Herstellerangaben mit destilliertem Wasser zu füllen. Sie wird mit einem Unterdruck bis 25 cm Wassersäule betrieben.

Das Thoraxsaugdrainage-System wird an die zentrale Vakuumeinheit angeschlossen. Sogstärke nach Arztanordnung. Immer die Herstellerangaben beachten (s. Kap. 4.7).

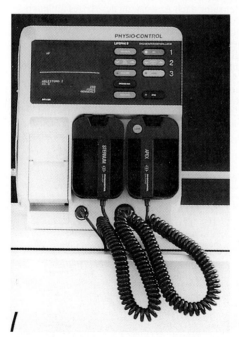

Abb. 12-13 Defibrillator

12.4.9 Ultraschallvernebler

(s. Kap. 2.7.13)

12.4.10 Defibrillator

Beim Kammerflimmern (unkoordinierte Herzaktion) ist sofort eine elektrische Defibrillation notwendig. Bei rechtzeitigem Einsatz führt dies meist wieder zu einem spontanen Sinusrhythmus. Der Umgang mit solchen extern betriebenen Defibrillatoren erfordert eine genaue Einweisung durch den Hersteller und das Beachten aller Sicherheitsbestimmungen (Abb. 12-13).
Der fehlerhafte Umgang mit solchen Geräten kann zu Schäden am Patienten (z.B. Verbrennungen) und anderen beteiligten Personen (z.B. Stromverletzungen) führen.

 Die Defibrillation ist ärztliches Aufgabengebiet!

Vorbereitung des Gerätes
- Gerät einschalten
- beide Elektroden mit Elektroden-Gel oder Wasser bestreichen (Abb. 12-14)
- Kondensator nach Anweisung des Arztes aufladen
  Empfohlene Energiemenge:
  Erwachsene   200–400 Joule
  Kinder   100–200 Joule
  Säuglinge   50–100 Joule
  (1 Joule = 1 Wattsekunde)

Vorgehen
- Elektroden aufsetzen. Eine Elektrode mit mäßigem Druck im Winkel zwischen oberer Brustbeinhälfte und rechtem Schlüsselbein und die andere über der Herzspitze plazieren (Abb. 12-15).

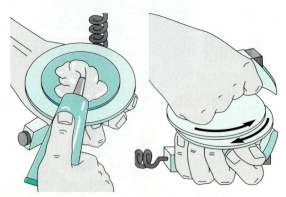

Abb. 12-14 Elektroden mit Gel bestreichen

Umgang mit den Geräten **12.4**

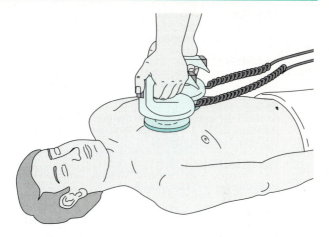

Abb. 12-15 Position der Defibrillator-Elektroden

- Alle Wiederbelebungsmaßnahmen am Patienten unterbrechen. Patient nicht berühren, **vom Bett wegtreten** (Stromschlag!)
- Stromstoß durch Druckschalter an den Elektroden auslösen
- Erfolg der Defibrillation durch EKG-Ableitung kontrollieren
- Gerät nach Herstellerangaben reinigen
- Dokumentation mit Angaben über Anzahl und Stärke der Defibrillationen

12.4.11 Beatmungsgeräte

Die maschinelle Beatmung kann bei einer Vielzahl von Atmungsstörungen notwendig sein.
Die Einteilung der verschiedenen Beatmungsgeräte (Respiratoren) erfolgt meistens nach ihrem Steuerungsprinzip (z.B. volumengesteuert, druckgesteuert und zeitgesteuert).
Da der Umgang mit Beatmungsgeräten eine Ausbildung in der Intensivpflege erfordert, wird hier nur auf verschiedene Beatmungsparameter und auf die Überwachung eines beatmeten Patienten eingegangen.
Alle eingestellten Beatmungsparameter müssen in einem Beatmungsprotokoll dokumentiert werden.

- **Überwachung eines beatmeten Patienten**

Inspektion
Beurteilung der sichtbaren Atembewegungen und des Aussehens des Patienten

12 Intensivstationen

Palpation
Auflegen der Hände auf den Thorax zum Tasten von Seitendifferenzen der Atembewegungen oder eines Hautemphysems

Perkussion
Abklopfen des Thorax, um einen Erguß (dumpfer Klopfschall) oder Pneumothorax (hypersonorer Klopfschall) festzustellen

Auskultation
Abhören der Lunge mit einem Stethoskop zum Beurteilen der Belüftung beider Lungenflügel bzw. von Sekretansammlungen (endotracheale Absaugung)

Pulsoxymetrie
Nichtinvasive, kontinuierliche Messung der arteriellen Sauerstoffsättigung des Hämoglobins

Blutgasanalyse
Invasive, punktuelle Überprüfung der Ventilation und des Säure-Basen-Haushaltes (kapillär oder arteriell)

Bakteriologisches Monitoring
Regelmäßige bakteriologische Untersuchung des Trachealsekretes.
Bei jedem beatmeten Patienten sind außerdem zu überwachen:
– Bewußtseinslage (z. B. Spontanbewegungen)
– Kardiovaskuläres System (z. B. Puls, Blutdruck und ZVD)
– Haut (z. B. Hautfarbe, Temperatur)
– Ausscheidungen (z. B. Urin)
– Trachealsekret (z. B. Menge und Aussehen)

Kontrolle des Beatmungsgerätes
Technische Defekte des Beatmungsgerätes sind durch regelmäßige Kontrollen auszuschließen.

Alarmsysteme
Alle Alarmsysteme wie Ober- und Untergrenzen des Beatmungsdruckes, des Atemminutenvolumens und der Frequenz müssen sinnvoll eingestellt sein.

Sauerstoffkonzentration
In der Inspirations- und Exspirationsluft messen und überprüfen

Atemfrequenz
Regelmäßiges Überprüfen durch Zählen der einzelnen Atemzüge des Patienten mit einer Stoppuhr

Volumetrie
Kontrolle der eingestellten Beatmungsgrößen wie Atemzugvolumen und Atemfrequenz am Gerät

Notfallsituationen **12.5**

Beatmungsdruck
Überwachung des vom Arzt angegebenen Beatmungsdruckes

Befeuchter
Regelmäßiges Nachfüllen von Aqua dest. in den dafür vorgesehenen Behälter und Überwachung der Verdampfertemperatur

Schläuche und Verbindungsstücke
Alle Schläuche und Verbindungsstücke müssen dicht sein.
Kondenswasser entfernen

12.5 Notfallsituationen

Da Notfälle bei Intensivpatienten vielfältig und häufig sein können, werden hier nur einige Situationen exemplarisch genannt.

● **Verhalten in Notfällen**
- Erkennen der Notfallsituation
- Ruhe bewahren
- Arzt verständigen
- umfassende Beobachtung, Kontrolle und Dokumentation aller Vitalfunktionen des Patienten
- sofort lebensrettende Maßnahmen einleiten
- Beruhigung und psychische Betreuung des Patienten
- Vorbereitungen zum Legen eines venösen Zuganges treffen
- Notfallwagen bereitstellen

● **Notfallsituation und dazugehörige Maßnahmen**

Äußere Blutung
- Druckverband
- oder Blutung an der geeigneten Körperstelle abdrücken oder abbinden

Anaphylaktischer Schock
- Adrenalin zur i.v. Injektion aufziehen
- Volumenersatz richten
- Intubation vorbereiten

Asthma bronchiale
- Oberkörperhochlagerung
- vorsichtig dosierte Sauerstoffinsufflation nach Arztanordnung
- Intubationsbereitschaft

Atemstillstand
- Beutelbeatmung und Sauerstoffinsufflation
- Intubation vorbereiten

Herzinfarkt
- jegliche Anstrengung des Patienten vermeiden
- Oberkörper leicht erhöht lagern
- Sauerstoffinsufflation

423

12 Intensivstationen

Herz-Kreislauf-Stillstand
– Notruf für die Reanimation auslösen
– Einleiten der Reanimation (s. Kap. 17)

Hypoglykämischer Schock
– Blutzucker bestimmen
– orale Gabe von Traubenzucker

Hypovolämischer Schock
– Sauerstoffinsufflation
– Beine hochlagern (Ausnahme: SHT)
– Volumenersatz

Lungenödem
– Oberkörperhochlagerung
– Frischluftzufuhr
– Sauerstoffinsufflation

Sturzgeburt
– sterile Unterlage unter das Gesäß der Patientin
– Dammschutz
– Geburtsvorgang nicht behindern
– auf Vitalzeichen der gebärenden Frau und des Neugeborenen
  achten

Vaginale Blutung
– Binden vorlegen
– Oberschenkel kreuzen
– Fußende des Bettes erhöhen

12.6 Beatmung

Akute Störungen der Atmung machen eine Beatmung des Patienten notwendig. Um adäquat (situationsgerecht) beatmen zu können, muß der Patient intubiert oder tracheotomiert sein.

12.6.1 Intubation

(s. Kap. 15.2.3)

12.6.2 Tracheotomie

Eine Tracheotomie ist ein operativ angelegter Luftröhrenschnitt zum Einlegen einer speziellen Trachealkanüle.
Der Arzt legt das Tracheostoma unter sterilen Bedingungen an (Abb. 12-16). Bei langzeitbeatmeten Patienten schont es die oberen Atemwege (z. B. Stimmbänder) und verkleinert den Totraum.

Pflege bei tracheotomierten Patienten
– Absaugen von Sekreten der oberen Luftwege (Mund und
  Nase)

Beatmung **12.6**

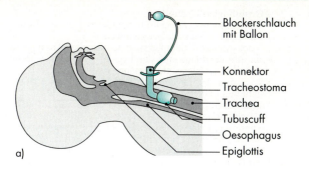

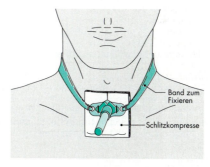

Abb. 12-16 a und b Eingeführte Trachealkanüle
a) Lage der Kanüle
b) Fixierung

- regelmäßige Mund- und Nasenpflege
- aseptische Trachealtoilette
- Atemluft befeuchten
- Cuffdruck-Kontrolle
- sichere Fixierung der Trachealkanüle
- regelmäßiger Wechsel der Trachealkanüle (abhängig von der Verschleimung, in der Regel einmal täglich)
- aseptischer Verbandwechsel des Tracheostoma

 Den ersten Trachealkanülen-Wechsel übernimmt immer der behandelnde Arzt.

12.6.3 Endotracheales Absaugen

Bei intubierten oder tracheotomierten Patienten ist eine regelmäßige Bronchialtoilette notwendig. Sie erfolgt so oft wie notwendig, aber nicht öfter als nötig.

12 Intensivstationen

- **Grundlagen für das Absaugen**
  - immer mit zwei Pflegekräften endotracheal absaugen
  - immer unter sterilen Bedingungen
  - jeder Intensivpatient benötigt sein eigenes Absauggerät
  - die Absauganlage muß den hygienischen und sicherheitstechnischen Richtlinien entsprechen
  - vor jedem Absaugen ist der Patient ausreichend zu oxygenieren (einige Minuten mit erhöhtem Sauerstoffgehalt beatmen)
  - durch vorherige Physiotherapie (z. B. Vibrationsmassage) kann die Effektivität des Absaugens gesteigert werden
  - bei infektiösen Patienten, wegen der Gefahr der Aerosolbildung, Mundschutz und Schutzbrille anziehen
  - für jeden Absaugvorgang einen neuen Absaugkatheter verwenden
  - das Absaugen soll nicht länger als zehn Sekunden dauern (Gefahr der Hypoxie)
  - nach dem Absaugen die Lunge mehrmals blähen (Vorsicht, Pneumothorax-Gefahr)
  - Dokumentation (Uhrzeit, Aussehen und Menge des Sekrets)

Vorbereitung
- Patienten informieren (auch bewußtlose Patienten)
- Hände desinfizieren
- Gegenstände (sterile Handschuhe, sterile Absaugkatheter, Abwurfbehälter, evtl. Mundschutz, Schutzbrille) richten
- Patienten ausreichend oxygenieren

Vorgehen
- Mundpflege
- Verpackungen von Absaugkatheter und Handschuhen öffnen
- Absaugkatheter mit der Absauganlage verbinden
- Handschuhe, evtl. Mundschutz und Schutzbrille anziehen
- Beatmungsschlauch vom Tubus abkoppeln und Konus auf eine sterile Fläche legen
- Blockermanschette des Tubus evtl. 3–5x täglich öffnen
- Absaugkatheter rasch einführen
- mit Sog unter drehenden Bewegungen zurückziehen
- Katheter beim Zurückziehen um die Hand wickeln und Handschuh darüber stülpen
- Tubus erneut blocken
- Tubus mit Beatmungsschlauch verbinden
- Kontrolle der Beatmungsparameter
- Lungenbelüftung mit Stethoskop kontrollieren
- sachgerechte Entsorgung der gebrauchten Materialien
- Händedesinfektion
- Dokumentation

 Sollte eine nochmalige Absaugung notwendig sein, Patienten erst mit 10–15 Atemzügen beatmen.

Intensivstationen **12.6**

Wie war das noch ...?

Erklären Sie die Begriffe:

Intensivüberwachung

Intensivpflege

Intensivbehandlung

Was sind die Voraussetzungen zur Intensivpflege?

Nennen Sie Richtlinien im Umgang mit medizintechnischen Geräten.

Beschreiben Sie die Überwachung eines beatmeten Patienten.

Was müssen Sie bei der zentralen Venendruck-Messung beachten?

Welche Grundregeln beachten Sie beim Auftreten eines Notfalls?

Welche Gegenstände richten Sie zur Intubation?

Nennen Sie die hygienischen Aspekte bei der endotrachealen Absaugung.

13 Ambulanz

13.1 Mithilfe im Gipsraum

Ruhigstellende Verbände aus Gips oder Kunststoff sollten möglichst in einem speziell dafür eingerichteten Arbeitsraum angelegt werden. Notwendig sind ein höhenverstellbarer Lagerungstisch für den Patienten, ein Röntgenbildverstärker, übersichtliche Regale für die Materialien und ein Absatzbecken für das Tauchen der Gipsbinden.

 Gips und Kunststoffreste nie in einem normalen Abfluß entsorgen, da dieser sofort verstopft.

13.1.1 Anlegen eines Gipsverbandes

Zum Ruhigstellen und Fixieren von z.B. Frakturen und Luxationen ist ein Gipsverband notwendig.
Je nach Indikation und ärztlicher Anordnung werden diese Verbände als zirkulärer Gipsverband oder als Gipsschiene angelegt.

- **Grundsätze beim Anlegen eines Gipsverbandes**
  – der Gipsverband muß fest sitzen
  – er darf nicht drücken
  – die Bewegungsmöglichkeit ruhiggestellter Gelenke im Gipsverband muß verhindert werden

Vorbereitung
(z.B. Unterschenkel-Liegegips nach Bänderverletzung)
- **Material**
  – 1 Stück Schlauchmull (in der entsprechenden Größe)
  – 2 Rollen Synthetikwatte (à 10 cm × 3 m)
  – 1 Krepp-Papierbinde
  – 2 Wattepolster
  – 5 Gipsbinden (à 10 cm × 3 m)
  – 1 Gipslonguette für die Sohlenverstärkung
    (achtfach, 10 cm breit)
  – Wasserbecken mit 18°–25° kaltem Wasser
- **Information** des Patienten
  – Sinn und Zweck des Gipsverbandes (z.B. Ruhigstellung)
  – Dauer des Gipsverbandes (z.B. abhängig von Frakturart und Heilungstendenz)
  – Belastbarkeit
    (volle Belastbarkeit erst nach vollständiger Trocknung)
  – Wärmeentwicklung
    (durch den Abbindevorgang von Gips entsteht Wärme)
- **Hautschutz**
  – sorgfältige Hautkontrolle
    (auf Druckstellen und lokale Infektionen achten)

Mithilfe im Gipsraum **13.1**

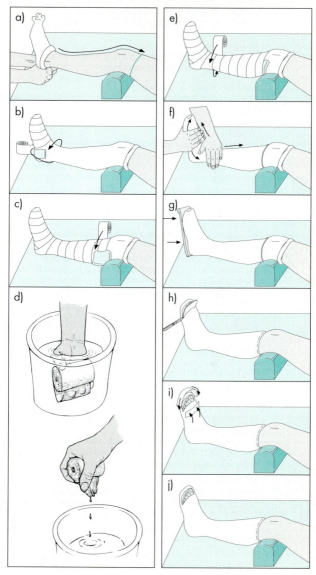

Abb. 13-1 a bis j Anlegen eines Gipsverbandes am Unterschenkel.

13 Ambulanz

– Hautreinigung und Hautpflege
(nach Arztverordnung wird die Haut gereinigt, gepudert
oder eingefettet)
- **Polsterung**
– sorgfältige Polsterung gefährdeter Körperstellen wie Knie,
Tibiakante, Fußrücken und Ferse

Vorgehen (Abb. 13-1a bis j)
– Bein auf der Böhlerbank (Fußstellung im 90-Grad-Winkel)
lagern
– Schlauchmullverband (dient als Unterzug) anlegen
(Abb. 13-1 a)
– Zirkulär mit Synthetikwatte (Fußranderhöhung durch
Wickeln von lateral nach medial) polstern (Abb. 13-1 b)
– Krepp-Papierbinden faltenfrei anwickeln und die Ferse und
das Fibulaköpfchen mit Wattepolster schützen (Abb. 13-1 c)
– Gipsbinden eintauchen, bis keine Luftblasen mehr aufsteigen
(Abb. 13-1 d)
– Gipsbinden von distal nach proximal anwickeln
(Abb. 13-1 e)
– Gipsbinden modellieren und die Fußstellung überprüfen
(Abb. 13-1 f)
– proximalen Unterzug (Schlauchmull) umlegen
– Sohlenplatte mit der vorbereiteten Gipslonguette verstärken
(Abb. 13-1 g)
– Sohlenplatte mit einer weiteren Gipsbinde anwickeln
– Zehen freilegen (Abb. 13-1 h)
– Verschönern des distalen und proximalen Gipsabschlusses
– fertiger Unterschenkel-Liegegips (Abb. 13-1 i)
– Gipsverband (etwa 24–48 Stunden, je nach Gipsart) aus-
trocknen lassen (Abb. 13-1 j)

Anfertigen einer Gipsschale für den Unterschenkel
Bei Gefahr der Schwellung oder Hämatombildung und zum Vermeiden von Druckstellen kann der Unterschenkel-Liegegips
nach Arztanordnung an beiden Seiten aufgetrennt werden.
– Gipsverband mit einer oszillierenden Gipssäge (beidseitig)
auftrennen (Abb. 13-2a)
– Unterzug und Polstermaterialien aufschneiden (Abb. 13-2 b)
– den geöffneten Unterschenkelgips abnehmen und Kanten
entschärfen (Abb. 13-2 c)

– Da der Gipsverband bis zur vollständigen Erhärtung noch
feucht ist, muß er überall flächenhaft aufliegen.
– Die Lagerung darf deshalb nicht auf harten Kanten erfolgen.
– Um Dellen am Gipsverband zu vermeiden, wird zum Umlagern, Stützen oder beim Hochhalten des Beines immer die
flache Hand benutzt.

13.1.2 Anlegen eines Kunststoffverbandes

Kunststoffverbände (z. B. Scotchcast oder Scotchflex) bestehen
aus gewebtem Fiberglas und sind mit einem Polyurethanharz

430

Mithilfe im Gipsraum **13.1**

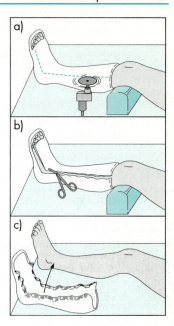

Abb. 13-2 a bis c
Auftrennen des
Gipsverbandes

imprägniert. Die Kunstharzbinden härten bei der Verbindung mit Wasser aus.
Der Vorteil der Kunststoffverbände liegt in der guten Formbarkeit und Flexibilität während der Verarbeitung.
Der fertige Verband ist wesentlich leichter als der herkömmliche Gipsverband.
Je nach Indikation und ärztlicher Anordnung werden diese Verbände als zirkulärer Kunststoffverband oder als Kunststoffschiene angelegt (s. Kap. 4.1).

- Der Kunststoffverband muß fest sitzen.
- Er darf nicht drücken.
- Die Bewegungsmöglichkeit ruhiggestellter Gelenke im Kunststoffverband muß verhindert werden.
- Beim Arbeiten mit Kunststoffbinden Handschuhe tragen

Vorbereitung
(z.B. zirkulärer Unterarmverband)
- **Material**
  - 1 Stück Schlauchmull (in der entsprechenden Größe)
  - 1 Rolle Synthetikwatte (à 7,5 cm × 3 m)
  - 1 Kunststoffbinde (à 7,5 cm × 3 m)

- Handschuhe
- Silikon-Handcreme
- Wasserbecken mit 18–25 °C kaltem Wasser
• **Information** des Patienten
  - Sinn und Zweck des Kunststoffverbandes
    (z.B. Ruhigstellung von Frakturen)
  - Dauer des Kunststoffverbandes
    (ist abhängig von der Frakturart, Heilungstendenz)
  - Belastbarkeit
    (volle Belastbarkeit schon nach 30–45 Minuten)
• **Hautschutz**
  - sorgfältige Hautkontrolle
    (auf Druckstellen, lokale Infektionen und Allergien achten)
• **Hautreinigung/-pflege**
  (nach Arztverordnung wird die Haut gereinigt, gepudert
  oder eingefettet)
• **Polsterung**
  - sorgfältige Polsterung gefährdeter Körperstellen wie Knie,
    Tibiakante, Fußrücken und Ferse

Vorgehen (Abb. 13-3 a bis c))
- Lagerung des Unterarmes in Funktionsstellung (Abb. 13-3 a)
- Schlauchmullverband anlegen (dient als Unterzug)
- Unterarm mit Polsterwatte abpolstern (zirkuläre Touren)
- Kunststoffbinden in Wasser mit Raumtemperatur eintauchen
  (etwa 5 Sekunden). Überschüssiges Wasser abschütteln. Binde nicht kneten

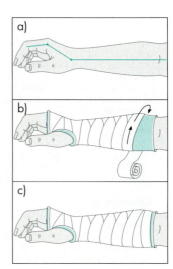

Abb. 13-3 a bis c
Anlegen eines
Kunststoffverbandes
am Unterarm

- Binden spiralförmig mit leichtem Zug anwickeln. Die Binden sollen 1/2 bis 2/3 der Bindenbreite überlappen. Für Verbände, die nicht belastet werden, genügen 3–4 Bindenlagen. Belastete Verbände benötigen 6–7 Bindenlagen (Abb. 13-3 b).
- Zum Glätten und Modellieren des Verbandes Silikon-Handcreme auf die Handschuhe verteilen
- Bis der Verband vollständig gehärtet ist, wird der Unterarm weiterhin in Funktionsstellung gelagert (Abb. 13-3 c).

- Gips- bzw. Kunststoffreste müssen unmittelbar nach dem Anlegen entfernt werden (Druckgefahr).
- Kontrolle der betroffenen Extremität auf
  - Stauungszeichen und Schwellungen
  - Schmerzen
  - Sensibilitätsstörungen (z. B. Kribbeln)
  - Lähmungserscheinungen
  - Hautverfärbungen (Allergien, Durchblutungsstörungen)
  - Veränderungen der Hauttemperatur (Wärme oder Kälte)
- Fensterung des Verbandes nach Arztverordnung zur Kontrolle von darunterliegenden Wunden. Nach Kontrolle muß das Fenster wieder geschlossen werden (Gefahr eines Fensterödems).

13.2 Mithilfe bei der chirurgischen Wundversorgung

Wunden sind meist durch Verletzungen entstandene Hautdefekte. Durch Eröffnung von Gefäßen tritt Blut und Lymphflüssigkeit aus. Um den Verlust lebenswichtiger Stoffe und den Ein- und Austritt von Erregern zu verhindern, ist ein schneller Wundverschluß nötig.

Vorbereitung

- **Material**
  - Hautdesinfektionsmittel
  - Tupfer
  - Lokalanästhetikum nach Verordnung
  - Spritzen, Kanülen
  - Wundverband (z. B. Pflaster, Binden)
  - Nahtmaterial
  - sterile Handschuhe
  - sterile Abdecktücher
  - Abwurfbehälter
  - Haarhaube, Mundschutz
- **Instrumente**
  - 1 Skalpell
  - 3 chirurgische Pinzetten
  - 1 anatomische Pinzette
  - 1 Präparierschere
  - 4 Péan-Klemmen
  - 1 Nadelhalter

13 Ambulanz

Vorgehen

Wundversorgung ist ärztliches Aufgabengebiet. Die Pflegeperson assistiert.

- Information des Patienten
  - Sinn und Zweck der chirurgischen Wundversorgung
  - Belastbarkeit, Schonung und Körperpflege des betroffenen Hautareals
- Lagerung entsprechend der Verletzung
- Wundversorgung
- Anlegen des Wundverbandes
- sachgerechtes Versorgen der Materialien

13.2.1 Tetanusprophylaxe

Da bei Verletzungen Wunden mit Tetanus infiziert sein können, wird routinemäßig bei jeder chirurgischen Wundversorgung der Tetanusschutz überprüft.
Eine ausreichende Grundimmunisierung besteht aus drei Injektionen von z. B. 0,5 ml Tetanol.

- **Impfschema**
  - Erste und zweite Impfung im Abstand von etwa 4–6 Wochen
  - Dritte Impfung sollte etwa 6–12 Monate nach der zweiten erfolgen (Tab. 13-1)

Tab. 13-1 Indikation zur Tetanussimultanimpfung im Verletzungsfall (Behringwerke 1979).

Vorhergehende Injektionen mit Tetanol (lt. Impfausweis) in vorschriftsmäßigen Abständen*	Abstand zur letzten Injektion am Verletzungstag	am Verletzungstag **Tetagam Tetanol** gleichzeitig an kontralateralen Körperstellen		Abstände zu weiteren Injektionen mit Tetanol zur Vervollständigung des aktiven Schutzes		
		Tetagam	Tetanol	2–4 Wochen	6–12 Wochen	alle 10 Jahre (Auffrischimpfung)
keine	—	■	■	■	■	■
1	bis 2 Wochen	■	■	■	■	■
1	2–8 Wochen		■		■	■
1	über 8 Wochen		■			■
2	bis 2 Wochen				■	■
2	bis 6 Monate				■	■
2	6–12 Monate		■			■
2	über 12 Monate bis 10 Jahre		■			■
2	über 10 Jahre	■	■			■
3	bis 12 Monate					■
3	bis 10 Jahre					■
3	über 10 Jahre		■			■

■ 250 IE Tetagam i.m.   ■ 0,5 ml Tetanol i.m.

Mithilfe bei Verbänden 13.3

- **Wichtige Begriffe**

Aktive Immunisierung = Verabreichen des ungiftigen Tetanustoxoids (z. B. Tetanol oder Tetatoxoid). Der Körper bildet selbst aktiv Antikörper (Antitoxine)

Passive Immunisierung = Verabreichen eines von Tieren nach aktiver Immunisierung gebildeten Antitoxins (z. B. Tetagam)

Simultanimpfung = Gleichzeitige passive und aktive Immunisierung an unterschiedlichen Körperstellen (kontralateral), z. B. Tetanol und Tetagam

- Die Impfung erfolgt subkutan oder intramuskulär.
- Routinemäßige Auffrischimpfungen sind alle 10 Jahre notwendig.
- Alle Impfungen sind im Impfausweis zu dokumentieren.

13.3 Mithilfe bei Verbänden

13.3.1 Funktionelle Verbände (Tape-Verband)

Funktionelle Verbände schützen, stützen und entlasten gefährdete, geschädigte oder gestörte Abschnitte des Bewegungsapparates. Sie erlauben eine funktionelle Belastung und verhindern extreme Bewegungen, bieten also eine maximale Stabilität bei gezielter Mobilität (Abb. 13-4 a und b).

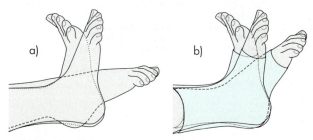

Abb. 13-4 a und b
a) Normale Beweglichkeit des Sprunggelenkes
b) Eingeschränkte Beweglichkeit bei voller Belastbarkeit mit Tape-Verband

- das Behandlungsziel bestimmt die Art und das Anlegen des Verbandes
- bestmögliche Lagerung des Patienten
- Hautschutz
- der Arzt fixiert die Gelenkposition
- exaktes Anlegen und regelmäßige Kontrolle des Verbandes

13 Ambulanz

Vorbereitung
(z. B. Sprunggelenkverband)
- **Material**
  - 1 elastische Mullbinde (à 8 cm × 4 m)
  - 1 Tape-Binde (à 3,75 cm × 10 m)
  - Polsterplatte
  - Pflaster oder Pflasterspray
- **Information** des Patienten
  - Sinn und Zweck des Verbandes
  - Dauer des Tape-Verbandes
  - Belastbarkeit (z. B. eingeschränkte Belastbarkeit)
- **Hautschutz**
  - sorgfältige Hautkontrolle (z. B. auf Druckstellen und lokale Infektionen achten)
  - Hautreinigung und Hautpflege (nach Arztverordnung)
- **Polsterung** gefährdeter Körperstellen

Vorgehen (Abb. 13-5 a bis d)
- Haut mit Pflasterspray einsprühen und Polster mit einer elastischen Mullbinde fixieren (Abb. 13-5 a und b)
- Verband in verschiedenen U-Zügeln und Verschalungstouren anlegen (Abb. 13-5 c und d)

- Kontrolle der vitalen Versorgung der betroffenen Extremität
  - Stauungszeichen und Schwellungen
  - Schmerzen
  - Sensibilitätsstörungen (z. B. Kribbeln)
  - Lähmungserscheinungen
  - Hautverfärbungen
  - Veränderungen der Hauttemperatur
  - Juckreiz bei Pflasterunverträglichkeit
- Mitgabe eines Merkblattes (Abb. 13-6)

Mithilfe bei Verbänden **13.3**

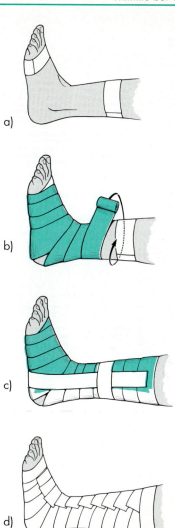

Abb. 13-5 a bis d Sprunggelenkverband
a) Anlegen des Polsters
b) Fixierung des Polsters
c) U-Zügel
d) Verschalungstouren

Der Vorteil des Tapeverbandes ist die Erhaltung der Mobilität. Durch Bewegung, solange sie nicht schmerzt, wird die Heilung beschleunigt.

Tragen Sie bei Arm- und Handverbänden keine Ringe, da diese sich bei Schwellungen nicht mehr abnehmen lassen und es dadurch zu Durchblutungsstörungen kommen kann. Leichte Schwellungen verschwinden meist, wenn die Gliedmaße hochgelagert wird.

Tapeverbände vor Nässe schützen, sie können, wenn sie naß werden, enger werden oder ihre Haftfähigkeit verlieren. Vor Verschmutzung und Nässe schützt eine locker über den Verband gewickelte elastische Binde oder ein Trikotschlauch.

Beim Duschen dient eine Plastiktüte oder -folie zum Schutz des Verbandes. Handverbände können mit einem Einmalhandschuh geschützt werden.

Kleidung/Schuhe
Es empfiehlt sich, bequeme Kleidung und bei Fuß- oder Beinverbänden auch flache Schuhe zu tragen.

Auch bei einem korrekt angelegten Tapeverband können Komplikationen auftreten.

Der Verband muß sofort aufgeschnitten oder abgenommen werden bei:

Starken zunehmenden Schmerzen.

Starken Schwellungen, besonders der Finger oder Zehen, die auch bei Hochlagerung nicht zurückgehen.

Blauer oder weißer Verfärbung von Fingern oder Zehen, die auch bei Hochlagerung nicht zurückgeht.

Taubheitsgefühl, „Kribbeln, Ameisenlaufen"; plötzlich auftretenden Bewegungseinschränkungen.

Starker **Juckreiz** kann ein Zeichen für eine Hautreaktion sein. Der Verband muß ggf. durch einen neuen mit zusätzlichem Hautschutz ersetzt werden.

Abb. 13-6 Patienten-Merkblatt Beiersdorf AG Hamburg

Mithilfe bei Verbänden **13.3**

Wie war das noch ...?

Welche Vorbereitungen treffen Sie am Patienten zum Anlegen eines Gipsverbandes?

Um die vitale Versorgung der betroffenen Extremität (Unterschenkelgips) kontrollieren zu können, beobachten Sie:

Welche Gegenstände richten Sie zur Wundversorgung (3 cm lange Schnittwunde am Unterarm)?

Erklären Sie folgende Begriffe:

Aktive Immunisierung

Passive Immunisierung

Simultanimpfung

14 Operationsabteilung

14.1 Aufbau und Einrichtung

Für operative Eingriffe am oder im menschlichen Körper sind spezielle Räume notwendig. Sie werden in einer Klinik mit chirurgischen Fachabteilungen in einer Operationsabteilung zusammengefaßt.

Spezielle Schutzkleidung im Operationsbereich
– Hemd und Hose
– Schuhe
– Mundschutz
– Haarhaube

• Räume einer Operationsabteilung

Personal- und Patientenschleuse
Um das Einschleppen von Keimen zu vermeiden, sind in Operationsabteilungen spezielle Schutzvorkehrungen notwendig.
So dürfen die dort beschäftigten Personen die Abteilung nur über die Personalschleuse (getrennt für den aseptischen und septischen Bereich) betreten. Hier erfolgt das Anziehen der speziellen Schutzkleidung und die Händedesinfektion. Die jeweiligen Hygienepläne sind zu beachten.
Operationsabteilungen sind aus hygienischen Gründen baulich von den Stationen getrennt. Patienten werden deshalb über eine spezielle Patientenschleuse eingeschleust (Abb. 14-1 a und b).

Narkose-Einleitungs- und Ausleitungsräume
Zum Ein- und Ausleiten der Narkose und zur entsprechenden Patientenlagerung (abhängig von der geplanten Operation) sind Räume mit einer speziellen apparativen, medikamentösen und materiellen Ausstattung notwendig.

Notwendige Ausstattung
– Narkose- und Beatmungsgerät
– Überwachungsgeräte (z. B. EKG und Pulsoxymetrie)
– zentrale Versorgungsanschlüsse (z. B. Gas, Druckluft)
– spezielle Instrumente (z. B. Intubationsbesteck)
– Gebrauchsmaterialien (z. B. Spritzen, Kanülen)
– Medikamente (z. B. Anästhetika)
– Kühlschrank für Medikamente
– Verbandmaterialien

Waschräume
Zur chirurgischen Händedesinfektion ist ein Waschraum in unmittelbarer Nähe zum Operationsraum notwendig. Automatiktüren machen einen Händekontakt nach der Desinfektion unnötig (Keimübertragung).

Aufbau und Einrichtung **14.1**

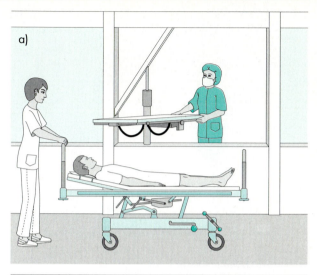

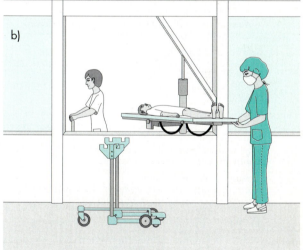

Abb. 14-1 a und b
a) Patient wird auf einer nach außen (außerhalb des OP-Bereiches) geschwenkten OP-Tischplatte gelagert
b) Übernahme des Patienten in den OP-Bereich durch Einschwenken der OP-Tischplatte und Arretierung auf einem Transportgestell

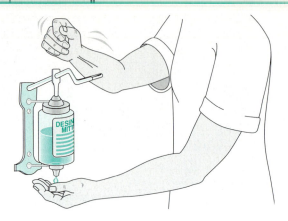

Abb. 14-2 Desinfektionsmittelspender immer mit dem Ellenbogen bedienen

Notwendige Ausstattung
- Seifen-, Bürsten- und Desinfektionsmittelspender (Abb. 14-2)
- sterile Einmalhandtücher
- Wasserhähne mit Lichtschranken (kein Berühren)
- Zeitschaltuhr (Dauer der Händedesinfektion)

Geräte- und Lagerräume
Zur Lagerung der vielfältigen Instrumente, Geräte und Materialien sind großzügig angelegte Räume notwendig. Übersichtliche Regale erleichtern das rasche Auffinden der benötigten Gegenstände.

Sterilisationsräume
In den Sterilisationsräumen werden alle notwendigen Instrumente, Gummiwaren, Wäsche und sonstige Gegenstände aufbereitet und sterilisiert. Innerhalb der Räume erfolgt eine Trennung in eine unreine und eine reine Seite.

Personalaufenthaltsraum
Während kurzer Pausen, in denen der Operationsbereich nicht verlassen werden kann, steht dem Operationspersonal ein Aufenthaltsraum zur Verfügung. Hier besteht die Möglichkeit, kleine Zwischenmahlzeiten und Getränke einzunehmen.

Aseptische/septische Operationsräume
Es gibt Operationsräume, die ausschließlich für aseptische (z. B. Knochenoperationen) bzw. septische (z. B. Appendektomie) Eingriffe benutzt werden. Die Geräteausstattung und die Einteilung in sterile und unsterile Zonen ist in allen Operationsräumen ähnlich (Abb. 14-3 und 14-4).
Beide Bereiche sind räumlich getrennt und nur über separate Personal- und Patientenschleusen zu erreichen.

Aufbau und Einrichtung **14.1**

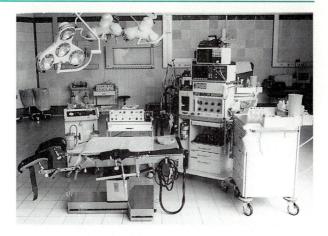

Abb. 14-3 Mögliche Geräteanordnung im Operationsraum

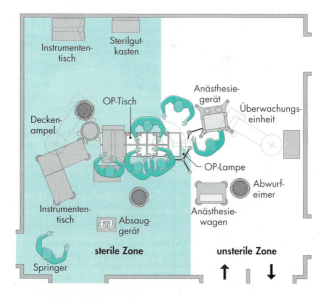

Abb. 14-4 Übersicht Operationsraum, sterile – unsterile Zone

14.2 Übernahme und Lagerung des Patienten

Um einen reibungslosen Ablauf des Operationsprogrammes zu gewährleisten, sind die Patienten rechtzeitig zur Operation zu bestellen.
Der Patient wird auf der Station nach Arztverordnung prämediziert, mit einem Operationshemd bekleidet in die Patientenschleuse gebracht, auf die Operationsplatte umgelagert (s. Abb. 14-1) und mit einem Tuch bedeckt.

- **Bei der Übernahme ist zu beachten**
  - Eindeutige Identifizierung des Patienten
  - Zahnprothesen, Schmuck müssen entfernt sein
  - Folgende Patientendokumente müssen vorhanden sein:
    Krankengeschichte
    Patientenkurve
    Röntgenaufnahmen
    aktuelle Befunde
    Begleitscheine für Präparate, Abstriche und Laboranforderungen
    Einverständniserklärung
  - Beobachten des Patienten und Kontrolle der Vitalfunktionen (Patienten nicht alleine lassen)
  - Psychische Betreuung
    Dem Patienten jede Handlung, die an ihm vorgenommen wird, erklären

- **Bei der Lagerung ist zu beachten**
Spezielle Lagerungen werden immer erst am anästhesierten Patienten vorgenommen.
  - Fixierung des Patienten mit Bein- und Armgurten
  - Arme auf der Armschiene im Schultergelenk nicht überstrecken (Gefahr der Nervenlähmung)
  - Beine dürfen nicht gekreuzt werden (Dekubitusgefahr)
  - sachgerechtes Befestigen der Elektroden (Unfallverhütungsvorschriften beachten)
  - gefährdete Körperstellen polstern (z. B. Nervus ulnaris)

14.3 Hilfeleistungen vor, während und nach Operationen

Operationen werden in der Regel von einem Team ausgeführt. Dazu gehören der Operateur und ein oder mehrere assistierende Ärzte, der Anästhesist, eine Instrumentierschwester bzw. -pfleger und ein unsteriler „Springer".

Unsterile Mitarbeiter sollten möglichst nicht in die sterilen Zonen gelangen („Springer" ausgenommen)!

Hilfeleistungen vor, während und nach Operationen 14.3

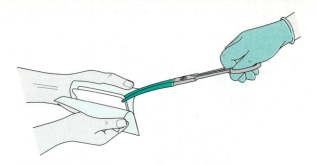

Abb. 14-5 Anreichen steril verpackter Materialien

14.3.1 Vorbereitungen des Operationsraumes

Der Operationsraum wird von einer sterilen und einer unsterilen Pflegeperson vorbereitet.
Der Aktionsbereich der sterilen Pflegeperson ist dabei auf den Operationstisch, Instrumententisch und deren unmittelbare Umgebung begrenzt (s. Abb. 14-4).
Die unsterile Pflegeperson (Springer) reicht in erster Linie steril verpackte Materialien an (Abb. 14-5).

14.3.2 Springer-Funktion

Die „Springer-Funktion" (der unsterilen Pflegeperson) sollte nur von einer Person mit ausreichender Berufserfahrung ausgeübt werden. Sie ist zuständig für den gesamten organisatorischen Ablauf der Operation und das Richten und Anreichen zusätzlicher Instrumente und Materialien (z. B. Nahtmaterial).

Präparatebehälter müssen vom Springer sorgfältig beschriftet und Begleitschreiben vorbereitet werden. Die Verwechslung von Präparaten durch mangelnde Sorgfalt kann zu einer falschen Diagnose mit unabsehbaren Folgen für den Patienten führen.

14.3.3 Ausstattung des Waschraumes

Zur chirurgischen Händedesinfektion werden im Waschraum folgende Gegenstände vorbereitet:
– Plastikschürzen
– Operationshauben
– Mundschutz
– Flüssigseife in Wandspendern
– sterile Handbürsten
– sterile Nagelreiniger
– Händedesinfektionsmittel in Wandspendern
– sterile Handtücher
– Zeitschaltuhr
– Abwurfbehälter für z. B. Handtücher, Kittel, Mundschutz

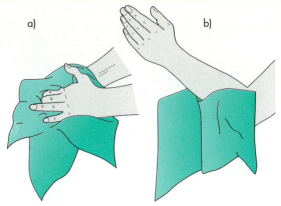

Abb. 14-6 a und b Abtrocknen der Hände und Unterarme nach dem Waschen

14.3.4 Chirurgische Händedesinfektion

Durch eine ausreichende Händedesinfektion werden Keime der Haut reduziert und unschädlich gemacht.

Vorgehen
- gründliche Säuberung (Bürste) der Fingernägel und Handinnenflächen (etwa eine Minute)
- Waschen der Hände und Unterarme mit einer schnellwirkenden und hautschonenden Flüssigseife für etwa drei Minuten
- Abtrocknen mit sterilen Handtüchern (Abb. 14-6)
- Einreiben der Hände und Unterarme mit einer Desinfektionslösung (Menge s. Herstellerangaben) für etwa zwei Minuten

 Werden unsterile Gegenstände berührt, ist die chirurgische Händedesinfektion zu wiederholen.

14.3.5 Assistenz beim Anziehen steriler Kittel

Beim Anziehen steriler Operationskittel assistiert eine unsterile Person. Diese darf den Kittel nur an bestimmten Stellen (am Rücken) berühren.

Vorgehen
- Sterile Person entfaltet den Kittel und schlüpft in die Ärmel (keine Körperberührung).
- Unsterile Person hilft beim Anziehen durch Zug an der Knopfleiste (Abb. 14-7 a).
- Unsterile Person knöpft oben den Kittel zu und nimmt den Gürtel von der sterilen Person an (Abb. 14-7 b).
- Der Gürtel wird von der unsterilen Person hinten gebunden (Abb. 14-7 c).

Hilfeleistungen vor, während und nach Operationen 14.3

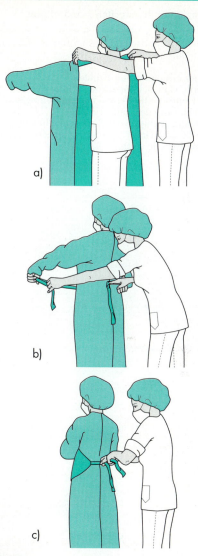

Abb. 14-7 a bis c
a) Assistenz beim Anziehen des sterilen Operationskittels
b) Vorsichtige Annahme der Gürtelenden
c) Binden des Gürtels

14.3.6 Anziehen der sterilen Handschuhe

Das Anziehen der sterilen Handschuhe erfolgt entweder durch Aufnahme der Handschuhe mit unsterilen Händen oder durch Anreichen durch eine sterile Person.

- **Anziehen mit unsterilen Händen**
- Die sterile Handschuhpackung öffnen.
  Sterile Handschuhe werden immer mit umgeschlagener Manschette von der Industrie geliefert (Abb. 14-8).
- Linke Hand schlüpft vorsichtig in den linken Handschuh.
  Die freie rechte Hand zieht an der umgeschlagenen Handschuhmanschette (Abb. 14-9).

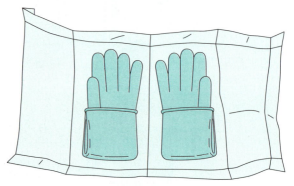

Abb. 14-8 Geöffnete Verpackung mit sterilen Handschuhen

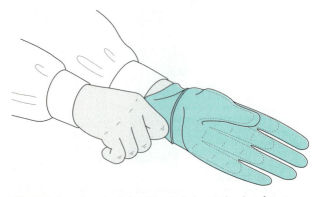

Abb. 14-9 Anziehen des linken Handschuhs mit der desinfizierten rechten Hand

Hilfeleistungen vor, während und nach Operationen **14.3**

- Der rechte Daumen hält die Kittelmanschette fest (Abb. 14-10). Mit den übrigen Fingern wird die umgeschlagene Handschuhmanschette weit über die Kittelmanschette gezogen (Abb. 14-11).
  Der Kittel darf dabei nicht mit der unsterilen Hand berührt werden.
- Die linke Hand (mit sterilem Handschuh) greift unter die umgeschlagene Handschuhmanschette (Abb 14-12).
  Die rechte Hand schlüpft vorsichtig in den Handschuh.
- Mit dem Daumen der linken Hand wird die Kittelmanschette festgehalten (Abb. 14-13).
- Die übrigen Finger ziehen den Handschuh über die Kittelmanschette (Abb. 14-14).

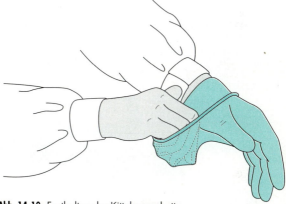

Abb. 14-10 Festhalten der Kittelmanschette

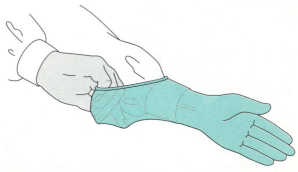

Abb. 14-11 Endgültiges Überziehen des Handschuhs

449

14 Operationsabteilung

Abb. 14-12 Griff mit der linken Hand unter die umgeschlagene Handschuhmanschette

Abb. 14-13 Festhalten der Kittelmanschette

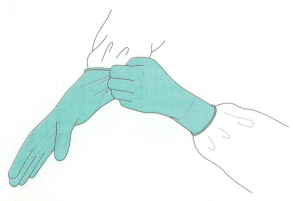

Abb. 14-14 Überziehen des rechten Handschuhs

450

Hilfeleistungen vor, während und nach Operationen 14.3

- **Anziehen mit sterilen Händen**
- Person mit angezogenen sterilen Handschuhen entnimmt Handschuhe aus der sterilen Verpackung
- Mit beiden sterilen Händen unter die umgeschlagene Manschette des Handschuhs greifen
- Die Manschette weit nach außen dehnen (Abb. 14-15)
- Person mit unsteriler Hand schlüpft vorsichtig in den Handschuh
- Überziehen des Handschuhs über die Kittelmanschette

Abb. 14-15 Dehnen der Handschuhmanschette

Wie war das noch ...?

Bei der Übernahme des Patienten in den OP-Bereich achten Sie auf:

Beschreiben Sie die chirurgische Händedesinfektion.

Was müssen Sie beachten, wenn Sie einen anästhesierten Patienten auf die Operationsplatte lagern?

15 Anästhesie

15.1 Geräte und Materialkunde

Die benötigten Geräte sollen hier kurz aufgezählt werden, da die Betreuung mit zu den Aufgaben des Anästhesiepersonals gehört und zum Verständnis der folgenden Seiten beiträgt.
- Narkosegerät mit Kreisteil und Anschluß an die zentrale Gas-, Vakuum- und Druckluftversorgung (Abb. 15-1 und 15-2)
- Absauggerät
- Überwachungsgeräte wie EKG-Monitor, Pulsoxymeter und Sauerstoff-Wächter
- Narkosewagen mit Arbeitsplatte und allen notwendigen Materialien wie Medikamente, Infusionen, Spritzen, Kanülen, Pflaster, Katheter, Endotracheal-Tuben, Sonden und Beatmungsmasken und -beutel
- Infusionsständer

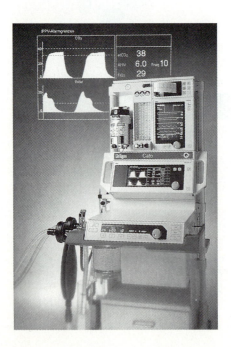

Abb. 15-1
Narkosegerät

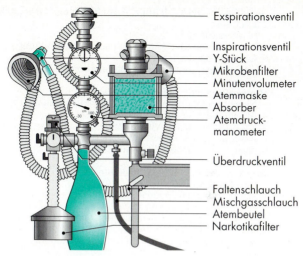

Abb. 15-2 Narkosekreisteil

15.2 Aufgaben in der Anästhesie

Mit einer Anästhesie ist eine Empfindungslosigkeit und Schmerzfreiheit zu erreichen.

Die Narkose ist das Ausschalten von Bewußtsein und Schmerzempfindungen. Durch die Gabe von bestimmten Medikamenten (z. B. Narkotika und Muskelrelaxanzien) werden die Reflexe gedämpft oder vollständig ausgeschaltet. Es kommt zu einer Muskelerschlaffung.

Die verabreichten Medikamente rufen einen gezielten, reversiblen Lähmungszustand des zentralen Nervensystems hervor. Durch die richtige Dosierung und Kombination wird nach Abklingen der Medikamentenwirkung wieder der normale Wachzustand erreicht.

- **Aufgaben des Pflegepersonals**

Bereitstellen der zur Anästhesie benötigten Medikamente, Materialien und technischen Geräte
- Aufziehen der vom Arzt verordneten Medikamente (z. B. Narkotika, Muskelrelaxanzien, Analgetika)
- Vorbereiten eines venösen Zugangs und Richten von Infusionen
- Richten der Gegenstände zur Intubation
- Anlegen des EKG zum Monitoring
- Anschließen und Überprüfen der Narkose- und Absauggeräte

15 Anästhesie

Assistenz bei der Einleitung, Ausführung und Überwachung der Narkose
– Maskenbeatmung
– Injizieren von Medikamenten nach Arztverordnung
– Assistenz bei der Intubation
– regelmäßige Kontrolle der Vitalfunktionen

Protokollführung während der Narkose
– Name und Dosierung verabreichter Medikamente
– Anästhesie- und Beatmungsform
– ermittelte Werte der Vitalfunktionen
– Besonderheiten, Komplikationen
– postoperativ notwendige Maßnahmen

Assistenz bei der Narkoseausleitung
– Absaugen des Patienten
– Assistenz bei der Extubation

Übergabe des Patienten an das Personal der Zielstation (z. B. Aufwachraum, Station)
– kurzer mündlicher Bericht über den Operationsverlauf und den Zustand des Patienten
– Anordnungen des Arztes weitergeben bzw. auf schriftliche Anordnungen aufmerksam machen

15.2.1 Kontrolle der Vitalfunktionen

Da die Medikamente bei einer Narkose in lebensnotwendige Vitalfunktionen (z. B. Atmung, Bewußtsein und Herz-Kreislauf) eingreifen, sind kontinuierliche Kontrollen wichtig. Die Ergebnisse werden in einem Anästhesieprotokoll dokumentiert. Bei Auffälligkeiten wird sofort die entsprechende Maßnahme eingeleitet. Anästhesist und Anästhesiepflegekraft müssen sich dabei voll aufeinander verlassen können.

15.2.2 Überwachung von Infusionen, Transfusionen und zentralen Venenkathetern

Das Anästhesiepersonal, das in der Regel eine Zusatzausbildung benötigt, ist u. a. verantwortlich für das Überwachen der Infusionen, Transfusionen und der Venenkatheter. Diese Aufgabe ist nach den üblichen Kriterien vorzunehmen. Im Operationssaal werden die Transfusionen teilweise in einem besonderen Gerät (Blutwärmgerät) angewärmt. Für die exakte Temperierung ist die Pflegekraft verantwortlich (s. Kap. 2.7.7, 2.7.8 und 2.7.9).

15.2.3 Assistenz bei der Intubation

Unter einer Intubation versteht man das Einlegen eines Beatmungsschlauches (Tubus) durch die Stimmritze in die Luftröhre (Trachea).
Der Zugang erfolgt über den Mund-Rachen- (orotracheal) oder

Aufgaben in der Anästhesie 15.2

den Nasen-Rachen-Raum (nasotracheal).
Die endotracheale Intubation ist ein gebräuchliches Verfahren in der Anästhesiologie und der Notfallmedizin.

- **Indikationen zur Intubation**
- Atemstillstand
- respiratorische Insuffizienz
- Sicherung freier Atemwege
- Aspirationsprophylaxe
- Totraumverkleinerung
- Voraussetzung zur endotrachealen Sekretabsaugung
- exakte Beatmung mit Volumenkontrolle

- **Intubationsverfahren**

Nasotracheale Intubation
Zugang erfolgt über den Nasen-Rachen-Raum (Abb. 15-3)

Orotracheale Intubation
Zugang erfolgt über den Mund-Rachen-Raum (Abb. 15-4)

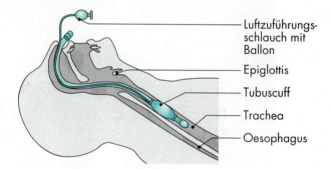

Abb. 15-3 Nasotracheal eingelegter Tubus

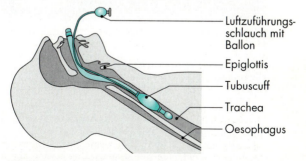

Abb. 15-4 Orotracheal eingelegter Tubus

Anästhesie

Vorbereitung:
- sterile Tuben in verschiedenen Größen
- funktionsfähiges Laryngoskop (Kehlkopfspiegel)
- Führungsstab
- Spritze zum Blocken des Tubus
- Klemme zum Verschließen des Blockerschlauchs (mit Gummischutz)
- Magill-Zange
- Lokalanästhetikum oder Silikon (Gleitmittel für Tubus)
- Guedel-Tubus (oder Beißschutz)
- Pflaster zum Fixieren des Tubus
- Stethoskop zur Beurteilung der Lungenbelüftung
- Beatmungsmaske und -beutel
- Sauerstoffanschluß
- Absauggerät mit Absaugkathetern
- Handschuhe

Alle Gegenstände müssen auf ihre Funktionsfähigkeit hin überprüft werden (Abb. 15-5).

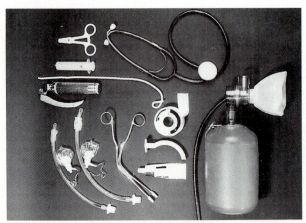

Abb. 15-5 Gegenstände zur Intubation

Vorgehen bei der orotrachealen Intubation
Die Intubation ist ärztliches Aufgabengebiet, das Pflegepersonal assistiert.
- **Lagerung**
  Der Kopf ist überstreckt und auf einem geeigneten Polster, etwa 10 cm höher als der Oberkörper, zu lagern (Abb. 15-6).
- **Oxygenierung** (Sauerstoffanreicherung)
  Der Patient wird über die Maske mit einem Beatmungsbeutel ausreichend mit Sauerstoff beatmet. Dies bewirkt eine adäquate Sauerstoffversorgung während der Intubation (Abb. 15-7).

Aufgaben in der Anästhesie 15.2

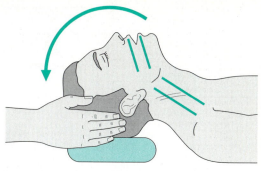

Abb. 15-6 Lagerung zur Intubation

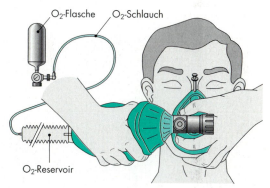

Abb. 15-7 Maskenbeatmung des Patienten

- **Einführen des Laryngoskops**
  Vor dem Einführen unbedingt Zahnprothesen oder Zahnspangen entfernen. Während das Laryngoskop eingeführt und plaziert wird, ist darauf zu achten, daß Wange, Zunge und Lippen des Patienten nicht durch den Laryngoskopspatel verletzt werden (Abb. 15-8).
- **Blocken des Tubus**
  Der eingeführte Tubus wird durch Einspritzen von Luft in die Blockermanschette fixiert. Der Druck wird mit einem speziellen Manometer überprüft, um Nekrosen an der Trachea zu vermeiden.
- **Kontrolle der Tubuslage**
  Durch Abhören der Lungenspitzen, der Lungenbasis und des Magens wird kontrolliert, ob die Lunge seitengleich belüftet ist und der Tubus richtig liegt (Abb. 15-9).
- **Befestigung des Tubus** mit Pflaster

15 Anästhesie

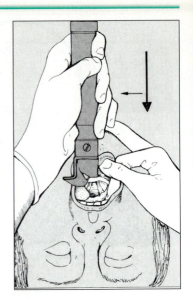

Abb. 15-8 Einführen des Laryngoskops

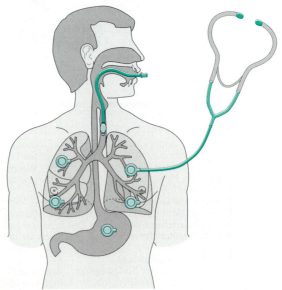

Abb. 15-9 Lagekontrolle des Tubus

15.2.4 Assistenz bei der Extubation

Der Patient wird extubiert, wenn die Operation beendet ist und er wieder eine ausreichende Spontanatmung und Reflextätigkeit besitzt.
Um eine Aspiration von Schleim oder Speichel zu vermeiden, werden die Mundhöhle und Luftröhre (Trachea) gründlich abgesaugt.

Vorgehen
- Tubuspflaster lösen
- Handschuhe anziehen
- Mundhöhle absaugen
- Absaugkatheter und Handschuhe wechseln
- Trachea mit einem sterilen Absaugkatheter absaugen
- Tubus entblocken
- Tubus zurückziehen, dabei den Patienten in der Exspirationsphase absaugen

Bis zum völligen Aufwachen des Patienten wird der Guedel-Tubus im Mund-Rachen-Raum des Patienten belassen. Er verhindert das Zurückfallen der Zunge.

15.3 Beatmung

Bei einem Ausfall der Spontanatmung muß diese künstlich ersetzt werden. Zur Sicherstellung einer ausreichenden alveolären Ventilation wird die Atemarbeit manuell von einer Person oder maschinell von einem Beatmungsgerät übernommen.

• **Beatmungsarten**

- **Assistierte Beatmung**
  Spontanatmung ist noch vorhanden.
  Frequenz und Rhythmus werden vom Patienten bestimmt, die Atemtiefe künstlich geregelt.
- **Kontrollierte Beatmung**
  Spontanatmung ist nicht mehr vorhanden.
  Frequenz, Rhythmus und Atemtiefe werden künstlich geregelt.

• **Richtwerte für die Beatmung**

	Frequenz in Minuten	Volumen in ml
Früh- und Neugeborene	abhängig vom Gewicht	
Kinder bis 5 Jahre	20–25	150– 200
Kinder bis 10 Jahre	18–25	300– 400
Jugendliche	16–20	300– 500
Erwachsene	16–18	500–1000

15 Anästhesie

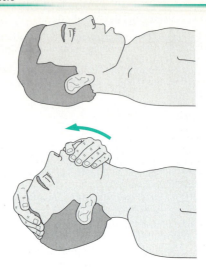

Abb. 15-10 Überstrecken des Halses

15.3.1 Beatmung mit Hilfsmitteln

- **Beutel-Masken-Beatmung**

Für eine effektive Beatmung ist das Freimachen und Freihalten der Atemwege, das Überstrecken des Halses und das Einlegen eines Pharyngealtubus (Guedel-Tubus) Voraussetzung.

Freihalten der Atemwege

- **Überstrecken des Halses**
  - Eine Hand liegt auf der Stirn-Haar-Grenze des Patienten. Die andere Hand umgreift das Kinn und hebt den Unterkiefer an.
  Beide Hände bewegen den Kopf nackenwärts (Abb. 15-10).
- **Einlegen eines Pharyngealtubus**
  - Der Pharyngealtubus (Abb. 15-11) wird durch den Mund in den Rachen geschoben. Es entsteht eine Luftbrücke im Rachenraum.

Abb. 15-11
Pharyngealtubus
(Guedel-Tubus)

460

Beatmung **15.3**

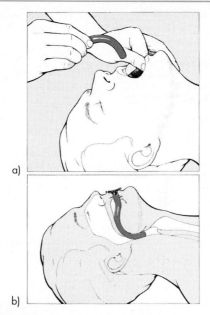

Abb. 15-12 a und b
a) Einführen des Pharyngealtubus
b) Eingelegter Pharyngealtubus

- Die Tubuslänge sollte der Entfernung zwischen Ohrläppchen und Mundwinkel entsprechen.
- Durch den Esmarch-Handgriff wird der Mund geöffnet.
  Der Tubus wird mit der Öffnung und Wölbung zur Zunge gaumenwärts bis zur Mitte der Mundhöhle eingeführt. Durch eine Drehung um 180° legt sich die Tubuswölbung der Gaumenform und dem Zungengrund an (Abb. 15-12).

Aufsetzen und Halten der Maske
- Die Maske wird mit Daumen und Zeigefinger einer Hand (C-Griff) mit gleichmäßigem Druck auf die Maskenbasis und Maskenspitze über Mund und Nase des Patienten aufgesetzt.
- Mittel-, Ring- und Kleinfinger umfassen den Unterkiefer des Patienten und heben ihn an.
- Alle fünf Finger dieser Hand halten den Kopf überstreckt.

Beatmen
- Die andere Hand umgreift den mit der Maske verbundenen Beutel und drückt ihn zur Beatmung (Inspiration) zusammen. Die sich im Beutel befindende Luft strömt über Ventil und Maske in die Lungen des Patienten.

— Nach jedem Zusammendrücken des Beutels werden die Finger so entspannt, daß sich der Beutel selbsttätig wieder mit Luft füllt.

Sauerstoffanschluß
— Um die Sauerstoffkonzentration zu erhöhen, wird der Beatmungsbeutel durch einen Schlauch mit dem Sauerstoffanschluß verbunden.

Gefahren
— Sitzt die Maske nicht dicht auf, entweicht ein unkalkulierbarer Anteil des Beutelvolumens.
— Durch eine höhere Beutelkompression und Beatmungsfrequenz (Aufregung des Helfers) kann es zur Überblähung des Magens mit nachfolgendem Zwerchfellhochstand kommen. Es besteht dadurch eine akute Aspirationsgefahr (Abb. 15-13).

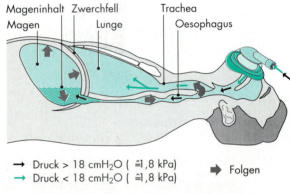

Abb. 15-13 Gefahren bei der Beatmung nichtintubierter Patienten

15.4 Verschiedene Anästhesieformen

Die Schmerzempfindung kann ausgeschaltet (Anästhesie) werden durch örtliche Betäubung (Lokalanästhesie) oder allgemeine Betäubung (Narkose). Bei der Lokalanästhesie verhindert das Blockieren der Nervenleitung die Impulsübertragung zum Gehirn.

• **Lokalanästhesieformen**

Oberflächenanästhesie
Blockade der sensiblen Nervenendfasern in Haut und Schleimhäuten mit anästhesierendem Spray oder Gel

Verschiedene Anästhesieformen **15.4**

Infiltrationsanästhesie
Ein kleines Operationsgebiet wird intradermal, subkutan oder intramuskulär umspritzt

Leitungsanästhesie
Blockade großer Nervenstränge, z.B. des Plexus bei Operationen an den oberen Extremitäten

Periduralanästhesie
Punktion des Epiduralraums im thorakalen, lumbalen oder kaudalen Bereich. Bewirkt eine segmentale sensorische und motorische Nervenblockade (z.B. zur Geburtserleichterung)

Spinalanästhesie
Injektion eines Anästhetikums in den spinalen Subarachnoidalraum zur Nervenblockade in dem betreffenden Bereich und seiner abgehenden Nerven.

Narkoseformen

Inhalationsnarkose
Inhalation gasförmiger Narkotika

Injektionsnarkose
intravenöse Verabreichung der Narkotika

Kombinationsnarkose
Einleitung durch Injektionsnarkose; Fortsetzung mit Inhalationsnarkose

Intubationsnarkose
Gasförmige Narkotika werden über den Endotrachealtubus dem intubierten Patienten zugeführt. Bei Gabe von Muskelrelaxanzien (muskelerschlaffend) ist diese Form der Narkose obligatorisch.

15 Anästhesie

Wie war das noch ...?

Erklären Sie die Begriffe:

Anästhesie

Narkose

Oberflächenanästhesie

Infiltrationsanästhesie

Leitungsanästhesie

Periduralanästhesie

Spinalanästhesie

Welche Intubationsverfahren kennen Sie?

Beschreiben Sie Ihre Aufgaben bei der Extubation.

Welche Beatmungsformen kennen Sie?

16 Internistische Funktionsabteilungen

16.1 Aufgaben des Pflegepersonals

In internistischen Funktionsabteilungen werden aufwendige apparative, diagnostische und therapeutische Eingriffe und Untersuchungen vorgenommen. Dazu zählen:
– Punktionen und Biopsien
– Gastroenterologische Untersuchungen (z.B. Endoskopien)
– Kardiologische Untersuchungen (z.B. Echokardiographien)
– Angiologische Untersuchungen (z.B. Gefäß-Dopplersonographien)
– Pulmologische Eingriffe und Untersuchungen (z.B. Lungenfunktionsmessungen)

Vorbereitung der Materialien
– Richten der benötigten Medikamente, Instrumente und Apparate nach Herstellerangaben
– Kontrolle der benötigten Geräte auf Funktionstüchtigkeit nach Herstellerangaben

Vorbereitung des Patienten
– erste Kontaktaufnahme mit dem Patienten
– Patient nach Nüchternheit befragen
– Bereitlegen aller Patientendokumente, einschließlich der schriftlichen Einverständniserklärung
– Blase und Darm entleeren lassen
– Patienten entkleiden, Zahnprothese, Schmuck, Brille, Hörgerät, je nach Eingriff, entfernen
– Anschluß der notwendigen Überwachungsgeräte (z.B. EKG)
– Vorbereitung eines venösen Zugangs
– Medikamente zum Ausschalten eines Vagusreflexes und Prämedikation nach Arztverordnung verabreichen
– evtl. Rasur vor Punktionen

Assistenz während des Eingriffes
– Mithilfe beim Bedienen der Instrumente und Apparate
– Dokumentation der Untersuchungsergebnisse

Patientenbetreuung und -überwachung
– psychische Betreuung vor, während und nach dem Eingriff
– kontinuierliche Überwachung der Vitalfunktionen

Übergabe des Patienten
– Informationen über Art und Umfang des Eingriffes, verabreichte Medikamente, Komplikationen, Reaktionen des Patienten und verordnete weitere Maßnahmen an die übernehmende Station

16 Internistische Funktionsabteilungen

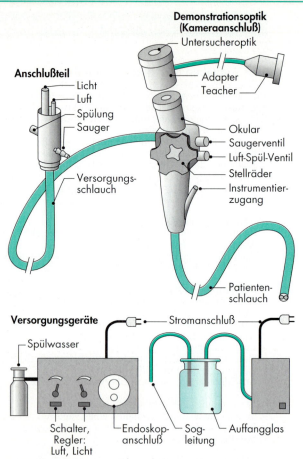

Abb. 16-1 Endoskop mit Versorgungsgeräten

Abschließende Arbeiten
- sachgerechte Versorgung evtl. entnommener Untersuchungsproben
- Aufräumen und Reinigen der benötigten Geräte und Instrumente

Sonstiges
- Organisation und Koordination der einzelnen Eingriffe
- Führen von Statistiken
- Reparatur und Ersatzbeschaffung

Endoskopische Untersuchungen **16.2**

Zum Selbstschutz sind während der Untersuchung und zu den Nacharbeiten (z.B. Reinigungsarbeiten) Handschuhe, Schutzkittel, evtl. Mundschutz und Schutzbrille (Aerosolbildungen) zu tragen.

16.2 Endoskopische Untersuchungen

Viele gastroenterologische und pulmologische Erkrankungen lassen sich endoskopisch erfassen und durch eine Gewebeentnahme histologisch sichern.

● **Benötigte Gegenstände**

Endoskop
Spezielles Lichtleitsystem zum Ausleuchten innerer Hohlräume. Bildinformationen werden durch Glasfiberfasern oder elektronische Abtastköpfe (Videoendoskopie) dargestellt (Abb. 16-1).
Das Endoskop besteht aus:
– flexiblem Patientenschlauch mit steuerbarer Endoskopspitze
– Benutzeroptik
– Anschlüsse für Licht-, Luft- und Saugquelle
– Spülkanal und Instrumentierzugang

Endoskopische Zusatzinstrumente
wie Probeexzisionszangen, Scheren, Schlingen und Elektrokoagulationssonden werden über den Instrumentierzugang eingeführt (Abb. 16-2).

Untersuchungsliege
Höhenverstellbare und nach allen Seiten schwenkbare Liege mit Einmalunterlage, Speicheltuch, Zudecke und Lagerungskissen (Abb. 16-3)

● **Mögliche endoskopische Untersuchungen**

Gastrointestinalraum
(Spiegelungen mit oder ohne Biopsie; Abb. 16-4)
– Oesophagoskopie   (Speiseröhre)
– Gastroskopie   (Magen)
– Gastroduodenoskopie   (Magen-Dünndarm)
– Duodenoskopie   (Dünndarm)
– Rektosigmoidoskopie   (Dickdarm)
– Sigmoidoskopie   (Dickdarm)
– Koloskopie   (Dickdarm)
– Rektoskopie   (Rektum)
– Proktoskopie   (Anus)
– Laparoskopie   (Bauchraum)

Obere und untere Atemwege
(Spiegelungen mit oder ohne Biopsie; Abb. 16-4)
– Laryngoskopie   (Kehlkopf)
– Bronchoskopie   (Bronchien)

16 Internistische Funktionsabteilungen

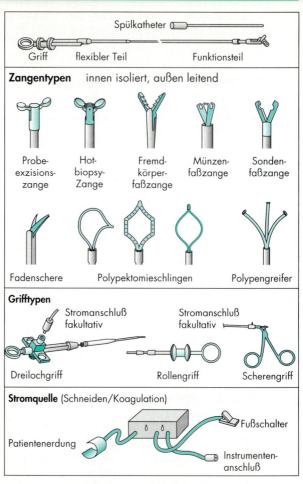

Abb. 16-2 Endoskopische Zusatzinstrumente

16.2.1 Gastroskopie (Oesophago-Gastroduodenoskopie)

Die Gastroskopie (Abb. 16-5) ist eine endoskopische Darstellung des oberen Verdauungstraktes zum Abklären von entzündlichen, ulzerösen oder tumorösen Veränderungen der Speiseröhre, des Magens und des Duodenum.

Endoskopische Untersuchungen **16.2**

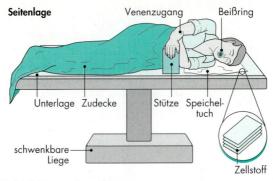

Abb. 16-3 Untersuchungsliege

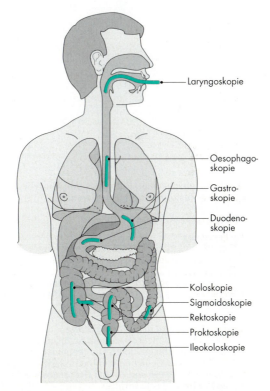

Abb. 16-4 Verschiedene endoskopische Untersuchungen

16 Internistische Funktionsabteilungen

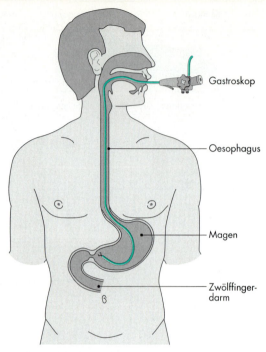

Abb. 16-5 Gastroskopie

Durch die gleichzeitige Entnahme von Gewebeproben können Diagnosen histologisch gesichert werden.

- **Pflegerische Aufgaben**

Vorbereitung
- Patient muß nüchtern sein (entleerter Magen)
- Gabe von Entschäumern (z.B. Endoparactol®)
- Rachenanästhesie
- venösen Zugang vorbereiten (für Notfallmedikamente)
- linke Seitenlagerung (s. Anatomie des Magens) mit leicht nach vorne gebeugtem Kopf

Assistenz während der Untersuchung
- Einführen eines Beißringes zum Schutz des Endoskops
- Patient zum ruhigen, tiefen Durchatmen anhalten
- Anreichen und Bedienen von Instrumenten und Geräten
- für freie Atemwege sorgen (bei Bedarf absaugen)
- Lagekontrolle des Beißringes
- psychische Betreuung

Abschließende Arbeiten
- Patient überwachen, bis die Wirkung der Sedativa abklingt
- zwei Stunden Nahrungskarenz bei Rachenanästhesie
- Geräte reinigen und warten
- Gewebeproben verpacken und ins entsprechende Labor schicken (evtl. Versand)

16.2.2 Koloskopie

Die Koloskopie (Abb. 16-6) ist die endoskopische Darstellung des gesamten Dickdarmes zum Abklären von entzündlichen, ulzerösen oder tumorösen Veränderungen. Dickdarmpolypen können sofort abgetragen werden. Durch die gleichzeitige Entnahme von Gewebeproben sind histologische Diagnosen möglich.

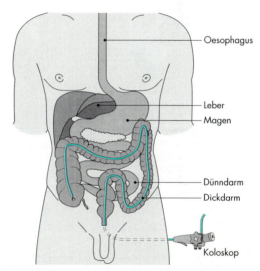

Abb. 16-6 Koloskopie

• **Pflegerische Aufgaben**

Vorbereitung
- gründliche Darmreinigung durch orale Gabe stark wirkender Abführmittel (z. B. X-Prep®) oder das Trinken einer Salzlösung (z. B. Saline- oder Sweet-Lavage®), etwa drei Liter am Vorabend und etwa zwei Liter am Morgen der Untersuchung
- venösen Zugang vorbereiten (für Notfallmedikamente)
- linke Seitenlagerung zum Einführen des Koloskops. Lage wird der Untersuchung angepaßt (z. B. rechte Seitenlagerung zur Passage der linken Flexur)

- spezielle Untersuchungskittel mit diversen Öffnungen wahren die Intimsphäre des Patienten

Assistenz während der Untersuchung
- Patient zum ruhigen, tiefen Durchatmen anhalten
- Anreichen und Bedienen von Instrumenten und Geräten
- Kompression der Bauchdecke zur Schienung des Kolons nach Anweisung des Arztes (Abb. 16-7)
- psychische Betreuung

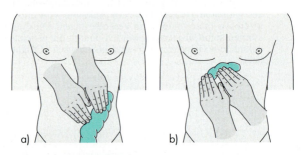

Abb. 16-7 Möglichkeiten der Schienung

Abschließende Arbeiten
- Patient überwachen, bis die Wirkung der Sedativa abklingt
- bei starken Blähungen Darmrohr legen
- bei gutem Allgemeinbefinden normale Nahrungszufuhr
- Geräte reinigen und warten
- Gewebeproben verpacken und in das entsprechende Labor schicken (evtl. Versand)

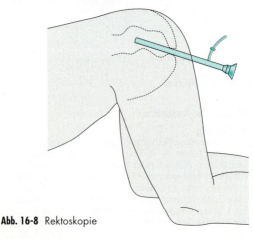

Abb. 16-8 Rektoskopie

Endoskopische Untersuchungen **16.2**

16.2.3 Rektoskopie

Die Rektoskopie (Abb. 16-8) ist die endoskopische Darstellung des Enddarmes und des rektosigmoidalen Überganges (bis zu einer Gesamthöhe von etwa 30 cm) zum Abklären von entzündlichen, ulzerösen oder tumorösen Veränderungen und zum Abtragen von Polypen. Durch die gleichzeitige Entnahme von Gewebeproben können Diagnosen histologisch gesichert werden.

- **Pflegerische Aufgaben**

Vorbereitung
- Klistier zur Darmreinigung, bettlägerige oder obstipierte Patienten benötigen häufig einen Reinigungseinlauf
- Knie-Ellenbogen-Position, Steinschnittlage oder linke Seitenlage (Abb. 16-9, 16-10 und 16-11)

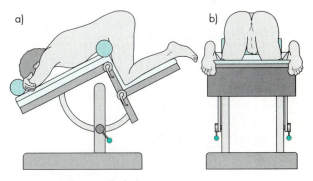

Abb. 16-9 a und b Knie-Ellenbogen-Position

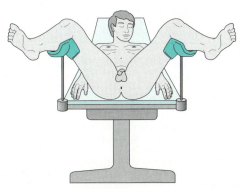

Abb. 16-10 Steinschnittlage

473

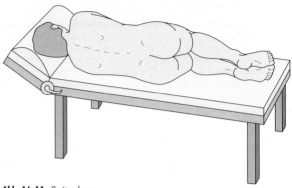

Abb. 16-11 Seitenlage

– spezielle Untersuchungskittel mit diversen Öffnungen wahren die Intimsphäre des Patienten

Assistenz während der Untersuchung
– Patient bei der Lagerung unterstützen
– Patient zum ruhigen, tiefen Durchatmen anhalten
– Anreichen und Bedienen von Instrumenten und Geräten
– psychische Betreuung
– Patient beim Heruntersteigen von der Liege unterstützen

Abschließende Arbeiten
– bei starken Blähungen Darmrohr legen
– Reinigen und Warten der Geräte
– Gewebeproben verpacken und in das entsprechende Labor schicken (evtl. Versand)

16.2.4 Bronchoskopie

Die Bronchoskopie (Abb. 16-12) ist die endoskopische Darstellung des Tracheobronchialsystems zum Abklären von entzündlichen oder tumorösen Veränderungen und zum Entfernen von Fremdkörpern. Durch die gleichzeitige Entnahme von Gewebeproben können Diagnosen histologisch gesichert werden.

• **Pflegerische Aufgaben**

Vorbereitung
– Prämedikation nach Arztverordnung. Zur Schleimreduzierung ein Vagolytikum (z.B. Atropin®), zum Angstlösen ein Sedativum (z.B. Valium®)
– Antitussivum (hustenreizstillend) nach Arztverordnung
– Patient muß nüchtern sein (Würgereflex, Erbrechen), absolutes Rauchverbot
– Zahnprothesen entfernen

Endoskopische Untersuchungen 16.2

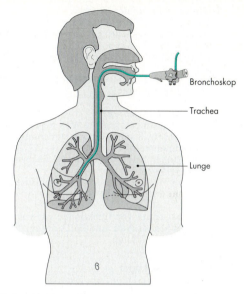

Abb. 16-12 Bronchoskopie

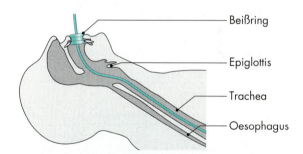

Abb. 16-13 Bronchoskop mit Beißring

- enge Kleidungsstücke ablegen
- venösen Zugang vorbereiten (für Notfallmedikamente)
- Inhalation eines Lokalanästhetikums (Vernebler) zur Anästhesie von Rachen und Bronchialbaum
- Sauerstoffgabe über eine Nasensonde
- Anschluß verschiedener Überwachungsgeräte (z. B. EKG)
- Rückenlage mit erhöhtem Oberkörper

16 Internistische Funktionsabteilungen

Assistenz während der Untersuchung
- Bereithalten von Notfallmedikamenten nach Arztverordnung
- Einführen eines Beißringes zum Schutz des Endoskops (Abb. 16-13)
- Patient zum ruhigen, tiefen Durchatmen anhalten
- Lagekontrolle des Beißringes
- Anreichen und Bedienen von Instrumenten und Geräten
- psychische Betreuung

Abschließende Arbeiten
- Patient überwachen, bis die Wirkung der Sedativa abklingt
- Blutbildkontrolle und Röntgenaufnahme der Lunge nach Probeentnahmen
- zwei Stunden Nahrungskarenz bei Rachenanästhesie
- Geräte reinigen und warten
- Gewebeproben verpacken und ins entsprechende Labor schicken (evtl. Versand)

 Zum Selbstschutz vor Infektionen ist während der Bronchoskopie ein Mundschutz und bei Assistenz eine Schutzbrille zu tragen (Aerosolbildung).

16.2.5 Laparoskopie

Die Laparoskopie (Abb. 16-14) ist die endoskopische Darstellung des Bauchraumes zum Abklären von Verletzungen und entzündlichen oder tumorösen Veränderungen. Durch die gleichzeitige Entnahme von Gewebeproben können Diagnosen histologisch gesichert werden.

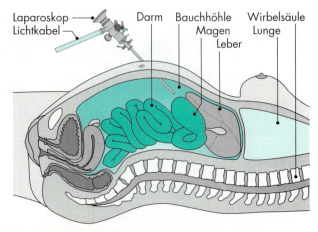

Abb. 16-14 Laparoskopie

Endoskopische Untersuchungen **16.2**

- **Pflegerische Aufgaben**

Vorbereitung
Wie bei einer abdominalen Operation (z. B. Rasur)
(s. Kap. 4.3)
- venösen Zugang vorbereiten (für Notfallmedikamente)
- Sauerstoffgabe über eine Nasensonde
- Anschluß verschiedener Überwachungsgeräte (z. B. EKG)
- Rückenlage
- Arme und Beine des Patienten fixieren (schützt vor Her-
  unterfallen bei Positionsveränderungen des Untersuchungs-
  tisches)
- Desinfektion des Abdomens in zwei Arbeitsgängen
- Patient mit sterilen Tüchern abdecken

Assistenz während der Untersuchung
- Patient zum ruhigen, tiefen Durchatmen anhalten
- regelmäßige Überwachung aller Vitalfunktionen
- Anreichen und Bedienen von Instrumenten und Geräten
- Mithilfe beim Anlegen des Verbandes (Punktionsstelle)
- psychische Betreuung

Abschließende Arbeiten
- Patient überwachen, bis die Wirkung der Sedativa abklingt
- 12 Stunden strenge Bettruhe
- langsamer Kostaufbau ab dem Abend des Untersuchungs-
  tages
- Geräte reinigen und warten
- Gewebeproben verpacken und ins entsprechende Labor
  schicken (evtl. Versand)

16.2.6 ERCP (endoskopisch-retrograde Cholangio-Pank-
reatographie)

Die ERCP ist das endoskopische Einbringen eines Kontrastmittels zur röntgenologischen Darstellung der Gallenwege und des
Pankreasgangsystems (Abb. 16-15).

- **Pflegerische Aufgaben**

Vorbereitung
Wie bei der Gastroskopie (z. B. Nüchternheit, Entschäumung,
Rachenanästhesie, Vorbereiten eines venösen Zugangs und lin-
ke Seitenlagerung)
Zur Überwachung des Patienten werden verschiedene Geräte
wie EKG und Pulsoxymeter angeschlossen.
Eine angelegte Bleischürze schützt den Patienten vor einer
Röntgenstrahlenbelastung.

Assistenz während der Untersuchung
- Einführen eines Beißringes zum Schutz des Endoskops
- Patient zum ruhigen, tiefen Durchatmen anhalten
- für freie Atemwege sorgen (bei Bedarf absaugen)

16 Internistische Funktionsabteilungen

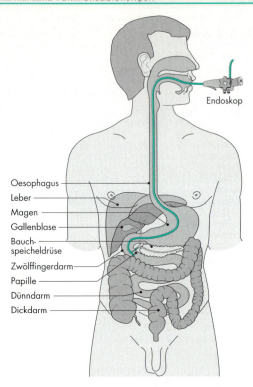

Abb. 16-15 ERCP

- Bereithalten von Medikamenten (z. B. Sedativum, Analgetikum, Spasmolytikum), Katheter und Kontrastmittel nach Arztverordnung
- Anreichen und Bedienen von Instrumenten und Geräten
- Lagekontrolle des Beißringes
- psychische Betreuung

Abschließende Arbeiten
- Patient überwachen, bis die Wirkung der Sedativa abklingt
- zum frühzeitigen Erkennen einer Pankreatitis oder einer Cholangitis Kontrolle des Allgemeinzustandes, der Vitalfunktionen, des Abdomens (Abwehrspannung). Laborwerte (Amylase, Lipase) nach Arztverordnung
- Nahrungskarenz bis zum Abend
- Geräte reinigen und warten
- Gewebeproben verpacken und ins entsprechende Labor schicken (evtl. Versand)

Während der Röntgenuntersuchung müssen alle anwesenden Personen Bleischürzen tragen und die Röntgenschutzbestimmungen beachten.

16.3 Assistenz bei Punktionen

Punktionen und Biopsien sind diagnostische oder therapeutische Eingriffe zum histologischen oder serologischen Nachweis verschiedener Erkrankungen (z.B. Leberbiopsie) und zur Entleerung von Flüssigkeitsansammlungen aus Hohlräumen (z.B. Pleurapunktion).

• **Wichtige Begriffe**

Biopsie = Entnahme einer Gewebeprobe vom lebenden Organismus durch Punktion oder operativ mit einem Skalpell zur histologischen Bestimmung
Probeexzision = operative Entnahme eines Gewebestückes
Punktat = durch Punktionen gewonnene Körperflüssigkeit
Punktion = Einstechen mit einer Hohlnadel und Entnahme von Flüssigkeiten aus Körperhöhlen und Organen

• **Pflegerische Aufgaben**

Vorbereitung der Materialien
- Patientenunterlagen (z.B. Kurven, Röntgenbilder)
- Desinfektionsmittel und Tupfer
- Lokalanästhesie (z.B. Spritzen, Kanülen, Anästhetikum)
- Punktionsset (z.B. Kanülen, Spezialspritze, Zubehör)
- beschriftetes Laborröhrchen mit Begleitzettel
- Verbandmaterialien (z.B. Schnellverband)
- Abwurfbehälter
- Bettschutz

Vorbereitung des Patienten
- Zustand und Belastbarkeit des Patienten prüfen
- Informationen über Art, Zweck, Dauer und Unannehmlichkeiten der Untersuchung
- schriftliche Einverständniserklärung des Patienten
- Prämedikation nach Arztverordnung
- Laboruntersuchungen (z.B. Quick, Blutgruppenbestimmung, Gerinnungsfaktoren) nach Arztverordnung
- Rasur der Punktions- oder Biopsiestelle je nach Lokalisation
- Lagerung nach Lokalisation und Art des Eingriffes

Assistenz während des Eingriffes
- Beobachtung des Patienten und Kontrolle der Vitalfunktionen
- Anreichen von Instrumenten (auf Sterilität achten)
- Mithilfe beim Anlegen des Verbandes
- psychische Betreuung

16 Internistische Funktionsabteilungen

Abschließende Arbeiten
- Beobachtung des Patienten bis zum Abklingen der Sedativa
- sachgerechtes Ent- bzw. Versorgen der benötigten Materialien
- Untersuchungsmaterial verpacken und ins entsprechende Labor schicken (evtl. Versand)

 Zum Selbstschutz sind während des Eingriffes und zu den Nacharbeiten (z. B. Umgang mit Laborproben) Handschuhe zu tragen.

16.3.1 Pleurapunktion

Bei der Pleurapunktion werden aus therapeutischen oder diagnostischen Gründen Flüssigkeits- oder Luftansammlungen aus dem Pleuraraum entfernt (Abb. 16-16).

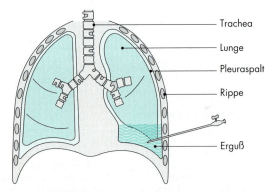

Abb. 16-16 Pleurapunktion – Lokalisation

• **Pflegerische Aufgaben**

Vorbereitung
(s. Kap. 16.1)
- Desinfektionsmittel
- spezielles Punktionsset (Spritze, Punktionskanüle, Dreiwegehahn und Auffangbeutel, Abb. 16-17)
- steriles Lochtuch
- sterile Handschuhe
- Verbandmaterial
- Blase entleeren lassen
- Prämedikation und Gabe eines Antitussivums (hustenreizstillend, z. B. Paracodin®) nach Arztverordnung
- venösen Zugang vorbereiten (für Notfallmedikamente)
- Oberkörper des Patienten entkleiden
- Anschluß verschiedener Überwachungsgeräte (z. B. EKG)
- für ausreichenden Wärmeschutz sorgen

Assistenz bei Punktionen 16.3

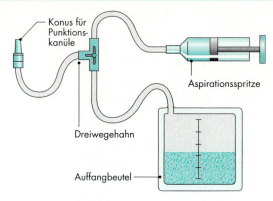

Abb. 16-17 Pleurapunktionsset

- Lagerung des Patienten in sitzender Position mit angehobenem Arm zur Erweiterung der Interkostalräume (Arm auf die Schulter einer Assistenzperson auflegen lassen)

Assistenz während des Eingriffes
(s. Kap. 16.1)
- Bereithalten von Notfallmedikamenten nach Arztverordnung

Abschließende Arbeiten
(s. Kap. 16.1)
- Dachziegelverband (zur besseren Kompression)
- Menge und Beschaffenheit des Punktates protokollieren
- Röntgenkontrolle der Lunge zum Ausschluß eines Pneumothorax
- Verlaufsdokumentation (z. B. Ergußgröße vor und nach der Punktion)
- regelmäßige Kontrolle der Atmung
- Oberkörper hochlagern

16.3.2 Leberbiopsie

Entnahme eines Lebergewebezylinders (Abb. 16-18). Durch die histologische Untersuchung können Diagnosen gesichert werden.

• **Pflegerische Aufgaben**

Vorbereitung
(s. Kap. 16.1)
- Desinfektionsmittel
- spezielles Punktionsset (Arretierspritze mit Kochsalz, Kanüle nach Menghini)
- steriles Lochtuch
- sterile Handschuhe

16 Internistische Funktionsabteilungen

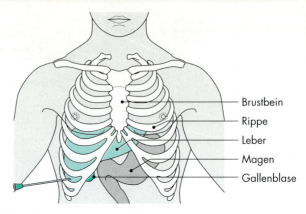

Abb. 16-18 Leberpunktion – Lokalisation

- Verbandmaterial
- Blutgerinnungswerte und Blutgruppe müssen vorliegen
- Patient muß nüchtern sein
- Blase und Darm entleeren lassen
- Prämedikation nach Arztverordnung. Gabe eines Sedativums (z.B. Valium®) bei ängstlichen Patienten
- venösen Zugang vorbereiten (für Notfallmedikamente)
- Oberkörper des Patienten entkleiden
- Anschluß verschiedener Überwachungsgeräte (z.B. EKG)
- für ausreichenden Wärmeschutz sorgen
- flache Rückenlage, rechter Arm unter dem nach links gedrehten Kopf

Assistenz während des Eingriffes
(s. Kap. 16.1)
- Bereithalten von Notfallmedikamenten nach Arztverordnung

Abschließende Arbeiten
- zwei Stunden rechte Seitenlagerung auf einem Sandsack (Kompression der Punktionsstelle)
- engmaschige Kontrolle der Vitalzeichen
- 24 Stunden Bettruhe
- Nahrungskarenz bis zum Ausschluß von Komplikationen (meistens bis zum Abend)
- Röntgenkontrolle der Lunge (evtl. Pneumothorax)
- blutchemische Kontrolle (z.B. Hämoglobin)

16.3.3 Sternalpunktion

Entnahme von Knochenmark aus dem Sternum, um histologisch seine Leistungsfähigkeit beurteilen zu können (Abb. 16-19)

Assistenz bei Punktionen 16.3

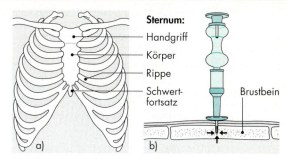

Abb. 16-19 Sternalpunktion – Lokalisation

- **Pflegerische Aufgaben**

Vorbereitung
(s. Kap. 16.1)
- Desinfektionsmittel
- Punktionskanüle mit Trokar und Stellschraube mit Halteplatte zur Begrenzung der Eindringtiefe, Aspirationsspritze (Abb. 16-20)
- steriles Lochtuch
- sterile Handschuhe
- Verbandmaterial
- physiologische Kochsalzlösung zum Ausspülen des Knochenmarkes aus der Punktionskanüle
- Petrischale (Aufnehmen des Knochenmarkes)
- Blutgerinnungswerte müssen vorliegen
- Patient muß nüchtern sein
- Blase und Darm entleeren lassen
- Prämedikation nach Arztverordnung. Gabe eines Sedativums (z. B. Valium®) bei ängstlichen Patienten
- venösen Zugang vorbereiten (für Notfallmedikamente)
- Oberkörper des Patienten entkleiden
- Anschluß verschiedener Überwachungsgeräte (z. B. EKG)
- für ausreichenden Wärmeschutz sorgen
- flache Rückenlage

Abb. 16-20 Sternalpunktionskanüle mit Trokar

Assistenz während des Eingriffes
(s. Kap. 16.1)
- Bereithalten von Notfallmedikamenten nach Arztverordnung

Abschließende Arbeiten
- mindestens vier Stunden Rückenlage, 24 Stunden Bettruhe
- Kompression der Punktionsstelle durch einen Sandsack

483

16 Internistische Funktionsabteilungen

- Nahrungskarenz bis zum Ausschluß von Komplikationen
- Röntgenkontrolle der Lunge (evtl. Pneumothorax)
- Kontrolle des Wundverbandes auf Nachblutung

16.3.4 Beckenkammbiopsie

Entnahme eines Knochenzylinders und von Knochenmark. Durch die histologische Untersuchung können die Leistungsfähigkeit des Knochenmarks, Knochenmetastasierungen und Knochenerkrankungen (z. B. Osteoporose) beurteilt werden (Abb. 16-21).

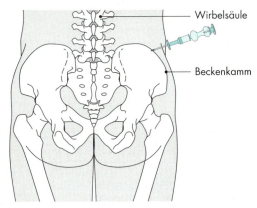

Abb. 16-21 Beckenkammbiopsie – Lokalisation

• **Pflegerische Aufgaben**

Vorbereitung
(s. Kap. 16.1)
- Desinfektionsmittel
- Punktionskanüle nach Jamshidi mit Trokar, Handgriff und Abschlußschraube, Arretierspritze (Abb. 16-22)
- steriles Lochtuch
- sterile Handschuhe
- Verbandmaterial
- physiologische Kochsalzlösung zum Ausspülen des Knochenmarkes aus der Punktionskanüle
- Petrischale (zum Aufnehmen des Knochenmarkes)
- Blutgerinnungswerte müssen vorliegen
- Patient muß nüchtern sein
- Blase und Darm entleeren lassen
- Prämedikation nach Arztverordnung. Gabe eines Sedativums und eines Analgetikums bei ängstlichen Patienten
- venösen Zugang vorbereiten (für Notfallmedikamente)

Assistenz bei Punktionen **16.3**

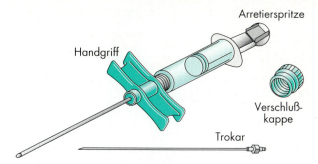

Abb. 16-22 Punktionskanüle nach Jamshidi, Trokar und Arretierspritze

- Patient so weit wie nötig entkleiden (Oberkörper kann bekleidet bleiben)
- für ausreichenden Wärmeschutz sorgen (Socken anlassen)
- Anschluß verschiedener Überwachungsgeräte (z. B. EKG)
- Seitenlage mit leicht angezogenen Beinen

Assistenz während des Eingriffes
(s. Kap. 16.1)
- Abstützen des Patienten von vorne durch einen Helfer
- Bereithalten von Notfallmedikamenten nach Arztverordnung

Abschließende Arbeiten
(s. Kap. 16.1)
- Patient mindestens vier Stunden auf der Punktionsstelle lagern
- bei Bedarf Kompression der Punktionsstelle (Sandsäckchen)
- Kontrolle des Wundverbandes auf Nachblutung

16.3.5 Lumbalpunktion

Bei der Lumbalpunktion (Abb. 16-23) wird aus diagnostischen und therapeutischen Gründen der spinale Subarachnoidalraum in Höhe der lumbalen Wirbelsäule punktiert.
Sie dient zur Liquorentnahme (z. B. Nachweis von Erregern), Liquordruckmessung (z. B. Prüfung der Liquorzirkulation) und Injektion von Medikamenten (z. B. Röntgenkontrastmittel).

• **Pflegerische Aufgaben**

Vorbereitung
(s. Kap. 16.1)
- Desinfektionsmittel
- Punktionskanülen in verschiedenen Größen, Mandrin und Spritze
- evtl. Steigrohr mit Ansatz zur Messung des Liquordruckes
- steriles Auffangröhrchen für den Liquor

16 Internistische Funktionsabteilungen

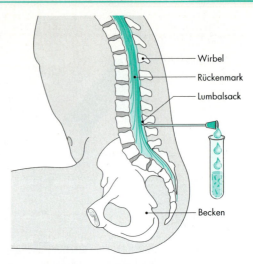

Abb. 16-23 Lumbalpunktion – Lokalisation

- steriles Lochtuch
- sterile Handschuhe
- Verbandmaterial
- Blutgerinnungswerte und Augenhintergrundspiegelung (Ausschluß einer Stauungspapille) müssen vorliegen
- Blase und Darm entleeren lassen
- evtl. venösen Zugang vorbereiten (für Notfallmedikamente)
- Patient entkleiden (evtl. hinten offenes Operationshemd)
- für ausreichenden Wärmeschutz sorgen

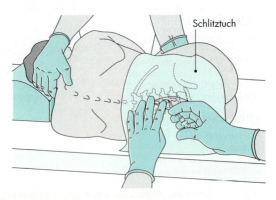

Abb. 16-24 Lagerung zur Lumbalpunktion

Reinigung und Pflege von Endoskopen und Instrumenten **16.5**

– Anschluß verschiedener Überwachungsgeräte (z. B. EKG)
– Sitzen oder Seitenlage mit Rundrücken (Katzenbuckel) und
leicht angezogenen Beinen (Abb. 16-24)

Assistenz während des Eingriffes
(s. Kap. 16.1)
– Abstützen des Patienten von vorne durch einen Helfer
– Bereithalten von Notfallmedikamenten nach Arztverordnung

Abschließende Arbeiten
(s. Kap. 16.1)
– Dokumentation von Menge und Beschaffenheit des
Punktates
– mindestens 12 Stunden Bettruhe
– Kontrolle des Wundverbandes auf Liquoraustritt
– Kontrolle der Vitalzeichen (Kopfschmerzen, Erbrechen)

16.4 Umgang mit Präparaten

Entnommene Proben (Gewebeteilchen oder Flüssigkeiten) sind
vom Pflegepersonal sorgfältig und sachgerecht zu versorgen.
Ein fehlerhafter Umgang mit den Proben kann zu verfälschten
Ergebnissen führen oder eine erneute Untersuchung mit allen
Belastungen und Risiken für den Patienten notwendig machen.

• **Grundsätze beim Umgang mit Proben**
– zum Selbstschutz immer Handschuhe tragen, bei Gefahr
der Aerosolbildung Mundschutz und Schutzbrille
– sorgfältiges Abfüllen in die vorgesehenen Behältnisse
(Gefahr des Materialverlustes)
– bei Bedarf Konservierungsstoffe, nach Laborvorgaben
– Probe und Begleitzettel beschriften mit
Patientendaten
Inhalt (z. B. Lebergewebe in Formalinlösung x%)
Entnahmeort
Entnahmedatum
– Fragestellung und Untersuchungsauftrag werden vom Arzt
formuliert und unterschrieben
– Sicherstellung des Transportes zum Labor

16.5 Reinigung und Pflege von Endoskopen und Instrumenten

Die in der internistischen Funktionsabteilung verwendeten
Endoskope und Geräte sind empfindliche und sehr teure Präzisionsinstrumente.
Falsches Reinigen und Pflegen zerstört die Funktionalität
(Optik, Mechanik, Elektronik). Die Herstellerangaben sind deshalb genau zu beachten (Reinigungsmittel, Dosierung, Zeit
usw.).

487

16 Internistische Funktionsabteilungen

Wie war das noch ...?

Nennen Sie die pflegerischen Aufgaben in der internistischen Funktionsabteilung.

Welche endoskopischen Untersuchungen kennen Sie?

Beschreiben Sie die Vorbereitung eines Patienten zur Laparoskopie.

Nennen Sie die Richtlinien beim Umgang mit Gewebeproben.

Was ist bei der Reinigung von Endoskopen und Instrumenten zu beachten?

IV. Die Herz-Lungen-Wiederbelebung

IV. Die Herz-Lungen-Wiederbelebung

17 Herz-Kreislauf-Stillstand

Herz-Kreislauf-Erkrankungen sind in den westlichen Industrieländern immer noch die häufigste Todesursache.
Die Herz-Lungen-Wiederbelebung (HLW) ist notwendig, wenn BEWUSSTSEIN, ATMUNG, HERZ und KREISLAUF so weit gestört sind, daß als Folge dieser Störung der Tod eintreten kann.
Der Erfolg der Reanimation (Wiederbelebung) hängt ab von der Organisation, der Ausführung sowie der Art und Schwere von Grund- und Begleiterkrankungen.

Ursachen
Der Herz-Kreislauf-Stillstand entsteht durch eine Funktionsstörung des Herzens (Ausfall der Pumpfunktion) als Folge von z. B.:
- Sauerstoffmangel (z. B. Atemstörung)
- Durchblutungsstörungen des Herzmuskels (z. B. Herzinfarkt)
- Elektrounfall (z. B. Stromschlag)
- massivem Blutverlust (z. B. Schock)

Zeichen
- Bewußtlosigkeit (nicht ansprechbar, bewegungslos)
- Atemstillstand (fehlende Atembewegungen)
- Pulslosigkeit (kein tastbarer Puls beidseitig an der Halsschlagader)

Die Herz-Lungen-Wiederbelebung wird notwendig, wenn alle Zeichen gemeinsam auftreten!

17.1 Anforderungen an das Pflegepersonal

erkennen
was geschehen ist
z. B. Aspiration, Bewußtlosigkeit, Atemstillstand, Pulslosigkeit, Blutungen

überlegen
welche Gefahren drohen
z. B. Aspirationsgefahr?
Notruf kurzfristig möglich?

IV. Die Herz-Lungen-Wiederbelebung

17 Herz-Kreislauf-Stillstand

IV. Die Herz-Lungen-Wiederbelebung

handeln
unter Berücksichtigung der jeweiligen Situation, z. B. Wiederbelebung – alleine oder zu zweit, Notfallkoffer vorhanden – mit Beatmungsbeutel

17.1.1 Vorgehen beim Auffinden eines Patienten mit Störungen der Vitalfunktionen

• **Auffinden des Patienten**

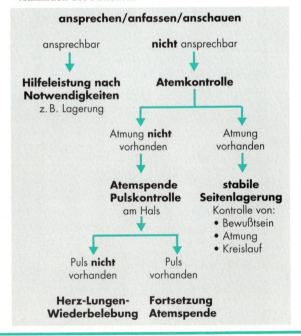

492

17.2 Herz-Lungen-Wiederbelebung durch einen Helfer

Nur bei sofortigem Beginn der Reanimation kann mit einem Erfolg gerechnet werden. Ohne Verzögerung soll ein Notruf mit dem Zusatz „Herz-Kreislauf-Stillstand" erfolgen.
• Bewußtseinslage prüfen (ansprechen)
bei Bewußtlosigkeit:
• Kontrolle der Atmung (sehen, hören, fühlen)
bei Atemstillstand:
• Mund- und Rachenraum inspizieren (Abb. 17-1)
• Überstrecken des Halses
setzt Atmung nicht ein
• 2× Atemspende (Abb. 17-2 und 17-3)

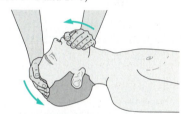

Abb. 17-1
Überstrecken des Halses

Abb. 17-2
Atemspende (Mund zu Nase)

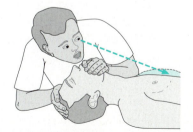

Abb. 17-3
Kontrolle des Brustkorbes

setzt Atmung immer noch nicht ein
- Pulskontrolle an beiden Seiten des Halses

bei Pulslosigkeit:
- Betroffenen auf eine harte Unterlage legen
- Oberkörper freimachen
- Aufsuchen des Druckpunktes
  - an der Seite des Betroffenen knien
  - Aufsuchen des unteren Brustbeinendes mit den Fingern (Abb. 17-4)
  - zwei Finger der anderen Hand in Richtung Hals danebenlegen (Abb. 17-5)

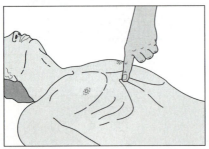

Abb. 17-4 Aufsuchen des unteren Brustbeins mit den Fingern

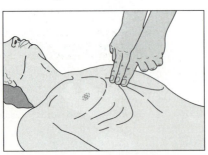

Abb. 17-5 Zwei Finger danebenlegen

Herz-Lungen-Wiederbelebung durch einen Helfer 17.2

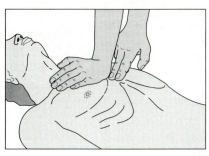

Abb. 17-6
Aufsetzen des Handballens

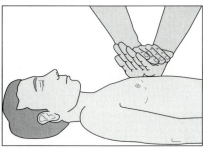

Abb. 17-7
Druckpunkt

- Aufsetzen des Handballens neben den 2 Fingern (Abb. 17-6)
- Druckpunkt (Abb. 17-7)

> Bei der Herz-Lungen-Wiederbelebung muß der Druckpunkt exakt ermittelt werden, um Verletzungen wie Rippenbrüche, Leber- und Milzschädigungen zu vermeiden!

- Ausgangsposition für die Herzdruckmassage (Abb. 17-8)
  - einen Handballen auf den ermittelten Druckpunkt aufsetzen
  - Finger nach oben strecken
  - Handballen der anderen Hand mit gestreckten Fingern auf das Handgelenk aufsetzen
  - Arm in den Ellenbogengelenken strecken
  - Druck senkrecht auf den Druckpunkt ausüben; dabei Gewichtsverlagerung des Oberkörpers über die gestreckten Arme
- 15× Herzdruckmassage im Wechsel mit 2× Atemspende (Frequenz ca. 80/min) (Abb. 17-9)
- Kontrolle des Halspulses in regelmäßigen Abständen

IV. Die Herz-Lungen-Wiederbelebung

17 Herz-Kreislauf-Stillstand

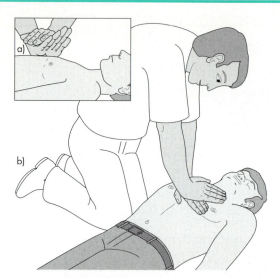

Abb. 17-8 Ausgangsposition – Herzdruckmassage
a) Finger nach oben strecken
b) Druckausübung mit gestreckten Armen

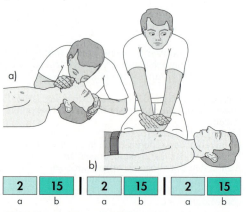

Abb. 17-9 Schema – Ein-Helfer-Methode
a) Atemspende (Mund zu Nase)
b) Herzdruckmassage

Herz-Lungen-Wiederbelebung durch einen Helfer **17.2**

● **Zusammenfassung**
Herz-Lungen-Wiederbelebung durch einen Helfer

Feststellung: Atemstillstand!

Notruf – Arztruf sobald wie möglich veranlassen

Mund- und Rachenraum inspizieren / Überstrecken
des Halses

Feststellung: Atmung setzt nicht ein!

2× Atemspende

Pulskontrolle an beiden Seiten des Halses

Feststellung: Puls nicht vorhanden!

Herz-Lungen-Wiederbelebung

Betroffenen auf harte Unterlage bringen

Oberkörper freimachen

Druckpunkt aufsuchen

15× Herzmassage /2× Atemspende

Nach 4 Zyklen Kontrolle des Pulses

17.3 Herz-Lungen-Wiederbelebung durch zwei Helfer

Es erfolgt eine Teilung der Aufgaben nach folgendem Schema:

Erster Helfer
- Bewußtseinslage prüfen (ansprechen)

bei Bewußtlosigkeit:
- Kontrolle der Atmung (sehen, hören, fühlen)

bei Atemstillstand:

Zweiter Helfer

- Mund- und Rachenraum inspizieren
- Überstrecken des Halses (Abb. 17-10)

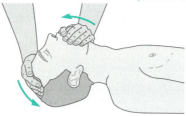

Abb. 17-10 Überstrecken des Halses

setzt Atmung nicht ein

- 2× Atemspende (Mund zu Mund, Mund zu Nase oder mit einem Ambubeutel; Abb. 17-11)

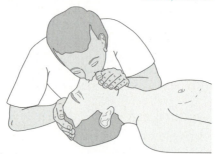

Abb. 17-11 Atemspende (Mund zu Nase)

Herz-Lungen-Wiederbelebung durch zwei Helfer **17.3**

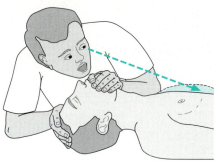

Abb. 17-12 Kontrolle des Brustkorbes

setzt Atmung immer noch nicht ein

Erster Helfer **Zweiter Helfer**

- Pulskontrolle an beiden Seiten des Halses

bei Pulslosigkeit: Herz-Lungen-Wiederbelebung

- Betroffenen auf eine harte Unterlage legen
- Oberkörper freimachen
- Aufsuchen des Druckpunktes
  - an der Seite des Betroffenen knien
  - Aufsuchen des unteren Brustbeinendes mit den Fingern (Abb. 17-13)

- Mithilfe beim Lagern und Entkleiden

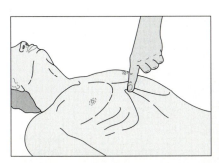

Abb. 17-13 Aufsuchen des unteren Brustbeins mit den Fingern

IV. Die Herz-Lungen-Wiederbelebung

499

17 Herz-Kreislauf-Stillstand

Erster Helfer

- 2 Finger der anderen Hand in Richtung Hals danebenlegen (Abb. 17-14)
- Aufsetzen des Handballens neben den 2 Fingern (Abb. 17-15)
- Druckpunkt gefunden (Abb. 17-16)

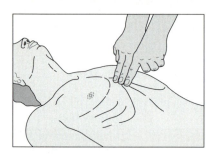

Abb. 17-14 Zwei Finger danebensetzen

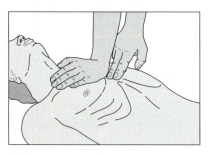

Abb. 17-15 Aufsetzen des Handballens

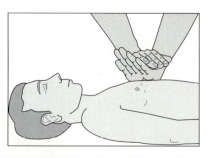

Abb. 17-16 Druckpunkt

17.3 Herz-Lungen-Wiederbelebung durch zwei Helfer

Erster Helfer

- Ausgangsposition für die Herzdruckmassage (Abb. 17-17)
  - einen Handballen auf den ermittelten Druckpunkt aufsetzen
  - Finger nach oben strecken
  - Handballen der anderen Hand mit gestreckten Fingern auf das Handgelenk aufsetzen
  - Arm in den Ellenbogengelenken strecken
  - Druck senkrecht auf den Druckpunkt ausüben; dabei Gewichtsverlagerung des Oberkörpers über die gestreckten Arme

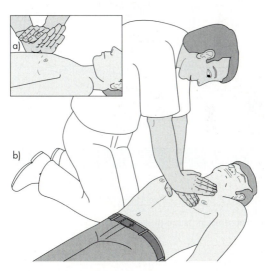

Abb. 17-17 Ausgangsposition – Herzdruckmassage

Herz-Kreislauf-Stillstand

Herzdruckmassage und Beatmung im Wechsel (Abb. 17-18)

Erster Helfer	**Zweiter Helfer**
	• 2–3× Beatmung
• 5× Herzdruckmassage (Frequenz ca. 80/min)	
• 5× Herzdruckmassage	• 1× Beatmung
• 5× Herzdruckmassage	• 1× Beatmung
• 5× Herzdruckmassage	• 1× Beatmung
	• Kontrolle des Halspulses in regelmäßigen Abständen

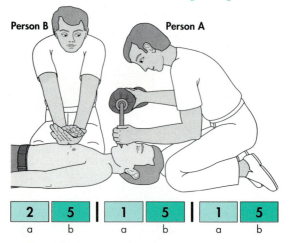

Abb. 17-18 Schema – Zwei-Helfer-Methode
a) Atemspende (zweiter Helfer)
b) Herzdruckmassage (erster Helfer)

Herz-Lungen-Wiederbelebung durch zwei Helfer **17.3**

• **Zusammenfassung**
Herz-Lungen-Wiederbelebung durch zwei Helfer

Feststellung: Atemstillstand!

Notruf – Arztruf sobald wie möglich veranlassen

Mund- und Rachenraum inspizieren / Überstrecken des Halses

Feststellung: Atmung setzt nicht ein!

2× Atemspende

Pulskontrolle an beiden Seiten des Halses

Feststellung: Puls nicht vorhanden!

Herz-Lungen-Wiederbelebung

Betroffenen auf harte Unterlage bringen

Oberkörper freimachen

Druckpunkt aufsuchen

5× Herzmassage/1× Atemspende im Wechsel

Nach 4 Zyklen Kontrolle des Pulses

17 Herz-Kreislauf-Stillstand

17.4 Herz-Lungen-Wiederbelebung bei Kleinkindern

Kleinkinder sind Kinder nach Vollendung des ersten Lebensjahres bis zum sechsten Lebensjahr.

• **Maßnahmen**
Ohne Verzögerung muß ein Notruf mit dem Zusatz „Herz-Kreislauf-Stillstand KLEINKIND" erfolgen.
• Bewußtseinslage prüfen (ansprechen)
bei Bewußtlosigkeit:
• Kontrolle der Atmung (sehen, hören, fühlen)
bei Atemstillstand:
• Mund- und Rachenraum inspizieren
• vorsichtiges Überstrecken des Halses

setzt Atmung nicht ein
• 2× Atemspende
(nicht zu kräftig beatmen – 15–20 ml entsprechen etwa dem Inhalt der Mundhöhle eines Erwachsenen)

setzt Atmung immer noch nicht ein
• Pulskontrolle an beiden Seiten des Halses
bei Pulslosigkeit:
• Kind auf eine harte Unterlage legen
• Oberkörper freimachen
• Aufsuchen des Druckpunktes
Der Druckpunkt liegt bei Säuglingen und Kleinkindern in der Mitte des Brustbeins (etwa 1 cm unterhalb der Verbindungslinie beider Brustwarzen) (Abb. 17-19)
• 5× Herzdruckmassage im Wechsel mit 1× Atemspende
Die Frequenz ist höher als bei einem Erwachsenen und beträgt etwa 100/min
Der Druck wird dem Alter und der Größes des Kindes angepaßt
• Kontrolle des Halspulses in Abständen

Besonders bei Säuglingen ist stets auf einen sofortigen und ausreichenden Wärmeschutz zu achten!

Herz-Lungen-Wiederbelebung bei Kleinkindern 17.4

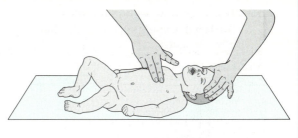

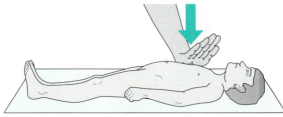

Abb. 17-19 Aufsuchen des Druckpunktes
a) beim Säugling (bis 1 1/2 Jahre)
b) beim Kleinkind (2–7 Jahre)

- **Voraussetzungen zur Beendigung der Herz-Lungen-Wiederbelebung**
- tastbarer Puls am Hals ohne Herzdruckmassage
- Einsetzen der Atmung
- Beendigung der Maßnahmen durch einen Arzt

- **Maßnahmen nach erfolgreicher Herz-Lungen-Wiederbelebung**
- Tastbarer Puls, aber weiterhin fehlende Atemtätigkeit:
  - Atemspende fortsetzen
  - ständig Puls und Atmung kontrollieren
- Tastbarer Puls, ausreichende Atmung, aber bestehende Bewußtlosigkeit:
  - Seitenlagerung
  - ständig Puls und Atmung kontrollieren
- Tastbarer Puls, ausreichende Eigenatmung und Wiedererlangung des Bewußtseins:
  - zum Liegenbleiben veranlassen
  - ständig Puls, Atmung und Bewußtseinslage kontrollieren

Auf jeden Fall muß durch einen sofortigen Notruf der diensthabende Arzt verständigt werden!

17 Herz-Kreislauf-Stillstand

IV. Die Herz-Lungen-Wiederbelebung

17.5 Medikamente und Materialien zur Wiederbelebung (Notfallkoffer oder -wagen)

Medikamente/Infusionen
- Adrenalin (Suprarenin)
  - Verstärkung der Reizbildung
  - Verbesserung der Herzkraft
  - Steigerung der Frequenz
  - Erhöhung des peripheren Widerstandes
  - Verbesserung der koronaren Durchblutung
- Natriumhydrogenkarbonat 8,4%ig
  - Durch eine unzureichende Sauerstoffversorgung des Gewebes kommt es zur Ausbildung einer metabolischen Azidose. Natriumhydrogenkarbonat dient deshalb zum Ausgleich (Pufferung)
- Xylocain 2%ig
  - Verlangsamung des Ionenaustausches durch die Zellmembran, dadurch wird die Bildung und Fortleitung von unkontrollierten Reizen gebremst (z.B. bei Kammerflattern, -flimmern)
- Ringerlösung oder eine andere Infusion
  - als Trägerlösung von Medikamenten und zum Freihalten des venösen Zugangs
- Sauerstoff
  - Sauerstoff-Flasche mit Anschlußmöglichkeiten für Beatmungsbeutel und Sauerstoffbrillen
- Sonstiges

Materialien und Geräte
- Handschuhe
- Spritzen und Kanülen
- Material zum Legen eines venösen Zugangs
- Beatmungsbeutel
- Gegenstände zur Intubation
- Absauggerät mit sterilen Kathetern

Herz-Lungen-Wiederbelebung bei Kleinkindern **17.4**

Wie war das noch ...?

Nennen Sie mögliche Ursachen, die zu einem Herz- und Kreislauf-Stillstand führen können:

Was sind die Zeichen eines Herz- und Kreislauf-Stillstandes?

Wie wird der Druckpunkt der Herzmassage ermittelt?

Beschreiben Sie die Herz-Lungen-Wiederbelebung durch einen Helfer:

Beschreiben Sie die Herz-Lungen-Wiederbelebung durch zwei Helfer:

Nennen Sie die Gründe für das Beenden der Herzdruckmassage:

IV. Die Herz-Lungen-Wiederbelebung

V. Normwerte klinisch-chemischer Untersuchungen

18 Verschiedene Untersuchungen

Folgende Faktoren können klinisch-chemische Meßwerte erheblich beeinflussen:
– Bestimmungsmethode
– Geschlecht und Alter
– körperliche und seelische Belastungen
– Tageszeit
– Ernährung
– Methode der Materialgewinnung
– individuelle Arbeitsweise

Die vorliegende Tabelle kann nur eine Orientierungshilfe sein, da die Normwerte in den Krankenhäusern unterschiedlich festgelegt sein können.

18.1 Hämatologische Untersuchungen

Kleines Blutbild

Erythrozyten:	Frauen	4,5 Mill. pro mm^3
	Männer	6 Mill. pro mm^3
Retikulozyten:	9–15 ‰ der Erythrozyten	
Thrombozyten:	150.000–300.000 pro mm^3	
Leukozyten:	4.300– 9.000 pro mm^3	

Differentialblutbild

stabkernige Neutrophile:	3– 5%
segmentkernige Neutrophile:	50–70%
Eosinophile:	2– 4%
Basophile:	0– 1%
Lymphozyten:	25–40%
Monozyten:	2– 6%

Sonstige

Osmotische Resistenz:	beginnende Hämolyse 0,46–0,42%	
	vollständige Hämolyse 0,34–0,30%	
HbA_1:	Stoffwechselgesunde 5–8% bei unbefriedigender Einstellung > 10%	
Blutkörperchensenkungsgeschwindigkeit (BKS):	Frauen	6 mm/12 mm (nach 1 bzw. 2 Stunden)
	Männer	3 mm/6 mm (nach 1 bzw. 2 Stunden)
Hämoglobin:	Frauen	12,0–16,0 g/dl
	Männer	14,0–18,0 g/dl
Hämoglobin des Einzelerythrozyten (HbE):	27–34 pg (Pikogramm)	
Hämatokrit:	Frauen	36–46 Vol.-%
	Männer	39–52 Vol.-%

18 Verschiedene Untersuchungen

18.2 Normalwerte in Serum, Plasma, Vollblut

Elektrolyte

Natrium:	134 – 143	mmol/l
Kalium:	3,6 – 5,6	mmol/l
Kalzium:	2,25 – 2,70	mmol/l
Magnesium:	1,6 – 2,0	mmol/l
Lithium:	0,4 – 6,3	µmol/l
Chloride:	94 – 111	mmol/l

Enzymaktivität

α-Amylase:		bis 120 U/l
Lipase:		bis 200 U/l
SGOT (Serum-Glutamat-	Frauen	bis 15 U/l
Oxalacetat-Transaminase):	Männer	bis 18 U/l
SGPT (Serum-Glutamat-	Frauen	bis 17 U/l
Pyruvat-Transaminase):	Männer	bis 22 U/l
γ-GT (Gammaglutamyl-	Frauen	4–18 U/l
transpeptidase):	Männer	6–28 U/l
alkalische Phosphatase:		60–170 U/l
LDH (Laktatdehydrogenase):		80–240 U/l
CK (Creatinkinase):	Frauen	10–70 U/l
	Männer	10–80 U/l
CKMB	< als 6% der gesamten CK	
Cholinesterase:		3000–9300 U/l
Saure Phosphatase:	Frauen	bis 2,5 U/l
	Männer	bis 3,4 U/l
Prostata-Phosphatase:		bis 1,0 U/l

Lipide

Cholesterin:	nachzuprüfen	ab 220 mg/dl
	erhöht	ab 260 mg/dl
Triglyceride:	nachzuprüfen	ab 150 mg/dl
	erhöht	ab 200 mg/dl
HDL (High Density		35–45 mg/dl
Lipoproteins):		
LDL (Low Density	nachzuprüfen	ab 150 mg/dl
Lipoproteins):	erhöht	ab 190 mg/dl
Harnsäure:	Frauen	2,4–5,7 mg/dl
	Männer	3,4–7,0 mg/dl

Sonstige

Blutzucker:	(enzymatisch)	70–110 mg/dl
Harnstoff:		10–50 mg/dl
Kreatinin:	Frauen	0,5–0,9 mg/dl
	Männer	0,6–1,1 mg/dl
Gesamt-Bilirubin:		bis 1,0 mg/dl
Bilirubin (direkt):		bis 0,25 mg/dl
Eisen (in Mikrogramm):	Frauen	60–140 µg/dl%
	Männer	80–150 µg/dl%
Kupfer:	Frauen	85–155 µg/dl%
	Männer	70–140 µg/dl%

Normalwerte in Serum, Plasma, Vollblut 18.2

Ammoniak:	Frauen	19,5–64,6 µg/dl
	Männer	28,2–80,4 µg/dl
Laktat:		5,7–22 mg/dl

Gerinnung
Blutungszeit: 1–3 Minuten
Gerinnungszeit: 3–5 Minuten (Venenblut, Zimmertemperatur)
Retraktionszeit: 30–60 Minuten (Venenblut, Zimmertemperatur)
Prothrombinzeit (PTZ): 11–15 Sekunden (entspricht nach Quick 75–120%)
Partielle Thromboplastinzeit (PTT): 35–40 Sekunden

Blutgasanalyse (nach Astrup)

	Frauen	Männer
pH	7,35–7,44	7,34–7,44
PCO_2	32–42 mmHg	35–45 mmHg
PO_2	75–100 mmHg	75–100 mmHg
HCO_3	20–24 mmol/l	22–26 mmol/l
TCO_2	21–25 mmol/l	23–27 mmol/l
SBIC	22–26 mmol/l	22–26 mmol/l
ABE[3]	–3,3 bis +1,2 mmol/l	–2,4 bis +2,3 mmol/l
SAET (O_2-Sättigung)	95–98%	95–98%

Elektrophorese (Abb. 18-1)
Gesamt-Protein: 6,6–8,7 g/dl
Albumine: 51,3–60,5 (rel.%)
α1-Globuline: 5,1– 7,4
α2-Globuline: 6,4–10,4
β-Globuline: 8,0–13,9
γ-Globuline: 10,2–20,0

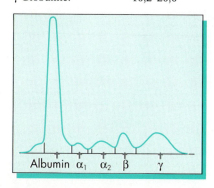

Abb. 18-1 Serumproteinfraktionen: Elektrophorese

513

18 Verschiedene Untersuchungen

18.3 Liquoruntersuchungen

Zucker: $^2/_3$ vom Blutzucker (32–82 mg/dl)
Zellen: bis $^9/_3$
Eiweiß: 0,015–0,045 g/dl

18.4 Urinuntersuchungen

pH-Wert:	4,8–7,4
spezifisches Gewicht:	1002–1020
Eiweißreaktion:	negativ
Zuckerreaktion:	negativ
Urobilinogen:	negativ bis leicht positiv
Bilirubin:	negativ
Sediment:	Plattenepithelien
Erythrozyten:	bis 4 Erythrozyten pro Gesichtsfeld
Leukozyten:	bis 3 Leukozyten pro Gesichtsfeld
Kreatinin-Clearance:	Frauen 95–160 ml/min
	Männer 98–156 ml/min
Urin-Amylase:	bis 340 U/24 h
Pankreolauryltest:	T/K > 30

514

VI. Grundlagen für die Schüleranleitung

19 Beurteilung und Gespräche

19.1 Beurteilungsschwerpunkte bei der Praxisanleitung

1. Art der auszuführenden Aufgabe
2. Pflegeanamnese: Erfassen der Patientensituation
3. Pflegeplanung: Erfassen der Aufgabe (Verstehen, Umgehen, Einschätzen)
4. Arbeitsplan: Vorgehen zur zeitlichen und organisatorischen Bewältigung
5. Materialeinsatz
6. Theoretischer Hintergrund und Umsetzungsvermögen
7. Flexibilität
8. Patientenorientiertes Verhalten: Eingehen und Einbeziehen des Patienten
9. Teamorientiertes Verhalten: Zusammenarbeit
10. Verhalten während des Arbeitsablaufes (Sicherheit, Selbständigkeit, Tempo, Konzentration und Sorgfalt)
11. Kritikfähigkeit
12. Selbsteinschätzung

19.1.1 Inhalte eines Planungsprotokolls zur Praxisanleitung

– Name (Schülerin/Schüler)
– Kurs
– Abteilung
– Station
– Praxisanleitung
– Datum   Uhrzeit (von/bis)
– Thema der Praxisanleitung
– Ziele
– Wünsche der Schülerin/des Schülers
– Aspekte der Pflegeplanung
– Name des Patienten
– Alter
– Diagnose
– Situationseinschätzung
– Probleme/Ressourcen
– Pflegeziele
– Verlaufsplanung
– Datum
– Unterschrift/Anleiter

19.1.2 Kurzbericht über den Patienten und die Pflegesituation

Die Krankenpflegeschülerin/der Schüler erstellt selbständig einen Kurzbericht.

19 Beurteilung und Gespräche

Name (Schülerin/Schüler)
Kurs
Abteilung
Station
Praxisanleitung
Datum   Uhrzeit (von/bis)
Unterschrift/Anleiter

19.2 Beurteilung des Schülers – exemplarische Praxisanleitung

Name (Schülerin/Schüler)
– Kurs
– Abteilung
– Station
– Praxisanleitung
– Datum   Uhrzeit (von/bis)

Ausprägungsgrad ist in Bezug zur Aufgabe und dem Schülerverhalten zu setzen:
1 = sehr gut   – erfüllt die Aufgabe voll
2 = gut   – erfüllt die Aufgabe weitgehend
3 = befriedigend   – erfüllt die Aufgabe ohne größere
                        Fehler
4 = ausreichend   – erfüllt die Aufgabe mit Mängeln
5 = nicht ausreichend – erfüllt die Aufgabe meist nicht

- **Erfassen der Aufgabe (Verstehen, Umgehen, Einschätzen)**
  – Vorgehen bei der Bewältigung
  – Umgang mit Materialien
  – Beachtung der Hygienegrundsätze
  – Verstehen der Zusammenhänge
  – Begründung von Maßnahmen
  – Bewältigung schwieriger Situationen
  – Eingehen auf die Bedürfnisse des Patienten
  – Zuwendung zum Patienten

- **Schülerverhalten**
  – Sicherheit
  – Selbständigkeit
  – Arbeitstempo
  – Konzentration
  – Sorgfalt
  – Engagement für die Aufgabe
  – Selbsteinschätzung
  – Äußern und Annehmen von Kritik
  – Sonstiges

Gesamte Leistungseinschätzung
Datum
Unterschrift/Anleiter

U&S U&S U&S U&S U&S U&S

Ihre Meinung interessiert uns!

Sehr geehrte Leserin, sehr geehrter Leser,
Unser Ziel ist es, für Sie das „ideale Lehrbuch" zu entwickeln.
Sie helfen uns dabei, indem Sie den Fragebogen zu **O. Kirschnick:
Pflegeleitfaden, 2. Auflage** ausfüllen und an uns zurücksenden.
Verlag Urban & Schwarzenberg – Annette Heuwinkel – Lehrerin für
Pflegeberufe – Postfach 201930 – 80019 München
Unter den Einsendern verlosen wir jährlich zum 31. Dezember
50 Büchergutscheine à 50 DM.

**1. Bitte beurteilen Sie den Pflegeleitfaden nach
den folgenden Gesichtspunkten:**

Bitte verteilen Sie Noten.	1	2	3	4	5
Lesbarkeit der Schrift	❏	❏	❏	❏	❏
Optische Seitengestaltung	❏	❏	❏	❏	❏
Qualität des Umschlags	❏	❏	❏	❏	❏
Qualität des Papiers	❏	❏	❏	❏	❏
Buchformat	❏	❏	❏	❏	❏
Vollständigkeit des Stoffes	❏	❏	❏	❏	❏
Lerngerechter Umfang	❏	❏	❏	❏	❏
Inhaltliche Strukturierung	❏	❏	❏	❏	❏
Lernhilfen, z.B. Merksätze	❏	❏	❏	❏	❏
Verständlichkeit	❏	❏	❏	❏	❏
Verhältnis Text/Abbildungen	❏	❏	❏	❏	❏

2. Besonders gefallen hat mir:

_____

_____

3. Folgendes habe ich vermißt:

_____

_____

4. Wie finden Sie die Symbole?

witzig ❏   dienen der Übersicht ❏

albern ❏   sind überflüssig ❏

Weil: _____

**5. Folgende Druckfehler, sachliche Unstimmigkeiten sind mir
aufgefallen** (Bitte Seitenzahl und Stichwort angeben):

_____

_____

6. Mit welchen Bildern bzw. Tabellen waren Sie nicht zufrieden und warum nicht? (Abbildungs- bzw. Tabellennummer angeben

_____

_____

7. Wie empfinden Sie die Überlegungen zur Pflegeplanung?

	Ja	Nein
sind von der Menge her ausreichend	❏	❏
könnten mehr sein	❏	❏
realistisch dargestellt	❏	❏
sind nicht sinnvoll	❏	❏

Weil: _____

_____

8. Arbeiten Sie mit den Lernkontrollen und dem Tätigkeitskatalog

_____

_____

	Ja	Nein
Lernkontrollen (am Kapitelende)	❏	❏
Tätigkeitskatalog	❏	❏

Weil: _____

9. Wie wurden Sie auf das Buch aufmerksam?

❏ Vorschlag von Kollegen	❏ Günstiger Preis
❏ Vorschlag von Lehrkräften	❏ Werbung
❏ Äußeres Erscheinungsbild	❏ Inhalt
❏ Buchbesprechungen	❏ auf Kongressen

10. Für welche Bereiche fehlen Ihrer Meinung nach gute Lehrbücher?

_____

_____

11. Haben Sie Anregungen, Verbesserungsvorschläge oder Wünsche für die nächste Auflage?

_____

_____

Bitte geben Sie Name und Adresse an, wenn Sie an der Verlosung für die Büchergutscheine teilnehmen wollen.

Name _____ Straße _____

Ort _____ evtl.Telefon/Beruf _____

Gesprächsprotokolle **19.3**

19.3 Gesprächsprotokolle

Um einen guten Überblick über den Verlauf eines Stationsein-
satzes zu bekommen, ist es empfehlenswert, Protokolle zu
führen. Sie unterstützen die Anleiter bei der lernzielorientierten
und individuellen Planung des Schülereinsatzes. Vor-, Zwi-
schen- und Abschlußgespräche können mit standardisierten
Protokollen zeitsparend und übersichtlich geführt werden.

– Das **Vorgespräch** sollte idealerweise schon vor Beginn des
  Einsatzes in ruhiger, entspannter Atmosphäre stattfinden.
  Dies erleichtert die Kontaktaufnahme zwischen Anleiter/in
  und Schüler/in. Genannte Wünsche beiderseits können in
  der weiteren Planung berücksichtigt werden. Unabdingbar für
  eine adäquate Anleitung ist es, den Ausbildungs- und individuellen Lernstandard des Schülers festzustellen und zu dokumentieren.

– Im **Zwischengespräch** ist es besonders wichtig zu klären, welche Lernziele erreicht, welche nicht erreicht wurden, und wie
  sich die Betroffenen (Anleiter/Schüler) den weiteren Ablauf
  des Einsatzes vorstellen.

– Das **Abschlußgespräch** muß stattfinden, bevor der Schüler
  die Station verläßt. Wiederum stellt sich die Frage, ob die
  Lernziele erreicht wurden. Es ist in dieser Phase besonders
  wichtig, dem Schüler seine Stärken und Schwächen aufzu-
  zeigen. Nur so kann eine Motivation für den Auszubildenden
  entstehen.

19.3.1 Inhalte des Vorgesprächsprotokolls

Name (Schülerin/Schüler)
Ausbildungsjahr
Name (Mentor)

• **Lernmöglichkeiten auf der Station**
  – Erwartungen des Schülers
  – Erwartungen der Station

• **Information über den neuen Einsatzbereich**
  – wesentliche Räume der Station zeigen
  – dem Team vorstellen
  – Tagesablauf
  – Dokumentationssystem
  – Dienstplan

Unterschriften der Gesprächsteilnehmer

19 Beurteilung der Gespräche

19.3.2 Inhalte des Zwischengesprächsprotokolls

Name (Schülerin/Schüler)
Ausbildungsjahr
Name (Mentor)
– Besondere Kenntnisse und Fertigkeiten
– Bisherige Entwicklung
– Welche Tätigkeiten sollten unter Anleitung bevorzugt geübt werden?
– Probleme des Schülers
– Probleme der Station/des Mentors
– Sonstiges

Unterschriften der Gesprächsteilnehmer

19.3.3 Inhalte des Abschlußgespräches

Name (Schülerin/Schüler)
Ausbildungsjahr
Name (Mentor)
Name (andere Teilnehmer, z. B. Stationsleitung)
– Was war dem Schüler beim Erlernen der Tätigkeiten eine Hilfe?
– Welche Lernziele wurden erreicht?
– Welche Lernziele wurden nicht erreicht und warum nicht?
– Was war dem Anleiter bei der Anleitung eine Hilfe?
– Wo konnte sich der Schüler aus seiner Sicht auf dieser Station besonders einbringen? Was lag ihm besonders?
– Was beeinträchtigte die Anleitung?
– Woran muß der Schüler noch arbeiten?
– Wurde die Praxisbeurteilung im Beisein des Schülers erstellt? Wenn nein, warum nicht?
– Was empfand der Schüler als positiv auf dieser Station? Was empfand er als negativ?
– Verbesserungsvorschläge zur Anleitung:

Unterschriften der Gesprächsteilnehmer

VII. Tätigkeitskatalog

VII. Tätigkeitskatalog

I.	**Inhalt**	523
II.	**Grund- und Behandlungspflege**	527
2.1	Betten und Lagern	527
	Betten eines Patienten 527 – Lagerung eines Patienten 528 – Umgang mit Lagerungshilfsmitteln 529	
2.2	Mobilisation des Patienten	531
	Mobilisation im Bett 531 – Erstes Aufstehen 531 – Umgang mit Gehhilfegeräten 532 – Patienten in Lehnstuhl setzen 532 – Rautek-Griff 532 – Aufstehen vom Stuhl 532 – Fahren eines Kranken 533 – Richtiges Heben und Tragen von Lasten 533 – Umbetten und Tragen eines Patienten 533	
2.3	Kleiden des Patienten	534
	Wäschewechsel 534	
2.4	Körperpflege	535
	Waschen des Patienten 535 – Mund- und Zahnpflege 535 – Augenpflege 536 – Nasenpflege 536 – Ohrenpflege 536 - Hautpflege 537 – Haarpflege 537 – Nagelpflege 537 – Intimpflege 538	
2.5	Essen und Trinken	539
	Hilfestellungen 539 – Sondenkost 540 – Verschiedene Kostformen 540	
2.6	Ausscheidungen	541
	Urin 541 – Stuhl 544 – Schweiß 546 – Erbrechen 546 – Sputum 546	
2.7	Für Sicherheit sorgen	547
	Prophylaktische Maßnahmen 547 – Hygiene 548 – Einrichtung eines Patientenzimmers 550 – Wahrnehmungen am Patienten 551 – Umgang mit Medikamenten 554 – Injektionen 555 – Infusionen 556 – Transfusionen 557 – Venenkatheter 558 – Injektionspumpen 558 – Physikalische Maßnahmen 559 – Sonden 560 – Umgang mit Geräten 561 – Aseptische und septische Wunden 562 – Endoskopische Untersuchungen 563 – Laboruntersuchungen 564 –Fixierung eines Patienten 564	
2.8	Kommunikation	565
2.9	Organisation und Administration	566
	Dokumentation 566 – Organisation 567 – Visite 568 – Übergabe 568	
2.10	Spezielle Pflegesituationen	569
	Pflege kranker Kinder 569 – Pflege Betagter 569 – Pflege von Behinderten 569 – Pflege von Patienten anderer Kulturkreise 569 – Umgang mit Sterbenden 570	
2.11	Neue Konzepte in der Pflege	570
	Basale Stimulation 570 – Kinästhetik 570	

Tätigkeitskatalog

III. Innere Medizin 571

3.1 Pflege bei Erkrankungen des Herzens 571
3.2 Pflege bei Erkrankungen des Bronchial- und Lungen-
systems 572
3.3 Pflege bei Erkrankungen von Magen und Darm 573
3.4 Pflege bei Erkrankungen der Leber und Gallenblase 574
3.5 Pflege bei Erkrankungen der Bauchspeicheldrüse 574
3.6 Pflege bei Tumoren 575
3.7 Pflege bei Erkrankungen der Gefäße 576
3.8 Pflege bei Erkrankungen der Nieren 577
3.9 Pflege bei Erkrankungen der Gelenke 577
3.10 Pflege bei Infektionskrankheiten 578
3.11 Pflege bei Erkrankungen des Bewußtseins 578

IV. Chirurgie 579

4.1 Spezielle Lagerungen 579
4.2 Spezielle Verbandtechniken 581
4.3 Präoperative Maßnahmen 582
4.4 Übernahme eines Patienten aus dem OP oder
Aufwachraum 584
4.5 Spezielle Prophylaxen 585
4.6 Postoperative Überwachung und Pflege 586
4.7 Umgang mit Sonden und Drainagen 587
4.8 Sachgerechtes Versorgen von Wunden 588
4.9 Verbandvisite 588
4.10 Pflege bei Wundinfektionen 589
4.11 Pflege nach Operationen am Bewegungsapparat 589
4.12 Pflege nach Unfällen 589
4.13 Pflege nach Operationen im Hals-Kopf-Bereich 590
4.14 Pflege nach Operationen am Thorax 590
4.15 Pflege nach Operationen am Abdomen 591
4.16 Pflege nach Gefäßoperationen 591
4.17 Pflege nach Amputationen 592

V. Gynäkologie 593

5.1 Gynäkologische Untersuchungen 593
5.2 Pflege bei entzündlichen Erkrankungen
des Genitales 598
5.3 Pflege vor und nach einem Abort 599
5.4 Pflege nach vaginalen und abdominalen
Operationen 600
5.5 Pflege nach Operationen an der weiblichen Brust ... 601

VI. Geburtshilfe 602

6.1 Beobachtung und Pflege der Schwangeren 602
6.2 Teilnahme bei der Geburt 604
6.3 Pflege der Wöchnerin 605

Tätigkeitskatalog

6.4	Beobachtung des Neugeborenen	609
6.5	Ernährung des Neugeborenen	610
6.6	Pflege des Neugeborenen	611
6.7	Betreuung von Mutter und Kind (Rooming-in)	611
6.8	Säuglingspflege im Inkubator	612

VII. Pädiatrie 614

7.1	Aufnahme eines kranken Kindes	614
7.2	Beschäftigung mit Kindern	614
7.3	Krankenbeobachtung bei Kindern	615
7.4	Hilfeleistungen bei Diagnostik und Therapie	616
7.5	Besonderheiten bei der Pflege kranker Kinder	616
7.6	Pflege bei Kindern mit Fieber	617
7.7	Pflege bei Kindern mit Ernährungsstörungen	617
7.8	Pflege bei Kindern mit Fehlbildungen	617

VIII. Psychiatrie 618

8.1	Aufnahme eines Patienten	618
8.2	Beobachtung und Berichterstattung	620
8.3	Für Sicherheit sorgen	621
8.4	Organisation und Administration	622
8.5	Hilfeleistungen bei Diagnostik und Therapie	623
8.6	Arbeit in der Sozialpsychiatrie	626
8.7	Pflege bei Schizophrenien	626
8.8	Pflege bei Manien und Depressionen	626
8.9	Pflege bei suizidgefährdeten Patienten	626
8.10	Pflege bei gerontopsychiatrischen Patienten	627
8.11	Pflege bei suchtkranken Patienten	627
8.12	Pflege bei Neurosen und Psychopathien	627

IX. Neurologie 628

9.1	Beobachtung und Berichterstattung	628
9.2	Hilfeleistung bei Diagnostik und Therapie	629
9.3	Pflege bei Erkrankungen des Gehirns	630
9.4	Pflege bei Erkrankungen des Rückenmarks	630
9.5	Pflege bei Erkrankungen der peripheren Nerven und Muskeln	631

X. Urologie 632

10.1	Vorbereitung und Nachsorge bei Diagnostik und Therapie	632
10.2	Möglichkeiten der Harnableitung	636
10.3	Pflege bei urologischen Erkrankungen	637
10.4	Pflege nach urologischen Operationen	639
10.5	Pflege bei verschiedenen Dialyseverfahren	640
10.6	Notfälle in der Urologie	640

525

Tätigkeitskatalog

XI. Ambulante Krankenpflege 641

11.1 Organisation und Administration 641
11.2 Information über soziale Angebote 641
11.3 Hilfestellung bei der Körperpflege 642

XII. Intensivstation 643

12.1 Aufbau und Einrichtung 643
12.2 Aufnahme und Verlegung eines Patienten 643
12.3 Pflegedokumentation 643
12.4 Umgang mit den Geräten auf einer Intensivstation ... 644
12.5 Notfallsituationen 645
12.6 Beatmung 646

XIII. Ambulanz 648

13.1 Mithilfe im Gipsraum 648
13.2 Mithilfe bei der chirurgischen Wundversorgung 648
13.3 Mithilfe bei Verbänden 649

XIV. Operationsabteilung 650

14.1 Aufbau und Einrichtung 650
14.2 Übernahme und Lagerung des Patienten 650
14.3 Hilfeleistungen vor, während und nach der Operation 651

XV. Anästhesie 653

15.1 Geräte und Materialkunde 653
15.2 Aufgaben in der Anästhesie 653
15.3 Beatmung 655
15.4 Verschiedene Anästhesieformen 656

XVI. Internistische Funktionsabteilungen 657

16.1 Aufgaben des Pflegepersonals 657
16.2 Endoskopische Untersuchungen 658
16.3 Assistenz bei Punktionen 659
16.4 Umgang mit Präparaten 659

Beachte:
**Bei den einzelnen Maßnahmen wurden Leerzeilen
für eigene Eintragungen gelassen.**

II. Grund- und Behandlungspflege

	gesehen	unter Aufsicht	selbständig
2.1 Betten und Lagern			
Betten eines Patienten			
Vor- und Nachbereitung des Pflege-/Bettenwagens			
Betten machen (leeres Bett)			
Betten eines Bettlägerigen			
Betten eines Schwerkranken			
Bettwäsche wechseln			
– leeres Bett			
– bei Bettlägerigen			
Umbetten eines Patienten			

← Theoretisch bekannt

II. Grund- und Behandlungspflege

Lagerung eines Patienten	Theoretisch bekannt	gesehen	unter Aufsicht	selbständig
Normallagerung				
Flachlagerung				
Seitenlagerung				
– 30°-Lagerung (Seite)				
– Standardseitenlagerung				
Oberkörperhochlagerung				
Beinhochlagerung				
Beintieflagerung				
Bauchlagerung				
Trendelenburg-Lage „Schocklagerung"				
Umlagern nach Plan				

Tätigkeitskatalog

II. Grund- und Behandlungspflege

Umgang mit Lagerungshilfsmitteln	gesehen	unter Aufsicht	selbständig
zur Druckentlastung			
– Gelkissen/Wasserkissen			
– Felle			
– Luftring			
– Schaumstoffkissen			
– Spezialkissen			
– Antidekubitusmatratze			
– Fersen-/Ellenbogenschoner			
– Bettbogen			

Theoretisch bekannt

Tätigkeitskatalog

II. Grund- und Behandlungspflege

	gesehen	unter Aufsicht	selbständig
Umgang mit Lagerungshilfsmitteln			
Zur Ruhigstellung/Stüzung			
– Spreukissen/Hirsekissen			
– Sandsäcke			
– Schienen			
– Knie- und Nackenrolle			
– Fixiergurte			

Theoretisch bekannt

II. Grund- und Behandlungspflege

	gesehen	unter Aufsicht	selbständig
2.2 Mobilisation des Patienten			
Mobilisation im Bett			
Anheben einer kranken Extremität			
Aufrichten im Bett			
Heben/Höherrutschen des Patienten im Bett			
Drehen und Aufsetzen en bloc			
Bewegungsübungen auf Anordnung			
Erstes Aufstehen			
vor dem Bett stehen			
Gehen mit zwei Pflegepersonen			
Gehen mit einer Pflegeperson			

Theoretisch bekannt

Tätigkeitskatalog

II. Grund- und Behandlungspflege

	gesehen	unter Aufsicht	selbständig
Umgang mit Gehhilfegeräten			
Gehstöcke (UA-Gehstütze)			
Gehbock			
Gehwagen			
Patienten in Lehnstuhl setzen			
Rautek-Griff			
Aufstehen vom Stuhl			

Theoretisch bekannt

Tätigkeitskatalog

II. Grund- und Behandlungspflege

	Theoretisch bekannt	gesehen	unter Aufsicht	selbständig
Fahren eines Kranken				
im Bett				
im Rollstuhl				
mit der Krankentrage				
Richtiges Heben und Tragen von Lasten				
Umbetten und Tragen eines Patienten				
Umgang mit dem Patientenlift				

II. Grund- und Behandlungspflege

	gesehen	unter Aufsicht	selbständig
2.3 Kleiden des Patienten			
Hilfestellung beim An- und Auskleiden			
Ankleiden zur Mobilisation			
Wäschewechsel			
Wechsel eines offenen Nachthemdes			
Wechsel eines normalen Nachthemdes			
Wechsel eines Schlafanzuges			

Theoretisch bekannt

II. Grund- und Behandlungspflege

	gesehen	unter Aufsicht	selbständig
2.4 Körperpflege			
Waschen des Patienten			
Ganzwaschung im Bett			
Hilfestellung beim Bettlägerigen			
Hilfestellung am Waschbecken			
Reinigungsbad			
Handbad beim Bettlägerigen			
Fußbad			
Mund- und Zahnpflege			
Zahnpflege natürliches Gebiß			
Zahnprothesenpflege			
Spezielle Mundpflege			
– Mundpflegetablett richten			

Theoretisch bekannt

Tätigkeitskatalog

II. Grund- und Behandlungspflege

	gesehen	unter Aufsicht	selbständig
Augenpflege			
Verabreichen von Augentropfen			
Verabreichen von Augensalbe			
Umgang mit Augenprothesen			
Umgang mit Kontaktlinsen			
Augenverbände			
Nasenpflege			
Pflege bei liegender Nasensonde			
Ohrenpflege			
Umgang mit Hörgeräten			

Theoretisch bekannt

Tätigkeitskatalog

II. Grund- und Behandlungspflege

	Theoretisch bekannt	gesehen	unter Aufsicht	selbständig
Hautpflege				
Gesicht				
Körper				
Haarpflege				
Frisieren				
Haarwäsche im Bett				
Bartpflege/Rasur				
Nagelpflege				
Fingernagelpflege				
Fußnagelpflege				

Tätigkeitskatalog

II. Grund- und Behandlungspflege

	gesehen	unter Aufsicht	selbständig
Intimpflege			
bei der Frau			
beim Mann			
bei Patienten mit Blasenkatheter			

Theoretisch bekannt

Tätigkeitskatalog

II. Grund- und Behandlungspflege

	gesehen	unter Aufsicht	selbständig
2.5 Essen und Trinken			
Mahlzeiten bestellen nach Kostform			
Mahlzeiten austeilen			
Hilfestellungen			
beim Essen			
beim Trinken/Trinkhilfen			
Eingeben von Mahlzeiten			
Zubereiten von Tee			

Theoretisch bekannt

Tätigkeitskatalog

II. Grund- und Behandlungspflege

	gesehen	unter Aufsicht	selbständig
Sondenkost			
Vorbereiten von Sondenkost			
Verabreichen von Sondenkost			
Verschiedene Kostformen			
Diabetes-Diät			
Pankreas-Diät			
Reduktionskost			
Schonkost			
Fleischfreie Kost			
Cholesterinarme Kost			
Salzarme Kost			

Theoretisch bekannt

II. Grund- und Behandlungspflege

2.6 Ausscheidungen	gesehen	unter Aufsicht	selbständig
Urin			
Uringewinnung			
– Spontanurin			
– Katheterurin			
– Katheterisieren der Harnblase			
– Einlegen eines Blasenverweilkatheters			
Pflege eines Blasenverweilkatheters			
Blasentraining			
Blasenspülung			
Blaseninstillation			
Entfernen eines Blasenverweilkatheters			
Suprapubische Blasendrainage			

Theoretisch bekannt

II. Grund- und Behandlungspflege

	gesehen		unter Aufsicht		selbständig	
Urindiagnostik						
– Veränderung des Urins						
– Spezifisches Gewicht						
– Bilanzierung						
– Uricult						
– Umgang mit Teststreifen						
– 24-Stunden-Sammelurin						
– Stundenurinmessung						

Theoretisch bekannt

II. Grund- und Behandlungspflege

	Theoretisch bekannt	gesehen	unter Aufsicht	selbständig
Pflege bei Inkontinenz				
Umgang mit				
– Urinflasche				
– Steckbecken				
– Nachtstuhl				
– Urostomiebeutel				

II. Grund- und Behandlungspflege

	gesehen	unter Aufsicht	selbständig
Stuhl			
Darmentleerung/Einläufe			
– Verabreichen eines Klysmas			
– Reinigungseinlauf			
– Hoher Einlauf			
– Heb- und Senkeinlauf			
– Medikamentöse Einläufe			
Stuhldiagnostik			
– Veränderung des Stuhls			
– Hämoccult			

Theoretisch bekannt

Tätigkeitskatalog

II. Grund- und Behandlungspflege

	gesehen	unter Aufsicht	selbständig	Theoretisch bekannt
Umgang mit Untersuchungsmaterial für Fremdlabor				
Versorgen eines Anus praeternaturalis				
Pflege bei Inkontinenz				

Tätigkeitskatalog

II. Grund- und Behandlungspflege

	gesehen	unter Aufsicht	selbständig
Schweiß			
Beobachtungskriterien			
Hilfestellung bei Schweißausbruch			
Erbrechen			
Beobachtungskriterien			
Hilfestellung bei Erbrechen			
Sputum			
Beobachtungskriterien			
Umgang mit Sputumbecher			
Entnahme und Versand von Untersuchungsmaterial			

Theoretisch bekannt

Tätigkeitskatalog

II. Grund- und Behandlungspflege

2.7 Für Sicherheit sorgen	gesehen	unter Aufsicht	selbständig
Prophylaktische Maßnahmen			
Dekubitusprophylaxe			
Kontrakturenprophylaxe			
Pneumonieprophylaxe			
Soor- und Parotitisprophylaxe			
Obstipationsprophylaxe			
Thrombose-/Embolieprophylaxe			

Theoretisch bekannt

II. Grund- und Behandlungspflege

Hygiene	gesehen	unter Aufsicht	selbständig
Umgang mit Desinfektionsmitteln			
– Herstellung von Desinfektionslösungen			
– Desinfizieren von Gegenständen			
– Hygienische Händedesinfektion			
– Fortlaufende Desinfektion bei infektiösen Patienten			
– Schlußdesinfektion/Scheuerdesinfektion			

Theoretisch bekannt

II. Grund- und Behandlungspflege

	gesehen	unter Aufsicht	selbständig
Umgang mit Sterilgut			
Umgang mit Schmutzwäsche			
– Umgang mit infizierter Wäsche			
Müllentsorgung			
– Hausmüll			
– klinischer Müll			
– Sondermüll			
Ordnung			
– im Krankenzimmer			
– im Pflegearbeitsbereich			

Theoretisch bekannt

II. Grund- und Behandlungspflege

	gesehen	unter Aufsicht	selbständig
Einrichtung eines Patientenzimmers			
Umgang mit dem Patientenbett			
Umgang mit Hilfsmitteln zum Krankenbett			
– Bettstange/Bettbügel			
– Bettrahmen (Seitengitter)			
– Fußstütze			
Umgang mit dem Krankentisch			
Umgang mit der Patientenklingel			
– Patientenruf			
– Beleuchtung			
– Kopfhörer (Radio)			

Theoretisch bekannt

II. Grund- und Behandlungspflege

Wahrnehmungen am Patienten	gesehen	unter Aufsicht	selbständig
Aussehen			
– Allgemeinzustand			
– Ernährungszustand			
– Mimik/Gestik/Sprache			
– Körperhaltung/Gang			
– Lage im Bett			
– Gewicht			
Wiegen auf der Sitzwaage			
Wiegen auf der Standwaage			
– Größe			
Messen der Körpergröße			
– Bewußtsein			
– Haut/Schleimhaut			
– Hautanhangsgebilde			

Theoretisch bekannt

II. Grund- und Behandlungspflege

	gesehen	unter Aufsicht	selbständig	Theoretisch bekannt
Appetit				
Puls				
Blutdruck				
– palpatorische Methode				
– auskultatorische Methode				
– Meßgeräte				
Temperatur				
– orale/sublinguale Messung				
– axillare Messung				
– rektale Messung				
– Umgang mit Thermometern				
– Pflege bei Fieber				

Tätigkeitskatalog

II. Grund- und Behandlungspflege

	Theoretisch bekannt	gesehen	unter Aufsicht	selbständig
Urin/Stuhl/Schweiß/Erbrechen (siehe Ausscheidungen)				
Atmung				

Tätigkeitskatalog

II. Grund- und Behandlungspflege

	gesehen	unter Aufsicht	selbständig
Umgang mit Medikamenten			
Richten von Medikamenten			
Vorschriftsmäßige Lagerung			
Kontrolle Verfallsdatum			
Verabreichung von Medikamenten			
Umgang mit Betäubungsmitteln			
Umgang mit Zytostatika			
– Beachten der Schutzmaßnahmen			
– Richten des Medikamentes			
– Handhabung am Patienten			
– Entsorgen der Materialien			
– Beobachten des Patienten			

Theoretisch bekannt

II. Grund- und Behandlungspflege

Injektionen	Theoretisch bekannt	gesehen	unter Aufsicht	selbständig
Beachten der Hygiene				
Sachgerechtes Richten				
Verabreichen von:				
– i.c. Injektionen				
– s.c. Injektionen				
Verabreichen von Insulin				
Verabreichen von Heparin				
– i.m. Injektionen				

Tätigkeitskatalog

II. Grund- und Behandlungspflege

	gesehen	unter Aufsicht	selbständig
Infusionen			
Vorbereiten einer Infusion			
Hinzufügen von Medikamenten			
Wechseln der Infusionsflasche			
Beobachten einer Infusion			
Einstellen der Tropfgeschwindigkeit			
Entfernen der Infusion			
Entfernen der Infusionskanüle			
Umgang mit einem Infusiomat			
Umgang mit einer Infusionspumpe			

Theoretisch bekannt

II. Grund- und Behandlungspflege

	gesehen	unter Aufsicht	selbständig
Transfusionen			
Vorbereiten einer Transfusion			
Richten einer Transfusion			
Patientenbeobachtung bei einer Transfusion			
Entfernen einer Transfusion			
Nachbereiten einer Transfusion			

Theoretisch bekannt

Tätigkeitskatalog

II. Grund- und Behandlungspflege

	Theoretisch bekannt	gesehen	unter Aufsicht	selbständig
Venenkatheter				
periphere Venenkatheter				
zentrale Venenkatheter				
Vorbereitung und Assistenz beim Legen				
Überwachung				
Verbandwechsel				
ZVD-Messung				
Injektionspumpen				

II. Grund- und Behandlungspflege

Physikalische Maßnahmen	gesehen	unter Aufsicht	selbständig
Wadenwickel			
Kälteanwendungen			
Wärmflasche			
Enelbin-Umschlag			
Salbenverbände			
Einreibungen			
Halskrawatte			

Theoretisch bekannt

II. Grund- und Behandlungspflege

	Theoretisch bekannt	gesehen	unter Aufsicht	selbständig
Sonden				
Legen einer Magensonde				
Pflege und Überwachung bei liegender Magensonde				
Entfernen einer Magensonde				

II. Grund- und Behandlungspflege

Umgang mit Geräten	gesehen	unter Aufsicht	selbständig
Ultraschallvernebler			
Druckluft-Inhalierer (Benett)			
Monitor			
Reflo			
O_2-Spender			
O_2-Flasche wechseln			
Infusiomat			
Perfusor			
Ernährungspumpe			
Absauggerät			

Theoretisch bekannt

Tätigkeitskatalog

II. Grund- und Behandlungspflege

	gesehen	unter Aufsicht	selbständig
Aseptische und septische Wunden			
aseptische Wunden			
– ZVK			
– PEG			
– suprapubischer Katheter			
septische Wunden			
– Ulcus cruris			
– Dekubitus			
– Gangrän			

Theoretisch bekannt

II. Grund- und Behandlungspflege

Vorbereitung und Nachsorge bei endoskopischen Untersuchungen	Theoretisch bekannt	gesehen	unter Aufsicht	selbständig
Koloskopie				
Rektoskopie				
Gastroskopie				
Sonographie				
ERCP				
Bronchoskopie				

Tätigkeitskatalog

II. Grund- und Behandlungspflege

	gesehen	unter Aufsicht	selbständig
Laboruntersuchungen			
Blutzuckerbestimmung			
Glukosebelastungstest			
Glukosetagesprofil			
HbA_1-Bestimmung			
Pankreolauryl-Test			
Captopril-Test			
H_2-Atemtest			
Fixierung eines Patienten			

Theoretisch bekannt

II. Grund- und Behandlungspflege

	gesehen	unter Aufsicht	selbständig
2.8 Kommunikation			
Gespräch mit Kranken			
– Information des Patienten			
Gespräch mit Angehörigen			
Teilnahme an Pflegebesprechungen			

Theoretisch bekannt

II. Grund- und Behandlungspflege

2.9 Organisation und Administration

Dokumentation

	gesehen	unter Aufsicht	selbständig
Eintragungen in die Temperaturkurve			
Führen von Patientenkurven			
Führen von Überwachungsbogen			
Schreiben von Übergabeberichten			
Mündliche Übergabe			
Erstellen von Pflegeplanungen			
Umgang mit einem Dokumentationssystem			
Einschätzen der Pflegebedürftigkeit nach der modifizierten Norton-Skala			

Theoretisch bekannt

II. Grund- und Behandlungspflege

	gesehen	unter Aufsicht	selbständig
Organisation			
Aufnahme eines Patienten			
Entlassung eines Patienten			
Verlegung eines Patienten			
Begleitung eines Patienten zur Untersuchung			
Meldungen und Bestellungen			
– Verwaltung			
– Archiv			
– Röntgenabteilung			
– Labor			
– Küche			
– Apotheke			
– Materialausgabe			

Theoretisch bekannt

Tätigkeitskatalog

II. Grund- und Behandlungspflege

	gesehen	unter Aufsicht	selbständig
Visite			
Vorbereitung			
Teilnahme			
Nachbereitung			
Übergabe			

Theoretisch bekannt

Tätigkeitskatalog

II. Grund- und Behandlungspflege

2.10 Spezielle Pflegesituationen	gesehen	unter Aufsicht	selbständig
Pflege kranker Kinder			
Pflege Betagter			
Pflege von Behinderten			
Pflege von Patienten anderer Kulturkreise			

Theoretisch bekannt

II. Grund- und Behandlungspflege

	gesehen	unter Aufsicht	selbständig
Umgang mit Sterbenden			
Vorbereiten der Krankensalbung			
Begleiten eines Sterbenden			
Begleiten seiner Angehörigen			
Versorgen eines Toten			
2.11 Neue Konzepte			
Basale Stimulation			
Kinästhetik			
Transport von Bett auf Stuhl			
Patient im Bett nach oben bringen			

Theoretisch bekannt

Tätigkeitskatalog

III. Innere Medizin

3.1 Pflege bei Erkrankungen des Herzens	gesehen	unter Aufsicht	selbständig
angeborene Herzerkrankungen			
Entzündungen des Herzens			
Herzklappenfehler			
koronare Herzkrankheiten			
Herzinfarkt			
Hypertonie			

Theoretisch bekannt

Tätigkeitskatalog

III. Innere Medizin

3.2 Pflege bei Erkrankungen des Bronchial- und Lungensystems

	gesehen	unter Aufsicht	selbständig
Bronchitis			
Bronchiektasen			
Asthma bronchiale			
Lungenemphysem			
Pneumonie			
Lungenfibrose			
Pleuritis			

Theoretisch bekannt

III. Innere Medizin

3.3 Pflege bei Erkrankungen von Magen und Darm

	Theoretisch bekannt	gesehen	unter Aufsicht	selbständig
Ulcus ventriculi und duodeni				
Gastritis				
Morbus Crohn				
Colitis ulcerosa				
Dickdarmpolypen				
Hämorrhoiden				

Tätigkeitskatalog

III. Innere Medizin

	Theoretisch bekannt	gesehen	unter Aufsicht	selbständig
3.4 Pflege bei Erkrankungen der Leber und Gallenblase				
Leberzirrhose				
Hepatitis				
Cholelithiasis				
3.5 Pflege bei Erkrankungen der Bauchspeicheldrüse				
Diabetes mellitus				
Pankreatitis				

III. Innere Medizin

3.6 Pflege bei Tumoren	Theoretisch bekannt	gesehen	unter Aufsicht	selbständig
Bronchialkarzinom				
Kehlkopfkarzinom				
Magenkarzinom				
Darmkarzinom				
Leberkarzinom				
Pankreaskarzinom				

Tätigkeitskatalog

III. Innere Medizin

3.7 Pflege bei Erkrankungen der Gefäße

	gesehen	unter Aufsicht	selbständig
arterielle Verschlüsse			
Thrombophlebitis			
Phlebothrombose			
Varizen			

Theoretisch bekannt

Tätigkeitskatalog

III. Innere Medizin

	gesehen	unter Aufsicht	selbständig
3.8 Pflege bei Erkrankungen der Nieren			
Zystitis			
Pyelonephritis			
Glomerulonephritis			
chronische Niereninsuffizienz			
Nierenversagen			
Nephrolithiasis			
3.9 Pflege bei Erkrankungen der Gelenke			
Arthrose			
chronische Polyarthritis			

Theoretisch bekannt

Tätigkeitskatalog

III. Innere Medizin

	gesehen	unter Aufsicht	selbständig
3.10 Pflege bei Infektionskrankheiten			
Salmonellose			
Tuberkulose			
Hepatitis			
AIDS			
3.11 Pflege bei Erkrankungen des Bewußtseins			
Bewußtseinsstörungen			
Apoplexie			
Bobath-Konzept			

Theoretisch bekannt

IV. Chirurgie

4.1 Spezielle Lagerungen

	Theoretisch bekannt	gesehen	unter Aufsicht	selbständig
mit Schienen				
– Braun-Schiene				
– flache/hohe Schaumstoffschiene				
– Krapp-Schiene				
– Kirschner-Schiene				
– elektr. Bewegungsschiene				
mit Gips				
bei Extensionen				
bei Amputationsstümpfen				

Tätigkeitskatalog

IV. Chirurgie

	gesehen	unter Aufsicht	selbständig
bei abdominalen Wunden			
bei Einschränkungen im Thoraxbereich			
bei Kopfverletzungen			

Theoretisch bekannt

IV. Chirurgie

4.2 Spezielle Verbandtechniken

	gesehen	unter Aufsicht	selbständig	Theoretisch bekannt
Kopfhaubenverband (Schlauchmull)				
Fingerverband (Schlauchmull)				
Handverband				
Knie-Ellenbogen-Verband				
Rucksackverband				
Fußverband				
Brustverband				
Desault-Verband				
Halskrawatte				
Tape-Verbände				
Gilchrist-Bandage				

Tätigkeitskatalog

IV. Chirurgie

4.3 Präoperative Maßnahmen	gesehen	unter Aufsicht	selbständig
Einlauf/Klysma			
Rasieren des OP-Gebietes			
Ganzwaschung/Vollbad			
Psychische Betreuung			
Ernährung/Nahrungskarenz			
Blase entleeren lassen			
Legen eines Dauerkatheters			
Entfernen von Zahnprothesen, Schmuck, Nagellack, Make-up			
Anpassen und Anziehen von Antithrombosestrümpfen			
Anziehen des OP-Hemdes			

Theoretisch bekannt

Tätigkeitskatalog

IV. Chirurgie

	Theoretisch bekannt	gesehen	unter Aufsicht	selbständig
Verabreichung der Prämedikation				
Administrative Aufgaben (Dokumentation, Kurve, Unterlagen)				
Übergabe an den Operationssaal				

IV. Chirurgie

4.4 Übernahme eines Patienten aus dem OP oder Aufwachraum	gesehen	unter Aufsicht	selbständig
Informationen erfragen			
(ausgeführte OP, OP-Verlauf, Anästhesieform, Zustand des Patienten, intraoperativ angelegte Sonden, Katheter, Drainagen, verordnete Nachbehandlung)			
Transport des Patienten			

Theoretisch bekannt

IV. Chirurgie

4.5 Spezielle Prophylaxen

	gesehen	unter Aufsicht	selbständig
Anlegen der Bauchbinde			
Hilfe beim postoperativen Abhusten			
Kompressionsverbände			
Atemgymnastik/Totraumvergrößerer			
Luftbefeuchtung			
Triflow			

Theoretisch bekannt

Tätigkeitskatalog

IV. Chirurgie

4.6 Postoperative Überwachung und Pflege	gesehen	unter Aufsicht	selbständig
nach den Anästhesieformen			
– Vollnarkose			
– Lokalanästhesie			
– Infiltrationsanästhesie			
– Spinalanästhesie			
– Leitungsanästhesie			
– Periduralanästhesie			
Blutungs- und Wundkontrolle			
Vitalfunktionskontrolle			
Flüssigkeitsbilanz			
Mobilisation			
operationsspezifischer Ernährungsplan			

← Theoretisch bekannt

IV. Chirurgie

4.7 Umgang mit Sonden und Drainagen

	Theoretisch bekannt	gesehen	unter Aufsicht	selbständig
Redon-Drainage				
Bülau-Drainage				
Kurz-, Mittel- und Langdrain				
Robinson-Drainage				
T-Drain				
Magensonde				

IV. Chirurgie

	gesehen	unter Aufsicht	selbständig
4.8 Sachgerechtes Versorgen von Wunden			
Verbandwechsel mit und ohne Wundbehandlung			
Umgang mit Wundversorgungsmaterial			
Umgang mit Sterilgut			
Entfernung von Klammern und Fäden			
Spezielle Verbände			
4.9 Verbandvisite			
Vorbereitung			
Teilnahme			
Nachbereitung			
Nachsorge des Verbandwagens			

Theoretisch bekannt

IV. Chirurgie

	Theoretisch bekannt	gesehen	unter Aufsicht	selbständig
4.10 Pflege bei Wundinfektionen				
4.11 Pflege nach Operationen am Bewegungsapparat				
4.12 Pflege nach Unfällen				
Schädel-Hirn-Traumen				
Verbrennungen				

Tätigkeitskatalog

IV. Chirurgie

	gesehen	unter Aufsicht	selbständig
4.13 Pflege nach Operationen im Hals-Kopf-Bereich			
Struma-OP			
4.14 Pflege nach Operationen am Thorax			
Lungen-OP			

← Theoretisch bekannt

IV. Chirurgie

	gesehen	unter Aufsicht	selbständig
4.15 Pflege nach Operationen am Abdomen			
Magen-OP			
Gallen-OP			
Darm-OP			
Appendektomie			
Anus praeternaturalis			
4.16 Pflege nach Gefäßoperationen			
Varizen-OP			
Embolektomie			
Bypass-OP			
Gefäßplastiken			

Theoretisch bekannt

Tätigkeitskatalog

IV. Chirurgie

4.17 Pflege nach Amputationen

Theoretisch bekannt	gesehen	unter Aufsicht	selbständig

Tätigkeitskatalog

V. Gynäkologie

	gesehen	unter Aufsicht	selbständig
5.1 Gynäkologische Untersuchungen			
Spekulumuntersuchung			
Sekretabstriche			
Kolposkopie			
Brustuntersuchung			
Ultraschalluntersuchung			
Entnahme von Untersuchungsmaterial			
Blut			
Urin/Stuhl			
Abortmaterial			

Theoretisch bekannt

593

Tätigkeitskatalog

V. Gynäkologie

	gesehen	unter Aufsicht	selbständig
Tamponaden ziehen			
Spülungen des äußeren Genitales			
Beobachtung von Vaginalsekreten (Ausfluß)			

Theoretisch bekannt

V. Gynäkologie

Vorbereitung der Patientinnen zu gynäkologischen Operationen	gesehen	unter Aufsicht	selbständig
Rasur			
prophylaktische Maßnahmen			
Einlauf			
Reinigungsbad/Ganzwaschung			
Vorbereitung der Dokumente			
Vorbereitung des Bettes			
Prämedikation			
Begleitung in den OP-Saal			
Vorbereitung des Krankenzimmers			

Theoretisch bekannt

V. Gynäkologie

Postoperative Überwachung und Pflege

	gesehen	unter Aufsicht	selbständig
Übernahme aus dem OP-Saal			
– mündliche Information			
– Dokumente			
– Verlegung auf Wachstation			
– Verlegung auf Station			
– Infusionsplan			
– Vitalzeichenkontrolle			
– Lagern und Betten			
– Flüssigkeitsbilanz			
– Wundkontrolle			
– Blutungskontrolle			
– Ernährungsplan			

Theoretisch bekannt

V. Gynäkologie

	gesehen	unter Aufsicht	selbständig
Überwachen von:			
– Sonden			
– Drainagen			
– Saugsystemen			
Verbandwechsel			
– aseptisch			
– septisch			
– spezielle Wundbehandlung			
Stomaversorgung			
– Hilfestellung			
– Anleitung der Patientin			
– psychische Betreuung			
spezielle Genitalpflege			

Theoretisch bekannt

Tätigkeitskatalog

V. Gynäkologie

5.2 Pflege bei entzündlichen Erkrankungen des Genitales	gesehen	unter Aufsicht	selbständig
Adnexitis			
Bartholinitis			
Kolpitis			
Endometritis			
Salpingitis			
Parametritis			
Gonorrhoe			
Lues			

Theoretisch bekannt

V. Gynäkologie

5.3 Pflege vor und nach einem Abort

	gesehen	unter Aufsicht	selbständig
Abortus imminens			
Abortus incipiens			
Abortus incompletus			
Abortus completus			
Abortus spontaneus			

Theoretisch bekannt

V. Gynäkologie

5.4 Pflege nach vaginalen und abdominalen Operationen

	gesehen	unter Aufsicht	selbständig
Cerclage			
Kürettage			
Konisation der Portio			
Douglaspunktion/-inzision			
vaginale Hysterektomie			
abdominale Hysterektomie			
Laparotomie			
Tubensterilisation			

Theoretisch bekannt

Tätigkeitskatalog

V. Gynäkologie

5.5 Pflege nach Operationen an der weiblichen Brust

	gesehen	unter Aufsicht	selbständig
Probeexzision (PE)			
Ablatio			
PE mit Axillarausräumung			
Sekundärheilungen			

Theoretisch bekannt

VI. Geburtshilfe

	gesehen	unter Aufsicht	selbständig
6.1 Beobachtung und Pflege der Schwangeren			
Körperpflege			
Psychische Betreuung			
bei vorzeitiger Wehentätigkeit			
i.v. Tokolyse			
orale Tokolyse			
RDS-Prophylaxe			
CTG-Kontrolle			
bei vorzeitigem Blasensprung			
strenge Bettruhe			
Abspülen im Bett			
rektale und axillare Temperaturkontrolle			

Theoretisch bekannt

VI. Geburtshilfe

	gesehen	unter Aufsicht	selbständig
Kontrolle der Vorlage			
Vaginaltabletten			
Ultraschalldiagnostik			
Pflege der Schwangeren mit EPH-Gestose			
Diät			
Blutdruckkontrolle			
Sammelurin (Biuret-Test)			
Einlagerungen			
Gewichtskontrolle			

Theoretisch bekannt

VI. Geburtshilfe

6.2 Teilnahme bei der Geburt

	gesehen	unter Aufsicht	selbständig
normale Geburt			
Zangengeburt/Vakuumextraktion			
Beckenendlage			
Kaiserschnitt			
Fäden entfernen			
vaginale Untersuchungen			
Amnioskopie			

Theoretisch bekannt

Tätigkeitskatalog

VI. Geburtshilfe

6.3 Pflege der Wöchnerin	gesehen	unter Aufsicht	selbständig
Übernahme aus dem Kreißsaal			
Überwachung			
– Lagerung beachten			
– Infusionen			
– Vitalzeichenkontrolle			
– Ausscheidungen			
– Wochenfluß			
– Nachwehen			
– erstes Aufstehen			
Wöchnerin psychisch betreuen			
Bereitstellen von Bedarfsmitteln im Wochenbett			

Theoretisch bekannt

Tätigkeitskatalog

VI. Geburtshilfe

	gesehen	unter Aufsicht	selbständig
Information der Wöchnerin über Tagesablauf, Pflege und Behandlungsmaßnahmen			
– Wochenbettgymnastik			
– Brustpflege			
– Ernährung während der Stillzeit			
Spezielle Pflege der Wöchnerin			
– Information der Wöchnerin (Hygiene)			
– Abspülen im Bett			
– Abspülen auf Bidet			
– Entsorgen der Vorlage			
Pflege bei Episiotomie			
Pflege bei Dammriß			

Theoretisch bekannt

Tätigkeitskatalog

VI. Geburtshilfe

	gesehen	unter Aufsicht	selbständig
Pflege bei Sekundärnaht			
– Anwendung von Salbentupfern			
Überwachung und Pflege bei Fieber im Wochenbett			
– Lochienstau			
– Thrombose			
Pflege und Überwachung bei atonischer Nachblutung			

Theoretisch bekannt

VI. Geburtshilfe

	gesehen	unter Aufsicht	selbständig
Pflege nach Kaiserschnitt			
Beobachtung des OP-Gebietes			
Vitalzeichenkontrolle			
Infusionsüberwachung			
Frühmobilisation			
Saugdrainage			
Darmtätigkeit			
Ernährungsplan			

Theoretisch bekannt

VI. Geburtshilfe

	gesehen	unter Aufsicht	selbständig
6.4 Beobachtung des Neugeborenen			
Aussehen und Hautfarbe			
Atmung			
Herz und Kreislauf			
Temperatur			
erster Stuhlgang			
Urin			
Gewicht			
Neugeborenen-Gelbsucht			
Vorbereitung von Pflegematerialien			
Bettchen			
Wäsche			
Pflegeutensilien			

⌐ Theoretisch bekannt

Tätigkeitskatalog

VI. Geburtshilfe

6.5 Ernährung des Neugeborenen	gesehen	unter Aufsicht	selbständig
Berechnung der Nahrungsmenge			
– Zubereitung der Nahrung			
Reinigung und Aufbewahrung sowie Umgang mit			
– Flaschen			
– Sauger			
– Milchpumpe			

← Theoretisch bekannt

VI. Geburtshilfe

	gesehen	unter Aufsicht	selbständig
6.6 Pflege des Neugeborenen			
Anlegen			
Füttern			
Wiegen			
Wickeln			
tägliches Waschen/Baden			
Nabelpflege			
Hautpflege			
Haarpflege			
Ohr- und Nasenpflege			
6.7 Betreuung von Mutter und Kind (Rooming-in)			

Theoretisch bekannt

Tätigkeitskatalog

VI. Geburtshilfe

	gesehen	unter Aufsicht	selbständig
6.8 Säuglingspflege im Inkubator			
Waschen			
Nabelpflege			
Wickeln			
Vitalzeichenkontrolle			
Hilfeleistung bei ärztlichen Maßnahmen			
Halten des Kindes			
Vorbereitung der Hilfsmittel			
unsterile/sterile Assistenz			
Nachsorge des Kindes			

Theoretisch bekannt

Tätigkeitskatalog

VI. Geburtshilfe

Hilfeleistungen bei der Entnahme von Untersuchungsmaterial	gesehen	unter Aufsicht	selbständig
Blut			
Urin			
Stuhl			

Theoretisch bekannt

Tätigkeitskatalog

VII. Pädiatrie

	gesehen	unter Aufsicht	selbständig
7.1 Aufnahme eines kranken Kindes			
Krankenhausaufnahme			
kindgerechte Informationen			
Umgang mit Eltern			
7.2 Beschäftigung mit Kindern			

Theoretisch bekannt

VII. Pädiatrie

7.3 Krankenbeobachtung bei Kindern	gesehen	unter Aufsicht	selbständig
Blutdruck			
Atmung			
Körpertemperatur			
Verhalten/Bewußtsein			
Schlaf			
Ernährungszustand			
Ausscheidungen			
Entwicklungszustand			

Theoretisch bekannt

VII. Pädiatrie

	gesehen	unter Aufsicht	selbständig
7.4 Hilfeleistungen bei Diagnostik und Therapie			
Gewinnung von Untersuchungsmaterialien			
Halten des Kindes bei Untersuchungen und Eingriffen			
Verabreichung von Medikamenten			
Injektionen			
Infusionen			
Inhalationen			
7.5 Besonderheiten bei der Pflege kranker Kinder			
Windeln			
Urinflaschen/Topf			

Theoretisch bekannt

VII. Pädiatrie

	selbständig	unter Aufsicht	gesehen	Theoretisch bekannt
7.6 Pflege bei Kindern mit Fieber				
7.7 Pflege bei Kindern mit Ernährungsstörungen				
7.8 Pflege bei Kindern mit Fehlbildungen				

Tätigkeitskatalog

VIII. Psychiatrie

	gesehen	unter Aufsicht	selbständig
8.1 Aufnahme eines Patienten			
Personalien aufnehmen			
Freiwilligkeitserklärung			
Information des Patienten			
Stationsablauf (Info-Blatt)			
Räumlichkeiten			
Besuchsregelung			
Ausscheidungen			
Eß- und Trinkgewohnheiten			

Theoretisch bekannt

VIII. Psychiatrie

	Theoretisch bekannt	gesehen	unter Aufsicht	selbständig
Notwendige Sicherheitsmaßnahmen				
– vorübergehende Aufbewahrung von persönlichen Gegenständen				
– verschlossene Türen				
– absolutes Verbot von Alkohol, Drogen, Medikamenten				

VIII. Psychiatrie

8.2 Beobachtung und Berichterstattung

	gesehen	unter Aufsicht	selbständig
Dokumentation			
– Verhalten			
– Kommunikation			
– Erscheinungsbild			
– Motorik			
– Ausscheidungen			
– Eß- und Trinkgewohnheiten			

Theoretisch bekannt

VIII. Psychiatrie

	Theoretisch bekannt	gesehen	unter Aufsicht	selbständig
8.3 Für Sicherheit sorgen				
Schlüsselgebrauch				
Kontrolle von Besuchern				
Sorgfältiger Umgang mit Schlüssel				
Funktion der Alarmanlage				
Fixierung von Patienten				
Besonderheiten des Krankenbettes				
Notfallbett				
am Patientenbett				
– Haltebügel festgeschraubt				

Tätigkeitskatalog

VIII. Psychiatrie

8.4 Organisation und Administration

	gesehen	unter Aufsicht	selbständig
Teilnahme an			
– Stationsbesprechungen			
– Personalbesprechungen			
– Frühbesprechungen			
– Fallbesprechungen			
– Supervision			

Theoretisch bekannt

VIII. Psychiatrie

8.5 Hilfeleistungen bei Diagnostik und Therapie

	gesehen	unter Aufsicht	selbständig
Arbeitstherapie			
Beschäftigungstherapie			
Autogenes Training			
Körpertherapie			
Biofeedback			
Unabhängige Beschäftigungen			
– Spazierengehen			
– Spielen			
– Basteln			
– Singen			

Theoretisch bekannt

VIII. Psychiatrie

	gesehen	unter Aufsicht	selbständig
Kennenlernen von:			
– Therapiegruppen			
– Suchtgruppen			
– Selbstfindungsgruppen			
– Kontaktgruppen			
Visite			

Theoretisch bekannt

VIII. Psychiatrie

	gesehen	unter Aufsicht	selbständig
Umgang mit Medikamenten			
Verabreichen			
Überwachung der Einnahme			
Erkennen von Nebenwirkungen			
– Bewegungseinschränkungen			
– Mundtrockenheit/Speichelfluß			
– Bewußtseinszustand			
– Blutdruck und Puls			
– Obstipation			
Kennenlernen verschiedener Medikamentengruppen			
– Neuroleptika			
– Antidepressiva			
– Antiepileptika			
– Tranquilizer			

Theoretisch bekannt

Tätigkeitskatalog

VIII. Psychiatrie

	gesehen	unter Aufsicht	selbständig
8.6 Arbeit in der Sozialpsychiatrie			
Begleitung des Patienten bei Verlegungsfahrten			
Möglichkeit der Nachbetreuung			
8.7 Pflege bei Schizophrenien			
8.8 Pflege bei Manien und Depressionen			
8.9 Pflege bei suizidgefährdeten Patienten			

Theoretisch bekannt

Tätigkeitskatalog

VIII. Psychiatrie

	Theoretisch bekannt	gesehen	unter Aufsicht	selbständig
8.10 Pflege bei geronto-psychiatrischen Patienten				
8.11 Pflege bei suchtkranken Patienten				
8.12 Pflege bei Neurosen und Psychopathien				

Tätigkeitskatalog

IX. Neurologie

9.1 Beobachtung und Berichterstattung

	gesehen	unter Aufsicht	selbständig
Lähmungen			
Sensibilitätsstörungen			
Koordinationsstörungen			
Sprachstörungen und Störungen anderer Leistungen			
extrapyramidale Störungen			
Anfälle			

Theoretisch bekannt

Tätigkeitskatalog

IX. Neurologie

9.2 Hilfeleistung bei Diagnostik und Therapie	gesehen	unter Aufsicht	selbständig
neurologische Untersuchungen			
klinisch-chemische Untersuchungen			
röntgenologische Untersuchungen			
elektrophysiologische Untersuchungen			
Szintigraphie			
Liquoruntersuchungen			
Punktionen			
Hirndurchblutungsmessungen			

← Theoretisch bekannt

629

Tätigkeitskatalog

IX. Neurologie

	gesehen	unter Aufsicht	selbständig
9.3 Pflege bei Erkrankungen des Gehirns			
Anfälle			
Durchblutungsstörungen			
Entzündungen			
Tumoren			
Schädel-Hirn-Trauma			
Hirnblutungen			
Parkinson-Syndrom			
9.4 Pflege bei Erkrankungen des Rückenmarks			
Multiple Sklerose			
Querschnittslähmung			

Theoretisch bekannt

IX. Neurologie

9.5 Pflege bei Erkrankungen der peripheren Nerven und Muskeln

	Theoretisch bekannt	gesehen	unter Aufsicht	selbständig
Polyneuropathie				
Myopathien				

Tätigkeitskatalog

X. Urologie

	Theoretisch bekannt	gesehen	unter Aufsicht	selbständig
10.1 Vorbereitung und Nachsorge bei Diagnostik und Therapie				
Allgemeinuntersuchungen				
Harnuntersuchungen				
Schnelltests				
Sediment				
Kultur- und Resistenzbestimmungen				

X. Urologie

	gesehen	unter Aufsicht	selbständig
Röntgenuntersuchungen			
Abdomen-Leeraufnahme			
Tomographie			
Infusionsurogramm			
retrogrades Pyelogramm			
retrogrades Urethrogramm			
Refluxzystogramm			
renale Angiographie			
Computertomographie			

Theoretisch bekannt

X. Urologie

	gesehen	unter Aufsicht	selbständig
Urodynamische Prüfungen			
Uroflowmetrie			
Zystometrie			
Nierenfunktionsprüfungen			
Bestimmung des spezifischen Gewichts			
Pitressin-Test			
Clearance-Untersuchungen			
Serumkreatinin			
weitere Untersuchungen			
Restharnbestimmungen			
Urin-pH-Profil			
Sammelurin			
Ultraschalluntersuchungen			
Zystoskopie			

Theoretisch bekannt

X. Urologie

Entnahme von Untersuchungs-materialien	Theoretisch bekannt	gesehen	unter Aufsicht	selbständig
Spontanurin				
Mittelstrahlurin				
Katheterurin				
Punktionsurin				
Wundabstrich				
Ejakulat				
Blasenspülung				
Blasendauerspülung				
Blaseninstillation				
Blasenpunktion				

X. Urologie

	gesehen	unter Aufsicht	selbständig
10.2 Möglichkeiten der Harnableitung			
Einmalkatheter			
Dauerkatheter			
Ureterkatheter			
Nephrostomie-Drainage			
suprapubische Harnableitung			
Urostoma			
Ureterosigmoideostomie			
Ileum-Conduit			
Kolon-Conduit			

└── Theoretisch bekannt

X. Urologie

	Theoretisch bekannt	gesehen	unter Aufsicht	selbständig
10.3 Pflege bei urologischen Erkrankungen				
Pflege bei Steinleiden				
Pflege bei Tumoren der Niere, der ableitenden Harnwege und der Hoden				
Hypernephrom				
Karzinom				
Seminom				
Papillom				
Adenom				

X. Urologie

	gesehen	unter Aufsicht	selbständig	Theoretisch bekannt
Pflege bei entzündlichen Erkrankungen				
Nephritis/Glomerulonephritis				
Pyelonephritis				
Pyonephrose				
Zystitis				
Urethritis				
Prostatitis				
Orchitis				
Epididymitis				
Pflege bei Entleerungsstörungen				
Ektasie				
Hydronephrose				
Harnröhrenstriktur				

X. Urologie

10.4 Pflege nach urologischen Operationen

Operationen	gesehen	unter Aufsicht	selbständig
Nephrektomie			
Polresektion			
Nierenbeckenplastik			
Pyelotomie			
Pyelolithotomie			
Ureterolithotomie			
Zystektomie			
Elektroresektion der Prostata			
Prostatektomie			
Operationen bei Fehlbildungen im Urogenitalsystem			

Theoretisch bekannt

X. Urologie

	gesehen	unter Aufsicht	selbständig
10.5 Pflege bei verschiedenen Dialyseverfahren			
Hämodialyse			
Peritonealdialyse			
10.6 Notfälle in der Urologie			
akutes Harnverhalten			
Anurie			
Hodentorsion			
Paraphimose			
Priapismus			
Steinkoliken			
Hämaturie			
Verletzungen			

Theoretisch bekannt

XI. Ambulante Krankenpflege

	gesehen	unter Aufsicht	selbständig
11.1 Organisation und Administration			
Dienstbesprechungen			
Tourenplan-Leistungskarten			
Beschaffung von Pflegehilfsmitteln und Medikamenten			
11.2 Information über soziale Angebote			
Kontakte zur Umwelt			
Hilfe im Haushalt			
Fahrdienste			
Hausnotruf			
Essen auf Rädern			
Hilfsmitteldepots			
Individuelle Schwerstbehinderten-Betreuung			

Theoretisch bekannt

XI. Ambulante Krankenpflege

11.3 Hilfestellung bei der Körperpflege	gesehen	unter Aufsicht	selbständig
sachgerechter Einsatz von Pflegemitteln und Hilfsmitteln			
Betten und Lagern im Normalbett			
Anbieten von Beschäftigung			
stufenweise Mobilisation und Aktivierung			
Informieren und Anleiten von Angehörigen			

Theoretisch bekannt

Tätigkeitskatalog

XII. Intensivstation

	gesehen	unter Aufsicht	selbständig
12.1 Aufbau und Einrichtung			
12.2 Aufnahme und Verlegung eines Patienten			
12.3 Pflegedokumentation			
Zusätzliche Protokolle			
Pflegeübergabebericht			

Theoretisch bekannt

XII. Intensivstation

12.4 Umgang mit den Geräten auf einer Intensivstation	gesehen	unter Aufsicht	selbständig
EKG-Monitor (EKG- und Pulsfrequenz-Messung)			
Zusatzmonitore			
blutig-arterielle Blutdruckmessung			
zentrale Venendruck-Messung			
Temperaturmessung			
Infusionspumpe			
Injektionspumpe			
Ernährungspumpe			
Vakuumeinheit für Thoraxdrainagen			
Ultraschallvernebler			
Defibrillator			
Beatmungsgeräte			

Theoretisch bekannt

XII. Intensivstation

	gesehen	unter Aufsicht	selbständig
Hygienemaßnahmen			
laufende Desinfektionsmaßnahmen			
Aufbereitung zur Sterilisation			
12.5 Notfallsituationen			
bei chirurgischen Patienten			
bei internistischen Patienten			
bei gynäkologischen Patientinnen			

Theoretisch bekannt

XII. Intensivstation

	gesehen	unter Aufsicht	selbständig
12.6 Beatmung			
Pflege, Versorgung, Überwachung eines intubierten/tracheotomierten Patienten			
– Intubation vorbereiten			
– bei der Intubation assistieren			
– Bronchialtoilette			
– Mundpflege			
– Beutelbeatmung			
– Lagerungen			
Defibrillation			

Theoretisch bekannt

Tätigkeitskatalog

XII. Intensivstation

Reanimation	Theoretisch bekannt	gesehen	unter Aufsicht	selbständig
Ein-Helfer-Methode				
Zwei-Helfer-Methode				
Medikamente				

XIII. Ambulanz

	Theoretisch bekannt	gesehen	unter Aufsicht	selbständig
13.1 Mithilfe im Gipsraum				
Anlegen von Gipsschienen				
Mithilfe bei Gipsverbänden				
Anlegen von Kunststoffverbänden				
13.2 Mithilfe bei der chirurgischen Wundversorgung				
Vorbereitung				
Wundversorgung				
Nachbereitung				
Wundreinigung				
Tetanusprophylaxe				

Tätigkeitskatalog

XIII. Ambulanz

13.3 Mithilfe bei Verbänden	gesehen	unter Aufsicht	selbständig
Desault-Verband/Gilchrist-Verband			
Rucksackverband			
Schlauchmullverbände			
Kopfverband			
spezielle Schienen			
Tape-Verbände			
Aufbereitung von Instrumenten			
Raumdesinfektion			

Theoretisch bekannt

XIV. Operationsabteilung

	gesehen	unter Aufsicht	selbständig
14.1 Aufbau und Einrichtung			
Personalschleuse			
Patientenschleuse			
Narkoseeinleitungs- und Ausleitungsdiagramm			
Waschraum			
aseptische/septische OP-Räume			
Sterilisationsräume			
14.2 Übernahme und Lagerung des Patienten auf dem OP-Tisch			
zu verschiedenen Operationen			
unter Beachtung der Gefahr			
von Druckstellen und Nervenlähmung			

Theoretisch bekannt

XIV. Operationsabteilung

	gesehen	unter Aufsicht	selbständig
14.3 Hilfeleistungen vor, während und nach der Operation			
Mithilfe bei der täglichen Vorbereitung der OP-Säle			
Waschraum			
Springer-Funktion			
chirurgische Händedesinfektion			
steriles Anreichen von Materialien			
Schließen der sterilen Kittel			
Anreichen steriler Handschuhe			
Anschließen von Geräten			
Übergabe des Patienten an das Personal der übernehmenden Station			

Theoretisch bekannt

XIV. Operationsabteilung

	Theoretisch bekannt	gesehen	unter Aufsicht	selbständig
Entsorgung von Wäsche und Abfällen				
Mithilfe beim Aufräumen und Reinigen der OP-Räume, -Tische und -Wagen				
Mithilfe beim Desinfizieren und Reinigen, Verpacken und Sterilisieren von Instrumenten und sonstigen Materialien				

Tätigkeitskatalog

XV. Anästhesie

	gesehen	unter Aufsicht	selbständig
15.1 Geräte und Materialkunde			
Narkoseapparat/Zubehör			
– Aufbau			
– Funktion			
– Reinigung			
– Desinfektion			
– Sterilisation			
15.2 Aufgaben in der Anästhesie			
Kontrolle der Vitalfunktionen			
Atmung			
Herz/Kreislauf			
Bewußtsein			

Theoretisch bekannt

XV. Anästhesie

	gesehen	unter Aufsicht	selbständig
Überwachung von Infusionen, Transfusionen und zentralen Venenkathetern			
Assistenz bei der Intubation und Extubation			

Theoretisch bekannt

XV. Anästhesie

	gesehen	unter Aufsicht	selbständig	Theoretisch bekannt
15.3 Beatmung				
Assistierte Beatmung mit				
Maske				
Tubus				
Kontrollierte Beatmung mit				
Tubus				
Freihalten der Atemwege durch				
Überstrecken des Halses				
Einlegen eines Pharyngealtubus				
Absaugen von Mund und Rachen				

Tätigkeitskatalog

XV. Anästhesie

	Theoretisch bekannt	gesehen	unter Aufsicht	selbständig
15.4 Verschiedene Anästhesieformen				
Allgemeinanästhesie				
Regionalanästhesie				
Übergabe des Patienten an den Aufwachraum oder an die Station				

XVI. Internistische Funktionsabteilungen

16.1 Aufgaben des Pflegepersonals	Theoretisch bekannt	gesehen	unter Aufsicht	selbständig
Instrumentelle Vorbereitung des Eingriffes				
Patientenvorbereitung				
Assistenz während des Eingriffes				
Patientenbetreuung und -überwachung				
Übergabe des Patienten				
Nacharbeiten				

XVI. Internistische Funktionsabteilungen

16.2 Endoskopische Untersuchungen

	gesehen	unter Aufsicht	selbständig
Gastroskopie			
Koloskopie			
Rektoskopie			
Bronchoskopie			
Laparoskopie			
ERCP			

Theoretisch bekannt

XVI. Internistische Funktionsabteilungen

	gesehen	unter Aufsicht	selbständig
16.3 Assistenz bei Punktionen			
Pleurapunktion			
Leberpunktion			
Sternalpunktion			
Beckenkammbiopsie			
Lumbalpunktion			
16.4 Umgang mit Präparaten			
Reinigung und Pflege von Endoskopen und Instrumenten			

Theoretisch bekannt

Literatur

Alken, C.: Urologie, Georg Thieme, Stuttgart–New York 1979.

Arens-Azevedo, U.: Ernährungslehre (zeitgemäß und praxisnah), Schroedel-Schulbuchverlag, Hannover 1990.

Arns, W., K. Jochheim: Neurologie und Psychiatrie für Krankenpflegeberufe, Georg Thieme, Stuttgart–NewYork 1978.

Bartels, H., P. Bartels: Physiologie, Urban & Schwarzenberg GmbH, München–Wien–Baltimore 1991.

Bienstein, C., A. Fröhlich: Basale Stimulation in der Pflege, Verlag selbstbestimmtes Leben, Düsseldorf 1991.

Brehm, H. K.: Frauenheilkunde und Geburtshilfe, Georg Thieme, Stuttgart–New York 1991.

Das neue Lehrbuch für Krankenpflege, Kohlhammer-Verlag, Stuttgart–Berlin–Köln 1992.

Donath, H.: Innere Medizin, Schattauer-Verlag, Stuttgart–New York 1993.

Gäde, A.: Intensiv-Pflege, Fa. Fresenius AG, Bad Homburg 1992.

Gorgaß, B., F. W. Ahnefeld: Rettungsassistent und Rettungssanitäter, Springer-Verlag, Berlin–Heidelberg–New York–London–Paris–Tokyo-Hongkong 1989.

Hatch, F., L. Maietta, S. Schmidt: Kinästhetik, Verlag Krankenpflege, Eschborn 1992.

Hertl, M.: Kinderheilkunde und Kinderkrankenpflege, Georg Thieme, Stuttgart–New York 1989.

Hexal Taschenlexikon Medizin, Urban & Schwarzenberg GmbH, München–Wien–Baltimore 1994.

Huber, A., u.a.: Checkliste Krankenpflege, Georg Thieme, Stuttgart–New York 1989.

Juchli, L.: Krankenpflege, Georg Thieme, Stuttgart–New York 1991.

Karavias, T., M. Mischo-Kelling: Chirurgie und Pflege, Schattauer-Verlag, Stuttgart–New York 1994.

Kaspar, H.: Ernährungslehre und Diätetik, Urban & Schwarzenberg GmbH, München–Wien–Baltimore 1991.

Lippert, H.: Anatomie, Text und Atlas, Urban & Schwarzenberg GmbH, München–Wien–Baltimore 1989.

Mehrle, G.: Augenheilkunde für Krankenpflegeberufe, Urban & Schwarzenberg GmbH, München–Wien–Baltimore 1991.

Melzer, H., M. Walter: Arzneimittellehre, Urban & Schwarzenberg GmbH, München–Wien–Baltimore 1993.

Mischo-Kelling, M., H. Zeidler: Innere Medizin und Krankenpflege, Urban & Schwarzenberg GmbH, München–Wien–Baltimore 1992.

Pschyrembel, Walter de Gruyter, Berlin–New York 1993.

Robinson, J.: Erfolgreiche Bewältigung neurologischer Probleme, Georg Thieme, Stuttgart–New York 1983.

Roche Lexikon Medizin, Urban & Schwarzenberg GmbH, München–Wien–Baltimore 1987.

Literatur

Schiefele, J., I. Staudt, M. Dach: Praxis der Altenpflege, Urban & Schwarzenberg GmbH, München–Wien–Baltimore 1992.

Stenger, E.: Verbandlehre, Urban & Schwarzenberg GmbH, München–Wien–Baltimore 1993

Ungerer, O.: Der gesunde Mensch, Dr. Felix Büchner-Verlag, Hamburg 1985.

Wichmann, V.: Kinderkrankenpflege, Georg Thieme, Stuttgart–New York 1991.

Bildnachweis

2-12   Gelkissen
Fa. 3M Medica GmbH, Borken

2-13   Schaumstoffkissen
Foto: Stefan Beißner, München

2-14   Rhombo-Fill-Kissen
Foto: Stefan Beißner, München

2-16   Fersen- und Ellenbogen-Schoner
Foto: Stefan Beißner, München

2-25   Patientenlifter
Fa. Honka, Duisburg

2-38b   Perkutane endoskopische Magensonde
Stenger, Verbandlehre, U&S, Abb. 7-4, Jonathan Dimes

2-50   Stomabeutel
Stenger, Verbandlehre, U&S, Abb. 7-9, Jonathan Dimes

2-57   Atemtrainer
Foto: Stefan Beißner, München

2-59   Sachgerecht gewickeltes Bein
Stenger, Verbandlehre, U&S, Abb. 5-5f, Jonathan Dimes

2-60   Anlegen des Comprinet-S-Strumpfes
Fa. Beiersdorf AG, Hamburg

2-63   Krankenbett
Fa. Joh. Stiegelmeyer GmbH & Co.KG, Herford

2-64   Herzbett
Fa. Joh. Stiegelmeyer GmbH & Co.KG, Herford

2-65   Clinitron-Bett
Fa. Support Systems International GmbH, Langen

2-66   Entbindungsbett
Fa. Stierlen-Maquet, Rastatt

2-69a   Supraventrikuläre Extrasystole
Larsen, Anästhesie, U&S, Abb. 9-10

2-69b   Ventrikuläre Extrasystole
Larsen, Anästhesie, U&S, Abb. 9-14

2-77   Medikamentenschälchen
Foto: Stefan Beißner, München

2-78   Meßlöffel und Meßbecher
Foto: Stefan Beißner, München

2-79   Zytostatika-Aufbereitungsbox
Foto: Stefan Beißner, München

2-96   Injektionspumpe
Fa. Braun-Melsungen, Melsungen

2-100   Fixieren der Magensonde
Stenger, Verbandlehre, U&S, Abb. 7-19 a+b,
Jonathan Dimes

2-101   Ultraschallvernebler
Foto: Stefan Beißner, München

2-102   Sauerstoff-Flasche
Foto: Stefan Beißner, München

Bildnachweis

4-2a	Unterschenkel-Gipsschiene Stenger, Verbandlehre, U&S, Abb. 6-112, Jonathan Dimes
4-2b	Ober-Unterarm-Gipsschiene Stenger, Verbandlehre, U&S, Abb. 6-60, Jonathan Dimes
4-3	Gipsliegeschiene Stenger, Verbandlehre, U&S, Abb. 6-17, Jonathan Dimes
4-6	Kopfhaubenverband Stenger, Verbandlehre, U&S, Abb. 4-5a, 4-6 a, b, c, Jonathan Dimes
4-7	Fingerverband Stenger, Verbandlehre, U&S, Abb. 4-2 a–f, Jonathan Dimes
4-11	Rucksackverband Stenger, Verbandlehre, U&S, Abb. 6-74 + 6-75, Jonathan Dimes
4-13	Desault-Verband Stenger, Verbandlehre, U&S, Abb. 6-70 + 6-71, Jonathan Dimes
4-14	Gilchrist-Bandage Stenger, Verbandlehre, U&S, Abb. 6-67, 6-68, 6-69 a+b, Jonathan Dimes
4-15	Halskrawatte Stenger, Verbandlehre, U&S, Abb. 6-77 a+b, Jonathan Dimes
4-19b	Thoraxdrainage Stenger, Verbandlehre, U&S, Abb. 7-20 a+b, Jonathan Dimes
4-22	Redon-Fixation Stenger, Verbandlehre, U&S, Abb. 7-22, Jonathan Dimes
4-23	Verschiedene Instrumente Fa. Medicon, Tuttlingen
4-24	CT Berchtold, Chirurgie, 2. Aufl., U&S, Abb. 50-38
6-10	Inkubator Fa. Drägerwerk, Lübeck
7-12	Atrophie aus: Winfried Schönberger, Kinderheilkunde für medizinische Fachberufe, Fischer Verlag, Stuttgart, 1992
7-14	Lippen-Kiefer-Gaumen-Spalte aus: Winfried Schönberger, Kinderheilkunde für medizinische Fachberufe, Fischer Verlag, Stuttgart, 1992
7-15	Klumpfuß Pitzen/Rössler, Orthopädie, 16. Aufl., U&S, Abb. 18-44a
12-3	Intensivplatz Foto: Stefan Beißner, München; mit freundlicher Genehmigung vom Klinikum Innenstadt der Ludwig- Maximilians-Universität München, Frau R. Scheibeck (Pflegedirektorin)

Bildnachweis

12-9	Monitor mit Temperatureinschub Foto: Stefan Beißner, München
12-10	Infusomat Fa. Braun-Melsungen, Melsungen
12-11	Ernährungspumpe Fa. Fresenius AG, Bad Homburg v. d. Höhe
12-12	Thoraxdrainagen System Foto: Stefan Beißner, München
12-13	Defibrillator Foto: Stefan Beißner, München
13-1d	Eintauchen der Gipsbinde Stenger, Verbandlehre, U&S, Abb. 6-4 a+b, 6-5 a+b, Jonathan Dimes
13-5	Tape-Verband Stenger, Verbandlehre, U&S, Abb. 6-18 a–d, Jonathan Dimes
13-6	Merkblatt Tape-Verband Fa. Beiersdorf AG, Hamburg
14-3	Mögliche Geräteanordnung Foto: Stefan Beißner, München; mit freundlicher Genehmigung vom Klinikum Innenstadt der Ludwig- Maximilians-Universität München, Frau R. Scheibeck (Pflegedirektorin)
15-1	Narkosegerät Fa. Drägerwerk, Lübeck
15-5	Intubationsgegenstände Foto: Stefan Beißner, München
15-8	Einführen des Laryngoskops Larsen, Anästhesie, 4. Aufl., U&S, Abb. 5-9b
15-11	Pharyngealtubus Larsen, Anästhesie, 4. Aufl., U&S, Abb. 37-8a
15-12	Abmessen und Einführen des Guedel-Tubus Larsen, Anästhesie, 4. Aufl., U&S, Abb. 37-8 b+c

Die Symbole wurden gezeichnet von Karl Dengler, München. Die restlichen Abbildungen wurden gezeichnet von Walter Lob und Claudia Koelle, Putzbrunn.

Register

Die *kursiv* geschriebenen Seitenzahlen beziehen sich auf den Tätigkeitskatalog.

A

Abdomenoperationen
– Pflege nach 274–275, 287, *591, 600*
– Pflegeplanung nach 274–275, 287
Abnabelung 298
Abort
– Pflege 286–287, *599*
– Pflegeplanung bei 286–287
Absaugen
– endotracheales 425–426
– nasales 169
– orotracheales 169
Abschlußgespräch 519–520
Absencen 359
Abszeß 261
Adipositas 94
Administration *566–568*
– ambulante Krankenpflege 403–404
– Ambulanz *641*
– Psychiatrie 342, *622*
Adnexitis 285
Aerophagie 75
Aerosol 126
Aerosolapparate 162
Aerosolspray 162
Agglutination 146
Aids 222
– Hygiene bei 225
Akinese 365
Akorie 112
Alarmsysteme, Beatmung 422
Albumine 513
Allgemeinuntersuchungen, Urologie *632*
Allgemeinzustand, reduzierter, Dekubitusgefahr 79
Alpha-Wellen (EEG) 358
Alter, Pflege im 195–196, *569*
alternative Pflegemethoden 201–204
Altersdemenz 350
Alterstod 196
Alzheimer-Krankheit 350
Ambulanz *641–642*

Ammoniak 513
Amnioninfektionssyndrom 294
Ampulle 126
Amputationen
– Pflege nach 277–279, *592*
– Pflegeplanung nach 278
Anästhesieformen 462–463, *656*
Anästhesiegeräte 452–453
Analatresie 334
Analgesie 356
Aneurysma 361
Anfälle 357
– epileptische 357
– fokale 359
– Pflege bei 359–360
– Pflegeplanung bei 360
– Verhalten bei 360
Angebote, soziale *641*
Angehörigenanleitung, Ambulanz *642*
Angehörigeninformation, Ambulanz *642*
Angiographie, renale 376–377
Angiom 361
Anhidrosis 74
Anti-Dekubitus-Matratze 17–18
Antidepressiva 343
Antiepileptika 343
Antikoagulanzien 98–99
Antithrombose-Strümpfe 96–97
Anurie 56, 400
Apathogenität 101
Apgar-Schema 302
Aphthen 89
Apnoe 123
Apoplexie
– Pflege bei 225–226
– Pflegeplanung bei 225–226
Appendektomie 274
Appendizitis, Verdacht auf, Fallbeispiel 280
Appetit
– Beurteilung 112
– Mangel 112
– Veränderungen 112
Applikation, Injektionen 132
Arbeitstherapie, Psychiatrie 343
Armschiene 370
Aromatherapie 203
Arretierspritze 485
Arrhythmie 113
Arterien, Pulsfühlen 114

667

Register

Arthritis 221
– rheumatoide 221
Arthrodese 262
Arthroplastik 262
Arthrose 221
Arthrotomie 262
Arzneimittel 126–129, *554*
– Aufbewahrung 127
– bei Kindern 328–329
– Injektionen 132
– Mengenangabe 128
– Psychiatrie 343, *625*
– Richten 127
– Verabreichungsarten 128–129
Ascorbinsäure 44–45
Asepsis 101
Asphyxieindex 302
Assistenz
– bei Extubation 459, *654*
– bei Punktionen 479
– Bronchoskopie 476
– Endoskopie 470
– endoskopisch-retrograde Cholangio-Pankreatographie 477
– Gastroskopie 470
– internistische Funktionsabteilung 465
– Koloskopie 472
– Laparoskopie 477
– Oesophago-Gastroduodenoskopie 470
– Rektoskopie 474
Asthma bronchiale 209, 423
Astrozytom 363
Astrup, Blutgasanalyse 513
Atelektasenprophylaxe 86–88
– nach Operation 251
Atemfrequenz 122, 168
– Beatmung 422
Atemgeräusche 123
Atemgerüche 123
Atemgymnastik 88
Atemrhythmus 123
Atemspende 493, 498, 502
Atemstillstand, Intensivpatienten 423
Atemtrainer 87
Atemtypen 123
Atemübungen 87
Atemwege
– Anästhesie *655*
– Freihalten der 460
Atmung 122–124
– bei Kindern 318–319
– inverse 123
– paradoxe 123
Atresien 334
Aufstehen *531–532*

Aufwachraum
– Patientenübergabe *656*
– Patientenübernahme 251, *584*
Augenpflege 36–39, *536*
Augenprothesen 36–37
– Einsetzen von 37
– Herausnehmen von 37
Augensalbe 36, 38
Augentropfen 36, 38
Augenverbände 36, 39
Ausatemlage 122
Ausfluß, Beobachtung von *594*
Auskultation, Beatmung 422
Ausländer, Pflege von *569*
Ausscheidung, Urin 56
Ausscheidungen *541–546*
– von Kindern 321–323
Austreibungsphase 297–298
AVK s. Verschlußkrankheit, arterielle

B

Ballaststoffe 47
Bartholonitis 285
Basale Stimulation 201–202
Basophile 511
Bauchlagerung 13–14
Bauchspeicheldrüsen-Erkrankungen
– Pflege bei 213–214, *574*
– Pflegeplanung bei 214
Beatmung 424–426, 502
– Alarmsysteme 422
– Anästhesie *655*
– Atemfrequenz 422
– Auskultation 422
– bakteriologisches Monitoring 422
– Beutel-Masken- 460–462
– Blutgasanalyse 422
– Gefahren bei 462
– Intensivstation *646*
– Masken- 457
– Palpation 422
– Perkussion 422
– Pulsoxymetrie 422
– Richtwerte 459
– Sauerstoffkonzentration 422
– Volumetrie 422
Beatmungsarten, Anästhesie 459
Beatmungsdruck 423
Beatmungsgeräte 421–423
Beckenkammbiopsie 484–485
Bedside-Test 146
Behindertenpflege *569*
Behinderungen, Pflegeversicherung 405

Register

Beinhochlagerung 12–13
Beintieflagerung 13–14
Beinvenen, Kompression 94
Beißring, Bronchoskopie 475
Benommenheit 110
Beobachtung
– in der Neurologie 356–357, *628*
– in der Psychiatrie *620*
– von Neugeborenen 302–304
– von Patienten 108–110
Beobachtungskriterien, Psychiatrie 340
Berichterstattung
– Neurologie 356–357, *628*
– Psychiatrie *620*
Beschäftigungstherapie, Psychiatrie 343
Betäubungsmittel 129
Beta-Wellen (EEG) 358
Bett
– Bewegungsübungen 23
– Clinitron- 106
– Dreh- 106–107
– Herz- 105
– Intensiv- 106
– Kranken- 105
– Spezial- 105–107
Bettbeziehen 9
Bettbogen 19
Betten 7–9, *527*
Bettlägerigkeit, Betten bei 7
Beugekontraktur 82–83
Beutel-Masken-Beatmung 460–462
Bewegungsapparat
– Pflege nach Operation 262–263, *589*
– Pflegeplanung bei Operation 263
Bewegungsübungen
– aktive 84
– assistierte 84
– im Bett 23
– passive 84
– resistive 84
Bewußtsein, Beurteilung 109–110
Bewußtseinslage von Kindern 319–320
Bewußtseinsstadien 110
Bewußtseinsstörungen, Pflege bei *578*
Bewußtseinsverlust 264
Bibelverse 199
Bigeminus 113
Bilirubin 512, 514
Billroth 274
Binden 239–240

Biopsie 174–175, 479
Biot-Atmung 123–124
Biotin 44–45
BKS s. Blutkörperchensenkungsgeschwindigkeit
Blasendrainage, suprapubische 64–65
Blaseninstillation 379–380
Blasenkatheter 39–40, 381–382
– Infektionsprophylaxe 62
Blasensprung
– Pflege bei 294–295
– vorzeitiger *602*
Blasenspülung 63, 378–379
Blasenverweilkatheter 60, 62
– Entfernen von 62–63
Blinde, Kommunikation 186
Blut, Normalwerte 512
Blutbild, kleines 511
Blutdruck 114, 116
– arterieller 168
– bei Kindern 318
– diastolischer 115
– Messung 115–116
– systolischer 115
Blutdruckamplitude 115
Blutdruckmessung 412–414
– auskultatorische 115–116, 414
– blutige arterielle 413–414
– invasive 115
– oszillometrische 412, 414
– palpatorische 115
Blutentnahme, Fingerkuppe 177
Blutgasanalyse 513
– Beatmung 422
Blutgerinnung 98
Blutgruppen 145
Blutkörperchensenkungsgeschwindigkeit 511
Bluttransfusionen 145–147
Blutung
– äußere, Intensivpatienten 423
– vaginale 424
Blutungszeit 513
Blutzucker 512
Blutzuckerbestimmung 177
Bobath-Methode 227–228
Bradykardie 113
Bradypnoe 123
Braun-Schiene 19
Bronchialsystem-Erkrankungen
– Pflege bei 208–210, *572*
– Pflegeplanung bei 209–210
Bronchiektasen 209
Bronchitis 209
Bronchitiskessel 162
Bronchoskopie 174, 377, 467, 474–475
– Assistenz bei 476

669

Register

Bronchoskopie
- Beißring 475
- Patientenvorbereitung 474

Bruch 274

Brusterkrankungen
- Pflege bei 288–289
- Pflegeplanung bei 288–289

Brustoperation, Pflege nach *601*

Brustuntersuchung 282–283

Brustverband 239, 241

Brutkasten, Säuglingspflege im 312– 314, *612*

Bülau-Drainage 253–254

Bundesgesundheitsamt 100

Butterfly-Kanüle 143

Bypass-Operation 276

C

Calciferol 44–45

Calcium 46

CAPD s. Peritonealdialyse, kontinuierliche ambulante

Cardio-Toko-Graphie 293

Cerclage 287

Cheyne-Stokes-Atmung 123–124

Chlorid 46

Choanalatresie 334

Cholangio-Pankreatographie
- Assistenz bei 477
- endoskopisch-retrograde 477–479
- Patientenvorbereitung 477

Cholelithiasis 212

Cholezystektomie 274

Cholezystitis 212

Chorea Huntington 357

Clearance-Untersuchungen 378

Clinitron-Bett 106

Cobalamine 44–45

Colitis ulcerosa 210

Commotio cerebri 264

Compressio cerebri 264

Computertomographie 175

Contusio cerebri 264

Crohn-Krankheit 210 .

CTG s. Cardio-Toko-Graphie

D

Darmentleerung 67–68

Darmerkrankungen, Pflege bei *573*

Darmöffnungen, künstliche 70

Darmspülung 69

Darmtraining 92

Decke, Einstecken der 8

Deckenversorgungssystem 408

Defäkation 67

Defibrillation, Intensivstation *646*

Defibrillator 419–421

Dekubitusgefahr 81
- Allgemeinzustand, reduzierter 79
- Durchblutungsstörungen 79
- Hauterkrankungen 79
- Immobilität 78
- Inkontinenz 79
- Sensibilitätsstörungen 79
- Stoffwechselerkrankungen 79

Dekubitusprophylaxe 78–81
- pflegerische Maßnahmen 80
- Risikofaktoren 78–79
- Ziele 80

Delta-Wellen (EEG) 358

Depressionen
- Pflege bei 346–349, *626*
- Pflegeplanung bei 348–349

Desaultverband 242–244

Desinfektion 101
- Genital- 59, 61
- Wund- 172–173

Desinfektionsmittelspender 442

Desinsektion 101

Diabetes mellitus 213
- Pflege bei 215–216
- Pflegeplanung bei 215–216
- Tagesspeiseplan 48

Diabetesdiät 49

Diät 48

Diätprinzipien
- Diabetes 49
- Pankreatitis 49

Diagnostik 174–178
- Neurologie 357–359, *629*
- Pädiatrie 324–328, *616*
- Psychiatrie 342–343, *623–624*
- Urologie *632*

Dialysat 397

Dialyse 395–399
- Funktionsprinzip 395–396
- Pflege bei *640*

Dialyse-Patienten, Besonderheiten 399

Diarrhoe 67

Dickdarmpolypen 210

Dienstkleidung, Operationsbereich 440

Differentialblutbild 511

Diurese 56

Dokumentation 410, *566*
- Intensivstation *643*

Doppelknopfsonde 259–260

Douglaspunktion 287

Dragée 126

670

Register

Drahtextension 234
Drainagen 253–257, *587*
– ohne Sogsystem 255
Drehbett 106–107
Druckinfusion 140
Druckluftvernebler 162
Düsenvernebler 162
Duodenoskopie 467, 469
Durchblutungsstörungen
– Dekubitusgefahr 79
– des Gehirns 79
– Pflege bei 361
– Pflegeplanung bei 362
Dysästhesie 356
Dysphagie 75
Dyspnoe
– exspiratorische 123
– inspiratorische 123
Dysurie 56

E

EEG-Wellen-Beispiele 358
Einatemlage 122
Ein-Helfer-Methode, Herz-
Lungen-Wiederbelebung 496
Einläufe 68–70
Einrichtung
– Intensivstation 407–409, *643*
– Operationsbereich 440–442,
650
Eisen 46–47, 512
Eiweiß 42–43
Eiweißreaktion, Urin 514
Ejakulatuntersuchungen
380–381
EKG s. Elektrokardiogramm
Eklampsie 295
Ektasie 392–393
Elektroden, Defibrillator
420–421
Elektrokardiogramm 167,
411–412
Elektrolyte 512
Elektrophorese 513
Elektroresektion der Prostata
394
Ellenbogengelenk, Kontraktur-
prophylaxe 84
Ellenbogenverband 240–241
Eltern-Fragebogen 316
Embolektomie 276
Embolie 94
Embolieprophylaxe 94–99
Embolus 93
Emesis 75
Empyem 261
Emulsion 126

En-bloc-Aufstehen 26–27
– aktives 26
– assistives 26
– passives 26
Endometriose, Fallbeispiel 290
Endometritis 285
Endoskop 466–467
– Pflege 487
– Reinigung 487
Endoskopie 174, 467–479
– Assistenz bei 470
– Internistische Funktions-
abteilung *658*
– Nachsorge *563*
– Patientenvorbereitung 470
– Vorbereitung *563*
– Zusatzinstrumente 468
Energie 43
Entbindungsstuhl 106–107
Entleerungsstörungen
– Pflege bei 392–393
– Urologie *638*
Entwicklungszustand
von Kindern 323–324
Entzündungen
– am Herzen 207
– des Genitales *598*
– des Urogenitalsystems
388–392, *638*
Enuresis 56
Enzephalitis 361
Enzephalopathie, vaskuläre
361
Enzymaktivität 512
Eosinophile 511
EPH-Gestose
– Fallbeispiel 301
– Pflege bei 295–296, *603*
– Pflegeplanung bei 295–296
Epididymitis 389
– Pflegeplanung bei 390–392
Epilepsie 359
Epispadie 394–395
Erbrechen 74–75, *546*
ERCP s. Cholangio-Pankreato-
graphie, endoskopisch-retro-
grade
Erkrankung, psychosomatische
353
Ernährung 42–50, 92–93
– des Neugeborenen 304–310,
610
– postoperative 253
Ernährungspumpe 417–418
Ernährungsstörungen bei Kin-
dern 331–334, *617*
Ernährungszustand
– Beurteilung 109
– von Kindern 321

671

Register

Eröffnungsphase 297
Erstuntersuchung, Neugeborene 303
Erysipel 261
Erythrozyten 511
– Urin 514
Essen 539–540
– Hilfestellungen 539
Essensgelüste, abnorme 112
Eßgewohnheiten 92
Eupnoe 123
Exartikulation 277
Exspiration 122
Extensionen 233, 235
extrapyramidale Störungen 357
Extrasystole 113
– supraventrikuläre 114
– ventrikuläre 114
Extubation, Assistenz bei 459, 654

F

Fäden, Entfernen von 258
Fäzes 67
Fallot-Tetralogie 335
Fehlbildungen bei Kindern 334–337, 617
Fehlgeburt 286
Fersen-Ellenbogen-Schoner 18
Fett 43
Fibrin 98–99
Fibrinogen 98–99
Fieber 118
– bei Kindern 330–331
– Dekubitusgefahr 79
– bei Kindern 617
Fieberzeichen 119
Fingerverband 235, 237–238
Fixiergurte 21
Fixierung eines Patienten 180
Flaschennahrung 308–310
Flügelkanüle 143
Fluor 46–47
– genitalis 284
Folsäure 44–45
Frakturen 262
Frühmobilisation 94
Fühlen, Basale Stimulation 202
Fungizidie 101
Furunkel 261
Fußamputation 277
Fußgelenk, Kontraktur-prophylaxe 84
Fußverband 242
Fußzonenreflexmassage 203–204

G

Gallenblasen-Erkrankungen
– Pflege bei 211, 213, 574
– Pflegeplanung bei 211, 213
Gangunsicherheit 357
Ganzkörperwaschung 32–33
Gasaustausch 122
Gasbrand 261
Gastrektomie 274
Gastritis 210
Gastroduodenoskopie 467
Gastroenterostomie 274
Gastroskopie 174, 467–471
– Assistenz bei 470
– Patientenvorbereitung 470
Gebärhocker 296
Gebete 199
Gebißentwicklung 324
Geburt 296–299
Geburtshilfe 604
Geburtstermin 291
Gefäßerkrankungen
– Pflege bei 218–219, 576
– Pflegeplanung bei 218–219
Gefäßoperationen
– Pflege nach 275–276, 591
– Pflegeplanung nach 276
Gefäßplastiken 276
Gefräßigkeit 112
Gehhilfe 23–24, 532
Gehirnerkrankungen, Pflege bei 630
Gehirnerschütterung 264
Gehörlosigkeit, Kommunikation 186
Gehübung 24
Gel 126
Gelbsucht, Neugeborene 304
Gelenkerkrankungen
– Pflege bei 220–221, 577
– Pflegeplanung bei 221
Gelkissen 16
Genitale
– Entzündungen 594
– Pflege bei 284–286, 598
– Pflegeplanung bei 285–286
Genital-Spülungen 594
Genußmittel 47
Geräte 561
– Anästhesie 452–453, 653
– Intensivstation 644
Geräteanordnung, Operations-raum 443
Gerinnungsfaktoren 145
Gerinnungszeit 513
Gerontologie 350
Gerontopsychiatrie 627
– Pflege in der 350–351

Register

Gerontopsychiatrie
- Pflegeplanung in der 351
Gesamt-Protein 513
Gesprächsprotokolle 519
Gestik 183, 185
- Beurteilung 109
Gewichtsabnahme 49
Gewöhnung, Suchtstoff 352
Giebelrohr 86
Gilchrist-Verband 243–244
Gipsraum, Mithilfe im 428–433, *648*
Gipsschale, Unterschenkel 430
Gipsverbände 231–233
- Anlegen von 428–430
- Auftrennen von 431
Glasampullen 132
Glasgow-Koma-Skala 267
Glaubensbekenntnis 200
Gliom 363–364
Globuline 513
Glomerulonephritis 389
Gonorrhoe 285
Grand-mal-Anfall 359
Granulat 126
Gravidität 291
Grundausstattung, Intensivplatz 409
Guedel-Tubus 460–461
Gummilasche 256
gynäkologische Untersuchungen 281–284, *593*

H

Haare, Beurteilung 109
Haarpflege *537*
Hämangiom 335
Hämatokrit 511
Hämatologie 511
Hämaturie 56, 401
Hämodialyse 396–397
Hämoglobin 511
Hämorrhoiden 210
Händedesinfektion 103
- chirurgische 446
Halluzination 353
Halo-Fixateur, externe 234
Hals, Überstrecken des 460
Hals-Kopf-Bereich-Operationen, Pflege nach *590*
Halskrawatte 243, 245
Handgelenk, Kontraktur- prophylaxe 84
Handschuhe, sterile, Anziehen von 448–451
Handverband 240

Harn 55, 65, 517
- Ausscheidung 56
- Eiweißreaktion 514
- Erythrozyten 514
- Farbe 55
- Gewinnung 56
- Katheterismus 57–65
- Konzentration 55
- Leukozyten 514
- Mittelstrahl- 57
- pH-Wert 514
- Reaktion 56
- Sediment 514
- spezifisches Gewicht 55
- Spontanentleerung 57
- Zuckerreaktion 514
- Zusammensetzung 55
Harnabflußstörungen 392
Harnableitung 381–383, *636*
Harnröhrenanästhesie 61
Harnröhrenstriktur 393
Harnsäurestein 385
Harnsteinkoliken, Fallbeispiel 402
Harnsteinleiden
- Entstehungsmechanismen 383
- Lokalisationen 384
- Pflege bei 383–386, *637*
Harnstoff 512
Harnumleitung 382–383
Harnuntersuchungen 374, *632*
Harnverhalten, akutes 399
Harnwegstumor, Pflege bei *637*
Haut, Beurteilung 109
Hauterkrankungen, Dekubitus- gefahr 79
Hautkontakt 183, 185
Hautpflege *537*
Hebeinlauf 70
Heben von Lasten 24–25, *533*
Heißhunger 112
Hemiplegie 369
Hemmung 353
Heparin 99
Heparininjektion 137
Hepatitis 222
- Hygiene bei 224–225
Hernien 274
Herpes labialis 89–90
Herzbett 105
Herzdruckmassage 495–496, 501–502
- Ausgangsposition 501
Herzerkrankungen
- angeborene 207
- Pflege bei 207–208, *571*
- Pflegeplanung bei 207–208
Herzinfarkt 207
- Intensivpatienten 423

673

Register

Herzinfarkt
- Verdacht auf, Fallbeispiel 229
Herzinsuffizienz 207
Herzklappenfehler 207, 335
Herzkrankheit, koronare 207
Herz-Kreislauf-Stillstand
- Anforderungen 491–492
- durch einen Helfer 493–497
- durch zwei Helfer 498–503
- bei Kleinkindern 504–505
- Intensivpatienten 423
- Ursachen 491
- Vorgehen 492
- Wiederbelebung 492
- Zeichen 491
Herz-Lungen-Wiederbelebung
bei Kleinkindern 49, 505
Herzrhythmusstörungen 207
Hirnblutung 264
- epidurale 264
- intrakranielle 264
- intrazerebrale 264
Hirndurchblutungsmessungen
359
Hirnödemtherapie 268
Hirnprellung 264
Hirntod 196
Hirntumor
- operative Entfernung 196
- Pflege bei 362–364
- Pflegeplanung nach 363–364
Hodenhochlagerung 391
Hodentorsion 400
Hodentumor, Pflege bei 637
Hörbehinderung, Kommuni-
kation 186
Hören, Basale Stimulation 202
Hornhauttrübung, Todeszeit-
punkt 197
Hospitalismus 101
Hüftgelenk, Kontrakturprophyla-
xe 84
Hüftgelenksdysplasie 336
Hydronephrose 393
Hygiene 100–103, *548–549*
Hygienemaßnahmen, Intensiv-
station 645
Hypalgesie 356
Hyperemesis 75
hyperglykämischer Schock
- Pflege bei 216
- Pflegeplanung bei 216
Hyperhidrosis 74
Hypernephrom 387–388
Hyperorexie 112
Hyperthermie 118
Hypertonie 115, 207
Hyperventilation 123
Hyphidrosis 74

Hypogalaktie 305
hypoglykämischer Schock
- Pflege bei 216
- Pflegeplanung bei 216
Hypophysenadenom 363
Hypospadie 394–395
Hypothermie 118
Hypotonie 115
Hypoventilation 123
Hysterektomie 287
- Fallbeispiel 290
Hysterie 353

I

Ileokoloskopie 469
Ileostomie 70
Ileum-Conduit 382
Illusion 353
Immobilität, Dekubitusgefahr
78
Immunisierung, Tetanus 435
Impfschema, Tetanus 434
Imprägnation 291
Incontinentia alvi 67
Infektionen, nosokomiale 100
Infektionskrankheiten
- Pflege bei 222–225, *578*
- Pflegeplanung bei 223–225
Infektionsprophylaxe, Blasenka-
theter 62
Infiltrationsanästhesie 463
Informationsverarbeitung, bei
Kindern 195
Infusionen 140–144, *556*
- Anästhesie *654*
- Anlegen von 143–144
- Applikationsarten 140
- Entfernen von 144
- Indikationen 140
- Überwachung von 454
Infusionsbehälter 141
Infusionsbesteck 142–143, 417
Infusionsgeschwindigkeit 143
Infusionskanülen 143
Infusionslösungen 141
Infusionspumpe 414–417
Inhalationsgeräte 161–162
Inhalationsnarkose 463
Injektion 132–138, *555*
- Applikation 132
- Heparin 137
- intrakutane 133–134
- intramuskuläre 137–138
- subkutane 134–136
- ventrogluteale 137
Injektionsnarkose 463
Injektionspumpen 154, *558*

674

Injektionsstelle 133–135
Injektionswinkel 134, 136, 138
Injektomaten 154
Inkontinenz 39
– Dekubitusgefahr 79
Inkubator, Säuglingspflege im
312–314, *612*
Inspektion, Beatmung 421
Inspiration 122
Instrumente 259–260
– Pflege 487, *659*
– Reinigung 487
Intensivbett 106
Intensivpatienten
– äußere Blutung 423
– Atemstillstand 423
Intensivplatz
– Grundausstattung 409
– Personalbedarf pro Patient
409
Intimpflege 39–40, *537*
Intubation
– Anästhesie *654*
– Assistenz bei 454–459
– Gegenstände zur 456
– Lagerung 457
– nasotracheale 455
– orotracheale 455
Intubationsnarkose 463
Irrigator 69
Isothermie 118

J

Jejunumfistel 72
Jod 46–47
Joule 43

K

Kälteanwendungen 156
Kaiserschnitt, Pflege nach 300
Kaiserschnitt, Pflege nach *608*
Kalium 46
Kalorienreduktion 50
Kalziumammoniumphosphat-
steine 385
Kalziumoxalatsteine 385
Kanüle
– Butterfly- 143
– Flügel- 143
– Infusion- 143
– Tracheal- 425
– Venenverweil- 143
Kapsel 126
Karbunkel 261
Karzinom 387

Katheter
– Blasen- 39–40, 381–382
– Blasenverweil- 60, 62
– Entfernen von 62–63
– Nélaton- 57
– Peritoneal- 397
– Pflege 62
– Tiemann- 57
– Urether- 381
– Venen- 148, 150–152, *558*
– Verweil- 57
Katheterisierung bei Kindern
328
Katheterismus 57–65
– Frau 58–59
– Infektionsprophylaxe 62
– Mann 59–61
Katheterpflege 62
Keilresektion 272
KHK s. Herzkrankheit, koronare
Kinästhetik 202–203
Kinder
– Ausscheidungen 321–323
– Beschäftigung *614*
– Besonderheiten bei der Pflege
616
– Bewußtseinslage 319–320
– Entwicklungszustand 323–324
– Ernährungsstörungen
331–334, *617*
– Ernährungszustand 321
– Fehlbildungen 334–337, *617*
– Fieber 330–331, *617*
– Informationsverarbeitung 195
– Katheterisierung 328
– Körpertemperatur 319–320
– Krankenbeobachtung
317–324, *615*
– Krankenhausaufnahme
315–316
– Medikamente 328–329
– Ohrspiegelung 327
– Pflege 195, *569*
– Puls 317–318
– Racheninspektion 326
– Schlaf 321
– Therapie 324, 328–329
– Verhalten 319–320
Kindsbewegungen 293
Kirschner-Schiene 19
Klammeranlegezange 259
Klammerentfernungszange
259
Klammern, Entfernen von
258–259
Kleiden *534*
– von Patienten 29–31
Klistier 67–68
Klumpfuß 336

Register

Knie-Ellenbogen-Position,
Rektoskopie 473
Kniegelenk, Kontraktur-
prophylaxe 84
Knieverband 240
Knochentransplantation 262
Kocherklemme 259
Körpergewicht, Beurteilung 109
Körperhaltungen, abnorme,
Bobath-Methode 227–228
Körperpflege 32–40, *535–538*
– Ambulanz *642*
Körpertemperatur 118–120
– bei Kindern 319–320
– Leiche 197
Kohlenhydrate 43–44
Kolon-Conduit 382
Koloskopie 174, 467, 469,
471–472
– Assistenz bei 472
– Patientenvorbereitung 471
– Schienung 472
Kolostomie 70
Kolpitis 285
Kolposkopie 282
Koma 110
Kombinationsnarkose 463
Kommunikation *565*
– nonverbale 183
– verbale 182
Kommunikationsmittel 181
Kommunikationsstörungen 186
Kommunikationswege 181
Kompression, Beinvenen 94
Konisation 287
Konjugation 291
Kontamination 101
Kontraktur
– Ursachen 82
– Zeichen 83
Kontrakturprophylaxe 82–85
– Ellenbogengelenk 84
– Fußgelenk 84
– Handgelenk 84
– Hüftgelenk 84
– Kniegelenk 84
– pflegerische Maßnahmen 84
– Schultergelenk 84
– Ziel 854
Kontrastmitteldarstellung 175
Kontrollen, postoperative
252–253
Koordinationsstörungen
356–357
Kopfhaubenverband 236
Kopfverletzungen, Merkblatt für
Patienten 267–268
Kornzange 259
– gerade 260

Kostformen 42–49, 51, *540*
Krampfadern 218
– Fallbeispiel 290
Krampfanfall, zerebraler, Fall-
beispiel 373
Krankenbeobachtung 108–110
– bei Kindern 317–324, *615*
– in der Psychiatrie 340
Krankenbett 105
– Psychiatrie 341–342, *621*
Krankenhausaufenthalt von
Kindern 195, 315–316
Krankenhausaufnahme von
Kindern *614*
Krankenhausinfektionen 101
Krankenpflege, ambulante
641–642
Krankenpflegeprozeß 187–190
Krankentransport *533*
Krankheitstod 196
Kreatinin 512
Kreatinin-Clearance 514
Kreuzprobe 145
Krisis 118
Kürettage 287
Kumarine 99
Kunststoffverband 430–433
Kupfer 512
Kurzdrain 256
Kurzzeitinfusion 140
Kussmaul-Atmung 123–124

L

Laboruntersuchungen 177–178,
564
Lähmungen 356
– Bobath-Methode 227–228
Lagern *527–528*
Lagerung
– eines Patienten 10–15, 441,
444, *650*
– OP-Tisch 441, *650*
– postoperative 253
– spezielle *579–580*
– zur Intubation 457
Lagerungshilfsmittel 15–20,
529–530
– Anti-Dekubitus-Matratze
17–18
– Bettbogen 19
– Braun-Schiene 19
– zur Druckentlastung 15–19
– Fersen-Ellenbogen-Schoner
18
– Fixiergurte 21
– Gelkissen 16
– Kirschner-Schiene 19

Register

Lagerungshilfsmittel
- Luftring 16
- Rhombo-Fill-Kissen 17
- Roha-Flotationskissen 16
- zur Ruhigstellung 19–21
- Schaumstoffkissen 16
- Schaumstoffschiene 19
- Superweichmatratze 15
- Volkmann-Schiene 19–21
Laktat 513
Langdrain 256
Langzeitinfusion 140
Laparoskopie 174, 467, 476–477
- Assistenz bei 477
- Patientenvorbereitung 477
Laparotomie 287
Lappenresektion 272
Laryngoskop, Einführen des 457–458
Laryngoskopie 467, 469
Lasten
- Heben von 24–25
- Tragen von 24–25
Leberbiopsie 481–482
Lebererkrankungen
- Pflege bei 211, 213, *574*
- Pflegeplanung bei 212–213
Leberzirrhose 212
Lehnstuhl *532*
Leiche, Körpertemperatur 197
Leintuch, Spannen von 8
Leistungsvermögen, menschliches 196
Leitungsanästhesie 463
Lernerfolg 3
Leukozyten 511, 514
Lipide 512
Lippen-Kiefer-Gaumen-Spalte 335
- Pflege bei 336–337
Liquorfluß 265
Liquoruntersuchungen 514
Lithium 343
Lobektomie 272
Lochien 39
Lösung 126
Lokalanästhesie 462–463
Lues 285
Luftring 16
Lumbalpunktion 485–487
Lungenemphysem 209
Lungenerkrankungen
- Pflege bei 208–210, *572*
- Pflegeplanung bei 209–210
Lungenfibrose 209
Lungenoperation
- Pflege nach 272–273, *590*
- Pflegeplanung nach 273
Lungenresektion 272

Lungenszintigraphie 176
Lungentuberkulose, Hygiene bei 223–224
Lymphadenitis 261
Lymphangitis 261
Lymphozyten 511
Lysis 118

M

Magenerkrankungen
- Pflege bei 210–211, *573*
- Pflegeplanung bei 211
Magenresektion 274
Magensonden 52, 158–160
- nasogastrale 52
- perkutane endoskopische 52
Magnesium 46
Magnetresonanztomographie 176
Mammakarzinom 288
Mangelerscheinung, Vitamine 44–46
Manien
- Pflege bei 346–348, *626*
- Pflegeplanung bei 348
Maskenbeatmung 457
Maßnahmen
- physikalische 155–156, *559*
- präoperative *582–583*
Mastektomie 288
Mastitis 305
Mastopathia cystica fibrosa 288
Mastopathie 288
Materialien zur Wiederbelebung 506
Materialienvorbereitung
- internistische Funktionsabteilung 465
- Punktionen 479
Materialkunde, Anästhesie 452–453, *653*
Maximalthermometer 119
Medikamente 126–130, *554*
- Aufbewahrung 127
- bei Kindern 328–329
- Injektionen 132
- Mengenangabe 128
- Psychiatrie 343, *625*
- Richten 127
- Verabreichungsarten 128–129
- zur Wiederbelebung 506
Medikamentenbehälter 132
Medizintechnik, Richtlinien 411
Meningeom 363
Meningismus 361
Meningitis 361
- Pflegeplanung bei 362

677

Register

Meningoenzephalitis 361
Meningoenzephalomyelitis 361
Menstruation 39
Merkblatt, Tape-Verband 438
Messung, Körpertemperatur 118
Meteorismus 67
Mikrobizidie 101
Miktion 56
Mimik 183, 185
– Beurteilung 109
Mineralien 46–47
Mischkost, kalorienreduzierte
  50
Mißbrauch, Suchtstoff 352
Mittelstrahlurin 57
Mobilisation *531*
– aktive 23
– assistive 23
– passive 23
– des Patienten 23–25
– postoperative 253
Monitoring 167–169
– bakteriologisches, Beatmung
  422
Monozyten 511
Morbus
– Alzheimer 350
– Crohn 210
MRT s. Magnetresonanztomo-
  graphie
Multiple Sklerose
– Krankheitszeichen 367
– Pflege bei 367–369
– Pflegeplanung bei 367–369
Mundaphthen 89
Mundpflege 34–35, 90, *535*
Mundschleimhaut 90–91
Mundspülungen 90
Muskelatrophie 356
Muskeldystrophie, progressive
  372
Muskelerkrankungen, Pflege bei
  631
Muskelpumpe, Anregung 94
Myasthenia gravis 372
Myopathien, Pflege bei 372

N

Nabelschnur 298
Nachblutungen, Prophylaxe nach
  Operation 251
Nachgeburtsphase 297–298
Nägel, Beurteilung 109
Naegele-Regel 291
Nährstoffverteilung 42
Nagelpflege *537*
Nahrungsverweigerung 112

Nahtinsuffizienz, Prophylaxe
  nach Operation 251
Narkose-Einleitungsräume,
  Operationsbereich 440
Narkoseformen 463
Narkosegerät 452
Narkosekreisteil 453
Nasenpflege *536*
Nebenwirkungen von Psycho-
  pharmaka 344
Nélaton-Katheter 57
Nephrektomie 393
Nephritis 389
Nephrostomie-Drain 381–382
Nervenerkrankungen, Pflege bei
  631
Neugeborenen
– -Beobachtung 302–304, *609*
– -Ernährung 304, *610*
– -Erstuntersuchung 303
– -Erstversorgung 298–299
– -Gelbsucht 304
– im Inkubator 312–314, *612*
– -Pflege 310–311, *611*
– Pflegematerialien *609*
Neuner-Regel (nach Wallace)
  269
Neurinom 363
Neuroleptika 343
Neuroradiologie 358
Neurosen
– Pflege bei 353–354, *627*
– Pflegeplanung bei 353–354
Neutrophile 511
Niacin 44
Nidation 291
Nierenbeckenplastik 393
Nierenerkrankungen
– Pflege bei 219–220, *577*
– Pflegeplanung bei 220
Nierenfunktionsprüfungen 378,
  634
Nierensteinkoliken, Pflegepla-
  nung bei 385–386
Nierenszintigraphie 176
Nierentumor, Pflege bei *637*
Nierenversagen 400
Nootropika 343
Normallagerung, Patient 10–11
Normalwerte, Labor 512
Norton-Skala 81
Notfälle
– urologische 399–401, *640*
– Vorbereitungen 245–246
Notfallkoffer 506
Notfallsituationen
– Intensivpatienten 423–424
– Intensivstation *645*
Notfallwagen 506

678

Nulldiät 50
Nullpunkt, zentraler Venendruck 151–152
Nykturie 56

O

Oberkörperhochlagerung 12
Oberschenkelamputation 277
Obstipation 67
Obstipationsprophylaxe 92
Oesophago-Gastroduodenoskopie 468–471
– Assistenz bei 470
– Patientenvorbereitung 470
Oesophagoskopie 467, 469
Oesophagusatresie 334
Oesophagusvarizen 212
Ohrenpflege *536*
Ohrspiegelung bei Kindern 327
Oligurie 56
Operation
– abdominale, Pflege nach 274–275, 287, *591, 600*
– am Bewegungsapparat, Pflege nach 262–263, *589*
– Gefäße, Pflege nach 275–276, *591*
– gynäkologische, Patientinnenvorbereitung *595*
– im Hals-Kopf-Bereich, Pflege nach *590*
– Hilfeleistungen *651–652*
– Lungen-, Pflege nach 272–273, *590*
– Patientenübernahme nach 251, *584*
– Prophylaxe nach 251–252
– Rasur 246–250
– am Thorax, Pflege nach *590*
– urologische, Pflege nach 393–395, *639*
– vaginale, Pflege nach 287, *600*
– Vorbereitungen 245–246
– der weiblichen Brust, Pflege nach *601*
Operationsgebiet, Rasur 247–250
Operationskittel, Assistenz beim Anziehen 446–447
Operationsraum 447
– Übersicht 443
Opisthotonus 362
OP-Tisch, Patientenlagerung *650*
Orchitis 389
– Pflegeplanung bei 390–392
Organisation *566–568*
– ambulante Krankenpflege 403–404

Organisation
– Ambulanz *641*
– Psychiatrie 342, *622*
Organoneurose 353
Orthopnoe 123
Osteoklasie 262
Osteosynthese 262
Osteotomie 262
Oxygenierung 456

P

Palpation, Beatmung 422
Panaritium 261
Pankreas-Diät 49
Pankreatitis 213
Pankreolauryltest 514
Pantothensäure 44–45
Parästhesie 356
Parametritis 285
Paraphimose 401
Paraplegie 369
Parkinsonismus 344
Parkinson-Syndrom 357
– Pflege beim 365–367
– Pflegeplanung beim 365–367
– typische Körperhaltung 365
Parotitis 89–90
– Prophylaxe nach Operation 252
Pathogenität 101
Patient 188
– Ankleiden von 30–31
– beatmeter, Überwachung 421–423
– Fixierung 180
– Ressourcen 190
– Vorbereitungen des 444–445
Patienten, Ankleiden von 29
Patientenaufnahme
– Intensivstation 410, *643*
– Psychiatrie 338–339, *618*
Patientenaufnahmebogen 188–189, 199
Patientenbeobachtung 108–110
Patientenbetreuung, internistische Funktionsabteilung 465
Patienteninformation, Psychiatrie 339–340, *618–619*
Patienten-Kurzbericht 517–518
Patientenlagerung 10–15, 441, 444, *650*
Patientenlifter 25–26
Patienten-Merkblatt, Tape-Verband 438
Patientenmobilisation 23–27
Patientenschleuse, Operationsbereich 440

679

Register

Patientenübergabe
- an den Aufwachraum *656*
- Anästhesie 454
- internistische Funktionsabteilung 465

Patientenübernahme
- aus dem Aufwachraum 251,
584
- nach Operation 251, *584*
- Operationsbereich 444
- OP-Tisch 441, *650*

Patientenüberwachung, internistische Funktionsabteilung
465

Patientenverlegung, Intensivstation 410, *643*

Patientenvorbereitung
- Bronchoskopie 474
- Endoskopie 470
- endoskopisch-retrograde Chol-
angio-Pankreatographie 477
- Gastroskopie 470
- gynäkologische Operation *595*
- internistische Funktionsabtei-
lung 465
- Koloskopie 471
- Laparoskopie 477
- Oesophago-Gastroduodeno-
skopie 470
- Punktionen 479
- Rektoskopie 473–474

Patientenzimmer *550*
- Einrichtung 105–107

Péan-Klemme 34

Perfusoren 154

Periduralanästhesie 463

Peritonealdialyse, kontinuierliche
ambulante 396, 398

Peritonealkatheter 397

Perkussion, Beatmung 422

Personalaufenthaltsraum, Operationsbereich 442

Personalbedarf, Intensivplatz
409

Personalschleuse, Operationsbereich 440

Petit-mal-Anfall 359

Pflege
- betagter Menschen 195–196
- kranker Kinder 195, *569*
- postoperative 252, *586*,
596–597

Pflegeaufgaben, Psychiatrie 338

Pflegebedürftigkeit 188
- Pflegeversicherung 405

Pflegedokumentation, Intensivstation 410, *643*

Pflegegeld, Pflegehilfen, selbst-
beschaffte 406

Pflegehilfsmittel, Pflegeversicherung 406

Pflegekonzepte, neue 201–204

Pflegeleistungen, Pflegeversicherung 405

Pflegeleitfaden
- Führen eines 4
- Übersicht 3–4

Pflegemaßnahmen 187–188

Pflegemethoden, alternative
201–204

Pflegemodelle 190
- Bedürfnisorientierte 192–193

Pflegepersonal
- Aufgaben im internistischen
Funktionsbereich 465–467,
657
- - in der Anästhesie 453–454

Pflegeplanung 187

Pflegeprozeß 187–190

Pflegesachleistungen 406

Pflegesituationen
- Kurzbericht 517–518
- spezielle *569–570*

Pflegestufen, Pflegeversicherung
405

Pflegeübergabe 194

Pflegeversicherung 405–406
- Leistungen 406

Pflegevisite 191

Pflegewirksamkeit 190

Pflegeziel 190

Phantomschmerz 278

Pharyngealtubus 460–461

Phlebitis 209

Phlebothrombose 218

Phlegmone 261

Phobie 353

Phosphor 46

pH-Wert, Urin 514

Phyllochinon 44, 46

Pinzette 259
- anatomische 259
- chirurgische 259

Pitressin-Test 378

Planungsprotokoll, Praxisanleitung 517

Plasma, Normalwerte 512

Plazentainsuffizienz, Fallbeispiel
301

Pleurapunktion 480–481

Pleuritis 209

Pneumonektomie 272

Pneumonie 209
- nach Operation 251
- Prophylaxe 86–88

Pollakisurie 56

Polresektion 393

Polyarthritis 221

680

Register

Polymyositis 372
Polyneuropathie, Pflege bei 372
Polyurie 56
Portio-Konisation 287
präoperative Maßnahmen
  245–250
Präparate, Umgang mit 487
Praxisanleitung
– Beurteilungsschwerpunkte
  517
– Planungsprotokoll 517
– Schülerbeurteilung 518
Priapismus 401
PRIND 361
Probeexzision 288, 479
Proktoskopie 467, 469
Prophylaxe *547*
– Atelektasen- 86–88, 251
– Dekubitus- 78–81
– Embolie- 93–99
– Kontraktur- 82, 84
– Nachblutungen 251
– Nahtinsuffizienz 251
– Obstipations- 92
– nach Operation 251–252
– Parotitis- 89–90
– pflegerische Maßnahmen 80
– Pneumonie- 86–88
– Risikofaktoren 78–79
– Soor- 89–90
– spezielle *585*
– Tetanus- 434
– Thrombose- 93–99
– Ziele 80
Prostatektomie 394
Prostatitis 389
Proteine 513
Prothese, Unterschenkel 279
Prothrombin 98–99
Prothrombinzeit 513
Prüfungen, urodynamische
  376–377, *634*
Psyche, Beurteilung 109
Psychiatrie 338–355
Psychoneurose 353
Psychopathien
– Pflege bei 353–354, *627*
– Pflegeplanung bei 353–354
Psychopharmaka 343–344
Psychosyndrom, hirnorganisches
  350
PTT s. Thromboplastinzeit, parti-
  elle
PTZ s. Prothrombinzeit
Puder 126
Puls 112, 114–115
– bei Kindern 317–318
Pulsdefizit 113
Pulsfrequenzmessung 411–412

Pulslosigkeit 494, 499, 504
Pulsoxymetrie 168
– Beatmung 422
Punktat 479
Punktionen 174–175
– Assistenz bei 479–487, *659*
– Materialienvorbereitung 479
– Neurologie 359
– Patientenvorbereitung 479
– Venen- 148–149
Punktionskanüle nach Jamshidi
  485
Pupillenlegende 267
Pyelogramm, retrogrades 376
Pyelolithotomie 393
Pyelonephritis 389
– Pflegeplanung bei 390
Pyelotomie 393
Pyonephrose 389
Pyridoxin 44–45
Pyrosis 75
Pyurie 56

Q

Querdarmkunstafter 71
Querschnittslähmung
– Pflege bei 369–372
– Pflegeplanung bei 369–372
Querschnittsläsion 369

R

Racheninspektion bei Kindern
  326
Rasur, Operationsgebiet 247–250
Rauchen 94
Rautek-Griff *532*
RDS-Prophylaxe 292
Reanimation, Intensivstation
  647
Redondrainage 253–254
– Wechsel 255
Redondrainageflasche 256
Redon-Fixation 256
Reduktionskost 49
Reflexprüfung bei Kindern 325
Regurgitation 75
Reifezeichen 302
Reifferscheid, postoperative
  Überwachung 252
Reinigungseinlauf 68
Rektosigmoidoskopie 467
Rektoskopie 174, 467, 469,
  472–474
– Assistenz bei 474
– Knie-Ellenbogen-Position 473

681

Register

Rektoskopie
- Patientenvorbereitung 473–474
- Steinschnittlage 473

Reserveluft 122
Residualluft 122
Resistenz 101
Resorptionsfieber 118
Respirationsluft 122
Ressourcen, Patient 190
Restluft 122
Retikulozyten 511
Retinol 44–45
Retraktionszeit 513
Rhagaden 89–90
Rhombo-Fill-Kissen 16–17
Riboflavin 44
Riechen, Basale Stimulation 202
Rigor 365
Riva-Rocci 115, 412
Robinson-Drainage 256
Röntgenuntersuchung 175–176
- Neurologie 358
- Urologie 375–376, *633*

Roha-Flotationskissen 16
Rooming-in 311–312, *611*
Rucksackverband 241–242
Rückenlagerung, flache 10–11
Rückenmarkerkrankungen, Pflege bei *630*
Rückenmarkschädigungen, Auswirkungen von 368

S

Säuglingsbad 311
Säuglings-Ernährung 304–310
Säuglingspflege im Inkubator 312–314, *612*
Salbe 126
Salmonellose 222, 224–225
Salpingitis 285
Sanitation 101
Sauerstoffanreicherung 456
Sauerstoffbrille 165
Sauerstoffkonzentration, Beatmung 422
Sauerstoffsonde 165
Sauerstoffvorrat, Berechnung 166
Sauerstoffzufuhr 163–167
Schädel-Hirn-Trauma
- Pflege bei 264–268
- Überwachungsbogen 266

Schaumstoffkissen 16
Schaumstoffschiene 19
Schere 259
- anatomische 260
- chirurgische 260

Schiefhals 335
Schienenlagerung 230–231
Schilddrüsenszintigraphie 176
Schilddrüsenveränderungen
- Pflege nach Operation 271–272
- Pflegeplanung nach Operation 271–272

Schizophrenie
- hebephrene 345
- katatone 345
- paranoid-halluzinatorische 345
- Pflege bei 345–346, *626*
- Pflegeplanung bei 345–346

Schlaf von Kindern 321
Schlaganfall 361
- Pflege bei 225–226
- Pflegeplanung bei 225–226

Schlauchklemme 259–260
Schlauchmull 236–238
Schleimhäute, Beurteilung 109
Schmecken, basale Stimulation 202
Schock
- anaphylaktischer 424
- hyperglykämischer, Pflege bei 216
- - Pflegeplanung bei 216
- hypoglykämischer 424
- - Pflege bei 216
- - Pflegeplanung bei 216
- hypovolämischer 424

Schocklagerung 14–15
Schonkost 47
Schrift 182, 184
Schülerbeurteilung 518
Schüttelfrost 118–119
Schultergelenk, Kontrakturprophylaxe 84
Schwangerschaft 94
- Beobachtung bei 291–292
- Pflege bei 291–292, *602*

Schwangerschaftsabbruch 286
Schweiß 74, *546*
Sectio caesarea, Pflege nach 300
Sediment, Urin 514
Segmentresektion 272
Sehbehinderung, Kommunikation 186
Sehen, Basale Stimulation 201
Seitenlagerung 11–12
Sekret-Sammelkammer 419
Selbstmordgefährdung
- Pflege bei 349–350, *626*
- Pflegeplanung bei 350

Selbstzerstörung 196
Seminom 387–388
Senkeinlauf 70

Register

Sensibilitätsstörungen,
Dekubitusgefahr 79
Sepsis 101, 261
Serum, Normalwerte 512
Serumkreatinin-Bestimmung
378
Serumproteinfraktionen 513
SHT s. Schädel-Hirn-Trauma
Shunt 397, 399
Sicherheit, Psychiatrie 340–341,
621
Sigmakunstafter 71
Sigmoidoskopie 467, 469
Simultanimpfung 435
Sinusarrhythmie 114
Skalpell 259–260
Skelettanomalien 336
Skelettszintigraphie 176
Somnolenz 110
Sonden 158–160, 253–257, *560*,
587
– Magen 52
– Magen- 159–160
– nasogastrale 52
– perkutane endoskopische 52
– Sauerstoff- 165
– Temperatur- 167
Sondenkost *540*
Sondennahrung 53
Sonographie 177
Soormykose 89–90
Soorprophylaxe 89–90
Sopor 110
Sozialdienste 404–405, *641*
Sozialpsychiatrie 344–345, *626*
Sozialstationen 404–405
Spaltbildungen 334
Spastik 356, 369
– Bobath-Methode 227–228
Spekulum 281
Spezialbett 105–107
Spielen 316–317
spike-wave 358
Spina bifida 334
Spinalanästhesie 463
Splitterpinzette 259
Spontanentleerung, Urin 57
Sporizidie 101
Sprachbehinderung, Kommuni-
kation 186
Sprache 182
– Beurteilung 109
Springer-Funktion, Operations-
bereich 445
Sprunggelenk, normale Beweg-
lichkeit 435
Sprunggelenkverband 437
Spülung
– des äußeren Genitales *594*

Spülung
– vaginale 283–284
Spurenelemente 46–47
Sputum 77, *546*
– Beschaffenheit 77
– Gewinnung 77
Status epilepticus 359
Stechampullen 133
Steinkoliken 401
Steinleiden, Urologie, Pflege bei
637
Steinschnittlage, Rektoskopie
473
Sterbende
– Betreuung von 197–200
– Umgang mit 196, *570*
Sterilisation 101
Sterilisationsräume, Operations-
bereich 442
Sternalpunktion 482–484
Stillen 304–308
Stillhindernisse 305–306
Stimmungsschwankungen 347
Stimulation, basale 201–202
Störungen, extrapyramidale
357
Stoffwechselerkrankungen,
Dekubitusgefahr 79
Stomabeutel 71–72
Stomatitis 89–90
Stomaversorgung 71–72
Streckkontraktur 83
Stridor 123
Struma
– euthyreote 271
– hyperthyreote 271
Stryker-Bett, Umlagern mit 370
Stuhl 67–72, *544–545*
– Ausscheidung 67
– Farbe 67
– Zusammensetzung 67
Sturzgeburt 424
Suchtkrankheit
– Pflege bei 351, *627*
– Pflegeplanung bei 352
Suizid 349
Suizidgefährdung
– Pflege bei 349–350, *626*
– Pflegeplanung bei 350
Superweichmatratze 15
Suspension 126
Symbole 183, 185, 206
Szintigramm 176–177
Szintigraphie
– Lungen- 176
– Neurologie 359
– Nieren- 176
– Schilddrüsen- 176
– Skelett- 176

683

Register

T

Tablette 126
Tachykardie 114
Tachypnoe 123
Tagesspeiseplan bei Diabetes
mellitus 48
Tamponaden 282
– Ziehen von *594*
Tape-Verband
– Merkblatt 438
– Sprunggelenk 435
T-Drain 256–257
T-Drainage 256
technische Hilfen, Pflege-
versicherung 406
TED s. Totalendoprothese
Temperaturmessung 118–120,
167, 414, 416
Tenesmus 67
Tetanus 261
– Immunisierung 435
– Impfschema 434
Tetanusprophylaxe 434
Tetraplegie 369
Textilfasern, Eigenschaften
30–31
Therapie
– Neurologie 357–359, *629*
– Pädiatrie 324, 328–329, *616*
– Psychiatrie 342–343, *623–624*
– Urologie *632*
Thermometer 119
Theta-Wellen (EEG) 358
Thiamin 44
Thorakotomie 272
Thoraxdrainage 253–255, 272
– System 417–419
Thoraxoperation, Pflege nach
590
Thoraxschublehre 151–152
Thrombin 98–99
Thrombophlebitis 218
Thromboplastinzeit, partielle
513
Thrombose 93
– nach Operation 251–252
– Prophylaxe 93–99
Thrombozyten 511
Thrombus 93
TIA 361
Tiemann-Katheter 57
TNM-System 288
Tocopherol 44–45
Tod 196–200
– Aufgaben bei Eintritt 198–199
Todeszeitpunkt 197
– Bestimmung 198

Tokolyse 292
Tollwut 261
Tomographie 175
Totalendoprothese 262
Totenflecken 197
Totenstarre 197
Totraumvergrößerung 86
Trachealkanüle 425
Tracheotomie, Pflege bei 424–425
Tragen von Lasten 24–25, *533*
Transfusionsunverträglichkeit
147, 1147
Tranquilizer 343
Transfusionen 145–147, *557*
– Anästhesie *654*
– Überwachung von 454
Transplantation, Knochen- 261
Transposition der großen Gefäße
335
Tremor 365
Trendelenburg-Lage 14–15
Trinken *539–540*
– Hilfestellungen *539*
Trockensubstanzen 133
Trokar 483, 485
Tropfgeschwindigkeit 143
Tubensterilisation 287
Tuberkulose 222
– Hygiene bei 223–224
Tubus 455
– Guedel- 460–461
– Pharyngeal- 460–461
Tubusbefestigung 457
Tubuslage 457–458
Tumoreinteilung 216
Tumoren
– Pflege bei 216–217, *575*
– Pflegeplanung bei 217
– Urogenitalsystem 387–388
Tumorklassifikation 288

U

Überwachung
– beatmeter Patienten 421–423
– postoperative 252, *586*,
  596–597
Überwachungsbogen, Schädel-
Hirn-Trauma 266
Uhrglasverband 39
Ulcus
– duodeni 210
– ventriculi 210
Ultraschalluntersuchung 282
– Urologie 374
Ultraschallvernebler 162–163
Unfälle, Pflege nach 263–270,
589

Register

Unterarmgehstützen 23–24
– Anpassen 23–24
– Kontrolle 23
– Übung 24
Unterschenkelamputation 277
Unterschenkelprothese 279
Untersuchungen
– endoskopische 467–479, 563
– gynäkologische 281–284, 593
– hämatologische 511
– internistische Funktions-
 abteilung 658
– Neurologie 357–359
– Urologie 634
Untersuchungsliege, Gastroskopie
 469
Untersuchungsmaterial,
 Entnahme von 593, 613, 635
Untersuchungsmethoden, Uro-
 logie 374–376
Ureterkatheter 381
Ureterlithotomie 393
Ureterosigmoideostomie 382
Urethritis 389
Urin 55–65, 541–543
– Ausscheidung 56
– Eiweißreaktion 514
– Erythrozyten 514
– Farbe 55
– Gewinnung 56
– Katheterismus 57–65
– Konzentration 55
– Leukozyten 514
– Mittelstrahl- 57
– pH-Wert 514
– Reaktion 56
– Sediment 514
– spezifisches Gewicht 55
– Spontanentleerung 57
– Zuckerreaktion 514
– Zusammensetzung 55
Urin-Amylase 514
Urinuntersuchungen 514
Urinzuckerbestimmung 177
Urobilinogen 514
Uroflowmetrie 376–377
Urogenitalsystem
– Entzündungen 388–392
– Tumoren 387–388
Urogramm, intravenöses 375
Urometer 55
Urostoma 382–383, 636

V

Vaginaloperation, Pflege nach 600
Vaginalsekrete 282, 284
– Beobachtung von 594

Vagotomie 274
Varikosis 218
Varizen 218
– Fallbeispiel 290
Varizen-Operation 276
Vater unser 200
Venendruck, zentraler 150–152,
 168
Venendruckmessung 150–151
– zentrale 414
Venenkatheter 148–152, 558
– Anästhesie 654
– Überwachung von 454
Venenpunktion 148–149
– bei Kindern 328
Venenverweilkanüle 143
Ventilationsgrößen 122
Ventrikelseptumdefekt 335
Verbände
– Funktionen 235
– Materialien 235
– Mithilfe bei 435–438, 649
Verband, Kunststoff- 430–433
Verbandschere 259–260
Verbandvisite 191, 259, 588
Verbandwechsel, Venenkatheter
 149–150
Verbrennungen
– Gradeinteilung 269
– Pflege bei 268, 270, 2698
– Pflegeplanung bei 270
Verdampfungsapparate 162
Verhalten von Kindern 319–320
Verhaltensbeobachtung, Psychia-
 trie 340
Verletzungen, urologische
 401
Verschlußbildungen 334
Verschlußkrankheit, arterielle
 218
Versorgungssystem, pflegerisches
 403
Verweilkatheter 57
Vibrationsmassage 88
Virchow-Trias 93
Virulenz 101
Virushepatitis 212
Viruzidie 101
Visite 191, 568
Vitalfunktionen
– Anästhesie 653
– Kontrolle der 454
Vitalkapazität 122
Vitamine 44–46
Volkmann-Schiene 20–21
Vollkost 47
Volumetrie, Beatmung 422
Vorgespräch 519
Vulvitis 285

685

Register

W

Wadenwickel 155–156
Wärmeanwendungen 156–157
Wäschewechsel *534*
Wahn 353
Wahrnehmungen am Patienten
 108–110, *551–553*
Wallace (Neuner-Regel) 269
Wandschienensystem 408
Waschen *535*
– Extremitäten 32
– Ganzkörper 32–33
Waschräume, Operationsbereich
 440
Waschraumausstattung,
 Operationsbereich 445
Wasser 47
Wasserschloß-Kammer 419
Wehen, hyperaktive 292
Wehenstörungen, hypokinetische
 292
Wehentätigkeit
– Pflege bei 292, 294
– Pflegeplanung bei 293–294
– vorzeitige *602*
Wiederbelebung
– Herz-Kreislauf-Stillstand
 493–503
– bei Kleinkindern 504–505
– Materialien 506
– Medikamente 506
Windeln 329–330
Wochenbett
– Pflege bei 299–300, *605*, *607*
– Pflegeplanung bei 299–300
Wort 182, 184
Wunddrain 253, 256
Wunden

Wunden
– aseptische 171–172, 257, *562*
– septische 171–172, 258, *562*
Wundinfektionen
– Pflege bei 261–262, *589*
– Pflegeplanung bei 261–262
Wundversorgung 171, 173, 257,
 259, *588*
– chirurgische, Mithilfe bei 433,
 435, *648*

Z

Zäkalfistel 71
Zäpfchen 126
Zahnpflege 34–35, *535*
Zahnprothesen, Entnahme von
 35
Zentralnervensystem, Entzün-
 dungen, Pflege bei 361–362
Zuckerreaktion, Urin 514
Zungenbelag 89
Zusatzinstrumente, endo-
 skopische 468
ZVD s. Venendruck, zentraler
Zwei-Helfer-Methode, Herz-
 Lungen-Wiederbelebung 502
Zweituntersuchung, Neuge-
 borene 303
Zwischengespräch 519–520
Zyklothymie 347
– Fallbeispiel 355
Zystektomie 394
Zystitis 389
– Pflegeplanung bei 390–391
Zystographie 376
Zystometrie 377
Zystoskopie 375
Zytostatika 129–130

Einsatzübersicht

	Station/Abteilung	Ausbildungs-jahr	von / bis	Einsatzstunden – Praxis
1.				
2.				
3.				
4.				
5.				
6.				
7.				
8.				
9.				
10.				
11.				
12.				
13.				
14.				
15.				